U0133609

王更生先生全集 第一輯

王更生先生全集 第一輯18冊

第二冊 文心雕龍讀本上

著　者：王　更　生
出版者：文　史　哲　出　版　社
http://www.lapen.com.tw
登記證字號：行政院新聞局版臺業字五三三七號
發行人：彭　正　雄
發行所：文　史　哲　出　版　社
印刷者：文　史　哲　出　版　社
臺北市羅斯福路一段七十二巷四號
郵政劃撥帳號：一六一八〇一七五
電話886-2-23511028・傳真886-2-23965656

定價新臺幣 8000 元

中華民國九十九年（2010）八月十二日初版

ISBN 978-957-549-917-4　　08991

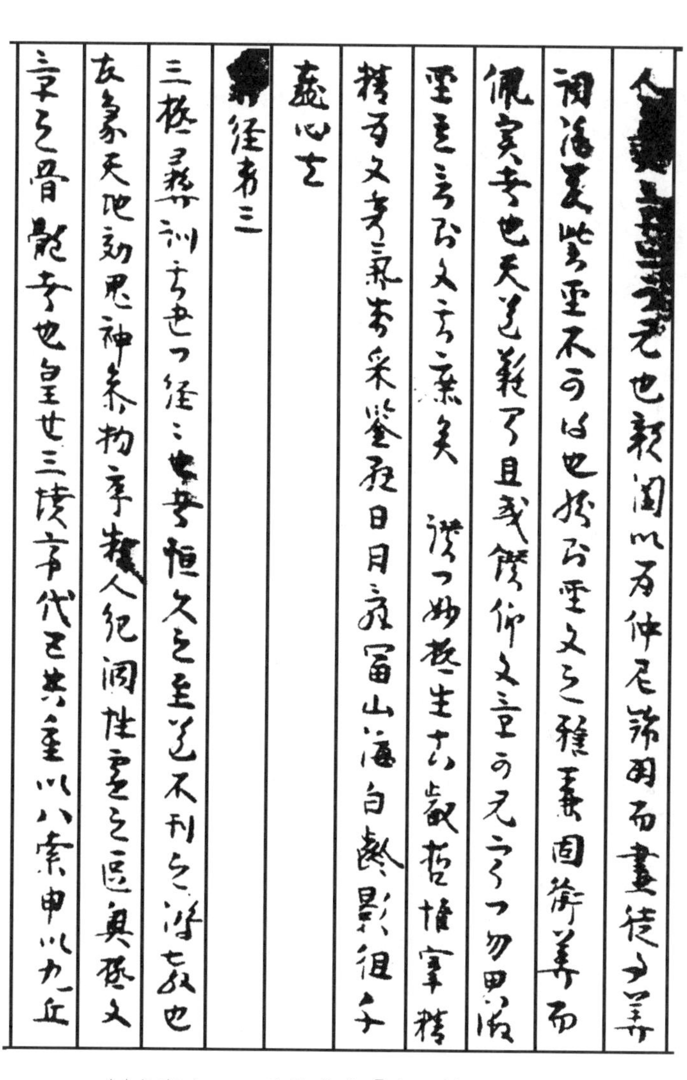

㈠唐寫本文心雕龍殘卷「宗經第三」之一

㈡唐寫本文心雕龍殘卷「宗經第三」之二

文心雕龍序

六經聖人載道之書垂統萬世折衷百氏者

也與天地同其大與日月同其明亘宇宙相為

無窮而莫能限量後雖有作者弗可尚已

自孔子沒由漢以降老佛之說興學者日趨

於異端聖人之道不行而天地之大日月之明

固自若也當二家濫觴橫流之際孰能排而

斥之苟知以道為原以經為宗以聖為徵而主

㈢元至正十五年刊本文心雕龍「錢惟善序」之一（見王利器「文心雕龍新書」引，據說原書現藏「中國大陸」北京圖書館

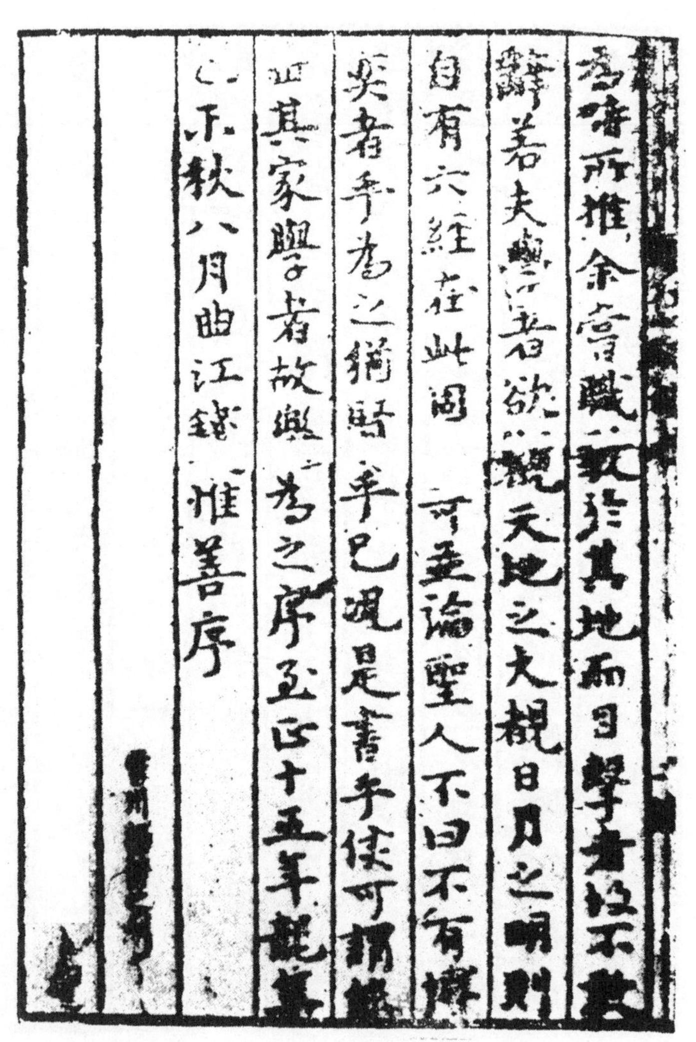

為時所推余嘗職教於其地而見學者殆不甚
辭若夫學者欲觀天地之大觀日月之明則
自有六經在此固可並論聖人不曰不有博
奕者乎為之猶賢乎已況是書乎使可翻
其家學者故樂為之序至正十五年龍集
乙未秋八月曲江錢惟善序

㈣元至正十五年刊本文心雕龍「錢惟善序」之二（見王利器「文心雕龍新書」引，據說原書現藏「中國大陸」北京圖書館

文心雕龍卷第一

梁通事舍人劉　勰

原道第一

文之為德也大矣與天地並生者何哉夫玄黃色雜方圓體分日月疊壁以垂麗天之象山川煥綺以鋪理地之形此蓋道之文也仰觀吐曜俯察含章高卑定位故兩儀既生矣惟人參之性靈所鍾是謂三才為五行之秀人實天地之心生心生而言立言立文明自然之道也傍及萬品動植皆文龍鳳以藻呈瑞虎豹以炳蔚凝姿雲霞雕色有踰畫工之

㈤明弘治甲子吳門本「文心雕龍」首頁，第一行下欄有「明楊鳳印」方章一顆（原書現藏國立故宮博物院）

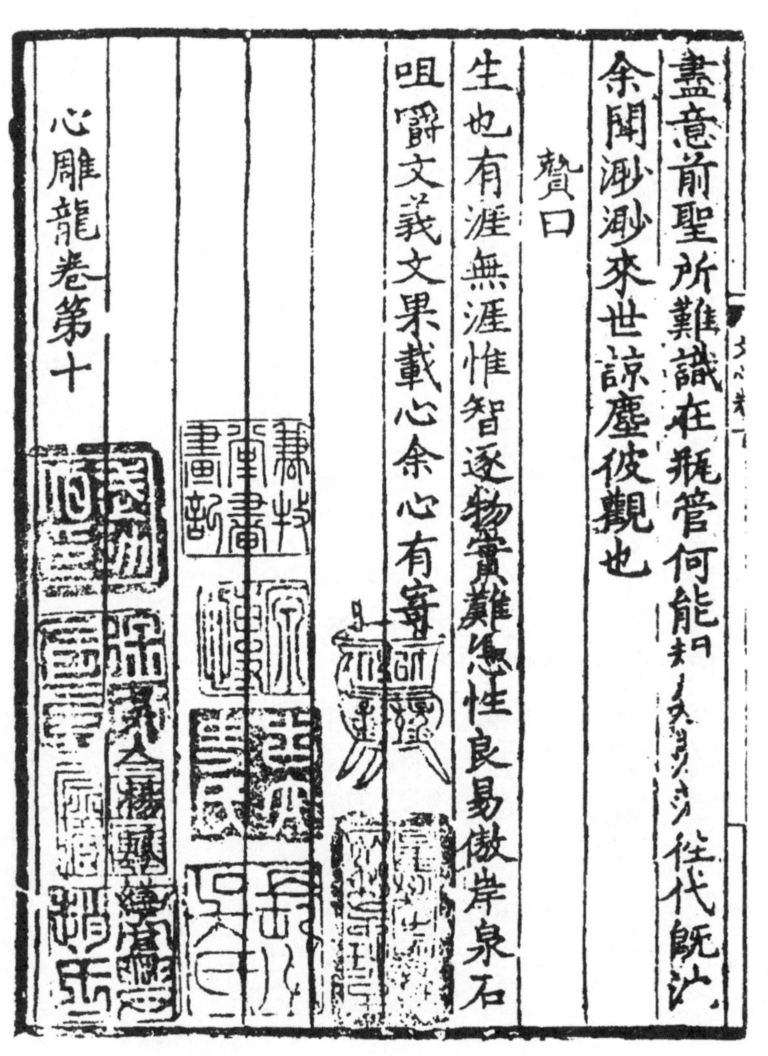
盡意前聖所難識在瓶管何能矩矱茫茫往代既沈
余聞渺渺來世諒塵彼觀也
贊曰
生也有涯無涯惟智逐物實難憑性良易傲岸泉石
咀嚼文義文果載心余心有寄
心雕龍卷第十

㈥明弘治甲子吳門本「文心雕龍」底頁，末有名家收藏印章，及「吳人楊鳳繕寫」字樣（原書現藏國立故宮博物院）

文心雕龍卷之一

梁通事舍人劉勰撰　明歙汪一元校

原道第一

文之爲德也大矣與天地並生者何哉夫玄黄色雜
方圓體分日月疊璧以垂麗天之象山川煥綺以鋪
理地之形此蓋道之文也仰觀吐曜俯察含章高卑
定位故兩儀既生矣惟人參之性靈所鍾是謂三才
爲五行之秀人實天地之心生心生而言立言立而
文明自然之道也傍及萬品動植皆文龍鳳以藻繪
呈瑞虎豹以炳蔚凝姿雲霞雕色有踰畫工之妙草

(七)明嘉靖庚子新安本，即歙邑汪一元校刻本「文心雕龍」首頁（原書現藏國立中央圖書館）

文心雕龍卷之一

梁通事舍人東莞劉勰撰

原道第一

文之爲德也大矣與天地並生者何哉夫玄黃色雜方圓體分日月疊璧以垂麗天之象山川煥綺以鋪理地之形此蓋道之文也仰觀吐曜俯察含章高卑定位故兩儀既生矣惟人參之性靈所鍾是謂三才爲五行之秀人實天地之心生心生而言立言立而文明自然之道也傍及萬品動植皆文龍鳳以藻繪呈瑞虎豹以炳蔚凝姿雲霞雕色有踰畫工之妙草木賁華無待錦匠之奇夫豈外飾蓋自然耳至於林籟結響調如竽瑟泉石激韻和若球鍠故形立則章成矣聲發則文生矣夫以無識之物鬱然有彩有心之器其無文歟人文之元肇自太極幽讚神明易象惟先庖犧畫其始仲尼翼其終而乾坤兩位獨制文言言之文也天地之心哉若迺河圖孕乎八卦洛書韞乎九疇玉版金鏤之實丹文綠牒之華誰其尸之亦神理而已自鳥迹代繩文字始炳炎皞遺事紀在三墳而年世渺邈聲采靡追唐虞文章則煥乎始盛元首載歌既發吟詠之志益稷陳謨亦垂敷奏之風夏后氏興業峻鴻績九序惟歌勳德彌縟逮及商周文勝其質雅頌所被英華日新文王患憂繇辭炳曜符采複隱精義堅深重以公旦多材振其徽烈剬詩緝頌斧藻羣言至夫子繼聖獨秀前哲鎔鈞六經必金聲而玉振雕琢情性組織辭令木鐸啓而千里應席珍流而萬世響寫天地之輝光曉生民之耳目矣爰自風姓暨于孔氏玄聖創典素王述訓莫不原道心裁文章研神理而設教取象乎河洛問數乎蓍龜觀天文以極變察人文以成化然後能經緯區宇彌綸彝憲發揮事業彪炳辭義故知道沿聖以垂文聖因文而明道旁通而無涯日用而不匱易曰鼓天下之動存乎辭辭之所以能鼓天下者迺道之文也

贊曰道心惟微神理設教光采玄聖炳耀仁孝

龍圖獻體龜書呈貌天文斯觀民胥以傚

徵聖第二

夫作者曰聖述者曰明陶鑄性情功在上哲夫子文章可得而聞則聖人之情見乎文辭矣先王聖化布在方冊夫子風采溢于格言是以遠稱唐世

(八)明萬曆己卯張之象本文心雕龍「原道第一」「徵聖第二」(用上海涵芬樓藏版，台灣商務印書館四部叢刊初編縮本)

文心雕龍讀本　總目

卷二

卷三

卷四

文心雕龍讀本　下篇

序言

西漢揚子雲著法言，以為「觀書者譬諸觀山及水，升東岳而知衆山之峛崺也，況介丘乎？浮滄海而知江河之惡沱也，況枯澤乎？舍舟航而濟乎瀆者末矣，舍五經而濟乎道者末矣。」劉彥和「文心雕龍」在中國文學上之地位，恰如書中之五經，水中之滄海，山中之東岳。舍舟航不能濟滄海，舍五經不能濟大道，若夫舍「文心雕龍」而欲濟乎中國文學之堂奧者，亦良難矣！故中國文學之有「文心雕龍」，卽如衆山之有東岳，列星之有北斗。有北斗而後列星得所仰，有東岳而後衆山得所宗，有「文心雕龍」而後中國文學之理論體系始大備。

唐劉知幾史通自序云：「詞人屬文，其體非一，譬甘辛殊味，丹素異彩；後來祖述，識昧圓通，家有詆訶，人相掎摭，故劉勰文心生焉。」彥和歷詆羣論，破他立已，以成一家之言。綜觀「文心雕龍」內容：有樞紐文學之「本原論」，有論文敍筆之「體裁論」，有剖情析采之「創作論」，有崇替褒貶之「批評論」。舉凡一切關繫文學之事，均已分別部居，包羅無遺。故後之學者，一言全書規模，則曰：「體大慮周，籠罩羣言。」一言內容取材，則曰：「陶冶萬彙，組織千秋。」一言思想淵源，則曰：「推本經籍，條暢旨趣，以意逆志，得作者用心。」一言行文措辭，則曰：「宏文雅裁，精理密意，美包衆有，華耀九光。」一言批評鑒賞，則曰：「劉勰之評，議論精鑿。」一言價値地位，則曰：「專門名家，勒爲成書之初祖。」似此，則「文心雕龍」之爲書，不僅六朝以前未曾有，卽六朝以後亦未之見也。

昔黃山谷與王立之書云：「劉勰文心雕龍之譏彈古文，大中文病，不可不知也。」臧琳經義雜記亦云：「劉勰文心雕龍之論文章，可稱千古絕作。」以一部大中文病，妙造千古之絕作，其對後世之影響，自有放之四海而皆準，百世以俟而不惑之價値矣。

余喜讀劉彥和「文心雕龍」，初用文光出版之杜天縻廣注本，深覺黃注紀評，雖言簡義賅，不免失之粗疏，難以申張大義。後得范文瀾註本，資料極爲詳備，卻繁重奧衍，絕無條理，甚不便於初學。民國六十一年，講授「文心雕龍」於師範大學國文系，當時傳本有限，得書不易；然而更張舊注，別鑄新疏之決心，卻於是乎始。

時從李師健光遊，讀其「文心雕龍斠詮講義」，卽驚爲綱擧目張，內容充實，足解學者之惑，甚寶愛之。後續獲楊明照「文心雕龍校注拾遺」，張立齋「文心雕龍註訂」，潘師石禪「唐寫文心雕龍殘本合校」，李景濚「文心雕龍新解」，王利器「文心雕龍新書」，以及郭晉稀「文心雕龍譯註十八篇」；近年，又有周某之「文心雕龍注釋」出。彼等拾遺補闕，整紛理蠹，對「文心雕龍」皆投下畢生精力，獲致卓越之成就。余低迴斗室，念彥和丁玆唯美主義盛行之六朝，人皆諾諾，彼獨諤諤，高揭徵聖宗經之纛，作正末歸本之吼，不覺躍然興起。當今中西文化急遽交流之際，深覺文學乃溝通情意之橋樑，吾人如欲知古知今，知人知我，尤其欲知中國文學發展之源流，及其博大精深之內涵，與夫當前文論之正確指標者，則彥和「文心雕龍」之爲說，實應奉之若拱璧，視之若明燈矣。

更生籌思十載，聚材盈篋，承前哲今賢之輝光，朋儕故舊之切磋，殫思竭慮，苦心經營，成此一部「文心雕龍讀本」上下篇，八十餘萬言。學者研讀「文心雕龍」，欲藉彥和之說以暢此「爲文用心」之旨者，本書倘亦猶乎致遠之車馬，濟海之舟航乎！仰望天地悠悠，俯視大海茫茫，江山如畫，風景無限，知音君子，其留意焉。

王更生

民國七十四年歲在乙丑除夕之夜，序於台北退思齋，時當大陸來臺之第三十六年也。

凡例

一、民國以來，文心雕龍久成各大學中文系、所研讀的科目。自黃季剛先生講學北大，著「文心雕龍札記」三十一篇後，研究風氣始為之一開。迨後中外學者，留心此道者，各以所長，或注釋、或校勘、或譯白、或翻刻，數十年間，此書竟成「顯學」，引起學術界的極大關注。足徵彥和的理論，詮評昭析，折衷至當，有歷久彌篤的價值。本「讀本」的寫作，旨在承前哲今賢的志業，盡拾遺補闕的棉力；闡揚彥和理論的輝光，奠定我國文運的基礎。

二、文心雕龍的內容，辭約旨豐，事近喻遠，向來號稱難讀，宋辛處信始為之注。明、清以下，代有新解。民初，范文瀾先生蒐亡輯佚，引書選言，以六年漫長的時光，成「文心雕龍註」百餘萬言，中外傳習，迄未稍衰。然而范書之去今，已為時半世紀以上。其間無論是讀者的程度，時代的背景，治學的方法，研究的角度，均此疆彼界，有斷然的不同。現在為了擴大文心雕龍的學習層面，適應當前讀者的需求，特陶冶萬彙，以深入淺出之筆，別鑄此疏。但不以注釋名，名曰「讀本」。

三、文心雕龍體大慮周，籠罩羣言，久成學術界的定評。而彥和取材的浩博，說理的深入，眼光的遠大，膽識的過人，無不超今邁往，難與並能。學者如不原始要終，尋根討葉，欲渙然冰釋，怡然理順，有深造自得的樂趣，勢有所不可能。故本「讀本」十卷五十篇，一遵彥和為文用心的初衷，分全書爲「上下」二篇。每篇除「篇題」之外，先以細字「解題」，次以大字錄「正文」，再用黑體字作「註釋」，末列「集評」一目，並將「問題討論與練習」，殿於全篇之後。「正文」眉上，更以細字加注「段落大意」。前後系聯，上下一體，足供初學或研究者所需用。

四、昔孔子作十翼以贊易，書之有「解題」，此爲始創。迨後子夏作「詩大序」，孔安國作「尚書序」，或置於卷首，或載在篇前。使學者未習正文，即先知大義，故「解題」者，實覃研者的先務，著述之不可或缺也。況夫文心雕龍，詞旨奧衍，望門牆而興嘆者，更不知凡幾。爲此，本「讀本」特在每篇正文之前，首列「解題」。其內容：或簡釋篇題名義，或條析文論要旨，或說明布局法式，或標舉時代價值，或介紹後人詆評。務期取精用弘，要言不煩，以畫龍點睛的手法，達到引人入勝的目的。

五、明梅慶生音註本文心雕龍，附有讐校姓氏十人，音註讐校姓氏二十二人。吳興凌雲五色套印本劉子文心雕龍，列有校讐姓氏二十二人。清黃叔琳輯註本文心雕龍，錄元校姓氏三十四人。清代以下至民國，校勘文心雕龍的學者和著作，爲數尤夥。舉其較著者，如黃季剛「文心雕龍札記」，楊明照「文心雕龍校注拾遺」，潘師重規「唐寫文心雕龍殘本合校」，李師曰剛「文心雕龍斠詮」，以及日本學者興膳宏、戶田浩曉二君的「文心雕龍註」等，無不精究博考，整紛理亂，有裨於文心雕龍的諟正甚大。本「讀本」之於校字，卽參綜各家成說，折衷至當，並隨文附加當句之末。學者展卷，通讀便捷，可省前後翻檢之勞。

六、通計文心雕龍的古註今釋，不下十數種，然綜其大要，或傷於簡略、或失諸繁瑣、或雜亂無序、或語焉不詳，尤其引書引說，連篇累牘；伏案閱覽，不啻霧中看花，茫然無緒。若毛公之訓詩，安國之傳書，鄭君之釋禮、王弼之解易，「要約明暢」者，居今已不可多得。本「讀本」之於註解詮釋，皆會最百氏，損益補闕；並採分條列舉的方式，先分釋生難字詞，次總述本條要旨，然後再斟酌實際需要，說明彥和造語出處，元元本本，鉅細靡遺。

七、近人嚴幾道先生譯赫胥黎「天演論」，認爲「譯事有三難，曰信、曰雅、曰達。信已大難，如信而不達，雖譯猶如不譯，故達爲尙。但言而無文，行之不遠，則信、達之外，更須求其爾雅。」所指雖是從西文中譯的觀點立說，而文言譯成語體，亦復如此！文心雕龍之翻譯，首見吳與馮葭初先生的「新式標點，言文對照」本「文心雕龍」。近年中外學者從事譯白的頗不乏人，惟此書義富辭麗，平時講解已有難言之苦，更遑論翻譯。本「讀本」之於此事，完全採取直譯方式，並嚴守彥和行文脈絡，體察其字例、詞例、文例，及全篇布局，與習慣用語的眞意。故每下一字，必再三斟酌而後定；每立一義，必細加玩索而後止。俾讀者有既信且達，既達且雅的感覺。

八、文心雕龍爲論文的專著，學者貴能探求作意，究其微旨。古來賢哲，慧眼特識，善言佳評，美不勝收，値得後學參考取資者，正復不少。近人周某撰「文心雕龍註釋」，於每篇之末，增列「集評」一目，專錄明、清兩代學者的評語，如曹學佺能始、楊升菴用修、黃叔琳崑圃、紀昀曉嵐等，此法最具見地。蓋評語雖非鉅製，但往往片言雅義，發人深省；一字褒貶，有足引心。故本「讀本」特別加以甄錄，如其文有錯訛時，更不厭其煩，比對原作，一一勘正。讀者如取之與正文參閱，必有豔采四射，美不勝收之快。

九、文心雕龍是我國文學中的經典，劉彥和是我國的文學思想家。一千四百多年來，文人雅士傾全力研究其身世、著述、板本、價值者，不可勝數。本「讀本」既爲初學而設，故書末首附梁書、南史劉勰傳，和劉勰著作二篇。次附文心雕龍重要傳本，與劉勰文心雕龍考評。此皆屬研讀文心雕龍的重要基點，爲有志深入探討者所亟需。禮記學記云：「善歌者使人繼其聲，善教者使人繼其志」，此亦長善救失之意也。

十、司馬遷著史記，取資於左氏、國語、世本、戰國策、楚漢春秋；聞之於周生、馮遂、賈嘉、董仲舒、孔安國；有得於南游江淮，北涉汶泗，講業齊、魯之都；故能淹貫古今，博洽天人，成一家之言而蜚聲後世。更生侷促一室之內，蝸居斗屑，見聞不廣；幸得師長的訓誨，友朋的切磋，以及門生故舊，往還討論，始得免於離羣索居，孤陋寡聞之譏。當書成可期之際，甚盼各方賢達，箴其瑕疵，攻其悖謬，作將來重鐫的參考。

文心雕龍總論

「文心雕龍」是我國學術上的一部重要典籍，目前爲各大學中文系選修科目之一。尤其自民國開元以來，學術界受到西洋文學思潮的衝擊後，整個文壇已因革故鼎新的努力，逐漸引起了民族文學的自覺，並由民族文學的自覺，正進一步加強固有文論的研究之際，「文心雕龍」—竟被學術界奉爲拓展文運的橋樑。所以當中西文學大量交流的此刻，劉彥和於一千四百多年前，對我國傳統文學所堅持的理論和立場，不僅堪資注意，而且值得借鑑的地方甚多。故七十多年來，研究「文心雕龍」而又著書名世的專門作品，不下五十多種，至於討論它的單篇論文，少說也在三百篇以上，這種歷久彌篤的研究盛況，無疑地給「文心雕龍」在現代文學思潮上的地位，作了一個肯定性的評價。近年有不少青年朋友，爲了探討我國古典文論的奧祕，向它投石問路；又每因此書文字艱澀難懂，最後，幾乎是空入寶山，悵然無得。爲此，筆者特將個人平時的體會，逐條書後；其內容雖卑之無高，卻希望借著本文的介紹，能與性有同好的諸君，切磋琢磨，爲我國文學理論的拓展，共同奮鬪。

一、文心雕龍的作者

「文心雕龍」的作者劉勰，字彥和，因爲他在南朝天監年間，擔任過東宮通事舍人之官，後人就管他叫「舍人」，晚年曾變服出家，改名「慧地」，所以「慧地」又成了他的法號。劉勰是漢齊悼惠王肥的後裔，曾祖仲道，做過宋建武參軍，祖父靈眞，父尙，任宋越騎校尉，曾叔祖劉穆之，叔祖劉秀之，劉欽之，在劉宋時代都任職朝廷，官高爵顯。劉家原籍山東莒縣，永嘉亂起，舉族南渡，並集中定居於東莞郡之京口（今屬江蘇鎭江）。

南北朝是個變亂紛乘，釋、老並興的時代，正統的儒家思想已失去維繫世道人心的力量，京口劉氏——這個龐大的家族，經宋歷齊，爲時雖不滿百年；也許由於時異勢變，所以當劉勰三歲喪父後，生活頓陷窘境，寡母孤兒，相依爲命。大概是劉勰二十歲的時候，母親又相繼病故。根據梁書劉勰傳的記載，他因家貧不能婚娶，便到附近上定林寺，依釋僧祐整理經藏，抄撰要事。

從慧皎高僧傳裏，我們知道釋僧祐是位精通義律的高僧，劉勰又自幼接受家教，篤志好學，對我國傳統的學問，早已奠定良好的基礎，現在又日與佛典爲伍，並連續下了十年以上的苦功，遂儼然成了學貫中、印的名家。凡當時京師寺塔，名僧碑誌，都以請他製文爲榮。其間他曾經幫釋僧祐編了不少的佛典，如：出三藏記集、世界記、釋迦譜、法苑記、弘明集等。直到現在，我們還可以從大藏經法集裏，親炙到他的手澤。

大概是當以上各書殺青定稿以後，他已年過三十了。一天，夢見自己手捧朱紅色的禮器，隨仲尼而南行。他以爲聖人託夢，事非偶然，從此便決心讚聖述經，開始造作「文心雕龍」。到齊和帝中興元、二年（西元五〇一）之間，前後可能化了五至六年的時光，才完成了這部空前絕後的鉅著。過去劉大杰先生作中國文學發達史，提到「文心雕龍」的成書，認爲「一定是當劉勰未深信佛教以前寫的，假使他篤信佛教的話，決不寫這本書，卽令是寫，也決不至於在五十篇，三萬七千多字中只有『般若』一詞。」這些話，早在明代的學者，王惟儉「文心雕龍訓故序」，曹學佺「梅慶生音注序」裏就說過。現在許多讀者，常根據劉勰生平和佛教關係的密切，心裏先預存著「文心雕龍」不可能不受佛典影響的成見，想盡辦法拿書中的結構、措辭、文義去附會，甚而羅織許多理由，以代彥和立言。這實在不是持平的態度。要知道「文心雕龍」乃完成於他的早年，尤其是在他第一次校訂經藏，對佛典尚在繼續深入研究，還未到達堅定信仰的程度；且其著作之意，又旨在樹德建言，作爲問津仕途的憑籍。所以我覺得劉勰著「文心雕龍」，以儒家思想爲主導，從他的家世、出身、以及前期生活的遭遇上看，自是理所當然，無可置疑的事。

相傳「文心雕龍」既成，劉勰曾負書以干沈約，約讚其「深得文理。」並「常置几案」，備爲參考。勰從此便蜚聲文壇，受士林矚目。大約在梁武帝天監初年，可能經沈約的推薦，擔任奉朝請。從此劉勰就擺脫了寄居定林寺的生活，正式活躍於政治舞臺。達到了他「摛文必在緯軍國，負重必在任棟梁」的目的。天監二年（西元五〇四），兼中軍臨川王宏記室，次年（五〇五），遷車騎倉曹參軍，七年（五〇八），出任太末令，政有清績。十年（五一一），除仁威南康王記室，十六年（五一七），也就是在他五十四歲的時候，兼東宮通事舍人。史載當時昭明太子年方十七，雅好文學，深愛接之。

至於劉勰三校經藏的時間，據本人考定，第一次當然是在父死母歿以後，依上定林寺釋僧祐整理經藏。此次參與的人數不詳，不過我們從慧皎高僧傳裏，知道除劉勰以外，僧祐的朋儕高足，如釋僧柔、釋法通、釋智進、釋正度、釋僧護、釋法悅等，恐怕都參加了這次盛舉。第二次在天監六年(五〇七)，奉敕同釋僧旻、釋僧智等才學道俗三十人，同集上定林寺，抄一切經論，以類相從，凡八十卷。這一次因爲人數最多，需時也最短。第三次是梁武帝普通元年（五二〇），劉勰五十七歲光景，奉敕與沙門慧震撰經於上定林寺，由他本人主持。這一次看情形規模不小，只可惜慧皎高僧傳裏不載慧震生平，否則，我們也許會有更多的發現。

最後一次校經，劉勰的思潮極不平靜，因爲對他平生影響最大，關懷最切，亦師亦友的釋僧祐，在三年前去世了。他現在舊地重遊，不僅隱含人天永隔，死生師友的悲哀；同時自己年近花甲，老而無依，更平添了他寂寞無助的感傷。尤其當他經過三校經藏之後，對佛教已具有深湛的信仰，因而燔髮自誓，啓請出家，從此又由絢爛的政治舞臺，走回了平淡的上定林寺，過著青燈古佛的生活。

他平生的作品，除「文心雕龍」外，居今可以考見的還有「滅惑論」、「梁建安王造剡山石城寺石像碑文」，梁書本傳上說他有文集行世，因爲代久年淹，居今已不可見！

二、文心雕龍的命名

「文心雕龍」一書命名的語源，劉勰自己說是來自傳統。所謂：「文心者，言爲文之用心也。昔涓子琴心，王孫巧心，心哉美矣！故用之焉。」涓子，卽環淵，楚人，曾爲齊國的稷下士，故劉向「列仙傳」稱他爲齊人。重黃老道德之術。班固以爲他是老子弟子，著書十三篇，名曰「琴心」。王孫，卽漢書藝文志諸子略儒家中的「王孫子」，他著有「王孫子」一篇，名曰「巧心」。所謂「琴心」「巧心」，書皆以「心」爲名，「涓子」「王孫」，分屬儒、道二家的學者。則彥和命其書曰「文心」，完全取自士的許多爭議。

傳統，與佛教絕無關係可言。近人范文瀾先生註文心，引釋藏跡十釋慧遠阿毘曇心序，謂：「彥和精湛佛理，文心之作，蓋取釋書法式而爲之。」這不但是一偏之見，不顧實理，更因而引起了日後學術界人士的許多爭議。

至於「雕龍」一詞，彥和也有說焉。如云：「古來文章，以雕縟成體，豈取騶奭之羣言雕龍也。」騶奭，陰陽家，戰國齊人。根據史記孟荀列傳的記載，得知騶奭修騶衍之文，迂大閎辯，飾若雕鏤龍文，故有「雕龍奭」的雅號。彥和取之，以命本書之名。以爲爲文修辭，應如雕鏤龍文，有引人入勝的華采。

顧名思義，「文心雕龍」之爲書，可以析爲兩組。一是「文心」，一是「雕龍」。兩者各有所指，各有所重。大抵言之：「文心」指文章的「內容」，「雕龍」指文章的「形式」。內容卽思想，情感；形式卽文辭，藻采。思想情感要不偏不倚，發而中節，所以叫「雅」。文辭藻采要視之則錦繡，聽之則絲簧，所以叫「麗」，麗辭雅義，銜華佩實，這就是理想的作品。所以從「文心雕龍」的語源和涵義上，來看本書的內容眞象，就日耀月明，晃朗可知了。

彥和之著「文心雕龍」五十篇三萬七千多言，其運辭構思，無一字無來歷，更無一說不是來自傳統。他既然由傳統而名其書曰「文心雕龍」，我們也應該由傳統的觀點出發，來讀「文心雕龍」，這樣便能籠罩文心的全貌，而得知其爲文用心之所在了。

三、文心雕龍的特質

「文心雕龍」全書五十篇，是一部體大慮周的著作，不僅齊、梁以前不曾有，就是齊、梁以後也未之見。但它到底是本怎樣的書？有何特性呢？想要了解這方面的眞象，先要看一看歷代史志對它著錄的情形。隋書經籍志是第一部著錄「文心雕龍」的圖書目錄，自此以下，公私藏目，略無遺漏。雖然卷帙多寡無別，但類聚羣分，卻截然不同。如隋書經籍志列它入「總集」，袁州本郡齋讀書志則改入「別集」，四庫全書薈要目只說他是「集部」的書，文淵閣書目認爲是「個人的文集」，行人司書目又派它入「古文類」，菉竹堂書目說它應該屬於「子部」雜家。還有新唐書藝文志，列「文心雕龍」入「文史類」，至於國史經籍志、述古堂書目，卻把它收入「詩文評類」。另外如平津館鑒藏記、莚圃善本書目，根本「不標類別」。從這些地方，也可以看出歷代史志對它的眞實性質，還是忽而子史，忽而文評，顯然沒有明確的肯定。

時至晚近，由於明、淸諸儒校勘評注的貢獻；民國開元以來，文壇先進又竭力闡揚，目前由國內到國外，整個學術界人士，對它的研究也有了突破性的發現；不幸的是大家太牽拘西洋習用的名詞，向「文心雕龍」亂貼標籤。說它是中國最具系統的一部「文學評論」專著，劉勰是「中國古典文論專家」，對於所謂之「古典文學」「文學評論」，各專門名詞的眞正涵義，也不去深思比較，只一味地隨聲附和，於是衆口鑠金，大有積非成是的現象。可是，經本人反覆揣摩，用力愈久，愈覺得「文心雕龍」自有它獨特的性質。因爲我國學者往昔對作品多談「鑑賞」，無所謂「批評」。這種西方習見的名詞，用到我國傳統的著作上，總覺得有點南轅北轍，不太合適。卽令是勉強借用，而「文心雕龍」亦決非「文學評論」，或「文學批評」所能範圍，劉勰更不是所謂「文論專家」可以概括。所以菉竹堂書目把它歸入「子雜類」，正與淸朝譚獻復堂日記所言：「文心雕龍乃獨照之匠，自成一家」的說法，不僅前後輝映，更是先得我心。

清包世臣藝舟雙楫序云：「文心雕龍推本經籍，條暢旨趣，大而全篇，小而小字，莫不以意逆志，得作者用心所在。」劉永濟文心雕龍校釋議對篇釋義云：「彥和之時，文浮末勝，尤無足觀，故其雖揚搉前代作者，實鍼砭當世文風，最爲切要。顧亭林謂：『文須有益於天下』，彥和有焉。讀此書者，未可純以齊梁文士目之也。」且劉勰自述寫作「文心」的動機時說：「敷讚聖旨，莫若注經：而馬、鄭諸儒，弘之已精；就有深解，未足立家。」孔子是百家的宗師，學界的山斗，在魏晉六朝釋老並興，儒學消沈的時代，彥和獨不惜奮螳臂以擋車，作時代的反動；他託體孔子，推本六經，正表現他學有所宗。所以單從這一點兒去看，一個普通的文學理論家，是決不能和他相提並論的。至於馬融、鄭玄，東漢以來，久享士林的清譽；而彥和卻撇開了他們章句訓詁的老路，毅然別闢蹊徑，去搦筆和墨，衡論古今文理。他這種既入乎經典之中，復出乎經典之外的目的，據他自己說，是想成一家之言。所以諸子篇裏有：「百姓之羣居，苦紛雜而莫顯，君子之處世，疾名德之不章。」又說：「身與時舛，志共道申，標心萬古之上，而送懷千載之下。」試問，像他這部「標心萬古，送懷千載」的「文心雕龍」，又那是純粹的「文學評論」範圍得了呢？

再看「文心雕龍」程器篇，論文人應先器識而後文藝的話，說：「君子藏器，待時而動，發揮事業；固宜蓄素以弸中，散采以彪外，楩柟其質，豫章其幹。摛文必在緯軍國，負重必在任棟梁，窮則獨善以垂文，達則奉時以騁績。」他借周書梓材篇文，衡論古今文士的修爲，最後歸結到儒家內聖外王的一貫大道。同時，根據梁書劉勰傳，他曾擔任過太末令，政有清績。兼東宮通事舍人時，又深受昭明太子所愛接。這樣看來，他本身就是一個理論而兼實行的學者，所以更不是一般純粹的「文論專家」能够望其項背的。

最後，我們從「文心雕龍」全書五十篇的結構上看，前五篇是「本乎道，師乎聖，體乎經，酌乎緯，變乎騷」，他自已說是「文之樞紐」；其實，這正是他的「文學思想」。後二十篇，由明詩到書記，論文敍筆；再二十篇，由神思到總術，剖情析采；又四篇，時序、才略、知音和程器，是崇替褒貶的總薈，這整個四十四篇，可以說是他的「方法論」。這種既有「思想」，又有「方法」的鉅著，如果說它等於西洋所謂之「文學評論」，非愚卽誣。所以我說「文心雕龍」是「中國文學中的經典」，而劉勰更是挽狂扶傾，以文學濟世的「思想家」，由此兩點出發，最能看出劉勰的全部人格，和「文心雕龍」與衆作不同的特質。

四、文心雕龍的結構

「文心雕龍」全書十卷，每卷五篇，共五十篇。前二十五篇爲「上篇」，後二十五篇屬「下篇」。每篇都用二字標題，文長由五百餘字，到一千八百餘字不等。全書三萬七千多言。根據「文心雕龍」序志篇所作的說明，其內容結構：上篇卷一原道、徵聖、宗經、正緯、辨騷五篇，是劉勰的「文學本原論」。卷二到卷五，是劉勰的「文學體裁論」，這二十篇又可分成兩部分：前一部分包括明詩、樂府、詮賦、頌贊、祝盟、銘箴、誄碑、哀弔、雜文、諧讔等十篇，屬於有韵的文；後一部分，包括史傳、諸子、論說、詔策、檄移、封禪、章表、奏啓、議對、書記等十篇，講的是無韵的筆。這二十篇的基本架構，都放在劉勰自己安排的四大綱領上，這四大綱領，就是「原始以表末、釋名以章義、選文以定篇、敷理以舉統。」所謂「原始以表末」者，推論此一文體之源流與變遷；「釋名以章義」者，詮釋此一文體命名之涵義及由來；「選文以定篇者」者，開示此一文體之領袖作家和作品；「敷理以舉統」者，鋪敍此一文體之作法和特徵。惟四綱的先後次第，也不盡畫一，如「原始以表末」與「選文以定篇」，往往因行文之便，混而不分。又「釋名以章義」與「原始以表末」，也常有前後倒置的情形。是皆非一成不變，要在學者識其大體。

下篇由「神思」至「程器」二十四篇，也可以分成兩方面看。由卷六到卷九是他的「文學創作論」。不過其中卷九的「時序篇」，與卷十的「物色」篇，根據序志篇「崇替於時序，褒貶於才略」的順序，以及前人從全書組織上的考訂，證明是刻書時誤倒，兩篇互易後，則「物色篇」應改隸「文學創作論」，「時序篇」和「才略篇」相接，屬「文學批評論」，才是正本清源。「文學創作論」二十篇，按照各篇的內容屬性，可以分成三組：第一組是「前言」，即統攝全論的總術篇。所謂：「總術者，總括神思以至附會之旨，而丁寧鄭重以言之也。」故云：「才之能通，必資曉術，自非圓鑒區域，大判條例，豈能控引情源，制勝文苑哉？」職是之故，總術篇為統貫「文學創作論」的基點。第二組是「總綱」。蓋文能成章，不外兩個元素的適當配合，即「情」「采」是已。為文的首要方法，在「控引情源」，而神思、體性、風骨、通變、定勢等五篇，皆行文運思的犖犖大端，是情感之源，馭文之本，謀篇之端，缺一不可，可謂「文學創作論」中的五綱。第三組是「細目」，即所謂「制勝文苑」，指創作的方法技巧。其中有論情意的，如情采篇；有論事義的，如事類篇；有論辭采的，如章句、麗辭、練字、比興、夸飾、隱秀、指瑕、附會等篇；有論宮商的，如聲律、物色二篇。另外「養氣」爲「神思」的餘義，在補作者情志的不足。「鎔裁」爲鎔義裁辭，乃藝術的加工，並貫串於五綱四目之間，以見上下關係。

關於文學創作中的內容問題：他以爲內情與外境交融而後文章始生，故提出「陶鈞文思」的主張，並開示「積學以儲寶，酌理以富才，研閱以窮照，馴致以繹辭」四種饋貧的妙方。誠以「情者文之經，辭者理之緯。經正而後緯成，理定而後辭暢」，才是立文的本源，謀篇的大端。至於文學創作中的形式問題：他由文法而修辭，而氣勢、而聲律、而風格、而結構，涉及的相當廣泛。單以其中修辭一項來論，又可分爲比興的表現手法，夸張的寫作技巧，感情的凝煉與含蓄，文章的鎔意與裁辭。類似這些獨到之見，即令在今天實際的文學創作中，仍然還有他嶄新的價值。

卷十的前四篇，是劉勰的「文學批評論」。所謂「崇替於時序，褒貶於才略，怊悵於知音，耿介於程器。」「時序篇」論文學與時代思想潮流的關係，「才略篇」論文學與作家才學識略的關係，「知音篇」論文學與讀者鑑賞方法的關係，「程器篇」論文學與個人道德修爲的關係。我們看這四篇所涉及的範圍，就知道「文心雕龍」批評論，具有全面性和獨創性。爲今後中國文學批評，留下了堅實基礎。

另外「序志篇」，也是「文心雕龍」的最後一篇，可謂全書的「總序」或「緒論」。序中對「文心雕龍」命名的由來，著述的動機，組織的體系，寫作的態度，以及對前人文論的抑揚，後世讀者的期望，都作了適當的說明。所以透過本篇的介紹，可以對「文心雕龍」作初步的理解。

綜覽「文心雕龍」五十篇，大體上均經過縝密的設計，篇和篇間的連絡照應，除了少數幾篇爲後世刊刻誤倒，「隱秀篇」部分散佚外，其他各篇可說架構綿密，無懈可擊。

五、文心雕龍的觀點

通觀全書，劉彥和在文心雕龍中有幾個重要的文學觀點，對當時的文壇，可說是醍醐灌頂，當頭棒喝。對後世文學發展，更樹立了明確的創作指標。這幾個重要的觀點，很值得我們關心和重視：

㈠、宗經的文學觀：

劉彥和既感於夫子垂夢而著文心，所以就從「文章乃經典枝條」，「詳其本原，莫非經典」的基準為出發點，去論思想、論文體、論創作、論批評。舉凡一切文學之事，皆以「經典」為宗本。則「經典」就成了中國文學的源頭活水；由於他把握了這個大本大源，才使中國文學的發展，生生不息，並一脈相承，得到萬古常新的溫床。

彥和以為文學發展往往受主觀和客觀因素的影響，或脫離常軌，或背道而馳。當它到了不可羈勒的時候，以「經典」作為整合的動力，便可得到合理的安頓和肯定。例如楚辭豔麗，漢賦誇侈，因而產生了種種流弊，他為了挽狂扶傾，提出「正末歸本」的口號。齊梁文士，競今疎古，風末氣衰，他為了矯訛翻淺，首倡「還宗經誥」之說。「辭人愛奇，言貴浮詭」，是六朝文人共同的心態，為了不使此一心態「離本彌甚」，到一發不可收拾的地步。所以他主張用「經典」作「整合」或「矯治」的準槼。所以中國的文學源於「經」，中國文學整合的動力亦出乎「經」。

彥和的文學「宗經論」遍及全書五十篇，讀者如果不知「宗經」為文心雕龍的重要文學觀，即無以了解劉彥和的全部人格，更沒有資格再談其他相關的問題。文心雕龍卷一「宗經」篇，是此一思想的淵藪。所謂：「淵哉鑠乎！羣言之祖」，從這兩句話，也可以略知彥和爲文立說的定點了。

(二)、自然的文學觀：

文學來自「自然」，「自然」就是文學的褓姆，所謂「自然」，就是指日月星辰，四時五行，花草樹木，鳥獸蟲魚，自然而然，既不是道家的無爲，也不是儒家的仁義，更不是西洋所謂的「自然主義」，這種不參人爲的因素，不受任何汚染的大千世界，就是彥和所說的「道」。

彥和卽由此一基點出發，所以他論人之爲文時，便主張觀天文以極變，察人文以成化，然後才能「經緯區宇，彌綸彝憲，發揮事業，彪炳辭義」。他論「自然之文」與「人爲之文」的關係時，說「道沿聖以垂文，聖因文以明道」。論詩的起源時，說：「人稟七情，應物斯感，感物吟志，莫非自然」。論文章的構成時，說：「神與物遊，神居胸臆，而志氣統其關鍵；物沿耳目，而辭令管其樞機。樞機方通，則物無隱貌；關鍵將塞，則神有遯心。」神，指作者精神，物，指自然萬物。足徵文章的構成，「自然」是作者運思的客體，沒有它，卽令作者「身在江海之上」，也不可能「心存魏闕之下」了。所以主體與客體結合，然後才能會之於心，發之於口，筆之於書。所謂：「神用象通，情變所孕」，又說：「物以貌求，心以理媵」。人之爲文，無一不是「神」與「物」的接合；換言之，更無一不是由於作者和自然的融會。

「物色篇」是彥和講爲文與自然關係的大宗。他說：「歲有其物，物有其容；情以物遷，辭以情發」，文章不過是「情」「辭」二元素的適當配合，自然「情以物遷」，則「一葉且或迎意，蟲聲有足引心，況清風與明月同夜，白日與春林共朝哉！」劉彥和的文心雕龍一切在講文學之事，也一切在講文學與自然的關係。只有講明「自然」是他的文學觀，才眞的理解「文心雕龍」爲文用心的客觀對象。

㈢、通變的文學觀：

通是通古，變是變今，易經繫辭上：「一闔一闢謂之變，往來不窮謂之通。」又說：「化而裁之謂之變，推而行之謂之通。」通變本是繼承傳統，改弦更張之意。彥和的「通變論」是建築在「文學代變」的觀點上，所謂「時運交移，質文代變」，「九代詠歌，志合文別」；而不是建築在「文學進化論」的觀點上。因爲「文學」既沒有進步或退步，也沒有古貴或今賤的差異，它是一時代有一時代的文學。理解此點兒，彥和的文學「通變論」，才容我們有進一步討論的憑藉。

文心雕龍序志篇所謂：「變乎騷」，就是指中國傳統文學，自詩經以下，到屈宋楚騷而轉變。換言之，也就是從傳統的四言詩，走向漢代的辭賦；屈宋楚騷，適爲居間過渡的橋樑。所以文心雕龍卷一有「辨騷」篇之設，並把它列入「文學本原論」的一部分，而且要「辨」楚騷的那些是同乎風雅，那些是異乎經典。最後得出「楚辭者，體憲於三代，而風雜於戰國；乃雅頌之博徒，而詞賦之英傑」的結論。

「通變論」的文學觀，是說明文學有「變」有「不變」，不變的是「體」，變的是「辭」；不變的是「思想情意」，變的是「形式采藻」。所謂「設文之體有常」，「變文之數無方」。又說：「凡詩賦書記，名理相因，此有常之體也。文辭氣力，通變則久，此無方之數也。名理有常，體必資於故實；通變無方，數必酌於新聲；故能騁無窮之路，飮不竭之源。」爲此，彥利才特別強調「會體」，我們攤開文心雕龍卷二到卷五，文學體裁論二十篇，便發現一個事實，那就是有甚麼文體，必有甚麼作法；文體一旦改變，則作法必定隨之而變。所以作法是跟著文體走的，不是文體跟著作法走的。這種情形就像一個轉動的「陀螺」，不管它是如何的運轉，但是它的本質卻始終萬變不離其宗。這種論點，是標新立異的人，不能體會的。

四、情采並重的文學觀：

作品不外兩大元素的結合，一是內容，一是形式。內容指思想、情感；形式指文辭、藻采。無內容不足以充實形式，無形式不足以表達內容。但「內容」與「形式」到底是孰輕孰重呢？當然是以兩者並重爲原則，但六朝是一個重形式而輕內容的時代，爲文過分強調形式的雕琢，辭藻的誇侈，所謂：「儷采百字之偶，爭價一句之奇；情必極貌以寫物，辭必窮力而追新」，對當時文人追新鶩奇的情形，這個話說的也够具體了。

根據彥和的看法，作者聯辭結采的目的在於表情達意，如果「采濫辭詭」，則情意卽被華采麗辭所隱蔽，所以他在文心雕龍卷七，專設「情采」一篇，強調「情者，文之經，辭者，理之緯；經正而後緯成，理定而後辭暢，此立文之本源也。」此處他用女工織布爲例，說明「情」如文章的經線，「辭」如文章的緯線，只有先將經線架設妥當後，緯線才能穿梭成布。同理，人之爲文，也是以立意爲先，意定而後舒布辭藻，才能辭暢意達，寫出理想的作品。他在此似乎有情重於采之意，事實上因爲齊、梁之世，文體方趨縟麗，以藻飾相高，文勝質浮，彥和不得不作矯枉過正之吼。

彥和持論平實，他將我國文學作品，從「情」「采」兩分的觀點，區別爲兩大類。一類是「爲情造文」，一類是「爲文造情」。「爲情造文」者，作品的特徵是「要約而寫眞」；「爲文造情」者，是「淫麗而煩濫。」而後世作者，往往不顧實理，採濫忽眞，有的「志深軒冕，汎詠皐壤」，有的「虛述人外，眞宰弗存」，這不僅是「辭運而濫」，更是「情周而繁」，無病呻吟了。所以他在鎔裁篇、章句篇、麗辭篇、以及比興篇、夸飾篇，都一再強調「剪揚馬之甚泰，酌詩書之曠旨」，要去泰去甚，使文章「曠而不溢，奢而無玷。」以達「情采並重」的理想顚峯。

六、文心雕龍的脈絡

研讀「文心雕龍」不可不預知劉勰有自家的一番面目，有完備的中心思想，和條理一貫的敍述方法。例如講到序志篇「詳觀近代之論文者多矣」一段文字時，整個數代的文論便風雲際會，在眼前展開了序幕。講到「蓋文心之作也」一段時，全書四十九篇，都可能提綱挈領，一齊帶動了起來。假使學者只把它當成普通的一篇書敍去讀的話，那就永久不能擺脫明清諸儒批點箋注的窠臼了。

劉勰在寫作「文心雕龍」的時候，有兩個相輔相成的方法。這兩個方法就像我們身體上的血脈經絡，是有條不紊的。這兩大脈絡，一是經學思想，一是史學識見。常人只知道他有宗經、史傳二篇，殊不知在文心雕龍全書裏，「宗經思想」和「史學識見」滙成兩道縱橫交織的主流。「宗經」是劉勰思想的主導，「史學」是劉勰運筆的金鍼。

他的經學思想：譬如原道、徵聖、宗經三篇，劉勰認爲人文原於天地自然之文，故設原道篇。篇中一開始就說天、地、人三者的關係；同時又以易經爲參天緯地的第一部經典，此後又從伏羲創典，迄孔子述訓，推原天地自然之理，明察人文變化之要，無不歸功於古聖先哲，所以「道沿聖以垂文，聖因文以明道」，聖心合天地之心，故窮原竟委，便自然有徵聖篇之設。他所徵的聖人是周公、孔子。周公制禮作樂，孔子贊易刪詩，其繼往開來，均唯文是賴。而聖人行文的體例有四：所謂：「簡言以達旨，博文以該情，明理以立體，隱義以藏用」，換言之，也就是「繁、略、隱、顯」，所以劉勰說：「徵之周、孔，則文有師矣。」周、孔乃儒家道統之所繫，其徵聖立言，取法周、孔，也正可以看出劉勰的經學思想了。

至於「宗經篇」，劉勰更是以莊嚴之筆，盡贊述之能。在這篇文獻裏，我們至少要注意三方面：一是五經的內容，二是羣經與文體的關係；三是文能宗經的效益。他從文學的角度去測量羣經，自是不同於馬融、鄭玄，何況進一步他把羣經對文學的影響力，看成有無限的可能性；只要我們去潛心發掘，便自然會領悟到經典的流傳，歷時雖已久遠，但它所含藏的情辭，卻萬古常新。「正緯」、「辨騷」的設篇，更是劉勰的特識，爲千古學者所不及。如我們把「原道」、「徵聖」兩篇當成一組，屬於正面明揭劉勰的經學思想的話，那麼這兩篇便是另一組，屬於反面開示他箴俗衞道的精神，兩方面都集中在「宗經」上，而表現的手法卻剛好是相背的角度。這種情形，只要讀者細心體會，一定是靈犀一點，即可通盤理解。

「明詩」以下到「序志」，四十五篇中的「經學思想」，可以分成兩截去看，前二十篇論文敍筆，後二十四篇（序志不計在內）剖情析采。論文敍筆是他的「文體論」，剖情析采是「文術論」和「文評論」。依照宗經篇上的說法：「論、說、辭、序，則易統其首；詔、策、章、奏，則書發其源；賦、頌、謌、贊，則詩立其本；銘、誄、箴、祝，則禮總其端；記、傳、盟、檄，則春秋爲根。並窮高以樹表，極遠以啓疆，百家騰躍，終入環內者也。」這二十篇文體論，儘管涉及一百七十多種不同的體類，數十位作家的作品，但尋根討葉，都和經典脫不了血緣關係。宗經篇又說：「文能宗經，體有六義：一則情深而不詭，二則風清而不雜，三則事信而不誕，四則義貞而不回，五則體約而不蕪，六則文麗而不淫。揚子比雕玉以作器，謂五經之含文也。」這更把「含文」的五經，擴大到文學創作和文學批評的領域去，作他們陶鈞文思的先導。而他在實際行文的時候，或明講，或暗喻，或援經以立義，或引說以就經，固然斗折蜿蜒，但峯回路轉，卻仍是貼著經典立論。讀者如認清了此點，再來讀「文心雕龍」的時候，便會發覺劉勰處處衡文，卽處處「宗經」。我們如果脫掉了他「經學思想」的外衣，則整個的「文心雕龍」，便成了架空虛設的樓閣，毫無落實之感了。

從「史學識見」上去觀察，我們更能發覺劉勰精、博的學養，和擇善而從的識見，及井然有序的筆法。以「明詩篇」爲例：在首段「釋名章義」以後，接着由「人禀七情」起，到「此近世之所競也」止，先推「詩」的起源，後溯「詩」的流變。其中從葛天氏樂辭，而黃帝的雲門，堯有大唐之歌，舜造南風之詩，大禹的九序，五子的怨歌。再是商、周的雅、頌，春秋的諷誦，楚臣賦離騷，秦皇作仙詩。漢初韋孟，首唱四言，孝武柏梁，七言列韵。時至東漢，張衡的怨篇，清典可味。建安初年，文帝、陳思，王、徐、應、劉，並肩唱和，蔚爲五言的極盛時代。魏正始年間，阮籍、嵇康的作品，爲一時之選。晉代文士，如三張、二陸、兩潘、一左，無不淫文破典、模擬前修，缺乏創新的精神。永嘉亂後，衣冠南渡，江左詩壇，由於受到談玄的影響，起了急遽變化，此時只有郭璞的遊仙詩，算是挺拔俊秀，爲時代的寵兒。劉宋以下，「莊老告退」，山水文學油然勃起，「儷采百字之偶，爭價一句之奇」，人人盡重視形式雕琢，而忽略內容的充實。總結此段文字，你看他從遠古講到卽身的宋、齊，在「通變篇」上說是「九代詠歌」，時序篇上說是「蔚映十代，辭采九變」，才略篇上也說：「九代之文，富矣盛矣」，我們不管他「九代詠歌」也好，「蔚映十代」也好，總而言之，三千年來的文學變遷大勢，在他的腕底筆端，就像脫線的珍珠，落在玉盤之上，發出動人心弦的音符。

他行文敍事的時候，均按時代先後爲序。在上一個時代，和下一個時代啣接的地方，都刻意的安排一個轉折的字眼，如「昔葛天氏樂辭」的「昔」字，「至堯有大唐之歌」的「至」字，「及大禹成功」的「及」字，「自商暨周」的「自」字「暨」字，「自王澤殄竭」的「自」字，「逮楚國諷怨」的「逮」字，「至成帝品錄」的「至」字，「又古詩佳麗」的「又」字，「至於張衡怨篇」的「至於」，「暨建安之初」的「暨」字，「乃正始明道」的「乃」字，有時，他爲了避免轉折詞的重複運用起見，更以直呼朝代之名的方式，錯落於上下文句之間，使整個文章的層面，顯出多樣性的變化，例如「秦皇滅典」的「秦」字，「漢初四言」的「漢初」，「晉世羣才」的「晉世」，「江左篇製」的「江左」，「宋初文詠」的「宋初」。類似這些關鍵性的字詞，無一不有穿鍼引線的功能。讀者得之，可以執簡馭繁，有事半功倍的效驗；否則，便如墮五里霧中，不知所云了。

劉勰講文學流變既具備了通史的本領，下面我們再看一看他的「史識」又如何？現在仍以「明詩篇」爲例：如他疑「蘇李贈答」和班姬「團扇」之非眞，論「古詩」爲兩漢的作品，這都可以看出他的膽大心細。又評古詩「直而不野，婉轉附物，怊悵切情，實五言之冠冕。」所謂「不野」，「附物」，「切情」，正合「樂而不淫，哀而不傷」的中聲大和；因此才有「步武三百，冠冕五言」的結論。至於他講「正始」詩壇，獨選應璩；說江左文風，推崇郭璞；評劉宋是「莊、老告退，山水方滋」；不但類春秋史筆，有斧鉞之嚴；更有無限蘊藉，滿腔情愫，起伏於字裏行間。

綜上以觀，「經學思想」和「史學識見」，確實是劉勰著述「文心雕龍」的兩大脈絡，這兩大脈絡就像百川滙海，萬壑競流，只要讀者肯耐心尋味，久而久之，「文心雕龍」的文論寶藏，就自然可以呈現在我們眼前了。

七、文心雕龍研讀順序

「文心雕龍」五十篇研讀的順序，筆者以爲「序志篇」雖然是本書的最後一篇，但它明揭劉勰著書的宗旨與體例，以及行文構思的態度。學者欲問津「文心」，如不由「序志」入手，幾乎是海底撈針，有無從擧措之感。所以研讀「文心雕龍」，必先讀「序志篇」。

一個偉大的文學家，其著書立說，一定有他思想之所自來。而劉勰的文論思想是來自傳統，從「宗經」、「辨騷」兩個源頭出發的。他認爲「經」正「騷」變，「經」雅「騷」麗。宗經的目的在「守常」，辨騷的目的在「知變」。中國的文學，到六朝而登峯造極。到屈、宋發生變化。不知經典，即不能抉發中國文學的本根；不明騷賦，即不瞭解中國文學轉變的因素，所以「文心雕龍」卷一有原道、徵聖、宗經、正緯、辨騷五篇之設。這五篇，劉勰以爲是「文之樞紐」；自然是「文心」的樞紐，它的重要性，便不言可喻了。所以凡讀「文心雕龍」者，卷一，五篇，爲必讀的篇籍。假使這五篇學者不能全讀，至少「原道」、「宗經」、「辨騷」三篇必不可缺。

其次，由卷二到卷五，共二十篇，是「文心雕龍」的「文體論」，按照序志篇上的說法，這是以「論文敍筆」的方式，去囿別區分的。須知劉勰壓根兒反對「文」「筆」之分，而他所以還要「論文敍筆」的原因，並非自相矛盾；而是因爲他通古變今，有承認現實的勇氣。由此，也可以證明劉勰吐故納新的文論立場。他既不一味的復古，也不盲目的瞎喊「藝術至上」論。可以說平實切事，是他文體論的特色。大別言之，從卷二到卷三，包含了明詩、樂府、詮賦、頌讚、祝盟、銘箴、誄碑、哀弔、雜文、諧讔等十篇，屬於有韵的文。卷四到卷五，包括了史傳、諸子、論說、詔策、檄移、封禪、章表、奏啓、議對、書記等十篇，屬於無韵的筆。這是我國自有文章以來，按作用分門別類的，同時也是規模最龐大，涵蓋最廣遠，影響最深切的「文章體裁論。」每篇行文都依照他預定的四大體例去開展，整個結構天衣無縫，十分緊密。但由於時異勢變，今天我們對「文章體裁」的分類和要求，與中古時期已迥然不同；所以這雖然當初是「文心雕龍」最重要的一部分；可是就現在來說，反成了價值較差的一部分。固然如此，其中如「明詩」、「樂府」、「詮賦」、「雜文」、「諧讔」、「史傳」、「諸子」、「論說」、「書記」等篇，還有一讀再讀的價值，千萬不能輕心掉之。

繼「文體論」以後，是「文術論」二十篇。這二十篇由卷六到卷九。雖然「文心雕龍」的「文術論」是剖情析采的，但在實際研讀的時候，卻不必拘泥形式。例如神思篇言「陶鈞文思，貴在虛靜，疏瀹五藏，澡雪精神」，而如何疏瀹？如何澡雪？本篇並未繼續深究，必定要接讀「養氣篇」以後，才能得到具體的答案。又如神思篇講：「臨篇綴慮，必有二患；理鬱者苦貧，辭溺者傷亂。然則，博見爲饋貧之糧，貫一爲拯亂之樂。」而如何博見？如何貫一？本篇亦未深究，學者欲知「博見」的要術，不能不參考「事類篇」；欲知貫一之法，不可不研讀「鎔裁篇」。再如「體性篇」，只講到文章風格的種類，和決定風格的重要因素；而風格和體裁到底是個甚麼關係？他在體性篇卻絕口不提，因此，我們便不能不讀「定勢篇」。讀了定勢篇，才恍然大悟有關風格與文體之間，實似血肉相連，不能分割。風格表現在文章形式上的層面很多，諸如聲調、辭藻、色彩、氣勢等，所以我們又不能不進一步探討「情采」、「聲律」、「章句」、「練字」、「麗辭」、「夸飾」、「比興」、「隱秀」各篇。文章總離不開「內容」「形式」。談到「內容」，如何使命意妥貼，文有重心？講到「形式」，如何使辭到優華，當情中理？現在一般人管這些問題叫做「修辭學」；實際上「文心雕龍」講修辭，涵蓋的意義非常廣泛。它不僅談形式上的修辭，還談到思想上的鎔煉。有時候，我把現在通行的所謂「訓詁」、「修辭」、「文法」書拿來比較研究，發覺今人在這方面，雖然演繹得十分精密；但如果認眞的予以歸納提煉，把他們所持的原理原則，同「文心雕龍」文術論來比量，不客氣的說，現在的學者專家們太注重條分縷析，卻忽視了彼此間的整合和彌縫。

最後是「文評論」，「文心雕龍」的「文評論」，不限於「時序」、「才略」、「知音」、「程器」四篇，而是全書五十篇，篇篇都含有批評的精神和理則。現在治「文學批評」的人，都覺得「西洋文學批評」精深博大，具體可循，對促進文學創作有不可估計的價值。反觀我國文學批評方面，是很弱的一環。因爲我們既沒有西洋那種創作與批評合流的思潮，大家也都不給它應有的重視。這是「批評」

在中國文壇得不到發展的溫床，而日趨沒落的主要原因。正是由於如此，清朝紀曉嵐總纂四庫全書時，想找一部純粹屬於「詩文評類」，而首尾完備的專門著作；找來找去，只有打出「文心雕龍」這張王牌，從這一點，你就可以知道它的地位了。「文心雕龍」批評論的內涵，較之西洋文學批評，雖顯然不够周密，但它是我們唯一的瓌寶。拿「時序篇」說吧，它是從時代潮流的立場，說明文學與時代相激相盪的關係。「才略篇」是從作者天賦與學養方面，論文學與個人才學識略的關係。「知音篇」是藉知音難遇以起興，申述文學批評的避忌和理則。「程器篇」是從「達則兼善天下，窮則獨善其身」爲出發點，講明文學家必須注意自己的道德修爲，所謂「先器識而後文藝」者是也。這四篇分之各成單元，合之首尾密會，有乘一總萬，牽一髮而全身動之妙。且四篇行文運思的手法，有的從時間上立論，把上古至六朝，前後數千年的文學變遷大勢，如數家珍般的講得綱舉目張；有的從空間立論，將百餘位作家的作品，拿來較長論短，不啻銀河倒瀉，只見霞光一片，令人目眩迷神；有的沿著特定的線索追尋，用海底撈針的絕活，耐心細緻的刻畫，把文學批評的甘苦，盡化成靈丹妙藥，永爲後世聲鑑；有的從某一點去推論，由近及遠，像石破天驚，引起無限廻旋，無限盪漾。這眞是縱橫交錯，點線映輝的作品。我們如果神遊其間，必定使你有欲罷不能的感受。

現在有許多同好先進，或學界師表，在推崇「文心雕龍」的同時，幾乎不約而同的認爲：劉勰不應該運用六朝通行的儷文，攄發一己的文學理論，致令「文心雕龍」因艱澀難懂而貶低身價。這個話乍聽起來，頗能言之成理；如細加玩索，便發覺此不但犯了以今臆古的通病，更顯示出自己對劉勰運詞構思的理解能力不够。劉勰身爲齊、梁間人，他用當世通行的文體，暢敍文學理論，於情於理，都不容我們置喙；因爲每一位學者，都不可能不受時代局限的。所以「文心雕龍」的問題，不在該書的本身，而在後來的讀者。尤其後來讀者的學養和研讀時所持的態度，才是我們應當嚴重考慮的焦點。知音篇說得好：「世遠莫見其面，覘文輒知其心。豈成篇之足深，患識照之自淺耳」，這不是很好的答案嗎！

八、文心雕龍重要書錄

「文心雕龍」既是衆所公認的一部艱澀難懂的書，所以不能不準備幾種參考用書，以備不時之需。可是遍觀近代著作之林，關於研究「文心雕龍」的專門著作，而又算得上首尾完具的，實不下四、五十種。其中有的着重板本考訂，有的從事文字校勘，有的屬於詁訓文義，有的偏重翻譯評介，有的是索引通檢，有的是闡發思想，各從不同的角度，運用不同的方式，獻身於我國古典文論的大業。不過學問如江海，非一人之腹所能盡飲，所以筆者於此特爲有志於「文心雕龍」，而正想投石問路的讀者們，列舉數種重要參考用書，聊表野人獻曝之意。

㈠黃侃「文心雕龍札記」

黃侃字季剛，曾講授「文心雕龍」於北京大學，作爲札記三十一篇，創見殊多。極受學術界重視。民國八年後，先生任教武昌高等師範學校，將札記印作講義。又黃氏在北平時，北京文化學社亦將「神思」以下二十篇刊布。民國二十四年，先生病逝南京後，札記極不易見，五十一年，潘師石禪講學香江，教課之暇，因取北京、武昌二本合編付梓，另將其在學時自撰的「讀文心雕龍札記」三十四條，殿於全書之末，交臺北文史哲出版社發行。此爲目前最完善之本。季剛乃太炎先生高足，對國故之造詣極深。這本「文心雕龍札記」，可以說是對彥和文論思想，闡幽發微，最見功力的一部書。研讀「文心雕龍」，不可不備。

㈡范文瀾「文心雕龍註」增訂本

范氏文瀾追躡季剛黃氏之門，請益問難，頗有心得，因而聚材排比，前後費時六年，成「文心雕龍講疏」。民國十四年交由天津新懋印書館印行，二十年北京文化學社再版，二十五年改由上海開明書店發行，並易名「文心雕龍註」。五十九年香港商務印書館又增訂發行，叫「文心雕龍註增訂本」。目前國內各大學中文系，多採用本書作爲教材。范注「文心」的好處，在將劉勰早先引用的資料，而居今可見的，悉數抄錄，大省讀者翻檢之勞。不過他的毛病也就在這裏，部頭繁重是一弊，粗心大意，張冠李戴又一弊，雜抄陳說，缺乏條理，更是一弊。所以中外學者若李笠、楊明照、張立齋、日人斯波六郎等，均先後爲文舉正。然而瑕不掩瑜，此書以多爲勝的價値，還是不可動搖的。

㈢楊明照「文心雕龍校注拾遺」

楊氏將黃叔琳輯注、李詳補注、與其本人的校注拾遺，萃爲一編，是本書的最大優點。書前附「梁書劉勰傳箋注」一文，對劉彥和生平行事的考訂，不厭其詳。於「文心雕龍」字辭的校正，更旁徵各種刻本，甚見工夫。書末附劉勰著作二篇、歷代著錄與品評、前人徵引、羣書襲用、序跋、板本等，予研究「文心雕龍」者極大之便利，洵稱不可多得的作品。此書於民國四十年前後正式印行，並五十七年臺灣世界書局翻印出版，並改名爲「文心雕龍校注」。

㈣劉永濟「文心雕龍校釋」

劉永濟爲武漢大學教授，民國三十七年原稿交由正中書局發行，四十六年在臺印行第一版，五十一年上海中華書局修訂再版，所以目前在臺傳本有二：一、是正中書局民國三十七年發行的老本子，一、是華正書局近年翻印的五十一年的修訂本。這兩個本子在編排上、內容上，都有顯著的差異。書中分校字、釋義兩部分，校字以黃叔琳輯注本爲主，每篇僅就歷來考校欠密而切關文義者，取字三、五數，詳爲探究。釋義部分，可區分兩方面，初明通篇主旨與各段大意，次揭「文心雕龍」論文之閫奧。提綱挈領，言近旨遠，最耐玩味。

㈤王利器「文心雕龍新書」

書爲香港龍門書店印行，是專門校勘「文心雕龍」的著作。王氏校勘「文心雕龍」，參考的板本，自唐朝敦煌卷子本以下，到民國六年龍谿精舍叢書本爲止，凡二十四種之多。如果再加上採用的古注、輔本、類書、關係書，至少說也有百種以上。由於他校勘的方法正確，態度客觀，所以收穫很大。如字形相似而誤的，一字誤爲兩字的，上下文偏旁相涉而誤的等，都經他一一訂正。像這種在一本書上，投下畢生精力，苦心研究，恐怕在目前國內學術界來說，還找不到幾個人。民國七十一年臺灣明文書局由海外引進，並將原書橫排改爲直排，更名曰「文心雕龍校證」，公開發售。

㈥李景濚「文心雕龍新解」

此書於民國五十七年四月，經臺南翰林出版社印行。據說李氏在這本書上，耗費了五年漫長的時光，其兀兀窮年的精神，令人欽佩。本書編排的方式，分上下兩欄，上欄是文心原文，下欄是新解。新解者，語體翻譯也。篇末有增注、題解、分段大意。從這種苦心經營上看來，作者確乎下了很多工夫。這是近三十多年來，國內學術界以語體散文之形式，翻譯「文心雕龍」全書的第一部。

㈦李曰剛「文心雕龍斠詮」

李師曰剛，國立臺灣師範大學國文系敎授，曾任系主任多年。平時於敎課之外，喜讀「文心雕龍」，余曾從之學，習文心。當時隨敎隨印，講義之多，充箱照軫。先生近年自美返國，居土城鄉間，背山臨流，治學益勤且精。民國七十一年五月，國立編譯館重金購得其「文心雕龍斠詮」手稿，並精裝發行，書分上下册，二千五百八十頁，煌煌巨著，信可傳世而不朽矣。根據書前序言，知先生治是書前後歷二十年，於辨章字句之疑難，鉤藉理窟之委曲，往往廢寢忘餐。正因爲有此鍥而不捨之精神，方成此一空前未有之名作。今巨著風行，紙貴洛陽。精金美玉，讀者展卷自知。

㈧王更生「重修增訂本文心雕龍研究」

「文心雕龍」是我國古典文論的大宗，留心及之而又有論著發表於學術性刊物者，眞是年有數起，叫人目不暇接。此書是把「文心雕龍」當成學術來研究的一部有系統的專著，內容從劉勰年譜，而「文心雕龍」的板本，由「文心雕龍」的美學、史學、子學，講到「文心雕龍」的文原論、文體論、文術論、文評論，並以「文心雕龍在中國文學史上之地位」，奠於全書之末。書分十一章七十一節四百七十多頁，三十餘萬言，作者自言：「以十年精進不懈之努力，成此一部體系完備之著作」，可見這是本有心研究「文心雕龍學」者，值得一讀的作品。

本書主要參考資料

一、校注類

〔一〕黃叔琳　文心雕龍輯註（臺灣中華書局四部備要本）
〔二〕李　詳　文心雕龍補注（龍谿精舍叢書本）
〔三〕黃　侃　文心雕龍札記（文史哲出版社）
〔四〕范文瀾　文心雕龍註（明倫出版社）
〔五〕劉永濟　文心雕龍校釋（華正書局）
〔六〕楊明照　文心雕龍校注拾遺（世界書局）
〔七〕莊　適　文心雕龍選注（臺灣商務印書館）
〔八〕王利器　文心雕龍新書（明文書局）
〔九〕張立齋　文心雕龍註訂（正中書局）
〔一〇〕郭晉稀　文心雕龍譯註十八篇（香港建文書局）
〔一一〕周康燮　文心雕龍選注（香港龍門書店）

（一二）李景濚　文心雕龍新解（台南翰林出版社）
（一三）潘重規　唐寫文心雕龍殘本合校（香港新亞研究所出版）
（一四）趙仲邑　文心雕龍譯注（韓國大韓出版社）
（一五）周振甫　文心雕龍注釋（香港龍門書店）
（一六）李曰剛　文心雕龍斠詮（國立編譯館中華叢書本）
（一七）興膳宏　文心雕龍譯註（日本筑摩書房世界古典文學本）
（一八）戶田浩曉　文心雕龍譯註（日本明治書院新釋漢文大系）

二、論文類

（一）華仲麐　文心雕龍要義申說（私立東吳大學講義）
（二）傅振倫　劉彥和之史學（學文月刊一卷五期）
（三）徐復觀　中國文學論集（臺灣學生書局）
（四）李宗慬　文心雕龍文學批評研究（師大國文研究所集刊）
（五）杜松柏　文心雕龍批評論（中央日報副刊）
（六）李中成　文心雕龍析論（大聖書局）
（七）張　嚴　文心雕龍通識（臺灣商務印書館）
（八）張　嚴　文心雕龍文術論詮（臺灣商務印書館）

〔九〕石　壘　文心雕龍原道與佛道義疏證（香港龍門書店）
〔一〇〕李景濚　文心雕龍評解（翰林出版社）
〔一一〕黃春貴　文心雕龍之創作論（文史哲出版社）
〔一二〕王更生　重修增訂文心雕龍研究（文史哲出版社）
〔一三〕王更生　文心雕龍范注駁正（華正書局）
〔一四〕王更生　文心雕龍導讀（華正書局）
〔一五〕陸侃如　劉勰和文心雕龍（古籍出版社）
〔一六〕沈　謙　文心雕龍批評論發微（聯經出版事業公司）
〔一七〕王金凌　文心雕龍文論術語析論（華正書局）
〔一八〕龔　菱　文心雕龍研究（文津出版社）
〔一九〕陸侃如　劉勰論創作（古籍出版社）
〔二〇〕車柱環　文心雕龍疏證（東亞文化）
〔二一〕張文勛　文心雕龍簡論（香港龍門書店）
〔二二〕王叔珉　文心雕龍綴補（藝文印書館）
〔二三〕詹　瑛　心雕龍的風格學（木鐸出版社）
〔二四〕淡江大學　文心雕龍研究論文集（淡江文史叢書）
〔二五〕中國語文學社　文心雕龍研究專集（中國古典文學研究論文滙編）

〔二六〕　滙文閣　文心雕龍研究論文集（香港滙文閣書店）

〔二七〕　楊明照等　文學遺產增刊十一輯（香港未名書屋）

〔二八〕　饒宗頤　文心雕龍研究專號（明倫出版社）

〔二九〕　黃錦鋐　文心雕龍論文集（學海書局）

〔三〇〕　周榮華　文心雕龍與佛教駁論（作者自印）

〔三一〕　王更生　文心雕龍研究論文選粹（育民出版社）

三、其他類

〔一〕　易經（藝文印書館十三經注疏南昌府學本）

〔二〕　書經（藝文印書館十三經注疏南昌府學本）

〔三〕　詩經（藝文印書館十三經注疏南昌府學本）

〔四〕　禮記（藝文印書館十三經注疏南昌府學本）

〔五〕　春秋經傳集解（臺灣商務印書館四部叢刊初編縮本）

〔六〕　論語（藝文印書館十三經注疏南昌府學本）

〔七〕　孟子（藝文印書館十三經注疏南昌府學本）

〔八〕　司馬遷　史記（藝文印書館）

〔九〕　班　固　漢書（藝文印書館）

〔一〇〕范曄 後漢書（藝文印書館）
〔一一〕陳壽 三國志（藝文印書館）
〔一二〕房玄齡 晉書（藝文印書館）
〔一三〕沈約 宋書（藝文印書館）
〔一四〕蕭子顯 南齊書（藝文印書館）
〔一五〕姚思廉 魏徵 梁書（藝文印書館）
〔一六〕李延壽 南史（藝文印書館）
〔一七〕魏徵 隋書（藝文印書館）
〔一八〕荀子集解（世界書局中國學術名著本王先謙集解）
〔一九〕老子（臺灣商務印書館四部叢刊初編縮本道德經）
〔二〇〕莊子（臺灣商務印書館四部叢刊初編縮本南華眞經）
〔二一〕呂氏春秋（臺灣商務印書館四部叢刊初編縮本）
〔二二〕淮南子（臺灣商務印書館四部叢刊初編縮本）
〔二三〕班固 白虎通德論（臺灣商務印書館四部叢刊初編縮本）
〔二四〕揚雄 法言（臺灣商務印書館四部叢刊初編縮本）
〔二五〕王充 論衡（臺灣商務印書館四部叢刊初編縮本）
〔二六〕楚辭補注（臺灣商務印書館四部叢刊初編縮本）

〔二七〕　昭明文選李善注（華正書局）

〔二八〕　劉義慶　世說新語（臺灣商務印書館四部叢刊初編縮本）

〔二九〕　嚴可均　全上古三代秦漢三國六朝文（中文出版社）

文心雕龍讀本 上篇 目次

卷五

原道第一〔評一〕

【解　題】

「原」是「本」的意思，「道」卽自然。「原道」者，言文學本原於自然的意思。彥和論文，首重自然，所以清朝紀曉嵐評：「自漢以來，論文者罕能及此。彥和以此發端，所見在六朝文士之上。」又說：「文以載道，明其當然，文原於道，明其本然。識其大乃不逐其末，首揭文體之尊，所以截斷衆流。」

昔人著述以「原道」命篇者，文心雕龍前後，於漢有「淮南子」，於唐有「韓愈」。淮南子所原之道，爲道家「無爲」之道，韓愈所原之「道」，爲儒家「仁義」之道。而彥和於此篇所謂之「自然」，既不同於道家的「無爲」，也不同於儒家的「仁義」；更與西方作家所謂的「自然主義」不合。

本文首言文出自然。次敍我國由上古以迄孔子之文。其中尤重唐虞以後，也是本照孔子删書斷自唐虞之遺意。最後說明道與文相關之理。所謂：「道沿聖以垂文，聖因文以明道」，蓋自然道妙，非「聖」不能體察，聖哲鴻文，非「道」不能樹立。故原道以後，繼之以徵聖；徵聖以後，又繼之以宗經。他將「徵聖」平列於「原道」、「宗經」二篇之間，很顯然的是有意將「自然之文」與「人爲之文」，由聖人的智慧作轉捩點，加以圓滿的過濾與取捨。使中國文學的本源，經過此一轉化，由本來之原於「自然」，一變而爲原於「經典」，使「經典」與「文學」結合，並強化了它的本原地位，使「經典」與「文學」發生了本末源流的關係。

這在文心雕龍五十篇中，是非常重要的一個觀點。尤其在文風日趨卑靡的齊、梁，彥和提出「文原自然」，「文重自然」，以及「自然成文」之說，不僅是正末歸本的良藥；就是對後世中國文學的發展而言，也給我們提示了回饋的對象。

夫經典深沉，體用多方。文原於自然，是「一切文學」的通性，但「中國文學」內涵之廣、方面之多、背景之複雜，以及民族性格、書寫工具、表情方式，均顯然有與他國不同的別性。彥和以「自然」爲宗，尊「經典」爲「文學」本原，一方面不違悖文學的通性，另一方面又點醒了中國文學的別性。這種並行而不相悖的態度，眞是卓絕千古。紀氏評曰：「齊梁文藻，日競雕華，標自然以爲宗，是彥和喫緊爲人處。」其以文學濟世的苦心，在字裏行間，更是灼然可見。

首段說明文原於道，其中又分三節：先標文德侔天地之義，是文之原於道。次論人心參兩儀之理，是心之原於道。末推闡無心之物，所以聲采並茂者，莫非自然。

【正　文】

文之爲德也，大矣！與天地並生者，何哉？夫玄黃色雜㊀，方圓體分㊁，日月疊璧㊂，以垂㊃麗天之象㊄；山川煥綺，以鋪理地之形㊅；此蓋道㊆之文也。仰觀吐曜㊇，俯察含章㊈，高卑定位，故兩儀㊉既生矣。惟人參之⑪，性靈所鍾，是謂三才⑫。爲五行之秀氣⑬，實天地之心生〔「秀」下「氣」字，「心」下「生」字原皆脫，據楊明照校注拾遺徵傳校各本補正〕〔評二〕，心生而言立⑭，言立而文明⑮，自然之道也〔評三〕。旁〔原作「傍」，依楊明照校注拾遺徵張松孫本校改〕及⑯萬品，動植皆文：龍鳳以藻繪呈瑞，虎豹以炳蔚凝姿⑰；雲霞雕色⑱，有踰畫工之妙；草木賁⑲華，無待錦匠之奇；夫豈外飾，蓋自然耳。至於林籟結⑳響，調如竽瑟；泉石激韻，和若球鍠(二一)；故形立則文生矣，聲發則章成，（「文生」「章成」原互倒，據郭晉稀譯註乙正）矣。夫以無識之物，鬱然(二二)有采；有心之器，其無文歟？

次段言太極，易象爲人文之肇始，河圖、洛書無非爲神明自然所主宰。

人文之元，肇自太極(二三)，幽贊(二四)神明，易象惟先。庖犧畫其始(二五)，仲尼翼其終(二六)。而乾坤兩位，獨制文言，言之文也，天地之心哉(二七)〔評四〕！若迺河圖孕乎八卦(二八)，洛書韞乎九疇(二九)，玉版金鏤之實(三〇)，丹文綠牒之華(三一)，誰其尸之(三二)？亦神理而已〔評五〕。

三段敍述有文字以來，中經三皇、五帝、夏、商、周以至孔子，始鎔鑄六經，寫天地之輝光，曉生民之耳目。

自鳥跡代繩(三三)，文字始炳(三四)，炎皞(三五)遺事，紀在三墳(三六)，而年世渺邈(三七)，聲采靡追。唐虞文章(三八)，則煥乎爲（原作「始」，茲依李師曰剛斠詮引馮本及御覽校改）盛(三九)。元首載歌(四〇)，既發吟詠之志；益稷陳謨(四一)，亦垂敷奏(四二)之風。夏后氏興，峻業（原作「業峻」，茲依郭晉稀譯註乙正）鴻績(四三)，九序(四四)惟歌，勳德彌縟(四五)。逮及商周，文勝其質，雅頌所被(四六)，英華日新。文王患憂，繇辭炳曜(四七)，符采複隱(四八)，精義堅深。重以公旦多材(四九)，振其徽烈(五〇)，制（原作「剬」，依御覽引，並據王利器新書說改正）詩緝頌(五一)，斧藻羣言(五二)。至若（原無「若」字依御覽引補）夫子繼聖，獨秀前哲，鎔鈞六經(五三)，必金聲而玉振(五四)；雕琢情性，組織辭令，木鐸啓，（原作「起」，音誤，茲據楊明照校注拾遺徵傳校各本訂正。）而千里應(五五)，席珍流而萬世響(五六)，寫天地之輝光，曉生民之耳目矣。

末段論道與文相關，中涵二義：一、言道沿聖以垂文。二、言聖因文以明道。蓋自然道妙，非聖不彰；聖哲鴻文，非道不立。

爰自風姓(五七)，暨於孔氏，玄聖創典(五八)，素王述訓(五九)，莫不原道心以敷章(六〇)，研神理而設教，取象乎河洛(六一)，問數(六二)乎蓍龜(六三)，觀天文以極變，察人文以成化；然後能經緯區宇(六四)，彌綸彝憲(六五)，發揮（原作「輝」，依御覽及楊明照校注拾遺徵程器篇同句校改）事業，彪炳辭義。故知道沿聖以垂文，聖因文以明道（「以明」原作「而明」，據御覽五八五引，並依王利器新書說改），旁通而無涯（「無涯」原作「無滯」，茲據王利器新書徵傳校各本，與范文瀾注引孫蜀丞說改正。）〔評六〕，日用而不匱(六六)。易曰：「鼓天下之動者存乎辭」(六七)。辭之所以能鼓天下者，迺道之文也。

贊曰(六八)：道心惟微(六九)，神理設教。光采玄聖(七〇)，炳燿仁孝(七一)〔評七〕。龍圖(七二)獻體，龜書(七三)呈貌。天文斯觀，民胥(七四)以傚。

【註　釋】

(一) **玄黃色雜**：玄黃，比喻天地，古人以爲天是黑色的，地是黃色的。雜、間雜的意思。天地之間，萬象紛紜，五色雜糅，故言色雜。易經坤卦文言：「夫玄黃者，天地之雜也，天玄而地黃。」

(二) **方圓體分**：方圓，指天地而言。古人以爲天圓地方，大戴禮記有「天道曰圓，地道曰方」之語，二者截然劃分，故曰「體分」。

(三) **日月疊璧**：日月交輝，如重疊的璧玉。語出書經周書顧命釋文引「馬融說」。

㈣垂：顯示的意思。

㈤麗天之象：指天空中美麗的景象。

㈥理地之形：「理」是「條理」的意思；「理地」指大地上有條不紊的物形。語由易經繫辭上「仰以觀於天文，俯以察於地理」化出。

㈦道：在這裏指上文說的「天、地、日、月、山、川」，純粹是自然的本身。

㈧吐曜：本作發出光明照耀的意思，此處用來比喻日月星辰，亦卽「天」。

㈨含章：內蘊美質之意。因地有文采，亦可謂含章，因此這裏以「含章」表示「地」。辭出易經「坤卦」六三。

㈩兩儀：就是「天地」。

(十一)惟人參之：參，有「三」的意思。惟人參之，就是說，人以第三者的身分參與天地之間。

(十二)三才：指天、地、人而言。易經繫辭下：「易之爲書也，廣大悉備，有天道焉，有人道焉，有地道焉，兼三才而兩之」。

(十三)爲五行之秀氣：五行，謂金、木、水、火、土。禮記禮運：「人者，五行之秀氣也。」又說：「人爲天地之心，五行之端。」

(十四)心生而言立：是說心意既生，必吐之而後快，語言因而成立。此處用揚雄法言問神篇上的話，而縮節其辭。

(十五)文明：文采章明，指文章。

⑯ **旁及**：旁，溥。「溥」就是今天通用的「普」字。旁及就是普及。

⑰ **虎豹以炳蔚凝姿**：炳，鮮明。蔚，盛多。易經革卦：「大人虎變，其文炳也」；又云：「君子豹變，其文蔚也」。

⑱ **雕色**：雕，雕琢的意思；「雕色」與下文「賁華」相對成文。

⑲ **賁**：修飾的意思；易經序卦傳云：「賁，飾也」。在此含有「開放」之意。

⑳ **結**：構成的意思。

㉑ **球鍠**：說文：「球，玉磬也」；「鍠，鐘聲也」。「鍠」在這裏指「鐘」。

㉒ **鬱然**：鬱，茂。鬱然，茂盛的樣子。

㉓ **太極**：指「生成天地的宇宙本體」。這裏可以解作「太古」。易經繫辭上：「易有太極，是生兩儀。」

㉔ **幽贊**：幽，深。贊，明。幽贊，就是深究闡明的意思。

㉕ **庖犧畫其始**：庖犧卽伏羲氏。易經繫辭下云：「古者庖犧氏之王天下也……始作八卦，以通神明之德，以類萬物之情」。

㉖ **仲尼翼其終**：相傳孔子作易經十翼，「十翼」就是：「上彖」、「下彖」、「上象」、「下象」、「上繫」、「下繫」、「文言」、「說卦」、「序卦」、「雜卦」。十翼出而易經完成，所以說：「仲尼翼其終」。

㉗ **言之文也，天地之心哉**：易經有六十四卦，獨乾、坤兩卦有「文言」；「乾爲天」，「坤爲地」，所以說：「天地之心哉」。

⑱ **河圖孕乎八卦**：孕，含蘊的意思。相傳庖犧氏治理天下時，河神賜之以圖，庖犧氏便依河圖畫成八卦。易經繫辭上：「河出圖，洛出書，聖人則之。」

⑲ **洛書韞乎九疇**：九疇，指古代九項治理天下之大道。韞，音（ㄩㄣˋ），蘊藏的意思。相傳大禹治水時，洛神賜之以書，大禹據洛書作「洪範九疇」。文見書經周書「洪範」。

⑳ **玉版金鏤之實**：此句和下句，是承上文「河圖、洛書」兩者說的。本句大意是說「玉版上刻的金字」。

㉑ **丹文綠牒之華**：牒，音（ㄉㄧㄝˊ）。綠牒，綠色竹簡。全句是說「竹簡上所寫的丹文」。

㉒ **誰其尸之**：尸，主。「誰其尸之」，疑問句。是誰主持其事呢？

㉓ **鳥跡代繩**：鳥跡，指文字。相傳上古結繩紀事，黃帝史官倉頡看見鳥獸足跡，依仿足跡的不同，造作文字，於是文字代替了結繩紀事。許愼說文解字序：「黃帝之史蒼頡，見鳥獸蹏迒之跡，知分理之可相別異也，初造書契。」

㉔ **炳**：彰明顯著的意思。

㉕ **炎、皞**：指神農氏與伏犧氏。

㉖ **三墳**：是紀載伏羲、神農、黃帝時代事蹟的典籍。詞出左傳昭公十二年文。

㉗ **渺邈**：久遠的意思。

㉘ **唐虞文章**：指唐堯、虞舜兩代的文物制度。

㉙ **煥乎爲盛**：煥，文采鮮明的意思；爲盛，盛極一時。書經中有堯典、舜典，所以說「唐、虞文章，則煥乎爲盛」。

(四〇) **元首載歌**：載，始。言始唱「元首」之歌。書經夏書益稷：「帝乃歌曰：『股肱喜哉！元首起哉！百工熙哉！』」。

(四一) **益稷陳謨**：益稷，夏時人名；謨，謀略的意思。

(四二) **敷奏**：敷陳奏進的意思。

(四三) **峻業鴻績**：峻、鴻都是「大」的意思。業、績都是「功績」的意思，全句是指「豐功偉績」。

(四四) **九序**：九序，是說「水、火、金、木、土、穀、正德、利用、厚生，九項政事都次第實行。書經大禹謨云：「水、火、金、木、土、穀，惟修，正德、利用、厚生，惟和，九功惟敍，九敍惟歌。」

(四五) **勳德彌縟**：勳德，功德；彌，愈的意思。縟，繁盛的意思。

(四六) **雅頌所被**：被，被及，影響所及之意。詩大序：「詩有六義焉，一曰風，二曰賦，三曰比，四曰興，五曰雅，六曰頌」。此處用雅、頌代表詩經，彥和文心雕龍之引書，有以部分代表全書之例，此其一證。

(四七) **文王患憂，繇辭炳曜**：繇，音（ㄓㄡˋ）。指卜卦之辭；炳耀，散發光采的意思。繇辭炳曜，相傳文王爲殷紂所囚，作「卦辭」、「爻辭」。

(四八) **符采複隱**：符采，玉之橫文。用來比喻文章的情理辭采，全句是說「文辭複疊隱晦」。

(四九) **公旦多材**：公旦，指周公旦。書經周書金縢云：「乃元孫不若旦多材多藝，」

(五〇) **振其徽烈**：振，發揚。徽烈，美好的功烈。其，代名詞，指文王。

(五一) **制詩緝頌**：相傳現在詩經豳風中的「七月」和「鴟鴞」，周頌中的「時邁」爲周公所作，故言「制詩緝頌」。

㉜ **斧藻羣言**：斧藻，修飾的意思。羣言，指一切典章制度，在此泛指其制禮作樂的事。

㉝ **鎔鈞六經**：指孔子「刪詩書、訂禮樂、贊周易、修春秋」。

㉞ **金聲而玉振**：振，有「收」的意思，見王念孫「廣雅疏證」。孟子萬章下：「孔子之謂集大成。集大成也者，金聲而玉振之也。」古代奏樂，先以鐘聲開始，後以玉磬收尾，然後始告完成。在此借來比喻孔子對中國上古文化的整理，始終其事，體系一貫，如奏樂之集大成一般。

㉟ **木鐸啓而千里應**：木鐸，是一種用木爲舌的鈴。古代遇有敎令要傳布時，就敲起木鐸，集合羣衆。論語八佾：「天將以夫子爲木鐸」。

㊱ **席珍流而萬世響**：席珍，指席上的山珍海味。在此喻孔子思想精博，富如山海，流傳萬世，影響無窮。禮記儒行：「儒有席上之珍以待聘」。

㊲ **爰自風姓**：爰，於是；風姓，指庖犧氏。禮記月令正義引帝王世紀：「太皥帝庖犧氏，風姓也。」

㊳ **玄聖創典**：玄聖，遠古的聖人，指庖犧、神農、黃帝等古代聖王。創典，就是「創立典則」的意思。

㊴ **素王述訓**：素王，凡有其德，而無其位者謂之素王，此處指「集大成的孔子」；述訓，卽「述而不作」的意思，是說孔夫子追述前代聖人（卽庖犧、神農……文王、周公）的遺訓。

㊵ **原道心以敷章**：原，推本的意思，當動詞用。道心，卽神明自然的精神。敷章，鋪陳文章的意思。

(六一) **河洛**：即前面所提到的河圖、洛書。

(六二) **數**：術數的意思，古人用數的奇偶，定命運的好壞。

(六三) **蓍龜**：蓍，音（ㄕ）。蓍草；龜，龜甲；古人用蓍草和龜甲作占卜的工具。

(六四) **區宇**：天下的意思。

(六五) **彌綸彝憲**：彌綸，綜合的意思。彝憲，常法。

(六六) **匱**：貧乏的意思。

(六七) **鼓天下之動者存乎辭**：鼓天下之動者，指「鼓動天下者」。辭，指「爻辭」，在此借指「文辭」。文見易經「繫辭」上。

(六八) **贊曰**：贊，文體名，本書頌贊篇：「贊者，明也，助也。」又論說篇：「贊者明意」；「贊」常用在一篇文章的末尾，如司馬遷史記的「太史公曰」，班固漢書的「贊曰」，來總結全篇的大意，或補充前文之未備，相當於今天大家常說的「總而言之」。

(六九) **道心惟微**：惟，句中語助辭。微，微妙的意思。

(七〇) **光采玄聖**：即「玄聖光采」的倒裝。大意是說，聖人設教立說，使自然之道大放異采。

(七一) **炳燿仁孝**：即「仁孝炳燿」的倒裝。言使「仁孝」的倫理道德，獲得高度的宣揚。

(七二) **龍圖**：河圖，相傳「龍馬負圖」，所以叫「龍圖」。

(七三) **龜書**：洛書，相傳「神龜負書」，所以叫「龜書」。

(七四) **胥**：皆的意思。

【語譯】

文的作用，實在關係重大啊！它是和天地同時發生的。這話怎麼說呢？當渾沌初開之時，天玄地黃，五色間雜，圓者爲天，方者爲地，劃分成兩種不同的形體。日月更迭，周而復始，就像兩塊重疊的璧玉，照耀著天空美麗的景象；山川河流，綺麗煥發，鋪陳出大地條理井然的形狀；這不就是自然的文采嗎？我們仰視天空的日月光華，俯察大地的山川美章，天高地卑，已有定位，而陰陽兩極，就由此產生了。萬物之中，唯獨人類深悟此理，而參與天地之間。究其所以如此，因爲人乃天地間靈氣聚合而成的，與天地合稱三才。人，不僅綜合了五行的秀氣，更是本乎天地之心而生。心意既生，爲了表情達意，語言因而成立；有了語言之後，就產生了文章，這是自然的現象啊！自然的文采，除天地日月山川之外，推而至於其他動植物，都有它們各自的文采：譬如龍鳳，以其麟羽之美，呈現吉祥的瑞兆。虎豹以斑爛的毛色，構成威武的雄姿；雲霞散發的五光十色，就是畫師的生花妙筆，也趕不上它的綺麗；草木開放的花朶，那美麗的色彩，更不必依賴織錦匠人的奇妙技巧。它們哪裏是故作裝飾呢？不過是表現自然的文采罷了。至於輕風吹過樹林，所造成的聲響，其音韻的調和悅耳，有如竽瑟的齊奏；流泉沖激著岩石，所造成的旋律，其音色的和諧，就像鐘磬的合奏。由以上所舉的例子看來，凡是具有形體的事物，必能產生美麗的文采，出自天籟的一切音響，都構成動聽的樂章。試想，這些沒有靈性之物，尚且有茂盛的文采，而具備天地之心的人類，難道就沒有文采嗎？

我國人文的起源，開始於太古時代。而深入闡揚這種神明自然的作品，實以易經的卦象爲最先。伏羲氏開始畫八卦，仲尼最後作十翼。十翼之中只有乾坤兩個卦位，單獨制作文言，闡揚它的精義。可見言詞必須具有文采，始足以表達人類的感情，這就是所謂的天地之心啊！至於傳說中「龍馬負圖」的事，則河圖的內容，實已包含在八卦之中；「神龜負書」的傳說，則洛書的精蘊，也已蘊藏在洪範九疇之內。其他如玉版上雕刻的金字，竹簡上書寫的丹文，這些事物的發生，究竟是誰主持的呢？如果窮溯其源，也不過是神明自然的現象罷了。自從我們的祖先，以書契代替結繩紀事以來，文字的功用，才大爲顯著。炎帝、伏犧時代的遺文墜事，都記載在三墳之中。然而由於年代久遠，當時的聲教文采，至今已無法追述。到了唐堯、虞舜，當時的文物制度，眞是光輝燦爛，盛極一時。皐陶的「元首」之歌，是以吟詠歌唱的方式，來表達內心情感的發端；益稷向舜陳述的治國大計，也給後人敷陳奏進，垂示了風範。夏后氏興，由於他平治洪水，勳業彪炳，九種政治的設施，都能按部就班，井然有序的頒行，因此受到萬民的歌頌與擁戴。其勳德功業，益增文章的繁縟。到了商、周二朝，文章更有了進一步的發展，文采之盛，往往超過了他的本質；「詩經」就是一個例子，它影響所及，使文采之美日新又新，歷久不衰。當文王被囚羑里時，以他的憂患意識，潛心推演，易經的卦辭、繇辭，方才燦然大備。但由於其中文理、辭采，複疊隱晦，因此精言奧義，十分深遠。加以周公旦多才多藝，更發揚了文王偉大的功烈。他制作詩歌，整理商頌，並修改前代一切的文物制度。至孔夫子一出，道冠古今，德配天地，集往聖之大成，較之前哲，尤爲傑出；於是刪詩書，訂禮樂，贊周易，修春秋，陶鎔六經，卓然有成。其對中國上古文化的整理與發揚，始終其事，體系一貫，就像音樂演奏時，集金鐘玉磬的大成一樣。在文學方面，不但提煉了人類的至情至性，又組織語言與辭令。所以孔子在中國人文方面的偉大教化，正如同傳道的鏗聲響起，雖在千里以外的人們，都願意趕來歸服。他的思想精博，就如同山珍海錯的宴席，可流傳萬世，影響無窮。他不僅描繪了天地的光輝，傳述了自然的文采，同時也曉喻了生民的耳目，啓迪了百姓的智慧，使大家耳聰目明，洞悉事理啊！

於是上自伏羲，下及孔子，無論遠古聖哲的創立典章，或孔子的追述先賢遺訓，他們無一不是推本天地自然的精神，敷陳文章；窮究神明之理，做爲設敎立說的根據。並採取法象於河圖洛書，詢問術數於蓍草龜甲，上觀天地自然之文，以究明各種變易；下考詩書禮樂之說，以完成敎化。如此，由自然之文，迴映到人爲之文，明其所以，察其所由，然後才能統治天下，制定永久不變的大法，並從而發揮事業，顯揚文辭敎義的功能。由此可知，自然之道，必須依賴著聖人的智慧，才能垂示它的文章，而聖人也必須藉著文章，才能闡明自然之道。因此，我們觀覽聖賢垂示的經典，對於應事接物，自能觸類旁通，肆應無窮。至於它在日常生活裏的妙用，那更是取之不盡，用之不竭了。易經繫辭上說：「鼓動天下人心者，在於文辭。」文辭之所以能發揮鼓動天下人心的效用，究其原因，在於它上合自然之道的緣故啊！

總而言之：自然的精神，是微妙難測的，古聖先哲設敎立說，才使這種神明自然之道，大放異采。於是仁孝的倫理道德，亦因聖人的宣揚，而獲得了高度的發揮。龍馬負圖，呈現了文字的形體，洛龜負書，吐露了文章的風貌。當我們仰觀自然文采的變化時，大家更應該起而效法，來充實人文的內涵啊！

【集評】

一、紀評：「據時序篇，此書實成於齊代，今題曰梁，蓋後人所追題，猶『玉臺新詠』成於梁，而今本題陳徐陵耳。自漢以來，論文者罕能及此。彥和以此發端，所見在六朝文士之上。文以載道，明其當然；文原於道，明其本然，識其本乃不逐其末。首揭文體之尊，所以截斷衆流。」

二、曹評：「先提起心字，而後及有心無心之別。」

三、紀評：「齊梁文藻，日競雕華，標自然以爲宗，是彥和喫緊爲人處。」

四、紀評：「此解『文言』，不免誤會。」

五、紀評：「解『易』者未發此義。」

六、紀評：「此卽載道之說。」

七、曹評：「仁孝二字，亦有斟酌。」

【問題討論與練習】

一、何謂「原道」？既言「原道」，何必「宗經」？能否條列其理以對？

二、彥和之文學思想，以「宗經」為主，而文心雕龍又首列「原道」，何故？

三、彥和列「原道、徵聖、宗經、正緯、辨騷」於文心雕龍之首，有何寓意？試申其要：

四、劉勰謂：「道沿聖以垂文，聖因文以明道」，試擧其說而申言之？

五、試述原道篇中「道」之涵義，並說明其與儒、道之關係？

六、文心雕龍之「原道」，與淮南子之「原道」，韓愈之「原道」，三者立論有何不同？

七、「原道」篇之主旨爲何？並由人文發展之過程，探討「原道」「徵聖」「宗經」三篇之關係？

徵聖第二〔評一〕

【解題】

徵聖者，徵驗於聖人也。然則文學之事，又何需徵驗於聖人乎？蓋文學既原於自然，而自然包羅萬象，充塞宇內，其道廣大，其理精妙，非聖人不能體察，非聖人尤不能垂文。聖人既能因文明道，所以我人欲知「自然之文」，何以能轉化爲「人爲之文」，也就是將「文學」之通性，一變而爲「中國文學」的別性？換言之，就是將文學之「原道」，轉換爲「宗經」，其間重要的關鍵，非徵驗於聖人，即無法理解。所以繼「原道」篇後，而有「徵聖」篇之設。

徵聖，既是徵驗於聖人，則聖人又有何奇才異能，將「自然之文」，轉化而爲「人爲之文」乎？彥和於此從四方面加以說明。第一、敏銳的鑑賞力：說聖人識鑒周密，他那眼光如同麗天的日月，普照大地，無微不至；第二、有過人的領悟力：說聖人妙識悟解，既有幾微不測的變化，又能洞悉幽隱，毫無遺憾；第三、有永垂不朽的文章：如孔子刪詩書、訂禮樂、贊周易、修春秋，集我國上古文化的大成，爲後世樹立了寫作的準則；第四、有切合自然的思想：聖人上觀天地之文，下察古今著作，他那精深隱奧的思想，暗合神明自然的理則。聖人具備了這四方面的修養，所以他自有「原道心以敷章，研神理而設教」的可能了。

聖人既有常人所不可企及的修養，其爲文特色，又如何乎？彥和提出「簡」「博」「明」「隱」四術。蓋簡、博、明、隱，曲當神理之妙，詳、略、先、後，亦無損體製之殊。所以他賡續的說：「或簡言以達旨，或博文以該情，或明理以立體，或隱義以藏用。」如「春秋」一字以褒貶，「喪服」舉輕以包重，此簡言足以達旨之例。「邠詩」聯章以積句，「儒行」縟說以繁辭，此博文方可該情之例。「書契」決斷以象夬，「文章」昭晰以効離，此明理始可立體之例。「四象」精義以曲隱，「五例」微辭以婉晦，此隱義以藏其用之例。所說「四象」，又由於彼此性質的不同，事物的不同，情況的不同，作用的不同，甚而體裁的不同，要運用各種不同的表達手法，並非一成不變。

觀乎此，後世從事駢偶的學者，固可託詞「文言」之爲儷語；而推崇古文的人士，亦不必假借訓詁之爲單行，排他立己，是黃非素了。所以彥和引易經繫辭：「辨物正言，斷辭則備」，書經畢命篇：「辭尙體要，不惟好異」，言外之意，正有箴砭文家的積弊，力挽風氣於東流的微旨啊。

夫「聖文之雅麗，固銜華而佩實者也」。聖人之文就是經典之文，「雅」指內容的典雅，「麗」指形式的華麗，「典雅」與「華麗」既是經典的藝術形象，所以「經典」不僅是「邁德樹聲」的典範，更是「建言修辭」的本源。而常人誤中昭明太子「蕭統」的一偏之見，也認爲聖人是「以立意爲宗，不以能言爲本」，遂取彼捨此；二千年來，知經典之亦爲文學作品者蓋寡矣。所以彥和云：「天道難聞，猶或鑽仰；文章可見，胡寧勿思。若徵聖立言，則文其庶矣！」尤其在競采爭豔的六朝，此說之在當時，直如空谷足音，天外飛來。大塊寂寥，知音者又有幾人乎？

「原道」之後爲「徵聖」，「徵聖」之後設「宗經」，蓋自然道妙，非聖不彰，聖哲鴻文，非道不立，此彥和以「原道」冠冕全書之微旨也。而「徵聖」之作，以明道之人爲證，重在於「心」；「宗經」之篇，以載道之文爲主，重在於「文」。三篇體系一貫，而「徵聖」更是由「原道」轉化爲「宗經」的關鍵，「道沿聖以垂文，聖因文以明道」，無聖人卽不能明道，無聖人卽不能垂文，明道、垂文皆由聖人而來。明乎此，則中國文學的本源在「經典」，亦可以思過半矣。

首段論文必徵聖之理。其中又分二節：初渾言聖、明之分，及聖人之情見乎辭。次舉例說明政化、事績，及修身三者貴文之徵，以見志足、情信，方爲作文之金科玉律。

次段明聖心精徵，故其隱曲當神理、並標出簡，博、明、隱四法，各舉文例以見其體用之別。

【正文】

夫作者曰聖(一)，述者曰明(二)，陶鑄(三)性情，功在上哲(四)，夫子文章(五)，可得而聞，則聖人之情，見乎辭（原作「文辭」，據唐寫本刪）矣。先王聲教（原作「聖化」，據唐寫本改）(六)，布在方冊(七)，夫子風采，溢於格言(八)。是以遠稱唐世，則煥乎爲盛(九)；近襃周代，則郁哉可從(一〇)。此政化貴文之徵也。鄭伯入陳，以立（原作「文」，據唐寫本改）辭爲功(一一)，宋置折俎，以多文舉禮(一二)。此事績（原作「蹟」，據唐寫本改）(一三)貴文之徵也。襃美子產，則云：「言以足志，文以足言」(一四)；泛論君子，則云：「情欲信，辭欲巧」(一五)。此修身貴文之徵也。然則志足而言文，情信而辭巧，迺含章之玉牒(一六)，秉文之金科矣(一七)〔評二〕。

夫鑒周日月(一八)，妙極幾（原作「機」，據唐寫本改）神(一九)；文成規矩(二〇)，思合符契(二一)；或簡言以達旨(二二)，或博文以該情(二三)，或明理以立體(二四)，或隱義以藏用(二五)〔評三〕。故春秋一字以襃貶(二六)，喪服舉輕以包重(二七)，此簡言以達旨也。邠詩聯章以積句(二八)，儒行縟說以繁辭(二九)，此博文以該情也。書契決斷（原作「斷決」，依唐寫本改），以象夬(三〇)，文章昭晰以効（原作「象」，依唐寫本改）離(三一)，此明理以立體也。四象精義以曲隱(三二)，五例微辭以婉晦(三三)，此隱義以藏用也〔評四〕。故知繁略殊制（原作「形」，依唐寫本改），隱顯異術，抑引隨時㉞，變通適會（原作「會適」，依唐寫本改）㉟〔評五〕，徵之周孔，則文有師矣。

是以論文（原作「子政論文」，依唐寫本改），必徵於聖；窺聖（原作「稚圭勸學」，依唐寫本改），必宗於經。易稱：「辨物正言㊱，斷辭則備㊲」，書云：「辭尙體要，不（原作「弗」，依唐寫本改）惟好異」㊳。故知正言所以立辨（原作「辯」，依唐寫本改），體要所以成辭，辭成則（原無「則」字，依唐寫本增）無好異之尤，辨立則（原無「則」字，依唐寫本增）有斷辭之美（原作「義」，依唐寫本改）。雖精義曲隱，無傷其正言；微辭婉晦，不害其體要。體要與微辭偕通，正言共精義並用〔評六〕；聖人之文章，亦可見也。顏闔以爲：「仲尼飾羽而畫㊴，從（「從」原作「徒」，形誤，據梅校徵莊子列禦寇篇文，並依何焯說改）事華辭。」雖欲訾聖㊵，弗可得已。然則聖文之雅麗，固銜華而佩實者也㊶。天道難聞，猶或鑽仰㊷；文章可見，胡寧㊸勿思？徵聖立言（「徵」前原有「若」字，依唐寫本刪），則文其庶矣㊹。

末段由徵聖立言，庶得爲文之道。以贊聖人之當徵。

贊曰：妙極生知㊺，睿哲惟宰㊻。精理爲文，秀氣成采。鑒懸日月㊼，辭富山海㊽。百齡影徂㊾，千載心在㊿。

【註釋】

㈠ **作者曰聖**：作，創始，指制禮作樂。聖，聖人，本篇指周公、孔子，所謂：「徵之周孔，則文有師矣。」

（二）**述者曰明**：述，繼承闡述，指闡述聖人所講的道理。明，賢人。

（三）**陶鑄**：陶，製瓦器。鑄，冶煉。陶鑄，在此借指「教育的薰染」。

（四）**上哲**：上古的聖賢。

（五）**夫子文章**：夫子指孔子。本書原道篇：「夫子繼聖，獨秀前哲，鎔鈞六經，必金聲而玉振……」。論語公冶長篇：「夫子之文章，可得而聞；夫子之言性與天道，不可得而聞也。」

（六）**聲教**：聲威和教化。

（七）**布在方册**：方，木版。册，編聯的竹簡。是說先王的聲威和教化，都散布在書牘簡册之中。語出禮記中庸，子曰：「文武之政，布在方策」。策同册。

（八）**溢於格言**：溢，充滿，洋溢。格言，能指示人向正道而行的言辭，在此似指「論語」。

（九）**遠稱唐世，則煥乎爲盛**：稱，讚美。唐世，唐堯時代。煥乎，鮮明的樣子。論語泰伯篇：「大哉！堯之爲君也，巍巍乎，唯天爲大，唯堯則之，蕩蕩乎，民無能名焉，巍巍乎其有成功也，煥乎，其有文章。」

（一〇）**近褒周代，則郁哉可從**：褒，褒揚。郁哉，文采章明的樣子。論語八佾篇：「子曰：周監於二代，郁郁乎文哉！吾從周。」

（一一）**鄭伯入陳，以立辭爲功**：鄭伯，指鄭簡公。是說鄭國攻打陳國，協助陳惠公復國，全是靠著子產言辭謹愼，而立下的功勞。左傳襄公二十五年：「仲尼稱子產曰：志有之，言以足志，文以足言。不言誰知其志？言之無文，行而不遠。晉爲伯，鄭入陳，非文辭不爲功，愼辭也。」

(一二)**宋置折俎，以多文舉禮**：置，辦理。折俎，依杜預注，是指把牲體骨節折開，蒸熟，放在盛肉的盤子上，合卿享宴之禮。舉，記錄。是說宋國大夫向戌在弭兵會議上，以折俎的禮節，宴享晉國貴賓趙文子，孔子知道以後，大加贊許，因命弟子記錄他們的言辭禮儀，以爲觀摩的準則。左傳襄公二十七年：「宋人享趙文子，叔向爲介，司馬置折俎，禮也。仲尼使舉是禮也，以爲多文辭。」

(一三)**事績**：邦交政事的功績。

(一四)**言以足志，文以足言**：足，成，有充分意。志，情志。這是孔子誇獎子產的話。說他言辭能充分表達情志，文采又充分表達言辭。參閱本文注釋㊀。

(一五)**情欲信，辭欲巧**：信，信實。巧，美好，語出禮記「表記」。

(一六)**含章之玉牒**：含章，內含美好的質地。玉牒，玉條，指典策之類。全句是說，含有寶貴的至理名言。

(一七)**秉文之金科**：秉，掌握。秉文，引申爲作文章。金科，科條法令，引申爲良好的典範。全句是說，作文的良好典範。

(一八)**鑒周日月**：鑒，鑒識。指鑒識明密，如同日月普照大地，無微不至。

(一九)**妙極幾神**：妙，妙悟。幾，動之微。指妙識悟解，能領悟幾微不測的變化。

(二〇)**文成規矩**：規矩，法則，準的。文成，指孔子刪詩書、訂禮樂、贊周易、修春秋。全句是說，聖人的文章，爲後世樹立了寫作的準則。

(二一)**思合符契**：符契，符信，如今日的「合同」。指孔子的思想合於自然，可做眞理的憑信。

㉒ **簡言以達旨**：用簡略的字句，表達主要的意旨。

㉓ **博文以該情**：用廣博的文辭，包舉豐富的情感。

㉔ **明理以立體**：用顯明的事理，建立文章的體制。

㉕ **隱義以藏用**：用隱微的意義，潛藏文字的功用。

㉖ **春秋一字以褒貶**：言「春秋經」用一個字，來褒善貶惡。范寧春秋穀梁傳序：「一字之褒，寵踰華袞之贈；片言之貶，辱過市朝之撻。」杜預春秋左氏傳序：「春秋雖以一字爲褒貶，然皆須數句以成言。」

㉗ **喪服舉輕以包重**：是說禮記對喪服的說明，只列舉較輕的喪服。如「小功不稅」，小功，輕喪，服喪五個月。稅，喪期已過，聞喪而服。服輕喪五個月，要是喪期已過才得喪訊，就不補服。這就包括了若是較重的喪服，雖然逾期，也須補服喪服的意思。

㉘ **邠詩聯章以積句**：邠，國名，一作豳。這裏是指詩經豳風。豳風「七月」，全篇分八章，每章十一句，計三百八十三字，是國風中最長的一篇詩，所以說「聯章積句」。

㉙ **儒行縟說以繁辭**：儒行，禮記篇名，內容專講儒者行爲，分爲自立、容貌、備豫、近人、剛毅等十六種，文辭繁富。所以稱「縟說繁辭。」

㉚ **書契決斷以象夬**：夬，音（ㄍㄨㄞˋ）。書契，文字。夬，夬卦。象夬，象夬卦的表示決斷。是說上古結繩記事，事情分不清楚，自從有了文字的發明，就分清楚了。這種情況，正象徵剛正明信，宜揚號令的「夬卦」。

㉑ **文章昭晰以効離**：効，同效，效法。離，易經有離卦，象辭：「離，麗也。日月麗乎天，百穀草木麗乎土，重明以麗乎正，乃化成天下。」在此表示文章顯明。全句是說，用章明的文采，效法日月麗天，萬物得所的「離卦」。

㉒ **四象精義以曲隱**：四象，指六十四卦中的實象、假象、義象、用象。如乾卦，以乾象天，爲實象。乾象天，引申爲父，爲假象。乾，健也，爲義象。乾有四德，元亨利貞，君子行此四德，就可得到和諧貞正，當爲用象。言這四象精微的含義，都是曲折隱奧的。

㉓ **五例微辭以婉晦**：五例，是春秋經五種寫作的體例，杜預春秋經傳集解序：「爲例之情有五，一曰微而顯，二曰志而晦，三曰婉而成章，四曰盡而不汙，五曰懲惡而勸善。」微辭以婉晦，是說用婉轉晦變的文詞，表現所涵藏的意義。

㉔ **抑引隨時**：抑引，即抑揚。是說文章的或抑制、或發揮，應隨時機的需要。與下句合觀，皆指文字應靈活運用，隨時變化。

㉕ **變通適會**：變通，即通變。是說文章的或創新、或法古，要適應其際會的要求。

㉖ **辨物正言**：辨物，辨明事物。正言，合於正道的言論。是說以正確的言論，明辨事物的道理。語出易經「繫辭」下。

㉗ **斷辭則備**：斷，決斷。辭，卦辭。言若能「辨物正言」，那麼在決斷卦辭的義理時，就能措辭詳備，語意完整。

㉘ **辭尚體要，不惟好異**：言文辭以意旨充實，體察切要爲尚，不是愛好標新立異。語出書經僞「畢

命」篇。

㊴ **飾羽而畫**：指在漂亮的羽毛上施加文采。比喻人之爲文，如徒事文飾，便失本眞。莊子列禦寇：「魯哀公問於顏闔曰：吾以仲尼爲貞幹，國其有瘳乎？曰：殆哉圾乎！仲尼方且飾羽而畫，從事華辭，以支爲旨，……夫何足以上民。」

㊵ **訾聖**：詆毀聖人。彥和以爲聖人需要華辭，所以顏闔的詆毀，是沒有用的。

㊶ **銜華而佩實**：是說含有美麗的文采和質樸的內容。比喻聖人的文章雅麗兼備，華實互用。

㊷ **天道難聞，猶或鑽仰**：言天道深微，不可得而聞；尚且有人去鑽研力索。前句出論語公冶長篇，後句出論語子罕篇。

㊸ **胡寧**：猶言何乃。就是現在口語的「爲什麼」。

㊹ **文其庶矣**：庶，近乎，接近之意。言文章也差不多接近標準了。

㊺ **妙極生知**：生知，生而知之。是說聖人的領悟力非常高妙，到達生而知之的境界。

㊻ **睿哲惟宰**：睿哲，聰明智慧。宰，主宰。是說惟有具備聰明智慧的人，才能主宰一切。

㊼ **鑒懸日月**：言聖人的見識周密，像日月的光華照耀高懸。

㊽ **辭富山海**：言聖人的文辭豐贍，像山海中的寶藏，取之不盡。

㊾ **百齡影徂**：影，形體。徂，往，逝。指人生有限，百歲光陰，像形影般忽然而逝。

㊿ **千載心在**：是說惟有寄託心志於文章，始可流傳千載，永垂不朽。

【語 譯】

凡生而能通達事物的道理，創制禮樂法度文明的人，統尊之爲「聖人」；能够分辨是非，闡揚聖人之道的人，統尊之爲「賢人」。陶冶人民的性情，鎔鑄人民的氣質，都應歸功於古聖先哲。孔夫子修明詩、書、禮、樂以教誨弟子，使人人得以耳聽目睹；所以聖人的情志，已表現於文辭之間了。古先聖王的聲威教化，都散布在書牘簡册之中；孔子的風範儀采，也在論語裏表露無遺，成爲一般人共同遵守的至理名言。所以孔子稱讚上古的唐堯治世，說他建立了光輝燦爛的文物典範，而盛極一時；褒揚近代的周朝，說他文采章明，兼備夏、商兩代的禮法，令人欣然景從，這是政治教化貴乎文采的徵驗啊！又鄭簡公入陳，援助惠公復國，孔子認爲晉爲五霸之一，鄭國卻能助惠公復國，全是靠著子產言辭謹愼，而立下的功勞；宋國大夫向戌，在弭兵會議之後，以折俎的禮節宴享趙文子，言辭往來，賓主得以盡歡，孔子知道了這件事以後，大加贊許，就令弟子記錄他們的言辭禮儀，以爲觀摩的準則，這是在政治外交上，想要建功立業，貴乎文辭的徵驗啊！至於誇獎子產，說他言辭能充分說明情志，文采又充分表達言辭；廣泛地評論君子，說他們情志要眞摯，言辭需美好，這又是修養德行，貴乎文辭的徵驗啊！所以要想充分地表達心意，言辭必須有文采；情志想要眞摯，措辭必須要工巧，這便是立言的無尚法則，修辭的金科玉律啊！

聖人識見廣遠，像日月普照大地，無所不及；對自然界深微奧妙的變化，領悟力又極高。所以孔子刪詩書、訂禮樂、贊周易、修春秋，爲千秋萬世樹立了治學的典範；他那精深隱奧的思想，暗合乎神明自然的理則。至於說到聖人行文的體例：有的是以簡略的字句，表達主要的意旨，有的是以廣博的文辭，包舉豐富的情感；有的是以顯明的事理，建立文章的體制；有的是以隱微的意義，暗藏文字的功用。故春秋這部經典，運用片言隻字，褒善貶惡；禮記的喪服，舉出較輕的孝服，令人推想較重的孝服；這就是用簡略的言辭，表達主要意旨的例證。詩經大雅豳風七月，八章，章十一句，三百八十三字，爲國風中最長的詩篇；禮記儒行，說明十六種儒者，具備不同的德行，爲文章中最繁富的辭句，這就是用廣博的行文，包舉豐富情感的例證。用決斷的文字，象徵剛正明信，宣揚號令的夬卦；用章明的文采，效法日月麗天，萬物得所的離卦，這就是以顯明的事理，建立文章體制的明證。易經四象，以委曲隱約的言辭，說明精深的道理；春秋五例，以婉轉晦變的造語，表現涵藏的意義，這就是用隱奧的語義，暗藏文字功用的明證。由此可知，文辭何者當繁？何者當簡？其體制各有不同。辭氣何者應隱？何者應顯？方式也不一樣。所以或抑制，或發揮，應隨著時機的不同而運用；或創新，或法古，必須適應際會而變化，所以不可一概而論啊！如果我們徵驗周公、孔子兩位聖人的文章，去從事寫作的話，就可以循規蹈矩，有所師法了。

因此，論文章創作時，一定要徵驗於聖人；然而聖人已不可見，想要得知他們的爲文之道，便應宗奉其流傳於世的「經典」爲根本。易經繫辭下曾說：「辨別事物，要言論正當，修飾文辭，須詳備完整」。書經畢命篇也說：「文辭貴在信實簡約，不必標新立異」。由此可知，正當的言論，可以確立辨別事物的基礎；意旨充實，正是文辭成功的要素。文辭能夠把握充實簡約的原則，就不會有標新立異的缺點，各類事物都辨別正確，修辭纔能臻於完美的境地。精深的義理，雖是曲折隱晦，但並不傷害正當的言論；微妙的文辭，雖是委婉含蓄，也無損於充實簡約的原則。正因爲充實簡約的原則，與委婉的文辭相互融通；正當的言論，和精深的義理彼此爲用，聖人的文章，於此便可見一斑了。從前顏闔回答魯哀公的問話時，認爲「孔子的爲人，如同在漂亮的羽毛上施加文采，故意做作，專門講些美麗動人的謊言。」雖然他有意詆譭聖人，不過以孔子在各方面的成就，那是沒有用的。那麼聖人的文辭，可說是既典雅又華麗，本來就含有雅麗兼備，華實互用的特色啊！天道固屬精深奧妙，不可得而理解，但亙古以來，總還有人去探討鑽研；何況聖人遺留的文章，人人可以口誦心維，爲什麼不去思考學習呢？如果我們今後能以聖人的文章，作爲立言的依據，那麼我們的作品，也就差不多達到聖人的要求，接近理想的境界了。

總而言之，聖人的領悟力極爲高妙，可以說達到了生而知之的境界，也惟有具備高度智慧的聖人，才能主宰萬物。他並且以精妙的義理，發爲不刊的文章，以靈秀的氣質，譜成錦繡的辭采。至於聖人識見的透徹綿密，就像日月懸掛蒼穹，無不察照；文辭的豐富詳贍，如同寶物蘊藏山海，享用無窮。噫！人生有限，百歲光陰，忽然而過；但是，只要你把自己的心志，寄託於文章之中，卽令是千秋萬世，也可以永垂不朽了！

【集　評】

一、紀評：「此篇卻是裝點門面，推到究極，仍是宗經。」

二、紀評：「此一段證實徵聖，然無緊要。」

三、曹評：「四句文之妙的。」

四、黃評：「繁簡隱顯皆本乎經，後來文家偏有所尙，互相排擊，殆未尋其源。」

五、紀評：「八字精微，所謂文無定格，要歸於是。」

六、紀評：「通人之論。作文如此，乃無死句；論文如此，乃爲神解。」

【問題討論與練習】

一、聖文義例有四，試舉例以徵之？

二、聖人智周日月，妙極機神，綜其立言，義例為何？並援彥和之說以證：

宗經第三〔評一〕

【解　題】

「宗經」者，尊經也，就是尊奉經典以爲行文的矩矱。那麼經典有甚麼地方值得尊奉呢？彥和在這裏開宗明義便說，經書所闡述的是永恒不變的眞理，不可磨滅的偉大教誨。不只在思想上可以陶冶人們的性情，就是在語言形式上，也居於領導地位，可作爲寫作的規範。

「宗經」一文的架構，共分五個層次。首先，自「三極彝訓」至「無錚錚之細響」，其中又別爲二節：首節解釋經典的名義；次節言孔子與五經的關係。其次，自「夫易惟談天」至「表裏之異體者也」，其中首言五經中含有豐富的文學成分；次復比論尚書、春秋二經行文的特色。第三，自「至於根柢槃深」，至「河潤千里者也」，首讚經典深遠可則；次言嘉惠後學，澤流萬世。第四，先言經典與文學體裁的關係，以爲後世文體多濫觴於五經；終言經典與文學的創作關係，並肯定文能宗經，體有六義。自「文以行立」以下，意在總束前文，兼嘆時人捨本逐末，以至中國文學走入了楚豔漢侈，流宕忘返之途。彥和欲以文學濟世的苦心，更可在他鋪采摛文中，灼然見之。

彥和論文，首列原道、徵聖，一則取象於自然，以見「文」與天地並生，一則徵驗於聖哲，以明正言體要之所本。蓋自然的文采，經聖哲轉化，變而爲人文的經典，所以「道沿聖以垂文，聖因文以明道」，「經也者，恆久之至道，不刊之鴻教也」。則原道、徵聖、宗經三篇血肉相連的關係，自不待言。

故「經典」者，「中國文學」之本原也。不知宗經與原道、徵聖之關係，即無以認清「中國文學」的本原活水。不認清「中國文學」的本原活水就是「經典」，即無以了解劉彥和「文學理論」的全部旨歸。學者如能扣緊此點，則振衣挈領，擧網提綱，文心雕龍五十篇的中心義旨，便如以目視掌，清晰可辨了。

昔黃季剛先生「文心雕龍札記」言文必宗經，其理有四，他說：「宗經者，則古昔，稱先王，而折衷於孔子也。夫六藝所載，政教學藝耳，文章之用，隆之至於能載政教學藝而止。挹其流者必探其原，攬其末者必循其柢，此爲文之宜宗經一矣。經體廣大，無所不包，其論政治典章，則後世史籍之所從出也。其論學術名理，則後世九流之所從出也。其言技藝度數，則後世術數方技之所從出也。不覩六藝，則無以見古人之全，而識其離合之理，此爲文之宜宗經二矣。雜文之類，名稱繁穰，循名責實，則皆可得之於古。彥和此篇所列，無過擧其大端。若夫九能之見於毛詩，六藝之見於周禮，尤其淵源明白者也，此爲文之宜宗經三矣。文以字成，則訓故爲要；文以義立，則體例居先。此二者又莫備於經，莫精於經。欲得師資，捨此何適？此爲文之宜宗經四矣。」此四者皆能推本彥和立論的微旨，徵諸經訓之博厚高明，發明「文必宗經」之理，自是不刊之見。

彥和「文必宗經」及「文體備於五經」之說，開後來顏之推、章學誠一派學者論文原經的先河。而宗經六義之說，更是通貫衆體，其所標目，皆分別詳於他篇，特於此先加標示，以見經典在「中國文學」創作上的基準性。吾人若根據此一基準，去諦觀由魏、晉、六朝唯美是尚的文風，到韓、柳的古文運動，默察其中演變的過程，不僅可以發現經典對我國思想、政治、經濟、教育，各個層面的影響力；更可以看出它在文學上發生的正末歸本的整合作用。

「六義」是文能宗經的六大優點。所謂「情深」「風清」「事信」「義貞」「體約」「文麗」，如果加以別白，又可從內容，形式兩方面離析之。「情深」「風清」「義貞」屬內容方面，「事信」「體約」「文麗」屬形式方面。內容加形式，就是作品的全部。彥和於文心雕龍中，無論是文原論、文體論、文術論、文評論，凡在剖情析采的時候，無不掌握此種一體兩分的特點。

至於宗經「六義」，跟附會篇裏「必以情志爲神明，事義爲骨鯁，辭采爲肌膚，宮商爲聲氣」的關係，更是前後呼應，只不過前者在講文章創作的規範，後者在言文章結體的成分，譬如「情深」「風清」就是「情志爲神明」；「事信」「義貞」即「事義爲骨鯁」；「體約」「文麗」就是「辭采爲肌膚」，所以文心雕龍有「體性」「風骨」「定勢」「情采」「聲律」「麗辭」「事類」等篇之設，足見都是前有伏筆，後有接應，牽一髮而動全身的證明。

近人陳漢章先生說：「宗經篇『易惟談天』，至『表裏之異體者也』二百字，並本王仲宣『荆州文學志』文，范文瀾注：「按仲宣文見藝文類聚三十八，御覽六百八。」檢藝文類聚三十八，引王粲荆州文學志，皆無「易惟談天」以下二百字。御覽六百八有「文心雕龍曰」，自「夫子刪述……表裏之異體也。」二百字正在此段中。是御覽以此爲劉勰作。王利器作文心雕龍新書，檢證此篇時指出，以劉勰之文誤爲王粲文，實始於張英等纂修之淵鑑類函一九二。此雖考訂眞僞，但於彥和思想關係至鉅，故聯帶及之。

【正文】

首段論五經的重要。其中又先釋經的名義，次

三極㊀彝訓㊁，其書曰經「曰」原作「言」，茲據唐寫本校改。經也者，恒久之至道㊂，不刊㊃之鴻教㊄也。故象天地㊅，效鬼神㊆，參物序㊇，制人紀㊈，洞性靈之奧區㊉，極文

敍孔子刪述的貢獻，末贊經旨宏深，能開學養正，昭明有融。

章之骨髓⑪者也。皇世三墳⑫，帝代五典⑬，重以八索⑭，申以九丘（原作「邱」，此清人避孔子諱改，兹據王利器新書復正。）⑮，歲歷緜曖⑯，條流紛糅⑰，自夫子刪述，而大寶啓（原作「咸」，由草書形近而誤，兹據唐寫本訂正。）耀⑱。於是易張十翼⑲，書標七觀⑳。詩列四始㉑，禮正五經㉒，春秋五例㉓，義既挻（原作「極」，形誤，兹據唐寫本訂正。）乎性情㉔，辭亦匠於文理㉕，故能開學㉖養正㉗，昭明有融㉘。然而道心惟微㉙，聖謨卓絕㉚，牆宇重峻㉛，吐納自深㉜，譬萬鈞之洪鍾㉝，無錚錚之細響矣㉞。

次段先分敍五經的體製及其文學成分，再比較尚書、春秋二經行文的不同點。

夫易惟談天，入神致用㉟。故繫稱旨遠辭文㊱，言中事隱㊲，韋編三絕㊳，固哲人之驪淵也㊴。書實記言，而詁訓（原作「訓詁」，依唐寫本乙正）茫昧㊵，通乎爾雅，則文意曉然。故子夏歎書，昭昭若日月之代明（原無「代」字，依唐寫本補）㊶，離離如星辰之錯行（原無「錯」字，依唐寫本補）㊷，言照（原作「昭」，依唐寫本校改）灼也。詩主言志，詁訓同書，摛風裁興㊸，藻辭譎喻㊹，溫柔在誦，故最附深衷矣㊺。禮以立體㊻，據事制（原作「剬」，依唐寫本校改）範，章條纖曲，執而後顯，採掇片（「片」原作「生」，依唐寫本校改）言，莫非寶也。春秋辨理，一字見義，五石六鷁㊼，以詳略成文；雉門兩觀㊽，以先後顯旨；其婉章志晦㊾，諒已（原作「以」，依唐寫本校改）邃矣。尚書則覽文如詭，而尋理即暢；春秋則觀辭立曉，而訪義方隱㊿〔評二二〕。此聖文三段由思想上，肯定五經槃深峻茂，歷久彌新，嘉惠後學，流澤廣遠。

四段言文必宗經之理，先言後世文體出於五經；繼言文能宗經，體有六義。

末段申言文行互濟，斥楚豔漢侈，流弊不還，以強調宗經之美，並隱含挽狂扶傾的用心。

（原作「人」，依唐寫本校改）之殊致，表裏之異體者也。

至於根柢槃深，（「於」字原脫，據唐寫本補）枝葉峻茂（五一），辭約而旨豐，事近而喻遠，是以往者雖舊，餘味日新，後進追取而非晚，前修久（原作「文」，依唐寫本校改）用而未先（五二），可謂太山徧雨，河潤千里者也。

故論說辭序，則易統其首；詔策章奏，則書發其源；賦頌謌讚，則詩立其本；銘誄箴祝，則禮總其端；記傳盟（原作「紀傳銘檄」，依唐寫本校改）檄，則春秋爲根〔評三〕；並窮高以樹表（五三），極遠以啓疆（五四），所以百家騰躍（五五），終入環內者也（五六）。若稟經以製式（五七），酌雅以富言，是卽（原作「仰」，依唐寫本校改）山而鑄銅，煑海而爲鹽也。故文能宗經，體有六義（五八）：一則情深而不詭（五九），二則風清而不雜（六〇），三則事信而不誕（六一），四則義貞（原作「直」，依唐寫本校改）而不回（六二），五則體約而不蕪（六三），六則文麗而不淫（六四）〔評四〕，揚子比雕玉以作器（六五），謂五經之含文也。

夫文以行立，行以文傳，四教所先，符采相濟（六六），邁（原作「勵」，依唐寫本校改）德樹聲，莫不師聖，而建言修辭，鮮克宗經〔評五〕。是以楚豔漢侈（六七），流弊不還，正末歸本，不其懿歟〔評六〕！

贊曰：三極彝訓（原作「道」，依鈴木說改），道（原作「訓」，依鈴木說改）深稽古（六八）。致化惟（原作「歸」，依唐寫本校改）一（六九），分教斯五。性靈鎔匠（七〇），文章奧府（七一）。淵哉鑠乎！羣言之祖。

【註釋】

㈠ **三極**：指天、地、人三才。極，有把天地人的道理，推到極點之意。易經繫辭上：「六爻之動，三極之道也。」正義云：「六爻遞相推動而生變化，是天地人三才至極之道。」

㈡ **彝訓**：彝，常。彝訓，卽常道，常敎的意思。

㈢ **至道**：至，極。至道，就是至高無上的道理。

㈣ **不刊**：不可磨滅，不可改動。後漢書朱穆傳：「載不刊之德，播不滅之聲。」注：「刊，削也。」在此引申爲磨滅之意。

㈤ **鴻敎**：偉大的敎誨。

㈥ **象天地**：象，法。象天地者，言取法天地的文理。易經繫辭上：「易有太極，是生兩儀，兩儀生四象，四象生八卦，八卦定吉凶，吉凶生大業，是故法象莫大乎天地。」又說：「天垂象，見吉凶，聖人象之。」

㈦ **效鬼神**：徵驗於鬼神的靈明變化。禮記禮運篇鄭注：「聖人則天之明，因地之利，取法度於鬼神，以制禮樂敎令也。」

㈧ **參物序**：參驗事物發展的興亡盛衰，得失消長的順序，用來觀風論政。

㊈ **制人紀**：制，正定。制人紀者，言制定人倫的綱紀。制人紀必須從道名分，辨是非起，故史記太史公自序說：「春秋辨是非，故長於治人。」

㊉ **洞性靈之奧區**：奧，深。性靈，猶言性情，六朝人謂「性情」爲「性靈」，蓋當時行文常用語。此句言洞達人類性情精微深奧之處。

㈠ **極文章之骨髓**：言極盡文章的精華。以上二句綜論「六經義理精深，文字純美。」

㈡ **皇世三墳**：三墳，指伏犧、神農、黃帝時代的書。墳，大。引申作大道。意指三皇時代講大道的書。說見孔安國「尙書序」。

㈢ **帝代五典**：帝，五帝，指少昊、顓頊、高辛、唐堯、虞舜。典，常。意指五帝時代講常道的典籍。說見孔安國「尙書序」。

㈣ **重以八索**：重以，加以，有進一步之意。八索，八卦之說。整句是說，加上八卦之說。說見孔安國「尙書序」。

㈤ **申以九丘**：申，再，重。九丘，指九州亡國之戒。全句是說，再重申九州亡國之戒。說見孔安國「尙書序」。按：以上所引的三墳、五典、八索、九丘，這些書久已散佚，居今已無從稽考。

㈥ **歲歷緜曖**：緜，長遠不絕。曖，日不明。意指代久年遠，模糊不清。此處指三墳、五典、八索、九丘的內容說的。

㈦ **條流紛糅**：紛，紛紜；糅，錯雜。此處指後人對三墳、五典、八索、九丘的解說，莫衷一是，因而枝條流派，紛紜錯雜。

(一八) **大寶啓耀**：大寶，在此特別指五經。言偉大的寶典，開始散發光芒。

(一九) **易張十翼**：張，具備。王先謙漢書補注引沈欽韓說：「十翼，指上彖一、下彖二，上象三、下象四、上繫五、下繫六、文言七、說卦八、序卦九、雜卦十。」全句是說，孔夫子具備了十翼以贊易。參考本書原道篇注(三六)。

(二〇) **書標七觀**：七觀，指書經具備的效益有七，人可藉此來觀義、觀仁、觀誡、觀事、觀度、觀治、觀美。說見伏生「尚書大傳略說」。全句是說，孔夫子標明了七觀，來欣賞「書經」的優美。

(二一) **詩列四始**：四始，指風、小雅、大雅、頌。詩大序：「是以一國之事，繫一人之本，謂之風；言天下之事，形四方之風，謂之雅。雅者，正也。言王政之所由廢興也。政有小大，故有小雅焉，有大雅焉。頌者，美盛德之形容，以其成功告於神明者也，是謂四始，詩之至也。」

(二二) **禮正五經**：正，定的意思。禮記祭統鄭注：「禮有五經，謂吉禮、凶禮、賓禮、軍禮、嘉禮也。」全句是說，禮經規定了五種經常不變的大法。

(二三) **春秋五例**：例，體例。是說孔夫子修春秋，有五項不同的寫作體例。按：杜預春秋經傳集解序：「爲例之情有五：一曰、微而顯，文見於此而起義在彼。二曰、志而晦，約言示制，推以知例。三曰、婉而成章，曲從義訓，以示大順，諸所諱避。四曰、盡而不汙，直書其事，具文見義。五曰、懲惡而勸善，求名而亡，欲蓋而章。」

(二四) **義既挻乎性情**：挻，音（ㄕㄢ），揉和、陶冶。全句指五經的內容思想，既能揉和人的眞情實性。

(二五) **辭亦匠於文理**：匠，本作工匠解，在此爲動詞，引申爲切合的意思。全句是說，五經的措辭，也切合文章創作的理則。以上二句彥和意在闡揚經典中的文學功能。是下文「文能宗經」的伏筆。

㉖ **開學**：開示後學的途徑。

㉗ **養正**：涵養正確的思想。易經蒙卦彖辭：「蒙以養正，聖功也。」

㉘ **昭明有融**：昭明，光明之意。融，長的意思。全句是說，五經的內容，光明燦爛，對我國文學有長遠的影響。

㉙ **道心惟微**：道心，神明自然之理。言天道神理，微妙難測。見書經僞古文大禹謨：「人心惟危，道心惟微。」

㉚ **聖謨卓絕**：謨，同謀。聖謨，聖人的議謨或見地。全句是說，聖人見地超越，常人莫可與比。

㉛ **牆宇重峻**：言聖人在學術上的成就，如同深宮、高牆，令人駐足仰望，莫測內在的高深。此處彥和化用論語「子張」篇文。

㉜ **吐納自深**：言經典的行文，無論吐故納新，都能從基本原理上出發，故其蘊義自然精深。

㉝ **萬鈞之洪鍾**：鈞，三十斤。洪，大。鍾，同鐘。全句指五經乃古聖先哲智慧的凝聚，如同三十萬斤重的大鐘。

㉞ **錚錚細響**：錚錚，金鐵互擊之聲。細響，細微的聲響。

㉟ **入神致用**：指易經的內涵，由談天道而通於人事，所以說它入乎神理，發揮妙用。易經繫辭下：「精義入神，以致用也。」；

㊱ **繫稱旨遠辭文**：繫，繫辭。稱，稱讚。旨，意旨。遠，深遠。文，文采。全句是說，孔子在繫辭

中，稱讚易經意旨深遠，辭富文采。語出易經「繫辭」下。

㊲ **言中事隱**：中，符合。隱，幽隱、含蓄之意。言易經措辭曲折合理，敍事幽隱含蓄。語出易經「繫辭」下。

㊳ **韋編三絕**：韋，熟牛皮，所以綴竹簡。古無紙張，寫書用竹簡，以皮繩聯綴，故曰韋編。全句是講，孔子讀易經，由於參伍錯綜，以至編綴竹簡的皮繩，斷了三次。事出史記「孔子世家」。

㊴ **固哲人之驪淵也**：驪淵，原爲驪龍之於深淵，在此借用爲探索眞理的寶庫。全句是說，易經本來就是古聖先哲精言奧義，探索眞理的淵藪。事出莊子「列禦寇」。

㊵ **詁訓茫昧**：詁，釋古今之異言曰詁。訓，釋萬物之貌以告人曰訓。茫昧，遠而不明的意思。

㊶ **昭昭若日月之代明**：昭昭，明也。代，更替。全句是說，書經論事明暢，如同日月的更代發光。文見「尙書大傳略說」。

㊷ **離離如星辰之錯行**：離離，猶歷歷，分明的樣子。全句是說，書經內容淸晰，如星辰的交互運行。文見「尙書大傳略說」。

㊸ **摛風裁興**：摛，鋪陳。裁，本當剪裁講，此處引申爲鎔鑄。風，指風、雅、頌三種體裁。興，指賦、比、興三種作法。意思是說，詩經鋪陳了風雅頌不同的體裁，鎔鑄了賦比興三種作法。劉勰行文有以部分代表全體之例。此處言「風」以代「風雅頌」，言「興」以代「賦比興」。他篇中類乎此等語法的例子甚多。可參看本書原道篇注㊻。

㊹ **藻辭譎喩**：藻，辭藻。譎，詭譎，引申爲委婉。喩，諷喩。此指詩經辭藻華麗，諷喩委婉。語出子

夏「詩大序」。

(四五) **最附深衷**：附，寄託。深衷，深心。指詩經裏的作品，最能寄託人們的深厚情懷。

(四六) **禮以立體**：禮，指禮經。體，體制。說禮經是用來建立社會上各種尊卑體制的。班固漢書藝文志六藝略：「禮以明體。」

(四七) **五石六鷁，以詳略成文**：五石，指「隕石於宋五」，以記「聞」爲主。六鷁：鷁，水鳥，指「六隻水鳥退飛過宋都」，以記「見」爲主。孔夫子修春秋，對這兩件事，因爲敍述的詳略不同，而構成文采。事見春秋公羊傳僖公十六年文。

(四八) **雉門兩觀，以先後顯旨**：雉門，天子的應門，此處指諸侯的宮門。兩觀，即兩闕，指宮門兩旁的臺子，作樓觀其上，中央闕而爲道，故謂之闕，又稱象魏、魏闕，是懸掛法令的地方。孔夫子修春秋時，以記述「雉門及兩觀災」的先後有別，來彰顯尊君卑臣的義旨。事見春秋公羊傳定公二年文。

(四九) **婉章志晦**：婉，委婉。志，情志。指春秋經委婉的文章和幽隱的情志。

(五〇) **訪義方隱**：訪，尋覓。方，旁。言欲尋求其意義時，才發覺其理旁出，隱晦難得。

(五一) **根柢槃深，枝葉峻茂**：槃，大。峻，高。是說五經的思想，如同盤根錯節的樹木，其根柢粗大深厚，枝葉高峻茂密。

(五二) **前修久用而未先**：前修，前賢。先，超邁。全句是說，雖經前代賢能之士的長期運用，但仍無法超邁經義。

(五三) **窮高以樹表**：窮，至、極的意思。表，規範。言經典的內涵無限崇高，樹立了文章創作的規範。

(五四) **極遠以啓疆**：啓，開拓。疆，領域。是說經典的領域無限廣遠，開拓了文章創作的領域。

(五五) **百家騰躍**：百家，指後世作家。全句指後世百家蠭起，諸子爭鳴。

(五六) **終入環內**：指五經範圍之內。以上各句，講經典和文學體裁的關係。因五經兼備衆體，雖然後世百家騰躍，但終竟跳不出五經的範圍。

(五七) **稟經以製式**：製同制。言稟承經典，制定文章的體式。

(五八) **六義**：義，宜也，引申爲善。六義，指文能宗經，有六種優點。自此以下，言經典對文學創作方面的助益。

(五九) **情深而不詭**：指用情深刻而不詭異。

(六〇) **風清而不雜**：指旨趣清新而不複雜。

(六一) **事信而不誕**：指取材眞實而不荒誕。

(六二) **義貞而不回**：貞，正。回，枉曲。是說持理正大而不枉曲。

(六三) **體約而不蕪**：約，精練。指體製簡潔而不雜亂。

(六四) **文麗而不淫**：指文辭華麗而不淫濫。

(六五) **楊子比雕玉以作器**：玉，借指經典。器，借指文章。意思是說，揚雄把人之爲文，視同雕琢玉石，製作寶器一樣。

(六六) **符采相濟**：符，質地。采，文理。全句是說，文章與德行的關係，就像玉石的質地與文采，必須文行兼備，始可相得益彰。此承上句言。

(六七) **楚豔漢侈**：楚，楚辭。漢，漢賦。言楚辭豔麗不實，漢賦誇侈詭誕，皆非風雅之正。

(六八) **道深稽古**：稽，考察。是說考之古代典籍，知經典義理精深。

(六九) **致化惟一**：一，太極。言化育萬物的原理原則，皆是由乎太極。

(七〇) **性靈鎔匠**：鎔，陶冶。言經典是陶冶人類性情的巧匠。

(七一) **文章奧府**：奧，深。言經典是文學創作者，取用不盡的深奧府庫。

【語　譯】

凡記載天、地、人三才之常道而成的書，統尊之曰經。「經」的意義，含有永久不變，至高無上的眞理，和不可磨滅的偉大敎誨啊！所以它的效用：是取法天地的文理，效法鬼神的靈明，參驗事物的順序，制定人倫的紀綱，洞達人性精微深奧之處，窮極文章創作的精髓啊！回溯過去我國文化演進的軌跡，三皇時代，有記載大道而成的三墳；五帝時代，有記錄常道而成的五典，加以八卦之說，重以九州亡國之戒。這些往古的典籍，由於代久年遠，內容模糊不清。所以降及後世，枝條流派，衆說紛雜。自從先聖孔夫子刪訂贊述以後，這些偉大的寶典，才開始散發光芒。於是易經具備了十翼，書經標明了七觀，詩經列舉了四始，禮經規定了五種常法，春秋經訂定了五項不同的體例。其內容既揉和人們的眞情實性，其文辭也切合文章創作的理則。因此才能開示後學研究的途徑，涵養正確的思想，光明燦爛，對我國文學留下深遠的影響。然而神明自然之理幽微難測，聖人的見地更超越常人，夫子在學術上的偉大成就，如同深宮高牆，令人難得其門而入，無論是吐故或納新，都能從根本原理上出發，故其蘊義，自然精深。他那種崇高卓絕的造詣，就好像三十萬斤的大鐘，一旦撞擊起來，足以振聾發聵，絕不會像敲打碎銅爛鐵，發聲細微，令人杳不可聞了。

至於講到羣經之中的文學成分，「易經」是談論天道的書，它入乎神理，發揮妙用，因此孔子在繫辭中稱它「意旨深遠，辭富文采，措辭曲折中理，敍事幽隱含蓄」。所以夫子讀易，參伍錯綜，以至用牛皮編綴竹簡的繩子，前後斷了三次，可見易經本來就是古聖先哲探索眞理的淵藪啊！「書經」乃是記載古代君臣對話的書，其精言奧義，悠遠難知；如能貫通爾雅對古語的解釋，那麼它的內容就可一目了然了。因此子夏讚歎書經說：「其論事明暢，就像日月之更代發光；內容清晰，如星辰之交錯運行。」這些話，在在說明「書經」的意義是明白可知的啊！詩經以抒寫情志爲主，其字句的詁訓，也和書經的情形一樣，只要貫通爾雅，就可以明白了。本書寫作方式：是鋪陳了風、雅、頌不同的體裁，鎔鑄了賦、比、興三種作法，加上辭藻華麗，諷喩委婉，因此在它的裏面，蘊藉著溫柔敦厚的情感，可以留存諷誦，是最能寄託人們的深厚情懷了。「禮經」的主要目的，在建立社會的各種體制，所以它都是根據具體事實，制定人類行爲的規範。其中章節條目，纖細曲折，必須切實執行，才能顯示它的精義；時至今日，我們只要採取其中的片言隻字，無不形同奇珍異寶，享用無窮啊！「春秋經」主要在辨別人事的道理，一字之下，可以看出聖人褒善貶惡的見解，例如「五石六鷁」這段經文，就以記事的詳略不同，構成美好的文采；「雉門兩觀」這段經文，以記述的先後有別，彰明尊君卑臣的主旨。這樣看來，從它那委婉的篇章，和隱晦的情志上，就可以明白它的含義，是多麼的深遠難測了。如果我們拿「尙書」和「春秋」二經加以比較的話：「尙書」的行文特色，是當你初覽其文詞時，似覺詭異難知；但若細加尋味，其思想情理，便立卽通暢無阻。而「春秋經」的行文特色，是當你初觀其辭時，意思馬上就能明白，但如進一步推求，其理旁出，反而隱晦難得。這就是聖人行文造語的特殊情致，內容和辭采的不同風格啊！

至於談到五經的思想理論，其基礎是十分深厚的。好比一顆大樹，眞箇是根深柢固，盤根錯節，枝幹高峻，花葉茂密，文辭簡約，而意旨豐富；敍事淺近，而寄託深遠。所以經典雖然已流傳久遠，但它那豐富的情味，卻是歷久彌篤，萬古常新的。正因爲它具有這種特色，所以後進的學者，去研究學習，仍爲時未晚；前代的賢士，雖長期運用，卻永難超邁經義。由此觀之，五經的思想，對後世學術文化的影響，可說沾漑無窮，就像泰山的烏雲遍雨天下，黃河的流水潤澤千里一樣啊！

因此，五經和文學的關係特別密切。例如在「文體方面」，後代的論、說、辭、序四種文體，「易經」早已有了開頭；詔、策、章、奏四種文體，「書經」也已發其淵源；賦、頌、謌、讚四種文體，「詩經」早就立下根本；銘、誄、箴、祝四種文體，「禮經」早已綜理其端緒；記、傳、盟、檄四種文體，「春秋經」正是他們的本根。並且，羣經的內涵無限崇高，以樹立文章的規模；無限的廣遠，來開拓文章的領域。所以後世雖有無數作家，在文壇上齊足並馳，但終究不能突破五經的範圍啊！如果學者能稟承經典的規模，來制定文章的體式，採取五經的雅言，以豐富作品的文辭；這樣就如同靠著礦山鑄銅，煮海水以製食鹽，是取之不盡，用之不竭的。所以一個人從事「文學創作」，如能祖述經典，那麼它的作品，就具有六大優點：第一、是用情深刻而不詭異，第二、是旨趣清新而不蕪雜，第三、是取材眞實而不荒誕，第四、是義理正大而不枉曲，第五、是體制簡約而不雜亂，第六、是文辭華麗而不淫濫。揚雄在他的著作中，曾把經典和文章的關係，比作雕琢玉石製成工藝品；換言之，也就是說，五經之中含有豐富的文學成分啊！

美好的文章，要靠作者高尚的道德才能有所樹立；而高尚的道德，也必須仰賴美好的文章，才足以流傳後世。過去孔夫子提出「文、行、忠、信」四件事，敎誨學生，其中「文章」列於首要。這是因爲文章和德行的關係，像玉石的質地與文采一樣，必須文行兼備，始可相得益彰。一般做父母尊長的人，當他們勉勵後輩修養德操，樹立名聲時，莫不勸他們要師法古聖先哲；可是在敎導他們建立言論，從事寫作的時候，卻很少有人叫子弟宗奉經典的。由於這個原因，才會造成日後楚辭豔麗，漢賦淫侈的現象。以至時到如今，這種捨本逐末的流弊，仍然相繼沿襲，發生了種種毛病，甚至不可收拾。現在我們共同來糾正文學的末流，使它回歸經典的正體，這難道不是件美事嗎？

總而言之：天、地、人三才永久不變的訓誨，考之於古代著作，其中道理至爲精深。化育萬物的原理原則只有一個太極，但聖人敎化萬民，分門別類，則有易、書、詩、禮、春秋五種經典。五經既是鎔鑄人類性靈的巧匠，同時也是文學創作者參考的深奧府庫。五經的內涵，實在深遠無極啊！光明燦爛啊！它是一切言論的宗祖啊！

【集　評】

一、紀評：「本經術以爲文，亦非六代文士所知。大謝喜用經語，不過割剝字句耳。」

二、紀評：「四語括盡兩經，然此上疑脫數字。」

三、紀評：「此亦強爲分析，似鍾嶸之論詩，動曰源出某某。」

四、曹評：「此書以心爲主，以風爲用。故於六藝首見之，而末則歸之於文。所謂麗而不淫，即雕龍也。」

五、紀評：「承學之徒，輒輕言西漢而後無文章，直至韓退之始起八代之衰耳。亦思八代中固有具如許眼力，能爲如許評論者乎？」

六、紀評：「此自善論文耳，如以其文論之，則不脫六朝俳偶之習也，此評不允。」

【問題討論與練習】

一、由「序志」、「宗經」二篇，論劉彥和文論思想的歸屬為何？

二、彥和生於齊、梁之間，而論文以「宗經」為主，試言其意義所在？

三、試詳述劉彥和的文必「宗經」之思想如何？

四、劉彥和文學思想為何？並評述之。

五、劉彥和之言「宗經」，其所宗何經？經典與文學之關係又如何？

六、彥和以為「聖文殊致，表裏異體」。試舉春秋、尚書之例以徵之：

七、劉彥和所謂「宗經六義」與「知音六觀」有無關係？試加析述。

八、「文能宗經，體有六義。」此六義為何？

九、「宗經」篇論後世文體備於五經，劉彥和凡分文體為若干類？其配屬五經之情形如何？又謂「文能宗經、體有六義」，此六義為何？可得聞歟？

一〇、經典對後世文學上之影響如何？試由思想、體裁、創作三方面加以說明之：

正緯第四〔評一〕

【解　題】

文心雕龍序志篇有「酌乎緯」之說，「酌乎緯」者，酌採緯書的優點，以爲文學創作之張本也。故彥和把它列入「文之樞紐」第四篇。其前篇爲「宗經」，後篇是「辨騷」。「宗經」之後，繼之以「正緯」，則緯書與「經典」之關係究竟如何乎？

彥和云：「神道闡幽，天命微顯，馬龍出而大易興，神龜見而洪範燿，故繫辭稱『河出圖，洛出書，聖人則之』。斯之謂也。」他從文化起源方面立說，與原道篇「人文之元，肇自太極，幽贊神明，易象爲先」，以及「河圖孕乎八卦，洛書韞乎九疇」的意念，完全相同。至於「聖人則之，斯之謂也」，也和原道篇所說的「爰自風姓，暨於孔氏，玄聖創典，素王述訓」，莫不「原道心以敷章，研神理而設教」，上觀天文之變，下察人文之化，「道沿聖以垂文，聖因文以明道」之說，同一意義。中國文化既由是而衍生，文學乃文化之一環，亦由是而發展。但代久年淹，追述綦難，於是喜言陰陽災異之事者，便假託聖人之說，造作了矯妄荒誕的緯書，此卽本文開宗明義說的「世夐文隱，好生矯誕，眞雖存矣，僞亦憑焉」了。於是有經必有緯，在內容純正的典籍中，滲入了怪力亂神的異端，這不僅敗壞了經典的形象，更混淆了人們的視聽，所以彥和「按經驗緯」，不得不「正」。「正緯」的目的，卽所以「宗經」。這是彥和文學思想上的絕大頭腦。

齊梁以前，緯書傳世者甚夥，隋火以後，唐宋存見者頗稀，明孫瑴撰「古微書」，清馬國翰有「玉函山房輯佚書」，廣搜博考，讖緯之書，居今尚可得而知者，通計「易緯」有八：卽乾坤鑿度、乾鑿度、稽覽圖、辨終備、通卦驗、乾元序制記、是類謀、坤靈圖。「尙書緯」有五：卽璇璣鈐、考靈曜、刑德攷、帝命驗、運期授。「詩緯」有三：卽推度災、氾歷樞、含神霧。「禮緯」有三：卽含文嘉、稽命徵、斗威儀。「樂緯」有三：卽動聲儀、稽耀嘉、叶圖徵。「春秋緯」有十四：卽感精符、文耀鉤、運斗樞、合誠圖、考異郵、保乾圖、漢含孳、佐助期、握誠圖、潛潭巴、說題辭、演孔圖、元命苞、命歷序。「孝經緯」有九：卽援神契、鉤命訣、中契、左契、右契、內事圖、章句、雌雄圖、古秘。「論語讖」有八：卽比考讖、撰考讖、摘輔象、摘衰聖承進讖、陰嬉讖、素王受命讖、糾滑讖、崇爵讖，綜上以觀，幾乎有經必有緯。則緯之與經，大有彼此依存的關係。

根據劉申叔「國學發微」的考訂，讖緯之學，初濫觴於戰國時代的陰陽家，繼飾說於西京的今文學家，嗣又營惑於哀平年間的曲士鄙儒。他們以神道代聖言，以神保代孔子，以圖讖目聖經。此卽彥和於本文所說的：「伎數之士，附以詭術，或說陰陽，或序災異，若鳥鳴似語，蟲葉成字，篇條滋蔓，必假孔氏，通儒討覈，僞起哀平，東序祕寶，朱紫亂矣。」此緯書之不得不正也。

匡正緯書之法，彥和首先掌握著「按經驗緯」的基本原則，然後從四個角度，提出他的看法：第一、從思想的比較上看，「經正緯奇，倍摘千里」，其僞一也。第二、從數量的比較上看，「緯多於經，神理更繁」，其僞二也。第三、從作者方面看，「八十一篇，皆託於孔子，則是「堯造綠圖，昌制丹書」」，其僞三也。第四、從產生的時代方面看，「先緯後經，體乖織綜」，其僞四也。根據以上四大理由，彥和便肯定地作了以下的結論，他說：「僞既倍摘，則義異自明，經足訓矣，緯何豫焉。」則緯書之爲僞，到此已成勿容置疑之局。然而彥和又接著運用類推法，列擧四賢作陪襯，以堅定其立說的信度，他說：「桓譚疾其虛僞，尹敏戲其浮假，張衡發其僻謬，荀悅明其詭誕」，並稱「四賢博練，論之精矣。」

既證「緯書」爲僞，則站到「宗經」的立場上，其已成亂經之罪魁禍首，自然不屑一顧。而彥和卻將其列爲「文之樞紐」，作爲自己中心思想的一個重點，如非匠心獨運，別具卓見，斷不敢這樣大膽。蓋「經正緯奇」，這不僅是「經」與「緯」的分野，同時也是「緯書」與「文學關係」的癥結所在。因爲羣經雖然是「洞性靈之奧區，極文章之骨髓」，「義既挻乎性情，辭亦匠於文理」，但它也只是情深義正，體約風清，至於詭誕蕪雜的浪漫色彩，向爲羣經所不取，可是卻大量地保留在緯書中。由於彥和勇於掙脫「經典」的羈絆，正視「緯書」的新奇，採「緯書」神話式的浪漫色彩，以入文學的領域，所以他說：「事豐奇偉，辭富膏腴，無益經典，而有助文章」，所謂「事豐」、「辭富」，指的就是文學內容的充實與擴大，語言表現能力的靈活與感性。

由此看來，「正緯」之設，不僅在正「緯書」之不可「亂經」，同時也是「芟夷譎詭，採其雕蔚」，肯定「緯書」在文學上，有輔翼五經的價值。他這種一方面伸張經義，另一方面又突破經義的眼光與胸襟，只有偉大的思想家，才能具備這種革命性的道德勇氣。

【正文】

首段總揭全文要旨，先言聖人法天則道以垂文；次言後人矯誕，以偽亂眞。

夫神道闡幽㈠，天命微顯㈡，馬龍出而大易興㈢，神龜見而洪範燿㈣，故繫辭稱：「河出圖，洛出書，聖人則之㈤。」斯之謂也。但世夐文隱㈥，好生矯誕㈦，眞雖存矣，僞亦憑㈧焉。

次段辨正緯書，其偽有四：一是奇正不合。二是廣約不倫。三是天人不符。四是

夫六經彪炳㈨，而緯候稠疊㈩；孝論昭晳⑪，而鉤讖葳蕤⑫，按經驗緯，其僞有四：蓋緯之於（原作「成」，蓋涉下文「布帛乃成」而誤，茲據王利器新書改）經⑬，其猶織綜⑭，絲麻不雜，布帛乃成，今經正緯奇，倍擿千里⑮，其僞一矣〔評二〕。經顯，聖訓也；緯隱，神教

先後不當。

也。聖訓宜廣，神教宜約，而今緯多於經，神理更繁，其僞二矣。有命自天，迺稱符讖(十六)，而八十一篇(十七)，皆託於孔子，則是堯造綠圖(十八)，昌制丹書(十九)，其僞三矣。商周以前，圖籙(二〇)頻見，春秋之末，羣經方備(二一)，先緯後經，體乖織綜，其僞四矣。僞既倍摘，則義異自明，經足訓矣，緯何豫(二二)焉！

三段言讖緯非孔子所作，乃出於伎數之士的依託，和帝王的私意，並徵引通儒之論，加以印證。

原夫圖籙之見，迺昊天休命(二三)，事以瑞聖(二四)，義非配經。故河不出圖，夫子有歎(二五)，如或可造，無勞喟然〔評三〕。昔康王河圖(二六)，陳於東序(二七)，故知前世符命(二八)，歷代寶傳，仲尼所撰，序錄而已(二九)。於是伎數之士(三〇)，附以詭術，或說陰陽，或序災異，若鳥鳴似語(三一)，蟲葉成字(三二)，篇條滋蔓，必假孔氏，通儒討覈，謂僞〔原無「僞」字，依唐寫本補〕起哀平(三三)，東序祕寶(三四)，朱紫亂矣(三五)。至於光武之世，篤信斯術(三六)，風化所靡(三七)，學者比肩(三八)。沛獻集緯以通經(三九)，曹褒撰讖以定禮(四〇)，乖道謬典，亦已甚矣。是以桓譚疾其虛僞(四一)，尹敏戲其浮假〔原作「深瑕」，形近致誤，依唐寫本改〕(四二)，張衡發其僻謬(四三)，荀悅明其詭誕(四四)，四賢博練，論之精矣。

末段論緯書雖無益經典，但有助文章。並以前代配經，

若乃羲農軒皞(四五)之源，山瀆鍾律(四六)之要，白魚赤烏之符(四七)，黃銀〔原作「金」，茲從唐寫本改〕，紫玉之瑞(四八)，事豐奇偉，辭富膏腴(四九)，無益經典，而有助文章〔評四〕。是以古

故詳爲較論，標明本篇作意。

（原作「後」，依唐寫本改）來辭人，捃（原作「採」，依唐寫本改）摭英華⑳，平子恐其迷學㉑，奏令禁絕㉒；仲豫惜其雜眞㉓，未許煨燔㉔；前代配經，故詳論焉。

贊曰：榮河溫洛㉕，是孕圖緯。神寶藏用，理隱文貴。世歷二漢，朱紫騰沸。芟夷譎詭㉖，採（原作「糅」，形近致誤，依唐寫本改）其雕蔚。

【註釋】

㈠ **神道闡幽**：神道，神明自然之理。闡，闡明。幽，幽深隱晦。全句是說，神明自然之道，幽深隱晦，需要闡明。

㈡ **天命微顯**：天命，上天安排的命運。微，微妙難測。顯，顯豁。全句是說，上天的定命，微妙難測，需加顯豁。

㈢ **馬龍出而大易興**：馬龍，又稱龍馬，是一種像馬的龍。大易興，易指易經。是說伏羲氏時，龍馬背負河圖，浮現於黃河中，伏羲因河圖而畫八卦，於是產生了易經。禮記禮運篇：「河出馬圖。」鄭注：「龍馬負圖而出也。」正義引中侯握河紀：「伏羲氏有天下，龍馬負圖出於河，遂法之以畫八卦。」又引握河紀注：「龍而形象馬。」

㈣ **神龜見而洪範燿**：指神龜負書出於洛水的事。洪範，書經周書篇名。燿，同耀，光明昭著之意。緯書尚書中侯：「元龜負圖而出。」又書經洪範：「天乃錫禹以洪範九疇。」

㊄ **聖人則之**：言聖人取效河圖、洛書的法象，作八卦、九疇。春秋緯：「孔安國以爲河圖則八卦是也，洛書則九疇是也。」

㊅ **世夐文隱**：夐，長遠，久遠。隱，隱晦。言世代久遠，河圖洛書的文字已隱晦不明。

㊆ **好生矯誕**：好生，喜言災異的儒生。矯誕，虛矯荒誕，指讖緯是假託聖人之言。

㊇ **憑**：依附，依存。

㊈ **彪炳**：文彩鮮明之意。

㊉ **緯候稠疊**：緯，緯書，是假託經義，談論符籙、瑞應的書，有所謂「七緯」，就是易緯、書緯、禮緯、樂緯、春秋緯、孝經緯。四庫提要：「緯者，經之支流，衍及旁議」。候，講占驗的書，如尚書中候。稠，繁多。疊，重疊的意思。

⑪ **孝論昭晳**：昭晳，條理分明。是說孝經、論語的義理條理分明。

⑫ **鉤讖葳蕤**：鉤讖，緯書有以鉤、讖取名的，如「孝經緯」的「鉤命訣」，「春秋緯」的「文耀鉤」。讖，如「論語讖」中的「比考讖」「撰考讖」等八篇。葳蕤，紛紜雜亂的様子。

⑬ **緯之於經**：言緯書之配合經典。

⑭ **織綜**：織布時，經線與緯線相交而成布叫織，綜是疏理經線的工具。

⑮ **倍擿千里**：倍，通背。擿，說文手部：「投也。」倍擿猶反投，有抵觸，違背之意。此承上句來，說明經典雅正，緯書奇詭，違背抵觸，其間相差千里。

⑯ **有命自天，廼稱符讖**：有命自天，與本文首段第二句呼應。是說圖讖來自天命，非人力可以造作，

所以下文講緯書託於孔子，不可信。符，指「河圖」「緯讖」之類。讖，指「論語讖」。依附六經者謂「緯」，託古聖先賢之言以名其書者謂「讖」，讖、緯體制有別。

⑰ **八十一篇**：此指緯書的總數。隋書經籍志六藝緯類序：「其書出於前漢，有河圖九篇，洛書六篇，云自黃帝至周文王所受本文。又別有三十篇，云自初起至於孔子，九聖之所增演，以廣其意。又有七經緯三十六篇，並云孔子所作，並前合為八十一篇。」

⑱ **堯造綠圖**：據尚書中候握河紀說，堯修河洛，有龍馬銜「赤文綠地」的圖書以進，此處「綠圖」指河圖。

⑲ **昌制丹書**：昌，周文王姬昌，尚書中候我應說：「周文王為西伯，季秋之月甲子，赤雀啣丹書，入豐鄗，止於昌戶，乃拜，稽首受取，曰：『姬昌，蒼帝子，亡殷者紂也』」。此處丹書指洛書。

⑳ **圖籙**：猶圖讖。天神所與的策命。指「河圖」「洛書」「綠圖」「丹書」等。

㉑ **春秋之末，羣經方備**：漢儒認為六經是孔子在春秋末年編定的。事見漢書「儒林傳」。

㉒ **豫**：豫，同預，干預的意思。

㉓ **昊天休命**：昊，音（ㄏㄠˋ）。昊天。泛指天。休，美、大。命，命令。

㉔ **事以瑞聖**：事，指讖緯圖籙出現的事。瑞，祥瑞，此處作動詞用。是說讖緯圖籙的出現，是來應驗聖王祥瑞的。

㉕ **河不出圖，夫子有歎**：言孔子不得見河圖與鳳凰而悲歎。論語子罕：「子曰：鳳鳥不至，河不出圖，吾已矣夫。」孔安國云：「聖人受命，則鳳鳥至，河出圖，今天無此瑞；吾已矣夫者，傷不得

見也。」

㉖ **康王河圖**：康王名釗，周成王子。是說周成王子康王時的「河圖」。

㉗ **陳于東序**：序，明堂兩邊的廂房。東序，明堂東邊的廂房。書經顧命：「河圖在東序。」

㉘ **符命**：人君受命的符瑞。

㉙ **仲尼所撰，序錄而已**：仲尼所撰，指孔夫子的十翼。全句是說，孔子所撰述的十翼，不過是闡述易經八卦的記錄而已。

㉚ **伎數之士**：伎數，同技數，指懂得醫術、占卜、天文、地理的人。後漢書桓譚傳：「今諸巧慧小才伎數之人，增益圖書，矯稱讖記。」李賢注：「伎，謂方伎醫方之家也。數，謂數術，明堂羲和史卜之官也。」

㉛ **鳥鳴似語**：左傳上的故事。言宋國有鳥，叫聲像人的笑聲，宋因而大災。左傳襄公三十年：「鳥鳴於亳社，如曰嘻嘻！甲午，宋大災，宋伯姬卒」。

㉜ **蟲葉成字**：漢書上的故事。昭帝時，有蟲食柳樹的葉子成文字，預示宣帝將即帝位。漢書五行志：「昭帝時，上林苑中，大柳樹斷，仆地，一朝起立生枝葉，有蟲食其葉，成文字曰：『公孫病已立。』宣帝本名病已，蓋帝將膺大位之徵」。綜合上注，知失火是災，鳥語蟲字是異，結合陰陽，預言人事，這就叫陰陽災異。

㉝ **通儒討覈，謂偽起哀平**：根據後漢書張衡傳：「劉向父子領校秘書，閱定九流，亦無讖錄。成哀之後，乃始聞之。則知圖讖成於哀平之際也。」按讖緯在先秦就有，但只是片言隻字，不成爲書。編

定成書，當始於哀平。這和王莽篡位，大造圖讖有關。

㉔ **秘寶**：指前文「康王河圖，陳於東序」說的。彥和以為它是眞的，後來的圖讖是假的。

㉕ **朱紫亂矣**：朱，正色。紫，間色。朱紫亂，是說以假亂眞。語出論語「陽貨」。

㉖ **光武之世，篤信斯術**：根據後漢書方術傳：「光武尤信讖言，士之赴趨時宜者，皆馳騁穿鑿爭談之。」一時造成風氣。

㉗ **風化所靡**：風化，風習教化。靡，倒。是說社會風習教化，都傾向圖讖。

㉘ **比肩**：比，並。比肩，形容人數很多。

㉙ **沛獻集緯以通經**：沛獻，後漢沛獻王劉輔，光武帝第十二子，郭后生，封沛王，謚獻。集，彙集。通，疏通。經，五經。後漢書沛獻王輔傳云：「輔好經書，善說京氏易、孝經、論語傳及圖讖，作五經論，時號之曰沛王通論。」

㊵ **曹褒撰讖以定禮**：曹褒，字叔通，魯國薛人。全句是說，後漢時曹褒受命制禮，採用五經中的讖緯之說，來制定禮儀。事詳後漢書「曹褒傳」。

㊶ **桓譚疾其虛僞**：桓譚，字君山，東漢光武帝時人，著有「新論」二十九篇。光武帝想以讖書決疑。時桓譚官給事中，上疏力言讖書之虛誕不經，光武大怒，出為六安郡丞，卒於道中。事詳後漢書「桓譚傳」。疾，憎恨。

㊷ **尹敏戲其浮假**：尹敏，字初季，東漢人，博通經記，光武帝建武初年，令校圖讖，尹敏以讖書「多近鄙別字」，頗類世俗之辭，恐貽誤後生，不從命，並又因其闕文，增之曰：「君無口，為漢輔。」

帝深非之。尹敏造讖文給光武帝開玩笑，所以說「戲」。浮假，淺薄虛假的意思。事詳後漢書「儒林傳」。

(四三) **張衡發其僻謬**：張衡，字平子，東漢南陽西鄂人。因當時儒者爭學圖讖，兼又附以妖言，衡認為圖讖虛妄，非聖人之法，乃上疏力諫。僻謬，偏差謬誤。事見後漢書「張衡傳」。

(四四) **荀悅明其詭誕**：荀悅，字仲豫，東漢潁陰人，著有「申鑒」五篇傳世，又依左傳體作「漢紀」三十篇。他在「申鑒」俗嫌篇中，曾辨明讖緯之說的詭詐怪誕。荀悅為了揭發讖緯的虛偽，更著「辨讖篇」，文已散佚。

(四五) **羲農軒皞**：羲，伏羲。農，神農。軒，黃帝（軒轅氏）。皞，少皞。按緯書裏保留了他們的神話傳說。如在「論語撰考讖」裏，講五帝立師，「春秋元命苞」裏，講三皇等。

(四六) **山瀆鍾律**：山，山岳。瀆，川瀆。鍾，鍾鼓。律，律呂。山瀆鍾律，與上文「羲農軒皞」相對成文，四人四事，因四皇之源，四事之要，紛見於緯書。如「遁甲開山圖」「河圖括地象」「古岳談經」「鍾律災異」「鍾律消息」等。

(四七) **白魚赤烏之符**：為周武王故事，武王渡河時，有白魚躍入舟中，又有火變為赤烏，都是祥瑞的徵兆。事見史記周本紀。又見於尚書中候雒師謀，論衡初禀篇，可是「呂氏春秋」則說是周文王的故事。

(四八) **黃銀紫玉之瑞**：言黃銀紫玉之出，都是象徵即位為帝的瑞兆。禮緯斗威儀：「君乘金而王，其政象平，黃銀見，紫玉見于深山」。

(四九) **膏腴**：本是肥沃的意思，此處指文章辭采豐富。

(50) **捃摭英華**：捃摭，蒐集。英華，原指植物的花，此處形容文章的精華。

(51) **平子恐其迷學**：迷學，迷惑學者。參見本文第(41)(42)(43)(44)注。

(52) **奏令禁絕**：奏請下令禁絕。

(53) **仲豫惜其雜眞**：仲豫，荀悅字。他認爲緯書中雜有聖賢的見解，所以說「雜眞」。

(54) **煨燔**：燒燬。

(55) **榮河溫洛**：榮河，尙書中候握河紀：「堯修壇河洛，仲月辛日禮備，至於日稷，榮光出河，休氣四塞」，是說五色之光出於黃河，祥瑞之氣充滿天地。溫洛，易緯乾鑿度：「帝盛德之應，洛水先溫，六日乃寒，五日變爲五色」，榮河溫洛，都是應帝堯的盛德。

(56) **芟夷譎詭**：芟，刈草。夷，平。是說刪除怪誕虛妄的說法。

【語　譯】

神明自然之道，幽深隱晦，需要闡明；上天的定命，微妙難測，需要彰顯。龍馬出圖後，伏羲法之以畫「八卦」，於是產生了偉大的「易經」；神龜負書後，天賜「洪範」九疇，因而就有了光明昭著的「書經」。所以繫辭說：「黃河出圖，雒水出書，聖人取效他們的法象，作八卦九疇。」就是指這些事情說的啊！但因世代久遠，河圖洛書的文字，早已隱晦不明，所以後來喜言陰陽災異的儒生們，便假託聖人的話，造作矯妄荒誕的緯書。如此正確的經典，雖然得以保存，而虛僞的緯書，也藉著這個關係流傳了下來。

六經義正辭文，光芒萬丈，而相對的七緯、中候，也重疊積聚，相繼出現；孝經、論語義理彰明，而鉤命訣與論語八讖，卻紛然雜陳。故依據羣經來按驗緯書，緯書之所以爲僞，理由略有四點：誠因緯書之配合經典，就好比織布時，推往引來的機軸一樣。必須使質料互異的絲、麻，不混雜一起，然後才能織絲成帛，績麻成布。現在經典雅正，而緯書奇詭，兩者違背牴牾，相差千里，可見緯書是僞託的作品。這是第一個理由。再說經典義理顯明，旨在開示聖人的訓誨；緯書神敎隱晦，藉著鬼神來樹立自己的說法。聖人的敎化自應廣遠博大，鬼神的說法理宜簡單扼要，而現在緯書卻多於經典，鬼神的說法比聖人的常訓，倍加繁複，可見緯書是僞託的作品，這是第二個理由。凡受命於天意的圖文，才配稱得上符命和讖記；然而河圖九篇、洛書六篇，及其所增演的七經緯三十六篇等，共八十一篇，都假託孔子所作，如此說來，不就是唐堯造河圖，姬昌制洛書嗎？這樣天人不合的矛盾現象，可見其爲僞託，這是第三個理由。商周以前，天神策命的圖讖，經常出現，春秋末期，經典方才完備。由此觀之，是先有緯書，後有經典，這在體制上違背了先經後緯的原則，可見其爲僞託，這是第四個理由。後人依託的緯書，既然與經典相背，那麼他們所講的義理不同，自然更顯而易知。在敎化百姓方面，經典已足以垂訓萬世了，緯書又何必干預其間呢？

推究圖讖符籙的出現，應該是皇天賜予的美意。就事情的本身來說，他只是應驗聖王的祥瑞，其義理並不在配合經典。所以黃河不出現龍馬負圖，孔夫子就喟然長歎，感傷世衰道微，祥瑞難再。假如河圖可以由人製造的話，孔夫子就沒有感喟的必要了。從前周康王在位時，河圖陳列在明堂的東廂，可知前代人君受命的符瑞，歷代皆珍藏流傳；至於孔子所撰寫的十翼，只是闡揚易卦的序錄罷了。可是後來一般方伎術數之士，就拿些詭異荒誕的術數，附會經典。有的講說陰陽五行，有的序述災害變異。譬如左傳襄公三十年，記鳥鳴的聲音像人說話；漢書五行志，記蟲啃柳葉，變成文字。其他各篇類似此等的事件，滋生蕪蔓，十分繁多，而立論爲說，必假託是孔子的著述。後來經過博洽鴻通的學者，研究考核的結果，都說讖緯的僞說，起於西漢哀、平二帝的時代。從此以後，周康王時陳列於明堂東廂的秘圖寶籙跟緯讖之說的關係，就好比紫之奪朱，混淆不清了。到了東漢光武帝時，更加崇信這些圖讖符籙之術，由於政令教化的影響，以致朝野上下，爲之風靡。學者們爲了迎合潮流，無不比肩接踵，傾向此道。甚至像沛獻王劉輔輯錄圖讖，來疏通經義，侍中曹褒更雜用讖說，制定婚喪吉凶之禮。這樣違背正道，曲解經典，也實在太過分了。所以桓譚痛恨讖緯之虛造僞託，欺惑君主；尹敏嘲笑他是浮淺假冒，貽誤後生；張衡也攻擊他邪僻荒謬，玷汚典籍；荀悅更指斥他詭詐怪誕，厚誣先賢。這四位都是學問淵博，才思練達的學者，他們的評論，可說是精闢極了。

至於像伏羲、神農、軒轅、少皞四皇圖緯的起源，山岳、川瀆、鍾鼓、律呂四種讖籙的大要，以及周武王渡河時，白魚躍入舟中，大火變爲赤烏的瑞應，黃銀、紫玉的吉兆，這些資料的內涵，可說事義充實，辭采奇偉，文字繁富，內容潤澤；雖然它們對經典沒有甚麼助益；但對後人從事文章的寫作，卻極具有啟發和參考的價值。因而後世的墨客騷人，採擷其內容精華，以爲行文的參考。張平子怕這些僞說迷惑後進的學者，奏請皇帝下令禁止，荀仲豫卻珍惜它們中間可能雜有聖賢見解，而不許焚燬。更何況前人還曾拿它們跟經典相匹配哩！似此，則緯書未可一概抹殺，其理甚明；所以我才不厭其煩，詳細的加以論述啊！

總而言之：祥光四射的黃河，溫暖如春的洛水，是孕育圖籙緯讖的所在。這些神明寶物，隱含了八卦九疇的功用，雖然義理隱晦，但文辭可貴。經過兩漢之後，緯書的發展，眞僞雜越，極形紛亂。所以我們今後一方面要以經典爲宗，刪除緯書譎怪詭誕的言論；另一方面，我們也應正視它在文學上的價値，採擇它那華茂豐贍的辭采，來充實作品的內涵。

【集　評】

一、紀評：「此在後世爲不足論辨之事，而在當日則爲特識。康成千古通儒，尙不免以緯注經，無論文士也。」

二、曹評：「批駁極當。」

三、紀評：「此駁分明。」

四、紀評：「至今引用不廢，爲此故也。」

【問題討論與練習】

一、「正緯」、「辨騷」兩篇之作，寓有深意，請就個人研讀所得，條析以對。

二、緯書由於「世敻文隱，好生矯誕，眞雖存矣，僞亦憑焉」，其僞如何？試錄彥和之說，以徵其實。

三、試述「讖緯學」發展的狀況如何？

四、彥和云：「事豐奇偉、辭富膏腴、無益經典，而有助文章」，試申其旨。

辨騷第五〔評一〕

【解　題】

劉彥和繼宗經、正緯之後，設「辨騷」篇，是含有深遠意義的。他認爲屈原的作品，是上承詩經，下開漢賦的轉關。如果沒有它，「中國文學」就失去了發展的媒體，很難突破風、雅的枷鎖，創發新生的契機。所以他把「辨騷」列在首卷，看成是他文學思想的一環，道理就在乎此。

在文學思想領域裏經常發生論爭，而此等論爭，又多半發生於某些代表性作家的評價上，這些不同的評價，往往是由於雙方在某種觀點上，有著原則性的分歧，因而通過原不相讓的說法，推動了文學理論的向前邁進。漢朝人之於屈原作品，便是其中顯例。如本篇一開始就引「漢武愛騷，而淮南作傳」，淮南王劉安作「離騷傳」，首先從思想內容方面肯定了「離騷」，以爲義兼國風、小雅，可與日月爭光。但到東漢時，班固卻提出了完全不同的看法，後來王逸作「楚辭章句序」，推衍劉安之說，特別申言「離騷之文，依經立義」，「上以諷諫，下以自慰」，所謂「金相玉質，百世無匹」。這樣，不但有力的駁斥了班固，同時更十分透闢的闡明了孔子興、觀、羣、怨論詩的精義；這和漢儒片面強調溫柔敦厚的詩教，顯然有很大的分野。

劉彥和的文學思想，建立在「宗經」的觀點上。班固以爲屈原的作品，在某些方面，既「與左氏不合」，又「非經義所載」；王逸即揮戈相擊，以爲「離騷之文，依經立義」；漢宣帝以爲「皆合經傳」，揚雄也說

「體同詩雅」。離騷之是否與經典相合，這和劉彥和全書持論的態度非常重要。所以他爲了證明這一點，特別拿屈原的作品加以比對，最後得出「同乎風雅者」四事，「異乎風雅者」四事。於是產生了楚辭「體憲於三代，而風雜於戰國，乃雅頌之博徒，而詞賦之英傑」；「觀其骨鯁所樹，肌膚所附，雖取融經旨，亦自鑄偉辭」的結論。也就是說在傳統之中有創新的風格，在創新之中有傳統的繼承。把楚辭落實到他的「宗經」思想上，肯定「楚辭」和「經典」有一脈相承的關係。

不過，本篇於最後，指出研讀楚辭，應該「酌奇而不失其貞，翫華而不墜其實」，這樣又揭示出楚辭在文學作品本身方面的特點。不僅較之班固、王逸總是繞著經典打圈子的態度，高明得多；就是比較枚、賈、馬、揚那種追風沿波的錯誤傾向，也更加穩健。「辨騷」篇之所以會成爲劉勰的文學基本原理，就在於他肯定楚辭是「中國文學」由詩經過渡到漢賦的橋樑。如果我們擁有了它，而又忽視了它的重要性；那麼，兩漢以後的「中國文學」，即失去了發展的溫床。這是「中國文學」的大開闔，劉彥和文學思想的大頭腦。

【正文】

首段論騷體繼軌風雅，以見其對傳統的承襲。

自風、雅寢㈠聲，莫或抽緒㈡，奇文鬱起㈢，其離騷㈣哉〔評二〕！固已軒翥詩人之後㈤，奮飛辭家之前㈥，豈去聖㈦之未遠，而楚人之多才乎！

次段學昔賢的評騭，若淮南、王逸、漢宣、揚雄四家學以方經；班固謂不合傳。

昔漢武愛騷，而淮南作傳㈧，以爲：「國風好色而不淫㈨，小雅怨誹而不亂㈩，若離騷者，可謂兼之〔評三〕。蟬蛻⑪穢濁之中，浮游塵埃之外，皭然涅而不緇⑫，雖與日月爭光可也。」班固⑬以爲：「露才揚己，忿懟沉江⑭；羿澆二姚，與左氏彥和以爲褒貶任聲，未盡精覈。

三段辨屈騷與經典的同異，先擧四同四異，而後列「體憲三代，風雜戰國」二語，尤得屈騷法古創新的精神。

不合⑮；崑崙懸圃，非經義所載⑯；然其文辭麗雅，爲詞賦之宗，雖非明哲，可謂妙才。」王逸⑰以爲：「詩人提耳⑱，屈原婉順，離騷之文，依經立義，駟虬乘鷖（原作「翳」，依洪興祖楚辭補注「楚辭章句序」校改），則時乘六龍⑲；崑崙流沙，則禹貢敷土⑳；名儒辭賦，莫不擬其儀表，所謂『金相玉質㉑，百世無匹』者也。」及漢宣嗟嘆㉒，以爲：「皆合經傳（原作「術」，依唐寫本改）」。揚雄㉓諷味，亦言：「體同詩雅」。四家擧以方經㉔，而孟堅謂不合傳，褒貶任聲，抑揚過實，可謂鑒而弗精，翫而未覈者也㉕。

將覈其論，必徵言㉖焉：故其陳堯舜之耿介㉗，稱禹湯（原作「湯武」，依唐寫本改，「離騷」本文則作湯禹）之祗敬㉘，典誥之體也㉙；譏桀、紂之猖披㉚，傷羿、澆之顚隕㉛，規諷之旨也；虬龍以喩君子，雲蜺以譬讒邪㉜，比興㉝之義也；每一顧而掩涕㉞，歎君門之九重㉟，忠怨之辭也；觀茲四事，同於風、雅者也。至於託雲龍，說迂怪㊱，駕豐隆（唐寫本「豐」上有「駕」字，茲據增），求宓妃㊲，憑（「憑」字原脫，據唐寫本校補。）鴆鳥，媒娀女㊳，詭異之辭也；康回傾地㊴，夷羿彃（原作「蔽」，唐寫本作「斃」，茲依李師曰剛斠詮徵許愼說文引漢本楚詞改。）日㊵，木夫九首㊶，土伯三目㊷，譎怪㊸之談也；依彭咸之遺則㊹，從子胥以自適㊺，狷狹㊻之志也；士女雜坐，亂而不分㊼，指以爲樂，娛酒不廢，沉湎日夜㊽，擧以爲懽㊾，荒淫之意四段論屈騷各篇的特色，以見其能取鎔經旨，自鑄偉辭。

也；摘此四事，異乎經典者也。故論其典誥則如彼，語其夸誕(五〇)則如此〔評四〕，固知楚辭者，體憲（原作「慢」，依唐寫本改）於三代，而風雜（原作「雅」，形誤，依唐寫本校改）於戰國(五一)，乃雅、頌之博徒(五二)，而詞賦之英傑也。

觀其骨鯁所樹(五三)，肌膚所附(五四)，雖取鎔經旨，亦自鑄偉(五五)辭。故騷經、九章，朗麗(五六)以哀志；九歌、九辯，綺靡(五七)以傷情；遠遊、天問，瓌詭而慧（原作「惠」，音誤，依唐寫本校改）巧(五八)，招魂、大招（原作「招隱」，依唐寫本校改），豔耀（原作「耀豔」，依郭晉稀譯註徵上下文例校改。）而采（原作「深」，依唐寫本校改）華(五九)〔評五〕；卜居標放言(六〇)之致，漁父寄獨往(六一)之才。故能氣往轢古(六二)，辭來切今，驚采絕豔，難與並能矣。

末段論屈騷對後世文壇的影響，其中又分兩層：先列其敘情怨，述離居，論山水，言節候的妙境；繼以枚、賈、馬、揚之追風沿波，見其衣被詞人，影響久遠。

自九懷以下(六三)，遽躡(六四)其跡，而屈、宋逸步(六五)，莫之能追。故其敘情怨，則鬱伊(六六)而易感；述離居，則愴怏而難懷(六七)；論山水，則循聲而得貌；言節候，則披文而見時〔評六〕。是以枚、賈(六八)追風以入麗，馬、揚(六九)沿波而得奇，其衣被(七〇)詞人，非一代也。故才高者菀其鴻裁(七一)，中巧者獵其豔辭(七二)，吟諷者銜(七三)其山川，童蒙者(七四)拾其香草(七五)〔評七〕。若能憑軾以倚雅、頌(七六)，懸轡以馭楚篇(七七)，酌奇而不失其貞（原作「真」，依唐寫本校改）(七八)，翫華而不墜其實〔評八〕；則顧盼可以驅辭力(七九)，欬唾可以窮文致（四〇），亦不復乞靈於長卿（四一），假寵於子淵矣（四二）。

贊曰：不有屈原，豈見離騷。驚才風逸（四三），壯采（原作「志」，茲據唐寫本，及楊明照校注拾遺徵詮賦篇「時逢壯采」句改）煙高。山川無極，情理實勞（四四）。金相玉式，豔溢錙毫（四五）。

【註釋】

㈠ **寢**：息也，於此釋爲「停頓」之意。

㈡ **莫或抽緒**：莫或，沒有的意思，王引之「經傳釋詞」以爲：「莫與或相對爲文，莫者，無也，或者，有也」。抽緒，引伸爲「餘論」的意思，抽，引；緒，餘。全句是說，自詩經三百篇以後，沒有一樣作品，能引伸風雅的餘緒。

㈢ **鬱起**：鬱，樹木叢生，引伸爲茂盛之意。鬱起，在此釋爲突起，更加妥切。

㈣ **離騷**：此處所謂「離騷」，指「楚辭」而言，因爲「離騷」置於「楚辭」一書的卷首，所以後人多以此首篇之名代表全書。

㈤ **軒翥詩人之後**：軒，高。翥，飛。「詩人」是劉勰常用的術語，大致是指詩經三百篇的作者。

㈥ **奮飛辭家之前**：奮飛，振翼而飛。辭家，泛指漢代以後的辭賦家或作家。所謂「辭人」、「辭家」，也是劉勰常用的術語。

㈦ **聖**：此處專指孔子。

㈧ **淮南作傳**：漢時劉安封淮南王，曾奉詔作「離騷傳」。有人以爲「傳」當作「傅」，「傅」與「賦」

古字通，因此又有劉安作「離騷賦」之說，其實這是不正確的。因爲「傳」之爲體有二，一爲詁訓文字，若毛公之於「詩」，一爲記述作意，若王褒之於「四子講德論」。由班固「離騷序」與辨騷篇中所引的傳文看來，其所謂「傳」，指解釋大意而言，非謂賦體（說見楊遇夫先生讀漢書札記卷四）。至於本書神思篇有「淮南崇朝而賦騷」之言，這並非劉勰自相矛盾，而是東京以來，漢書傳本有作「傳」者，有作「傅」者，彥和兼採二說，故有此言。

㈨ **國風好色而不淫**：詩經十五國風裏，有不少言情的詩，但其內容並不淫邪。論語八佾篇：「關雎，樂而不淫，哀而不傷。」關雎爲國風之始，國風雖多爲男歡女愛，里巷歌謠之作，但觀其內容，並不流於淫亂。

㈩ **小雅怨誹而不亂**：詩經小雅裏，有許多哀怨諷刺的詩篇，但沒有離經叛道的思想。詩大序：「至於王道衰，禮義廢，政敎失，國異政，家殊俗，而變風、變雅作矣！」

⑾ **蛻**：脫皮的意思。

⑿ **皭然涅而不緇**：皭，音（ㄐㄧㄠˋ）。涅音（ㄋㄧㄝˋ）。皭然，白淨的樣子；涅，一種叫礬石的黑色染料；緇，黑色；涅而不緇，語出論語陽貨篇：「不曰白乎？涅而不緇」。是說他那潔淨高超的品格，卽令是染於黑色顏料之中，也不會變色的。

⒀ **班固**：字孟堅，漢代史學家，所以下文說：「孟堅謂不合傳」，乃前呼後應之筆。下面引班固論離騷的一段話，是概括班固「離騷序」的大意，並非原文。

⒁ **忿懟沈江**：懟，音（ㄉㄨㄟˋ）。忿懟，忿恨之意。忿，憤怒；懟，恚恨。沈江，指楚頃襄王二二年

（西元前二七七），屈原投汨羅江自沈而死的事。

(五) **羿澆二姚，與左氏不合**：羿澆，夏代人名。羿，后羿。澆，過澆。離騷中有「羿淫游以佚畋兮，又好射夫封狐。澆身被服強圉兮，縱欲而不忍」。姚，有虞國之姓，二姚，指兩個姓姚的女子。離騷中有「及少康之未家兮，留有虞之二姚」。與左氏不合，謂離騷所言羿、澆二姚之事，和左氏傳所載不盡符合，然宋王應麟困學紀聞引洪慶善（與祖字）語，以爲與左氏正合，只是與劉安之說不合而已。參看左傳襄公四年文，及哀公元年文。

(六) **崑崙懸圃，非經義所載**：崑崙、懸圃，神話中的地名，離騷中有「邅吾道夫崑崙兮，路修遠以周流」，王逸注：「河圖括地象，言崑崙西北，其高萬一千里，上有瓊玉之樹也」；又有「朝發軔於蒼梧兮，夕余至乎懸圃」，王逸注：「懸圃，神山，在崑崙之上」。言崑崙、懸圃二事，六經不載。

(七) **王逸**：字叔師，南郡宜城（今湖北宜城）人，東漢文學家兼訓詁家，作「楚辭章句」。下面引文就是依據「楚辭章句序」來，但非原文，只是撮取大意而已。

(八) **提耳**：懇切教誨的意思。語出詩經大雅抑篇：「匪面命之，言提其耳」，孔穎達疏：「非但對面語之，我又親撕提其耳，庶其志而不忘」。

(九) **駟虬乘鷖，則時乘六龍**：鷖，音（一）。駟虬乘鷖，虬，是龍的一種，有角曰龍，無角曰虬。駟虬，就是駕著四匹虬龍。鷖，鳳凰的別名。離騷中有「駟玉虬以乘鷖兮，溘埃風余上征。」時乘六龍，易經乾卦彖辭云：「時乘六龍以御天」。

⑳ **崑崙流沙，則禹貢敷土**：崑崙，神話中的地名。離騷中有「邅吾道夫崑崙兮」，尚書禹貢也有「崑崙析支渠搜」。流沙，流動的沙石，離騷中有「忽吾行此流沙兮」，禹貢也有「餘波入於流沙」。禹貢，書經夏書篇名。敷土，敷，分佈治理的意思，土，當時九州之地，禹貢有「禹敷土」的記載。此句謂離騷中所言「登崑崙，涉流沙」，即書經禹貢所謂「禹佈治九州之土」之意。

㉑ **金相玉質**：詩經大雅棫樸篇：「追琢其章，金玉其相」，毛傳：「相，質也」。此句之意，是指其品質如金玉般地美好。

㉒ **漢宣嗟嘆**：漢宣，指漢宣帝劉詢。嗟嘆，吟誦之意。下面引文乃根據漢書「王褒傳」中所載漢宣帝雅愛楚辭的情況，撮取其大意，並非原文。

㉓ **揚雄**：字子雲，漢代辭賦家。下面引文，不知所本，因爲揚雄的作品失傳甚多，彥和當時所據之本，或許未流傳至今，但以子雲酷愛騷賦的事來看，必然有評論之語。

㉔ **四家舉以方經**：四家，指以上所言淮南王劉安、王逸、揚雄、漢宣帝劉詢等四人。舉，皆。方，比也。

㉕ **翫而未覈**：翫，即「玩」字，玩味之意。覈，核實的意思。

㉖ **徵言**：徵，證明。言，指屈原作品的本文。意思是說，如果要想知道楚辭和經典的關係，最好證驗於屈原本人的言論。

㉗ **故其陳堯舜之耿介**：本句指離騷中「彼堯舜之耿介兮」之文。耿介，光明正大的意思。

㉘ **稱禹湯之祗敬**：本句指離騷中「湯禹儼而祗敬兮」之文。儼，畏也，祗，敬也，祗敬就是恭敬之

意。

⑲**典誥之體**：典如堯典、舜典。誥如大誥、酒誥。體，體製。

⑳**譏桀紂之猖披**：本句指離騷中「何桀紂之猖披兮」一文，王逸注：「猖披，衣不帶之貌」，就是行為猖狂，不加檢點的意思。

㉑**傷羿澆之顛隕**：本句指離騷中「羿淫游以佚畋兮，又好射夫封狐；固亂流其鮮終兮，浞又貪夫厥家，澆身被服強圉兮，縱欲而不忍，日康娛而自忘兮，厥首用夫顛隕」。顛隕，顛倒墜落的意思。

㉒**雲蜺以譬讒邪**：本句指離騷中「帥雲蜺而來御」。王逸注：「雲蜺，惡氣，以喻佞人。」

㉓**比興**：詩有六義：風、雅、頌、賦、比、興，比興，屬詩的作法，本書比興篇對比和興有詳盡的論述，請參看。

㉔**每一顧而掩涕**：本句指離騷中「長太息以掩涕兮，哀民生之多艱」。洪興祖補注：「掩涕，猶抆淚也」。顧，思念。

㉕**歎君門之九重**：本句指九辯中「君之門以九重」。九重，喻距離遙遠，困阻很大。

㉖**託雲龍，說迂怪**：指離騷中「駕八龍之婉婉兮，載雲旗之委蛇」。迂怪，迂遠怪誕之意。如下文所說的「木夫九首，土伯三目」之事。

㉗**駕豐隆，求宓妃**：指離騷中「吾令豐隆乘雲兮，求宓妃之所在」。豐隆，神話中的雷師；宓妃，神話中的神女，相傳為伏羲氏之女，溺死洛水，後為洛水之神。

㉘**憑鴆鳥，媒娀女**：此指離騷中「望瑤臺之偃蹇兮，見有娀之佚女；吾令鴆為媒兮，鴆告余以不好」。

鴆，音（ㄓㄣˋ）。一種毛羽有毒的鳥；娀女，娀，音（ㄙㄨㄥ）。有娀國的女子。

㊴ **康回傾地**：指天問中「康回馮怒，地何故以東南傾」。康回，共工氏的名字，神話中記載共工氏與顓頊爭爲帝，不遂，怒而觸不周山，使地柱斷絕，因此地傾東南。

㊵ **夷羿彈日**：此指天問中「羿焉彈日」。彈，音（ㄅㄧˋ），射也。夷羿，說文：「夷，从大从弓」，有人帶弓之意，故夷羿可釋爲射手后羿。相傳堯時十日並出，羿射落九日。

㊶ **木夫九首**：此指招魂中「一夫九首，拔木九千些」。木夫，拔木的人。

㊷ **土伯三目**：指招魂中「土伯九約，其角觺觺些；參目虎首，其身若牛些」。王逸注：「土伯，后土之侯伯也」。即今所謂的「土地神」。

㊸ **譎怪**：詭詐怪異的意思。

㊹ **依彭咸之遺則**：指離騷中「願依彭咸之遺則」。彭咸，殷代賢大夫，諫其君不聽，投水而死。遺，餘。則，法則。

㊺ **從子胥以自適**：指橘頌中「從子胥而自適」。子胥，伍員字子胥，諫吳王夫差，夫差賜子胥劍，令自殺。

㊻ **狷狹**：性情褊狹的意思。

㊼ **士女雜坐，亂而不分**：指招魂中「士女雜坐，亂而不分些」。士，男子的美稱。亂，恣意調笑。

㊽ **娛酒不廢，沉湎日夜**：指招魂中「娛酒不廢，沈日夜些」。廢，停止，沈湎，沈溺之意。

㊾ **舉以爲懽**：舉，指出。「舉以爲歡」與上文「指以爲樂」對文，是說指此以爲歡娛。

（五〇）**夸誕**：夸同誇，誇大虛妄的意思。

（五一）**體憲於三代，風雜於戰國**：體，體式，憲，效法。風，指作品中所表現的風格。「體憲於三代」，是說屈子行文，乃效法三代的經典訓誥，卽後文「取鎔經旨」之意。「風雜於戰國」，是說屈子作品的風格，帶有戰國縱横家的口脗、氣象，故下文讚其「自鑄偉辭」。

（五二）**博徒**：博弈的人。

（五三）**骨鯁所樹**：骨鯁，作品的中心思想，卽「內容」之謂。「骨鯁所樹」，是說樹立作品的中心思想。

（五四）**肌膚所附**：肌膚，作品的文采辭藻，卽「形式」之謂。「肌膚所附」，是指附麗於內容的藻采文飾。

（五五）**偉**：珍奇的意思。

（五六）**朗麗**：鮮明華麗。

（五七）**綺靡**：謂其文采綺亮靡麗。

（五八）**瓌詭而慧巧**：瓌詭，奇特詭異；慧巧，靈活精巧。

（五九）**豔耀而采華**：「采華」與「豔耀」相對爲文，此句是說色澤鮮明而辭采華美。

（六〇）**放言**：放，置。放言高論，不受拘束，有不再談論塵俗世務之意。

（六一）**獨往**：離羣索居的意思。

（六二）**氣往轢古，辭來切今**：轢，本意爲輾壓，引伸爲淩越、超邁之意。「氣往轢古，辭來切今」，大意是說，其氣勢超邁，陵越古人，辭開來世，切合時代需要。

(六三) **自九懷以下**：今本楚辭篇目次第，已非原來面目。晁公武郡齋讀書志楚辭類載「楚辭釋文」一卷，跋中所記楚辭篇目、次第，與今本多有不同，以離騷、九辯、九歌、天問、九章、遠遊、卜居、漁父、招隱士、招魂、九懷、九諫、九嘆、哀時命、惜誓、大招、九思爲次第，比較接近原來編次。「九懷」以前，除「招隱士」外，均爲屈、宋作品，「九懷」以下，除「大招」外，無屈、宋作品。如果把「招隱士」與「大招」次第互換的話，就和劉彥和所見到的楚辭次第完全一致了。今本次第雖不可據，但「大招」一篇在「招魂」之下，卻與「唐寫本」文心雕龍本篇中「招魂、大招」句相吻合。

(六四) **遽躡**：躡，音（ㄋㄧㄝˋ）。遽，急驟的意思。躡，追隨的意思。

(六五) **屈宋逸步**：屈、宋，指屈原和宋玉。逸步，飄逸絕塵的步伐。

(六六) **鬱伊**：即鬱抑，憂而寡歡的意思。

(六七) **愴怏而難懷**：愴怏，悲愴惆悵的意思。難懷，難以爲懷，亦即不忍卒讀之意。

(六八) **枚、賈**：枚乘、賈誼，漢代大辭賦家。

(六九) **馬、揚**：司馬相如、揚雄，漢代大辭賦家。

(七〇) **衣被**：在這裏作動詞用，可釋作「嘉惠」。

(七一) **菀其鴻裁**：菀，蘊積，在此引伸爲模仿、取法的意思。鴻裁，鴻偉的體裁。

(七二) **中巧者獵其豔辭**：中巧者，指心思靈巧的作家；獵，獵取之意。

(七三) **銜**：口中含物謂之銜，引伸爲包含、融蓄之意。

(七四) **童蒙者**：指初學寫作的人。

(七五) **拾其香草**：是說揀一些屈騷中漂亮的字眼。

(七六) **憑軾以倚雅頌**：軾，車前橫木。本句是說，如果創作時能依據雅、頌以立義，就好像坐在車上，靠着前面的横木，必能保持身體的平穩。

(七七) **懸轡以馭楚篇**：轡，御馬的繮索。本句是說，如果臨文時能駕馭屈、宋寫作的技巧，就好像乘馬時，手執繮繩，步調必趨和諧。

(七八) **貞**：正也，「奇」與「正」相對為文，猶下句「華」與「實」相對為文。

(七九) **辭力**：就是文辭氣勢。本書通變篇：「文辭氣力，通變則久」。

(八〇) **欬唾可以窮文致**：欬唾，莊子秋水篇：「子不見夫唾者乎？噴則大者如珠，小者如霧……」，後人因有「欬唾成珠玉」的說法，這裏正用其意。文致，文章情致。

(八一) **乞靈於長卿**：司馬相如，字長卿。長卿乃有漢一代才士，故想乞求靈感於他，以助己行文的能力。

(八二) **子淵**：王褒，字子淵，漢宣帝時為辭賦家之首，故彥和特舉之。

(八三) **風逸**：如輕風般飄逸。

(八四) **山川無極，情理實勞**：無極，悠遠無窮。情理實勞，大意是說，如此深意地抒情說理，實在是件勞神苦思的事。

(八五) **金相玉式，豔溢錙毫**：金相玉式，「金相」見本文注(三)。玉式，左傳昭公十二年：「式如金，式如玉」，式，法式。錙，重量的最小單位；毫，毫毛，都是微小的意思。這兩句大意是說屈騷之美，如同精金美玉，卽令是片言隻字，無不光芒四射，美不勝收。

【語　譯】

自從周室東遷，王綱解體，風雅的詩聲熄滅以後，在沒有任何作品，能眞正繼承詩經的統緒時，有一部奇偉的文學著作突然興起，那就是屈原發忠君愛國之思的「離騷」吧！屈原離騷所以能高舉於「詩經」作者之後，奮飛於「兩漢」辭賦家以前，難道是由於距離聖人尙爲時不遠，再加上楚人多才多藝的緣故嗎？

從前漢武帝喜愛離騷文辭典麗，淮南王劉安乃奉詔作傳。他認爲：「國風雖多言情的詩篇，卻不流於淫邪；小雅雖有怨刺的語句，卻無離經叛道的思想，像離騷的文辭，可說兼有國風、小雅的特色了。屈原仕於政治昏闇的時代，卻能超然物表，就像蟬蛻皮於穢濁之中，翺翔在塵埃之外，保持他那純潔高尙的品格；如同白璧浸入黑色的顏料中，而不變其本色。他那偉大的節操，縱與日月爭光奪彩，也是當之無愧的。」班固認爲：「屈原過分顯露才華，表彰自己的美行，竟至於因爲忿恨懷王的昏昧，怒而投江，葬身於江魚之腹；離騷所賦的羿、澆、二姚之事，和左傳襄公四年文所言不合，崑崙、懸圃的故典，也和經書大義所載有別，但離騷的文辭華麗典雅，卻是兩漢辭賦的開山。屈原其人，雖不是甚麼明賢聖哲，但也稱得上文壇的英才了。」王逸認爲：「詩經作者行文的方式，一如父母之耳提面命，諄諄敎誨其子弟；屈原則是順乎人性，情眞語摯地委婉勸說。但離騷的文辭，仍是依附經典來建立言論的，譬如他說「駕玉虬，乘鳳車」，和易經乾卦彖辭所謂的「依時乘駕六龍，統御上下四方」之義相符；「

登崑崙，涉流沙」，和書經禹貢所謂「禹布治九州之土」的意思相同。所以後代名家大儒的文章，莫不取效離騷的風貌，作爲寫作的法則。這說明了它內具美質，外富盛采，百代以來，任何作品都無法和它相比啊！」到了漢宣帝，每當他吟誦楚辭，就贊歎不已，認爲：「其中所言，皆符合六藝經傳」；揚雄諷誦屈賦，細加玩味，也說它「體式風格，多同於詩經的風雅。」綜合以上的說法來看，劉安、王逸、宣帝、揚雄四家皆竭力表揚，並比之經義；唯獨班固說它不合經傳。似此或褒或貶，都是任意譏談；或抑或揚，有時也與事實不合。可說是雖有品鑒而不夠精確，雖加玩味尚未能覈實啊！

如果我們想要進一步考覈屈原言論的眞象，必須徵驗於楚辭原文，例如其中陳述唐堯、虞舜的光明正大，讚揚夏禹、商湯的畏天敬賢，實在類似書經典謨訓誥的體裁啊！譏諷夏桀、殷紂的猖狂邪妄，哀傷后羿、過澆的顚殞亡身，也都合乎規誡諷諫的本旨啊！以虬龍比喻君子，雲蜺譬諸小人，這也是比附興發的手法啊！每當想到國家的由盛而衰，就抆淚不止，哀歎於羣小的阻礙，自己和懷王的距離日加遙遠，這也正是忠貞悲怨的言辭啊！綜觀以上這四件事，和詩經中的風雅精神是相同的。至於假託駕八龍，載雲旗，談論些迂曲怪誕之事；駕著雲師豐隆，去求神女宓妃；藉有毒的鴆鳥，向有娀氏的女子求親，這都是詭怪奇異的言辭啊！共工氏康回頭觸天柱，使地傾東南；神射手后羿，射落九個太陽；又說拔木之夫，一身九頭；土神侯伯，虎頭三目，這都是荒謬離奇的言談啊！他想效法殷時賢臣彭咸，投水死諫的餘風；隨從吳國大夫伍員，棄屍大江的典範，又都是狷介狹窄的氣量啊！招魂中記載著男女雜坐，亂無區分，以此引爲樂事；鎭日狂飲，耽於逸樂，反認爲是無上歡愉，這些全是荒唐淫亂的想法啊！以上所摘錄的四件事，是不合於經典的地方。所以說楚辭中有談論典謨訓誥的，就像前舉的四例；

有敍述虛誇荒誕的，如同後羿的四例。由此可知，騷賦的內容是取法於三代的經典訓誥，而其辭藻卻夾雜了戰國時代縱橫家的習氣。它可稱得上是雅頌中的博弈之徒，詞賦裏的英雄豪傑啊！

詳觀屈賦所樹立的中心思想，以及其附麗的文采辭藻，雖然是採取陶鎔經典的意旨，但從那瑰麗的辭采來看，卻又是獨抒胸臆，自創一格的。由此加以分析，離騷、九章，是以鮮明華麗的語言，抒寫悲哀的心志；九歌、九辯，是以精采絕妙的筆法，描述憂傷的感情；遠遊、天問的筆法，奇特怪異而靈活精巧；招魂、大招的文辭，光耀豔麗而辭采華美；卜居標放言高論，不受拘束的情致；漁父寄離羣索居，罔顧世俗的才華。故能氣勢邁往，凌越古人，辭開來世，切合今用。他那驚人的辭采，絕代的風華，後人無論如何，都難和它並駕齊驅了。

自王褒九懷以下的辭賦家們，都急起直追騷賦的軌跡，去從事寫作。但屈宋那種步伐超逸的境界，卻沒有人能趕得上的。當他敍述哀怨的情感時，就抑鬱不伸，令人爲之心動；描述去國的憂思時，就愴涼含悲，使人難以卒讀；談到山光水色的美景時，能使讀者循著文章的聲采，窺見青山綠水的全貌；言及節令氣候時，又能使讀者展卷觀覽，彷彿看到了季節的變化。因此枚乘、賈誼追摹其風格，而走向華麗；司馬相如、揚雄順沿其波瀾，而獲得奇瑰。總之，它嘉惠於辭賦家，非僅漢朝一代而已啊！故後世作者，才性高超的，可效法屈宋鴻偉的體裁；心思靈巧的，可獵取它豔麗的辭藻；吟誦諷味的，可涵泳它那山川的空靈；初學啓蒙的，可拾取它那香花美草的字眼。從事文學創作的人，如果眞能像乘車憑軾騎馬馭繮一般的話，一方面依靠雅頌來樹立內容，一方面駕馭楚辭以修飾文采，酌取奇麗的文辭，而不斲喪其本意，翫味華豔的外貌，而不失落其實質。那麼，當縱目顧盼之際，就可輕易地驅遣辭采氣勢；

信口咳唾之時，便能順暢地表達文情風致。再也不必乞求靈感於司馬長卿，要求恩寵於王褒子淵了。總而言之，如果沒有屈原其人，怎能見到曠世的作品「離騷」呢？他那驚世的才華，像清風般地飄逸，壯麗的文采，如雲煙般地高妙。文中山川，蘊藉著無窮的變化；抒情說理，更包藏了勞神苦思的結晶。其情辭兼備，就像金玉般地完美無缺；卽令是片言隻字，無不光芒四射，目不暇接啊！

【集評】

一、紀評：「離騷乃楚辭之一篇，統名楚辭爲騷，相沿之誤也。」又：「辭賦之源出於騷，浮豔之根亦濫觴於騷，辨字極爲分明。」

二、曹評：「詩亡之後，屈平直接其緒，故彥和正緯以辨騷也。」

三、曹評：「此非劉子之言也。國風小雅，離騷兼之，漢人已言之矣。」

四、曹評：「摘其夸誕，此愛而知其惡也。彥和欲扶風雅之切如此。」

五、楊評：「豔耀采華四字，尤盡二篇妙處，故重圈之。皮日休評楚辭『幽秀古豔』，亦與此語表裏。予稍易之云：『招魂耀豔而采華，大招幽秀而古朗』。」

六、曹評：「山水循聲而得貌，節候披文而見時，此極眞之文也。若緯書只僞惑矣，烏能眞！」

七、楊評：「拾其香草，尤奇句。」

八、黃評：「酌奇玩華而失墜眞實者，李昌谷之歌詩也。故曰：『少加以理，則可奴僕命騷』。」

【問題討論與練習】

一、列舉兩漢各家評述屈原離騷之內容？並論其得失？

二、楚辭與經典之異同如何？並推論其在中國文學上承先啓後之貢獻：

三、屈賦「體憲於三代，風雜於戰國」，試援引文心辨騷之說，以徵其實：

四、試述劉彥和對屈宋作品的評價如何？

五、屈宋作品對後世的影響如何？並說明其研讀方法？

六、試述屈宋作品在中國文學發展上的地位？及其對後世之影響？

明詩第六〔評一〕

【解　題】

明詩是文心雕龍「文體論」的首篇，按照本書「序志」第五十所謂：「論文敍筆，則囿別區分」的四大條例而言，本篇「原始以表末」與「釋名以章義」互倒。「選文以定篇」與「原始以表末」，由於敍述方便起見，合而爲一。這又是「文體論」中的變例。

彥和「文體論」所以將「明詩」列爲二十篇之首者，蓋以詩歌隨語言而俱來，其產生遠在有文字以前。詩大序云：「情動於中而形於言，言之不足，故嗟嘆之；嗟嘆之不足，故詠歌之。」朱熹詩集傳序亦云：「人生而靜，天之性也；感於物而動，性之欲也。夫既有欲矣，則不能無思；既有思矣，則不能無言；既有言矣，則言之所不能盡，而發於咨嗟詠嘆之餘者，必有自然之音響節奏而不能已焉，此詩之所以作也。」由此可知，詩歌乃感情之自然表現，文辭純樸，音韵天成，無絲毫造作痕迹，可說是我國文學之濫觴；沈約宋書謝靈運傳論所謂：「歌詠之興，宜自生民始」，其理在此。文心雕龍之「論文敍筆」，以「明詩」列於韵文之首，蓋明其原也。

彥和論詩的名義，特舉「持人情性」，歸於無邪，此不僅符合孔子訓詩之意，且援此以爲評述歷代詩作的準繩。至於「徵聖」、「宗經」之文學思想，於此已不言可喩了。故其舉「九序」歌禹，「五子」諫太康，謂「順美匡惡」，其來已久。於「韋孟首唱」的四言詩，謂「匡諫之義」，足以繼詩經作者的遺軌；於「古詩佳麗」，則云「結體散文，直而不野」，並「婉轉附物，怊悵切情」，推爲五言詩的冠冕；於「建安」，許文帝、陳思、王、徐、應、劉；於「正始」，言其「詩雜仙心」，並在標舉嵇、阮以外，復詘何晏而進應璩；於「西晉」，稱張、潘、左、陸；於「江左」，舉景純以概袁、孫；宋初雖因時近人存，避而不論，論其文詠，則以爲「莊老告退，山水方滋」，好奇反經。可以說皆能掌握情原，權衡至當，尊爲彥和詩論的菁華，亦不爲過。

至於三百篇之於春秋，以爲行人會同，諷誦舊章，與孔子「不學詩，無以言」，「誦詩三百，授之以政」的意思相同。言「楚國諷怨，則離騷爲刺」，列屈、宋楚辭於三百篇之後，漢賦以前，更暗示「詩」「騷」的源流關係，以及「騷」在詩、賦之間所扮演的角色，亦振葉尋根之見也。言「辭人遺翰，莫見五言，所以李陵、班婕妤見疑於後代。」於此雖未質定其眞僞，但從五言詩演變的流程上加以印證，則「蘇、李贈答」與「班姬團扇」，產生於西漢，亦並非絕無可能。推「古詩」爲五言的冠冕，以爲「比采而推，固兩漢之作也」，皆膽大心細，可以看出彥和在才高筆健中的英邁之氣。

建安以下，詩風丕變，如任氣使才，歸諸「建安」。詩雜仙心，屬於「正始」，兩晉輕綺，江左溺玄，宋初追新，數代詩壇，一一爲之評價；且黜陟有據，論斷無爽，千古詩心，可尊此爲之準矩。

文末分論平子、叔夜、茂先、景陽、子建仲宣、太沖公幹，或長四言，或擅五言，或得其雅，或含其潤，或凝其清，或振其麗，兼善偏美，各有造境，是皆學者所當留意者也。惟獨「陶淵明」身丁亂世，於典午易位之際，抱道高蹈，常著文章自娛，頗示己志；而彥和衡文，或褒或貶，竟對其不著一字。是否因爲「靖節詩集」，當時尚未集結？或陶公遯世絕交，知音寂寥？而時人方好爲組麗，鮮崇雅正？遂令醇音闃響，眞采失鮮乎！此論文之士，所當深憾而加以致意者。

彥和對於「詩」的創作，大抵是「四言」「五言」分說，所謂：「四言正體，以雅潤爲本；五言流調，以清麗居宗」，正見時至漢、魏，四言詩雖呈強弩之末，日漸式微；而五言詩蓬勃發展，亦尚未定型，故以「正體」屬諸四言，「流調」歸於五言。所謂「詩有恒裁，思無定位，隨性適分，鮮能通圓」，四句十六字，看似膚廓，無甚高論，但將爲詩之道，已概括殆盡。所以黃侃札記說：「隨性適分四字，已將古今家數派別不同之故，包擧無遺矣」，其說信然！

綜上以觀，本篇由詩的名義，而詩的源流，詩的評騭，詩的作法，最後又於四言五言以外，附列三六雜言，離合回文，聯句共韵等。不僅使我國自古以迄六朝的詩學，得到適當的整理與安頓，而較諸晚出的鍾嶸「詩評」，唐末司空圖的「詩品」，宋以後的「詩話」「詞話」，彥和此文更爲他們開拓了一條創作的坦途。

自齊永明末，沈約創「四聲」「八病」之說後，「詩」遂由「古體」轉變而爲「近體」，至唐大盛。近體又分律、絕，排律，一時人才輩出，變化迭起。「詞」濫觴於齊梁，發軔於隋唐，滋衍於五代，造極於兩宋，幾取唐詩的地位而代之。「詞」依每首字句的多寡，分爲令、引、近、慢。其間佳作如雲，名家輩出，而南唐後主李煜及其詞，超凡入聖，可謂千古詞傑。「曲」繼五代、兩宋的詞運，起而爲元、明兩代文壇的盟主。近代又有「白話詩」應運而生，擺脫舊詩格律拘限，邁向自由揮灑境地，此皆彥和所不及見，而吾人談文心雕龍「明詩」，又不可不知者也。所謂「巨細或殊，情理同致，總歸詩囿，故不繁云」，在此特借彥和的話，作爲本篇「解題」的結束。

【正文】

首段「釋名以章義」，引書經舜典，毛詩大序，詩緯含神霧，以及論語爲政，言詩之義用。

大舜云：「詩言志，歌永言」㊀；聖謨㊁所析，義已明矣。是以「在心爲志，發言爲詩」㊂；舒文載實㊃，其在茲㊄乎！詩者，持也㊅，持人情性；三百之蔽，義歸無邪㊆，持之爲訓，有符焉爾㊇〔評二〕。

次段「原始

人稟七情㊈，應物斯感，感物吟志，莫非自然〔評三〕。昔葛天樂辭（原作「昔葛天氏樂辭云」）

以表末」與「選文以定篇」兩者合併運用，混而不分。以較論自上古以迄南朝，詩風演變的大勢。其中先敍詩的起源，再言詩的流變。於敍事中有評論，評論中有寄意。

（」唐寫本無「天氏云」三字，校刪原文，「氏云」二字，與下文「黃帝雲門」對文）玄鳥在曲（一〇），黃帝雲門，理不空絃（原作「綺」，依唐寫本校改）（一一）。至堯有大章（原作「唐」，依唐寫本校改）之歌（一二），舜造南風之詩（一三），觀其二文，辭達而已〔評四〕。及大禹成功，九序惟歌（一四）；太康敗德，五子咸諷（原作「怨」，依唐寫本校改）（一五）；順美匡惡，其來久矣。自商暨周，雅頌圓備（一六），四始彪炳（一七），六義環深（一八）。子夏監絢素之章，子貢悟琢磨之句（一九），故商、賜二子，可與言詩。自王澤殄竭（二〇），風人輟采（二一）；春秋觀志，諷誦舊章（二二），酬酢以爲賓榮，吐納而成身文（二三）〔評五〕。逮楚國諷怨，則離騷爲刺。秦皇滅典，亦造仙詩（二四）。漢初四言，韋孟首唱（二五），匡諫之義，繼軌周人（二六）。孝武愛文，柏梁列韻（二七）；嚴、馬之徒，屬辭無方（二八）。至成帝品錄，三百餘篇（二九），朝章國采（三〇），亦云周備，而辭人遺翰，莫見五言（三一），所以李陵、班婕妤見疑於後代也（三二）〔評六〕。按召南、行露，始肇半章（三三）；孺子滄浪，亦有全曲（三四）；暇豫優歌（三五），遠見春秋；邪徑童謠（三六），近在成世；閱時取徵（原作「證」，依唐寫本御覽校改）（三七），則五言久矣〔評七〕。又古詩佳麗，或稱枚叔（三八）；其孤竹一篇，則傅毅之詞（三九）；比采（四〇）而推，固（原脫，依唐寫本、御覽校增）兩漢之作也。觀其結體散文，直而不野（四一）〔評八〕，婉轉附物，怊悵切情，實五言之冠冕也〔評九〕。至於張衡怨篇，清典可味（四二），仙詩緩歌（四三），雅有新聲。暨建安之初，五言騰躍（原作「踊」，依唐寫本校改）；文帝、陳思，縱轡以騁節㊹；王、徐、應、劉，望路而爭驅㊺；並憐風月，狎池苑，述恩榮，敍酣宴㊻，慷慨以任氣，磊落以使才㊼〔評一〇〕；造懷指事，不求纖密之巧，驅辭逐貌，唯取昭晰㊽之能；此其所同也〔評一一〕。及（原作「乃」，依唐寫本、御覽校改）正始明道，詩雜仙心㊾，何晏㊿之徒，率多浮淺。唯嵇志清峻(五一)，阮旨遙深(五二)，故能標焉(五三)〔評一二〕。若乃應璩百壹（原作「一」，依唐寫本及「才略篇」文校改）獨立不懼，辭譎義貞(五四)，亦魏之遺直也。晉世羣才，稍入輕綺，張、潘、左、陸(五五)，比肩詩衢，采縟(五六)於正始，力柔於建安，或析（原作「杅」，俗字）文以爲妙，或流靡以自妍，此其大略也。江左(五七)篇製，溺乎玄風(五八)，嗤笑徇務(五九)之志，崇盛忘機(六〇)之談，袁、孫(六一)以下，雖各有雕采，而辭趣一揆，莫能（原作「與」，依唐寫本校改）爭雄，所以景純仙篇(六二)，挺拔而爲儁矣。宋初文詠，體有因革，莊老告退，而山水方滋(六三)，儷采(六四)百字之偶，爭價一句之奇，情必極貌以寫物，辭必窮力而追新〔評一三〕，此近世之所競也〔評一四〕。故鋪觀列代，而情變之數可監(六五)；撮舉同異，而綱領之要可明矣。

三段「數理以擧統」，

若夫四言正體，則雅潤爲本(六六)；五言流調，則清麗居宗(六七)〔評一五〕，華實異用，惟才所安(六八)。故平子得其雅(六九)，叔夜含其潤(七〇)，茂先凝其清(七一)，景陽振其麗(七二)，兼善則子建、仲宣(七三)，偏美則太沖、公幹(七四)。然詩有恒裁，思無定位(七五)，隨性適分，鮮能圓通（原作「通圓」，依唐寫本、御覽校改）(七六)。若妙識所難，其易也將至；忽以（原作「之」，依唐寫本、御覽校改）為易，其難也方來(七七)〔評一六〕。至於三、六、雜言(七八)，則出自篇什；離合之發(七九)，則萌於圖讖；回文所興，則道原為始(八〇)；聯句共韻，則柏梁餘製；巨細或殊，情理同致，總歸詩囿(八一)，故不繁云。

提示詩的寫作要領，其中先言四言詩與五言詩，次補敍三言、六言、離合、回文、聯句等詩體的由來。

贊曰：民生而志，詠歌所含。興發皇世(八二)，風流二南(八三)。神理共契，政序相參(八四)。英華彌縟，萬代永耽(八五)。

【註釋】

(一) **詩言志，歌永言**：言志，言人的志意。永言，長言，指音節搖曳的詠唱。這兩句是說，詩是用來表達思想的，而歌是用來吟唱詩意的。文見書經「舜典」。

(二) **「聖謨」**：聖，指舜；謨，議謀。書經中有大禹謨、皋陶謨等篇；「舜」在歷史上被尊為聖人；所以「聖謨」指舜典中大舜的議謀。

(三) **在心為志，發言為詩**：是說蘊藏內心者謂之「志」，宣洩於言者名為「詩」。兩句見毛詩「大序」。

㈣ **舒文載實**：舒，布。舒文，舒布文辭的意思。實，情志，指「詩言志」的「志」說的。載實，就是根據實情，把詩人的意志寫出來。

㈤ **玆**：作指示代名詞用，指「詩」說的。

㈥ **詩者，持也**：彥和在此用詩緯「含神霧」上的說法。又「詩」和「持」在段玉裁「六書音韵表」中均屬第一部，用同韻字來解釋，訓詁家叫「聲訓」或「音訓」。

㈦ **三百之蔽，義歸無邪**：論語爲政篇：「子曰：詩三百，一言以蔽之，曰思無邪」。蔽，概括的意思；詩經魯頌駉：「思無邪」；孔子認爲「詩經」可以用一句話來概括它的意旨，那句話就是「思無邪」。

㈧ **有符焉爾**：焉爾，猶言於是。此承上句說，是講符合於孔子「思無邪」的昭示。

㈨ **七情**：七情，指「喜、怒、哀、懼、愛、惡、欲」等七種情感。

㈩ **葛天樂辭，玄鳥在曲**：葛天，即「葛天氏」，傳說中古代帝王名。呂氏春秋仲夏紀古樂篇中說，葛天氏時代的樂曲有：「載民」、「玄鳥」、「遂草木」、「奮五穀」、「敬天常」、「達帝功」、「依地德」、「總禽獸之極」。「玄鳥」是上列八曲之一。

⑾ **黃帝雲門，理不空絃**：周禮春官大司樂：「以樂舞敎國子舞雲門、大卷」；鄭玄注，認爲「雲門」、「大卷」是黃帝時樂曲；孔穎達疏釋「詩譜序」時說：「黃帝有雲門之樂，至周尙有雲門，明其聲音和集。既能和集，必不空絃，絃之所歌，即是詩也」。所謂「理不空絃」，是說照理講，不會光有樂曲，一定還有歌辭。

（一二）**大章之歌**：禮記樂記：「大章，章之也」；鄭玄注，以爲「大章」是「堯樂名」。

（一三）**南風之詩**：禮記樂記：「舜作五弦之琴，以歌南風」。「南風」歌辭是：「南風之薰兮，可以解吾民之慍兮；南風之時兮，可以阜吾民之財兮」。當是後人擬作。

（一四）**九序惟歌**：書經大禹謨：「水、火、金、木、土、穀，惟修；正德、利用、厚生，惟和。九功惟敍，九敍惟歌」。九序，指水、火、金、木、土、穀、正德、利用、厚生，九種政事都次第施行，均可歌誦。此文又見本書「原道」篇。

（一五）**五子咸諷**：五子的說法，歷史上爭論很多，這裏不談。史記夏本紀：「帝太康失國，昆弟五人，須於洛、汭，作五子之歌」。五子咸諷者，言太康失國，其弟五人皆作歌以諷。歌見書經「夏書」，共五首，因文長不錄。

（一六）**自商暨周，雅頌圓備**：詩經分「風」、「雅」、「頌」，實質上都是周代的詩；但是「頌」中有「商頌」，前人認爲是商代的詩。孔穎達疏釋詩譜序，認爲商代本來有「風」、「雅」，是孔子刪去了。因此這裏說「自商暨周，雅頌圓備」。暨，及。圓備，完備。

（一七）**四始彪炳**：四始有兩說：一、毛詩序以爲，以「風」、「小雅」、「大雅」、「頌」四者的第一篇，作爲各體的代表，叫做「四始」。二、史記孔子世家以爲「風」、「小雅」、「大雅」、「頌」四者是論王道興衰之始，所以叫「四始」。彪炳，文采煥發。

（一八）**六義環深**：詩大序：「詩有六義焉：一曰風；二曰賦；三曰比；四曰興；五曰雅；六曰頌。」風、雅、頌是三種詩體，風是民歌，雅是周室朝廷的樂歌，頌是廟堂的舞歌。賦、比、興是三種表現技巧。賦是直陳其事，比是比喻，興是託物起興。環深：周密精深的意思。

(一九) **子夏監絢素之章，子貢悟琢磨之句**：子夏，姓卜，名商，字子夏。子貢，姓端木，名賜，字子貢。皆孔子弟子。「監」與「鑒」字通用。絢，音（ㄒㄩㄢˋ），有文彩的樣子。絢素之章，指詩經衛風碩人。琢磨之句，指衛風淇奧。論語八佾：「子夏問曰：巧笑倩兮，美目盼兮，素以爲絢兮。何謂也？子曰：繪事後素。曰禮後乎？子曰：起予者商也！始可與言詩已矣。」論語學而：「子貢曰：貧而無諂，富而無驕，何如？子曰：可也；未若貧而樂，富而好禮者也。子貢曰：詩云：如切如磋，如琢如磨。其斯之謂與？子曰：賜也，始可與言詩已矣，告諸往而知來者。」

(二〇) **王澤殄竭**：殄，音（ㄊㄧㄢˇ）。王澤，指周王朝的德澤教化，殄竭，窮盡的意思。

(二一) **風人輟采**：風人，采詩之官。輟，停止。全句是說，采詩之官，停止了采詩工作。

(二二) **春秋觀志，諷誦舊章**：言春秋時代，各國使節往來，主客雙方觀察對方的看法時，必賦詩言志；然諷誦的都是「詩經」三百篇的舊章，不是自己的作品。

(二三) **酬酢以爲賓榮，吐納而成身文**：酬酢，指宴會上的應對。賓榮，賓客的榮譽。吐納，就是談吐，這裏指「諷誦詩篇舊章」。身文，個人的光彩。事見春秋左傳襄公二十七年「鄭伯享趙孟於垂隴」文。

(二四) **秦皇滅典，亦造仙詩**：秦皇滅典，指秦始皇焚書，事見史記秦始皇本紀三十四年：「史官非秦紀皆燒之。非博士官所職，天下敢有藏詩書百家語者，悉詣守尉雜燒之。」又三十六年：「使博士爲僊眞人詩」；這便是「亦造仙詩」的事實。但此詩已經不傳。

(二五) **漢初四言，韋孟首唱**：漢書韋賢傳，說韋孟爲楚元王傅，作「詩」諷諫楚元王的孫子戊，荒淫不遵道。其「詩」皆四言成句，爲當代四言詩的首創者。

㉖ **繼軌周人**：軌是「法」的意思。繼軌，就是繼承。

㉗ **孝武愛文，柏梁列韻**：古文苑卷八：「武帝元封三年，作柏梁台，詔羣臣二千石有能爲七言詩，乃得上坐」。顧炎武日知錄二十一認爲「柏梁臺詩」是後人僞託。列韻，就是「聯韻」，聯、列雙聲，古通用。

㉘ **嚴馬之徒，屬辭無方**：嚴，嚴忌，本姓莊，因避漢明帝諱改爲「嚴」。馬，司馬相如，都是漢代辭賦家。嚴忌的詩已不流傳；司馬相如的「琴歌」，也是後人僞託。屬辭無方，言作詩沒有一定規格。

㉙ **成帝品錄，三百餘篇**：漢書藝文志總序：「成帝時詔光祿大夫劉向，校經傳諸子詩賦」。又詩賦略：「凡歌詩二十八家，三百一十四篇」。所以彥和有「三百餘篇」之說。

㉚ **朝章國采**：朝章，指文士所作的朝廟樂章。如武帝時詔司馬相如等造「郊祀歌」十九章。國采：指分國或分區采錄的民歌。如燕代之謳，雁門、雲中、隴西的歌詩等。

㉛ **辭人遺翰，莫見五言**：遺翰，流傳下來的作品。莫見五言，范文瀾文心雕龍注云：「彥和之意，似謂三百餘篇中，不見著名文士作五言詩，非謂三百餘篇無一五言詩也。采自民間之歌謠，非辭人所作，而儘多五言，彥和殆未嘗疑之也。」

㉜ **李陵、班婕妤見疑於後代也**：李陵，昭明文選載其「與蘇武詩」三首。班婕妤，昭明文選載其「怨歌行」一首。李陵，漢武時人，陷匈奴。班婕妤，漢成帝時宮人，得幸，封婕妤（女官名）。見疑於後代：顏延之庭誥：「逮李陵衆作，總雜不類，原是假託，非盡陵制。至其善寫，有足悲者。」

㉓**召南行露，始肇半章**：詩經召南行露的「誰謂雀無角」和「誰謂鼠無牙」兩章，都是前四句五字成句，後二句四字成句。因其詩間雜四五言，故稱半章。

㉔**孺子滄浪，亦有全曲**：全曲，指全篇皆爲五言。孟子離婁有孺子歌：「滄浪之水清兮，可以濯我纓。滄浪之水濁兮，可以濯我足。」詩中除去語尾兩個「兮」字外，全首都是五言。

㉕**暇豫優歌**：國語晉語二，載晉驪姬想害太子申生，怕里克反對，託優施去勸里克歸附他。乃和里克飲酒，優施起身歌舞道：「暇豫之吾吾，不如鳥烏；人皆集於菀，己獨集於枯。」優，古代的男伎；施，人名。此歌三句五言。

㉖**邪徑童謠**：漢書五行志第七中之上：「成帝時童謠曰：邪徑敗良田，讒口亂善人；桂樹華不實，黃爵巢其顚；故爲人所羨，今爲人所憐。」此歌全是五言。

㉗**閱時取徵**：閱時，觀察各個時代。徵，信，證據的意思。

㉘**古詩佳麗，或稱枚叔**：古詩，昭明文選有「古詩」十九首，不著作者，「玉臺新詠」以其中八首爲枚乘作。即「青青河畔草」「西北有高樓」「涉江采芙蓉」「庭中有奇樹」「迢迢牽牛星」「東城高且長」「明月何皎皎」「行行重行行」。或，有，在這裏是「有些」的意思。枚叔，枚乘字叔。

㉙**孤竹一篇，傅毅之詞**：言古詩中有「孤竹」一篇，昭明文選列在古詩十九首之內，玉臺新詠署爲「傅毅」的作品。毅，字武仲，東漢扶風茂陵人，章帝以爲蘭臺令史。其孤竹篇云：「冉冉孤生竹，結根泰山阿；與君爲新婚，兎絲附女蘿。兎絲生有時，夫婦會有宜；千里遠結婚，悠悠隔山陂；思君令人老，軒車來何遲。傷彼蕙蘭花，含英揚光輝；過時而不采，將隨秋草萎；君亮執高節，賤妾

亦何爲」。

(四〇) **比釆**：比較辭釆的意思。

(四一) **結體散文，直而不野**：結體，體制結構，散文，敷文。是說從體制結構中散發的文釆，亦即行文的風格。直，直率表達，毫不掩飾。不野，文字雅潔而不粗野。

(四二) **張衡怨篇，清典可味**：太平御覽八百八十三引有張衡「怨詩」。清典，清麗典雅。味，玩味。

(四三) **仙詩緩歌**：張衡有「仙詩」、「緩歌」，現已無考，只樂府古辭中有「前緩聲歌」。

(四四) **文帝陳思，縱轡以騁節**：文帝，魏文帝曹丕，字子桓。陳思，曹植，字子建，以其封陳王，謚思，故曰「陳思」。縱轡，放開韁繩，喻才情豪邁。騁節，馳騁節度，喻從容不迫。

(四五) **王徐應劉，望路而爭驅**：王、徐、應、劉，魏志：「王粲字仲宣，徐幹字偉長，應瑒字德璉，劉楨字公幹」；這四人皆屬建安七子。望路爭驅，卽曹丕「典論論文」所謂：「咸以自騁驥騄於千里，仰齊足而並馳，以此相服，亦良難矣」之意。

(四六) **憐風月，狎池苑，述恩榮，敍酣宴**：曹丕「于譙作」：「清夜延貴客，明燭發高光。……餘音赴迅節，慷慨時激揚。」曹植「箜篌引」：「置酒高堂上，親友從我游。……涼風飄白日，光景馳西流。盛時不可再，百年忽我遒。」王粲、劉楨、應瑒都有「公讌」詩。徐幹詩已無考。這四句，意思是說，建安諸子皆愛憐清風明月，玩賞荷池花苑，敍述恩寵與榮耀，講些酣飲宴會之事。

(四七) **慷慨以任氣，磊落以使才**：此承上文來，言建安諸子的作品，無不激昂慷慨以運用氣勢，豪放高曠以馳騁才華。本書時序篇也說：「觀其時文（建安文學），雅好慷慨，良由世積亂離，風衰俗怨，並志深而筆長，故梗概而多氣也。」可以互參。

(四八) **昭晰**：鮮明或明亮的意思。

(四九) **正始明道，詩雜仙心**：正始，魏廢帝曹芳年號（西元二四〇～二四九）。明道，闡明莊老所談之道。仙心，指道家意旨。是說當時清談始盛，學者推崇老莊，詩歌中也雜有成仙得道之心。

(五〇) **何晏**：正始以來的玄學家，字平叔，南陽宛人，好老莊言，作有「道德論」及諸「文賦」凡數十篇。

(五一) **嵇志清峻**：嵇，嵇康字叔夜，正始以來詩人。清峻，清高激烈的意思。在鍾嶸「詩品」中，也說嵇康的詩「過爲峻切」，又說：「託喩清遠」。

(五二) **阮旨遙深**：阮，阮籍字嗣宗，正始以來詩人。遙深，遙遠深沉的意思。在鍾嶸「詩品」中，也說阮籍的詩：「厥旨淵放，歸趣難求」。

(五三) **故能標焉**：標，在這裏有「突出」的意思。全句是說嵇、阮二家的詩作，可謂「正始」詩人之首。

(五四) **應璩百壹，辭譎義貞**：應璩，魏文學家，字休璉，作「百壹」詩，昭明文選中載一首，詩中寓有諷諫之意。全句是說，應璩的「百壹詩」遣辭詭譎，寓義正大。譎，音（ㄐㄩㄝˊ），本「欺詐」的意思，在這裏釋做「委婉」更確切些。貞，正也。

(五五) **張潘左陸**：西晉代表詩人有所謂「三張、二陸、兩潘、一左」。「三張」，指張載（字孟陽）、張協（字景陽）、張亢（字季陽）；「二陸」，是陸機（字士衡）、陸雲（字士龍）；「兩潘」是潘岳（字安仁）、潘尼（字正叔）；「一左」是左思（字太沖）。

(五六) **縟**：繁縟的意思。

(五七) **江左**：指東晉而言。

(五八) **玄風**：指東晉作家盛談老莊玄學。

(五九) **徇務**：指爲世務所束縛。

(六〇) **忘機**：機，機心。忘機，指忘掉爾詐我虞的猜忌之心。

(六一) **袁孫**：袁，袁宏字彥伯，東晉時人，詩以談玄爲主。孫，孫綽字興公，東晉時人，詩風與袁宏同。

(六二) **景純仙篇**：景純，郭璞字景純，東晉時人。仙篇，指郭璞「遊仙詩」而言，詩見昭明文選第二十一卷。

(六三) **莊老告退，山水方滋**：是說南朝劉宋時代，談玄說道的詩少了，但類似陶淵明的「田園詩」，謝靈運的「山水詩」盛行起來。

(六四) **儷采**：儷，在這裏當動詞用，是「講求對仗」的意思。儷采，講對偶文采，卽後人所謂「重形式，輕內容」之意。

(六五) **情變之數可監**：情變之數，大意是說，歷代作品發展變化的大勢。監同「鑒」，察見的意思。

(六六) **四言正體，則雅潤爲本**：三百篇以四言爲主，古人宗經，劉彥和更標「宗經」、「徵聖」爲他的文學觀，故以四言爲「正體」。摯虞文章流別論也說：「雅音之韻，四言爲正。」雅潤，典雅溫潤。

(六七) **五言流調，則清麗居宗**：流調，當時正在流行的格調。清麗，清新華麗。全句是說，五言詩是流行的格調，當時着重辭藻，故以清新華麗爲宗尚。

(六八) **華實異用，惟才所安**：華，指上文說的「清麗」；實，指上文說的「雅潤」。「華實異用，惟才所安」，大意是說，雖然四言主雅潤，五言宗清麗；但詩的雅潤或華麗，並不決定於體裁，主要決定於作家的才性和習慣。

(六九) **平子得其雅**：張衡字平子，東漢人。他的四言詩風格典雅，所謂「張衡怨篇，清典可味」是也。

(七〇) **叔夜含其潤**：叔夜，嵇康字。他的四言詩如「兄秀才公穆入軍贈詩」，寫「鴛鴦于飛」云：「俯仰優游」，所以稱「溫潤」。但本文又稱「嵇志清峻」，則又有「淸峻」之作。

(七一) **茂先凝其清**：張華字茂先，晉代詩人。他的五言詩風格清暢，彥和在本書才略篇稱「張華短章，弈弈清暢。」

(七二) **景陽振其麗**：景陽，張協字，他的五言詩風格華麗。

(七三) **兼善則子建仲宣**：全句是說，兼有「雅潤」「清麗」之長的爲曹植（子建）王粲（仲宣）的詩。

(七四) **偏美則太冲公幹**：全句是說，偏於「雅潤」或「清麗」一方面優點的，爲左思（太冲）劉楨(公幹)的詩。

(七五) **詩有恒裁，思無定位**：恒裁，永久不變的體裁和風格。定位，固定的方式和範圍。全句是說，詩雖有不變的體裁和風格，但作家的思想和性情，卻沒有固定的方式和範圍。

(七六) **隨性適分，鮮能圓通**：言作家只能隨着自己的情性和才分來作詩，很少有人能圓融衆格，通達各體的。

(七七) **妙識所難以下四句**：言學者如善體作詩之難，用力揣摩，即可由難而易；不然，若以爲簡單易爲，即遭遇困難的到來。語出國語「晉語」四，晉文公問郭偃「論治國之難易」一節。

(七八) **三六雜言**：即三言、六言，以及七言、九言等雜體詩；既非四言「正體」，又非當時盛行的五言「

流調」，所以叫「雜言」。

(七九) **離合之發**：離合體，是一種遊戲詩，如孔融有「離合作郡姓名字詩」，見「古文苑」。這種離合體萌芽於各種迷信式的圖讖書中，比如緯書中以「卯金刀」射「劉」字。發：創發，發生。

(八〇) **回文所興，則道原爲始**：回文，古代有一種遊戲詩，看尾回環都可誦讀，叫「回文詩」。道原，何時人，已不可考。劉宋時有「賀道慶」者，嘗作回文詩；但「賀道慶」以前，早有回文詩了，所以也不能說是「道慶爲始」。

(八一) **詩囿**：如時下所謂的「詩的園地」。

(八二) **皇世**：三皇的時代。鄭玄詩譜序：「詩之興也，諒不於上皇之世」。

(八三) **風流二南**：二南，指詩經裏的「周南」、「召南」。是說風氣流行，至周召二南以後爲極盛。

(八四) **神理共契，政序相參**：兩句的大意是：「詩之爲用，與神理相契會，與政治人心相參合」。

(八五) **耽**：音（ㄉㄢ）。入迷的意思，這裏可以解作「愛好」。

【語譯】

書經舜典上記載著大舜的話說：「詩的作用是表達情志，歌的作用在吟唱詩的意義。」舜對於詩的解析，不是說得很明顯了嗎？因此詩大序云：「蘊藏於內心者謂之志，宣洩於言辭的名叫詩。」如此說來，舒布文采，記載情實的，不就在於「詩」嗎！由於這個緣故，詩緯含神霧上說：「詩，執持的意思。」就是說，詩可以執持人們情性之正，不使其流蕩放佚。孔子認爲詩經三百篇，可以用一句話來概括，那就是思想純正，不偏不倚的「思無邪」。這樣看來，用「持」字來訓釋「詩」的定義，相信是絕對符合孔子的意思啊。

人稟受喜、怒、哀、懼、愛、惡、欲天賦的七種情感，因應外界事物的變化，自然會有所感觸，感慨既生，進而就吟詠情志，這種由內而外，再自外而內，無一不是自然而然的表現。根據呂氏春秋記載，「葛天氏」的時候就有了樂曲，譬如「玄鳥」，便是當時八首樂曲中的一首。周禮春官也記載，「黃帝」時有「雲門」之樂，周朝的人們還拿它來教國子歌唱；按理來說，就不該徒具絲絃而無歌辭的。到了「唐堯」，有頌揚德化，恩澤廣被的「大章」之歌。「虞舜」時，因天時順正，民生樂利，舜作五絃之琴，以歌「南風」之詩。細讀這兩篇文字，只能稱得上質樸無華，辭暢義達而已。時至「夏禹」，由於治水成功，人們過著安居樂業的生活，金、木、水、火、土、穀六府，正德、利用、厚生三事，各種政治措施都相繼上了軌道，百姓爲感念其德澤，便作詩頌揚他的功德。等到啓的兒子太康繼位，敗壞祖德，不務政事，其弟五人作「五子之歌」，來譏諷時政。可見運用詩歌來頌揚美德，匡正醜惡，是自古以來，行之已久的事了！從「殷商」到「周朝」，詩經由風、雅而三頌，其內容圓滿周備，關雎、鹿鳴、文王、清廟等，論王道之興衰，文采煥發，稱爲「四始」。風、雅、頌，賦、比、興，體用相成，義法精深，稱爲「六義」。子夏問衞風碩人之章，而能聯想到禮後的微旨，子貢讀衞風淇奥之篇，領悟切磋琢磨的大義，二人舉一反三，所以深獲孔子稱許，認爲可以和他們討論詩經的道理了。可見詩經的內涵是極其深遠的。可惜自周王的德澤衰微後，采風之官，也停止了蒐集風謠的工作。「春秋」時代，公卿大夫聘問鄰國，若想觀察對方的情志，都以諷誦三百篇的舊詩爲準據，不但以此作爲出使外邦，應對進退，賓客酬酢的榮耀；同時，也爲外交使節應對進退，談吐得宜，增添了本身的光采。到了「戰國」，楚懷王昏庸無能，屈原蔽障於讒，憂國傷時，遂有「離騷」諷刺之作。「秦始皇」雖然焚燬典籍，但也附庸風雅，命博士造「仙眞人詩」。「漢朝」初年的四言詩，以楚元王太傅韋孟作的「諫元王孫戊」詩，列爲當代首唱。詩中匡正闕失，諫過勸善，足以承繼三百篇的遺軌。漢孝武帝愛好文辭，於是有「柏梁臺」的聯句共韻，若嚴忌、司馬相如這一般辭賦家，雖能作詩，但在屬辭方面，卻沒有一定的方式。直到漢成帝派光祿大夫劉向，校訂經傳諸子詩賦時，總計詩歌之作有二十八家，三百一十四篇，其中包括了士大夫所作的朝廟樂章，和樂府所采集的民間歌謠，可說是周密完備，包羅殆盡了。但是在當時辭賦家遺留下來的作品中，卻沒有看到五言詩的作品，所以李陵與蘇武「贈答詩」，班婕好「團扇詩」，被後代文壇疑爲依託之作。不過，我們按驗詩經召南的「行露」詩，已開始有了五言詩的半章；孟子所載的「孺子滄浪」之歌，全篇都是五言的形式。晉國優施唱的「暇豫」之歌，遠見於春秋時代，漢書五行志所記的「邪徑」童謠，近在於成帝之世；如果我們以這些詩歌產生的時代做爲證驗，就可以理解五言詩的發展，已爲時很久了。又像那些佳麗的「古詩十九首」，有人說是西漢初年枚乘的作品，據我看來，其中「孤竹」一篇，乃東漢末年傅毅的大作，若以此比較各詩的情采，詳加推求的話，我們可以斷定這些作品，應該是屬於兩漢時代的東西吧！細觀「古詩」的結構體式及煥發的文采，可謂質樸而不鄙野；不僅措辭委婉，有比附事物之效，同時作者表達內心的哀傷，亦能切合人情至性，實在是五言詩中的傑作啊！至於張衡作的四言「怨詩」，清淡典雅，耐人尋味，五言的「仙詩」和「緩聲歌」，亦頗富有創新的風格。到了「建安」初年，五言詩的作家和作品，更風起雲湧，層出不窮：如魏文帝曹丕，陳思王曹植兄弟二人，才華橫溢，氣奇才高，就像那脫韁的駿馬，在遼濶的原野上，作有節度的奔馳；當時如王粲、徐幹、應瑒、劉楨等人，亦無不仰望前程，而爭先恐後，從事創作。至於他們作品的內容與取材，不外是描寫清風明月的良辰，賞玩荷池花苑的美景，述說君王的恩寵榮耀，記敍宴會的酣飲盛況。他們的風格是慷慨激昂，以任性使氣，豪放高曠，以馳騁才華；抒寫情懷，指稱事實，並不要求纖細綿密的技巧；驅遣文辭，描摹物貌，只務求文意的明晰罷了。這就是建安詩人在寫作上的共同特色啊！到了魏廢帝「正始」年間，玄學漸盛，老莊思想，一時蔚成風氣。於是詩的內容頗雜成仙得道的意味。與何晏同時的那一般人，大多浮泛淺薄，缺乏深度。其中唯有嵇康的詩，清爽峻切，阮籍的詩，意旨深遠，所以能超出各家之上。至於應璩作的「百壹詩」，卓爾不羣，不憂不懼，遣辭委婉，持理正大，可說是在曹魏詩壇上，僅有的一位正直作家啊。到了「西晉」，才士輩出，詩的風格，逐漸走向輕靡綺麗的趨勢。張載、張協、張亢、潘岳、潘尼、左思、陸機、陸雲等人，並肩於當代的詩壇。試看他們的作風：文采較正始年間更爲繁縟，而骨力之柔弱，又遠不及建安之挺拔，因此有的作家但以析句聯字爲巧妙，有的以流采浮靡爲妍麗，這就是魏晉文壇的大概情形啊！時至「東晉」，江南的詩風，陷溺於談玄的風氣，一般作品的特色，都是譏笑那些急功好利的思想，推崇毫無巧詐機心的清談。當時如袁宏、孫綽以下的作家，雖然各有雕琢的采藻，但在文辭旨趣方面的成就，卻是後世作家無法望其項背的。所以當時最成名的莫過於郭璞，尤其他的「遊仙詩」，挺秀拔出，高俊昂揚，堪稱當代詩壇的傑作了。到了「劉宋」初年，詩文吟詠，體式風格，較過去大有改變，談玄說理的老莊思想，暫時退出文壇，模山範水的詩作，卻大爲流行。當時的作品，多半是匹儷成采，連用百字的對偶，沽名釣譽，尋求一句的新奇。在內容方面，必窮極外界事物的狀貌，以刻劃事物的微妙；形式方面，則竭力修飾文辭，以追求新奇的采藻，這種現象，正是近代作家競爭的趨勢啊！遍觀各代詩學的發展，不難了解文情變化的大勢。而列舉各家風格的異同，對於詩體的要領，綱舉目張，更能淸楚明白了。

「四言」乃詩的正體，其寫作當以「典雅溫潤」爲根本；「五言」屬流行的格調，當把握「淸新華麗」的原則。華麗的「五言」詩，和典雅的「四言」詩，各體功用有別，但隨作家天賦才性的不同，來決定作品的風格。由於作品風格受作家天賦才性的影響，所以張衡的詩得其「典雅」，嵇康含其「溫潤」，張華凝結了詩的「淸新」，張協的詩措辭「華麗」。兼有各體之長的爲曹植、王粲，偏擅一體之美的是左思、劉楨。然而詩雖有一定的體裁，而作家的思想和情感卻不是一成不變的。只能順隨著個人的才性與天分，量力而爲，很少人能夠兼備衆長，圓滿通達各體。一個人如果能善加體會作詩的困難，用心揣摩，那麼詩的寫作，將是易如反掌；倘若掉以輕心，視爲輕而易舉，那麼作詩的困難，也就迅速而至了。至於「三言」、「六言」與「雜言」詩，其原出自詩經三百篇，「離合」詩的發生，萌芽於河圖讖諱之書；「回文」詩的興起，是道原所創始；詩人「聯吟」，共用一韻，則爲漢武帝和羣臣「柏梁臺」聯句的餘緒。以上各詩，其體製的大小長短，雖有區別，但斟情酌理無不同一韻致，都可以納入詩的範疇，在此我就不詳加說明了。

總而言之：人生在世，每個人都有感情，吟詠詩歌，卽爲人們情志的表現。詩的興起，肇始於三皇時代，流風所至，到周南、召南以後而極盛。詩歌的功用非常大，上與神明自然之理相融會，下與世道人心相參合。自從詩道流行以來，醇美的作品日漸繁盛，相信卽令時間經過千年萬代，它將永遠爲人們所熱愛。

【集評】

一、楊評：「此評古之詩直至齊梁，勝鍾嶸「詩品」多矣。」

二、楊評：「儀禮：『詩附之。』又云：『詩懷之』，皆訓爲持。此『詩者持也』本此。千古詩訓字，獨此得之。」

紀評：「此雖習見之語，其實詩之本原，莫逾於斯；後人紛紛高論，皆是枝葉工夫。『大舜』九句是發乎情，『詩者』七句，是止乎禮義。」

三、曹評：「詩以自然爲宗，卽此之謂。」

四、曹評：「達者，自然也。」

五、曹評：「此卽自然也。」

六、紀評：「觀此，則以蘇李爲僞，不始於東坡矣。」

七、紀評：「此與鍾嶸之說，亦大同小異。」

八、紀評：「直而不野，括盡漢人佳處。」

九、楊評：『評『古詩十九首』得其髓者。鍾嶸評『十九首』云：『文溫以麗，意悲以遠，驚心動魄，一字千金』，與此互相發。」

一〇、曹評：「此四句，彥和寓傷時之意。」

一一、黃評：「的是建安。」

一二、曹評：「正始之弊，何晏之流，正是緯以亂經者，故特黜之。嵇、阮、應璩、猶存風雅之意，所以補救萬一。」

一三、曹評：「此與前對。」

一四、黃評：「謝客爲之倡。」

紀評：「齊梁以後，此風又變，惟以塗飾相尙，側豔相矜，而詩弊極焉。」

一五、紀評：「此論卻局於六朝習徑，未得本原。夫雅潤淸麗，豈詩之極則哉！」

一六、曹評：「彥和不易言詩，乃深於詩者。『其易也將至』，則近於自然矣。」

【問題討論與練習】

一、彥和對「蘇李贈答詩」有何評述？

二、舍人由五言詩之起源論及古詩，語語中肯，請錄其原文以實之。

三、兩晉詩風若何？有何傑出作家？試舉文心雕龍「明詩」篇所論以對。

四、試由「明詩」篇中之所論，答宋初之文風。

五、彥和云：「四言正體，則雅潤為本；五言流調，則清麗居宗」。意何所指？並評述之。

樂府第七

【解題】

文心雕龍文體論，於韻文體類十篇中首列「明詩」，次「樂府」，又次「詮賦」，其「明詩」首引書經舜典：「大舜云：詩言志，歌永言」，「樂府」亦引同書：「樂府者，聲依永，律和聲」，「詮賦」篇引劉向說明：「不歌而頌。」班固稱：「古詩之流也」。足見詩、樂、賦三者本同末異，互相關連。而彥和既前有「明詩」，後有「詮賦」，又將「樂府」單獨設篇，並列為韻文中之重要一體，何也？其自云：「昔子政品錄，詩與歌別，故略具樂篇，以標區界」，是說劉向撰「別錄」，品評藝文，詩與歌分別論列，故於「明詩」之後，繼之以「樂府」。正因「樂府」可歌，而「詩」不可歌，特標而出之，以明「詩」、「歌」二者的區界有別。

其實，彥和對「詩」「樂」的分際，是從兩個不同的系統去較論的。蓋「明詩」是以「詩經」四言詩為主體，分別說明其淵源流變與創作理則。「樂府」是以民間「歌謠」為主體，分別說明其特質流變與風俗好尚。一是「經典」，一是「民歌」，經典乃「恒久之至道，不刊之鴻教」，為羣言之主；民歌可以「覘風於盛衰，鑒微於興廢」，為識禮的憑藉。所以「詩」「樂」分列，實有深意存焉。

近人黃季剛先生札記云：「此據藝文志為言，然七略既以詩賦與六藝分略，故以歌詩與詩異類。如令二略不分，則歌詩之附詩，當如戰國策、太史公書之附入春秋家矣。此乃為部類所拘，非子政果欲別歌於詩也。」黃說蓋不明彥和「宗經」救弊之旨，尤不解子政詩、賦、六藝分略之義。按：班固漢書藝文志，首列「六藝略」、次「諸子略」、次「詩賦略」、次「兵書略」、次「數術略」、又次「方技略」，「六藝略」

內容分易、書、詩、禮、樂、春秋、論語、孝經、小學九種，師古云：「六藝，六經也」，班固云：「若能修六藝之術，而觀此九家之言，舍短取長，則可以通萬方之略矣」，所謂「六藝之術」，蓋指此而言。所以劉向七略的分類，並非受部居所限，而是由於「宗經」。彥和之詩、樂分論，正見其踵子政之意，表現其「正末歸本」的一貫濟世精神。

「樂府」是彥和特具眼光的一篇論著，因爲他在「宗經」的大纛下，注意到「民歌」的問題。本來「詩經」就是一部民間歌謠的總集，經孔子刪定後，已躍升爲「經典」的地位。樂府之作，還完全保留著「民歌」的形態。所以上推「鈞天九奏」，下溯「葛天八闋」，然後從南方歌謠，「塗山歌於候人」講起，依次爲北聲的「有娀謠於飛燕」，東音的「夏甲嘆於東陽」，西音的「殷整思於西河」，皆能上考下求，找出民間歌謠的源頭，這是尋根討源的工作。同時他還強調民歌的重要，說：「匹夫庶婦，謳吟土風，詩官採言，樂胥被律，志感絲篁，氣變金石。是以師曠覘風於盛衰，季札鑒微於興廢。精之至也。」更是了不起的見地。我們可以說劉彥和是孔子以後，第一位注意到民歌的學者，亦不爲過譽。

劉彥和本乎「宗經」濟世之一念爲出發點，歷評樂府歌詩的發展，論樂府歌詩的影響，以爲「樂本心術，故響浹肌髓」，古先聖王爲了教化萬民，對此十分重視，於是「務塞淫濫」，作爲施教的準則。但是自從大雅淪亡，「溺音騰沸」，樂府歌詩失去了正確導向，走入麻醉人心，動搖思想的胡同。如評漢高祖的「武德舞」，孝文的「四時舞」，以爲是「中和之響，闃其不還。」評武帝的「桂華雜曲」是「麗而不經」，「赤雁羣篇」是「靡而非典」，評後漢郊天祭祖的歌詩是「辭雖典文」，而「律非夔曠」，評魏氏三祖的「北上衆引」「秋風列篇」，是「志不出於慆蕩，辭不離於哀思，雖三調之正聲，實韶夏之鄭曲也。」他一方面從樂府的流變上，肯定民歌在社會教育上的價值，另一方面從內容和形式方面加以透視，得出「詩爲樂心，聲爲樂體」的結論。爲了達到「務塞淫濫」的教化作用，「樂體在聲，瞽師務調其器；樂心在詩，君子宜正其文」，說明「歌」「詩」二者之精妙關係，以及彼此「表」「裏」相資的情形。由此可以看出彥和對「民歌」發展的傾向，是要以詩經風雅爲準矩，期其能達成「情感七始，化動八風」，用音樂的至情，轉移社會風氣，感化天下人心的目的。

「六朝」是一個偏安江左的時代。由於江南富庶，人民勤奮，經濟日趨繁榮，生活水準也相對提高，於是朝野上下，祇貪圖眼前的享受，缺乏恢復中原的壯志。於是在歌舞昇平的情況下，「民歌」成了一枝獨秀的局面。爲了迎合社會大衆的胃口，樂府歌詩更每下愈況。彥和在本文之末，曾以極爲沈痛的語氣，表達了他那「宗經」濟世的憂患情懷。他說：「若夫豔歌婉孌，怨詩訣絕。淫辭在曲，正響焉生？然俗聽飛馳，職競新異，雅詠溫恭，必欠伸魚睨，奇辭切至，則拊髀雀躍；詩聲俱鄭，自此階矣！」這一方面印證樂府歌詩爲反映社會人心的試金石，同時也說明了在物質生活的籠罩下，從事以度曲審音爲職志的文士們，卻成了金錢利祿的犧牲品。不是婉轉的戀情，就是憂傷的離緒，兒女情長，英雄氣短，社會風氣到了這個地步，樂府歌詩的淫濫，不能發生振衰起弊的敎化功能，當然要負起部分責任的。

末段，說明樂府歌詩的作法，要從「詩」「歌」兩方面下手。同時，特別強調「聲來被辭」，不是辭來就聲。自然是「聲來被辭」，則作曲的人必須有增損詩辭的學養，使詩辭通過改造，表現簡約通俗的效果。至於黃帝時代鼓鉦簫笳的「合奏曲」，漢代軍中演奏的「鐃歌」，送葬用的「輓歌」，都可以納入樂府的範疇。這應該說是本篇的「附論」。

宋郭茂倩編次「樂府詩集」上下册一百卷，上采堯舜時代的歌謠，下迄唐代的新樂府，分古今作品爲十類，每類皆敍說其源流、變化，和與世推移的情形，極爲詳賅。不僅可補彥和言樂之未備，亦可見中國民歌發展的實況，足備吾人今後研究的參考。

首段「釋名以章義」，言樂府詩之名義。次段「原始以表末」與「選文以定篇」合說。紱述我國樂府詩自上皇時代，以迄魏晉，其間三千年發展的狀況，及其代表作品與代表作家，並評論其特色。

【正　文】

樂府者(一)，聲依永(二)，律和聲也(三)。

鈞天九奏(四)，既其上帝(五)；葛天八闋(六)，爰乃皇時(七)。自咸英(八)以降，亦無得而論矣。至於塗山歌於候人(九)，始為南音；有娀謠於〔原作「乎」，玉海作「於」，以上下文例之，作「於」為是，今據改。〕飛燕(一〇)，始為北聲；夏甲歎於東陽(一一)，東音以發；殷整思於西河(一二)，西音以興；心〔原作「音」，依唐寫本改〕聲推移(一三)，亦不一概矣。及匹〔「匹」上原無「及」字，依唐寫本補〕夫庶婦(一四)，謳吟土風(一五)，詩官採言(一六)，樂胥〔原作「盲」，依唐寫本、玉海改〕被律(一七)，志感絲篁(一八)，氣變金石(一九)。是以師曠覘風於盛衰(二〇)，季札鑒微於興廢(二一)，精之至也。夫樂本心術(二二)，故響浹肌髓(二三)，先王慎焉，務塞淫濫〔評一〕。敷訓胄子(二四)，必歌九德(二五)，故能情感七始(二六)，化動八風(二七)。自雅聲浸微(二八)，溺音騰沸(二九)〔評二〕，秦燔樂經，漢初紹復，制氏紀其鏗鏘(三〇)，叔孫定其容典〔原作「與」，依唐寫本改〕(三一)，於是武德興乎高祖(三二)，四時廣於孝文(三三)，雖摹韶夏(三四)，而頗襲秦舊，中和之響(三五)，闃其不還(三六)。暨武帝崇禮(三七)，始立樂府(三八)，總趙代之音，撮齊楚之氣(三九)，延年以曼聲協律(四〇)，朱馬以騷體製歌(四一)，桂華雜曲(四二)，麗而不經(43)，赤雁羣篇(44)，靡而非典(45)〔評三〕，河間薦雅而罕御(46)，故汲黯致譏於天馬也(47)。至宣帝雅詩原作「頌」，依唐寫本改，頗原無「頗」字，依唐寫本補效鹿鳴(48)。逮原作「邇」，形誤，依唐寫本改及元成，稍廣淫樂(49)，正音乖俗(50)，其難也如此。暨後漢「漢」字原脫，據唐寫本補郊廟，惟新原作「雜」，據唐寫本改雅章(51)，辭雖典文，而律非夔曠(52)〔評四〕。至於魏之三祖(53)，氣爽才麗，宰割辭調(54)，音靡節平(55)。觀其北上衆引(56)，秋風列篇(57)，或述酣宴(58)，或傷羈戍(59)，志不出於慆蕩原作「淫蕩」，依唐寫本改(60)，辭不離於哀思，雖三調之正聲(61)，實韶夏之鄭曲也(62)。逮於晉世，則傅玄曉音(63)，創定雅歌，以詠祖宗；張華新篇，亦充庭萬(64)。然杜夔調律(65)，音奏舒雅(66)，荀勖改懸(67)，聲節哀急(68)，故阮咸譏其離磬原作「聲」，依唐寫本改(69)，後人驗其銅尺(70)；和樂之精妙原無「之」字，依唐寫本補，固表裏而相資矣(71)。

三段論詩爲樂心，聲爲樂體，勉君子宜正其文。

故知詩爲樂心(72)，聲爲樂體(73)〔評五〕，樂體在聲，瞽師務調其器(74)；樂心在詩，君子宜正其文〔評六〕。好樂無荒(75)，晉風所以稱遠(76)；伊其相謔(77)，鄭國所以云亡(78)。故知季札觀樂原作「辭」，今依左襄二十九年傳改「觀樂」，與下文「聽聲」相屬，且本贊亦作「觀樂」，不直聽聲而已(79)。若夫豔歌婉孌(80)，怨詩訣絕「詩」原作「志」，「訣」作「詄」，今依唐寫本改(81)，淫辭在曲(82)，正響焉生(83)〔評七〕？然俗聽飛馳(84)，職競新異(85)，雅詠溫恭，必欠伸魚睨(86)；奇辭切至(87)，則拊髀四段「敷理以舉統」，言樂辭曰詩，詠聲曰歌。惟辭貴婉約，觀高祖之詠大風，孝武之嘆來遲，莫敢不協；知子建、士衡的佳篇，以無詔伶人譜曲，俗稱乖調，實爲未審。

雀躍(八八)；詩聲俱鄭(八九)，自此階矣(九〇)〔評八〕！

凡樂辭曰詩，詠（原作「詩」，依唐寫本改）聲曰歌，聲來被辭(九一)〔評九〕，辭繁難節；故陳思稱：「左（原作「李」，依唐寫本改）延年閑於增損古辭(九二)，多者則宜減之」，明貴約也(九三)〔評一〇〕。觀高祖之詠大風(九四)，孝武之歎來遲(九五)，歌童被聲，莫敢不協〔評一一〕；子建士衡(九六)，咸有佳篇(九七)，並無詔伶人(九八)，故事謝絲管(九九)，俗稱乖調(一〇〇)，蓋未思也〔評一二〕。至於軒岐（原作「斬伎」，依唐寫本改）鼓吹(一〇一)，漢世鐃挽(一〇二)，雖戎喪殊事，而並總入樂府，繆襲所制（原作「致」，紀云：「當作制」，王利器新書從之，茲據改。）(一〇三)，亦有可算焉(一〇四)〔評一三〕。昔子政品文(一〇五)，詩與歌別(一〇六)，故略具樂篇，以標區界。

贊曰：八音摛文(一〇七)，樹辭爲體(一〇八)。謳吟坰野(一〇九)，金石雲陛(一一〇)。韶響難追，鄭聲易啓(一一一)。豈惟觀樂，於焉識禮(一一二)。

【註　釋】

㈠ 樂府：指樂府體類的歌詩。漢書禮樂志記載漢武帝定郊祀之禮，始設「樂府」的事。可知「樂府」本爲漢代審音度曲的官署，專管採輯民間歌謠，配上音樂，便於歌唱的。因此後人便把經「樂府」採獲，而保存下來的歌詩，也叫「樂府」。或叫「樂府詩」。本篇內容，在講詩歌的起源，流變與兩者的關係。其中殊多卓見。

(二) **聲依永**：聲，樂聲。指宮、商、角、徵、羽五聲。是說樂聲要依照曲辭的長短爲節奏。語出書經「舜典」。

(三) **律和聲**：律，律呂。指六律，六呂，十二個月的音氣。是說用律呂來諧和五聲。語出書經「舜典」。

(四) **鈞天九奏**：鈞天，古人把天分爲中央、四角、四隅，叫做九天，又叫做九野。中央的叫「鈞天」，是上帝所居之宮。在此爲音樂名。史記趙世家：「趙簡子疾，五日不知人，大夫皆懼，醫扁鵲視之曰：『昔秦穆公嘗如此，七日而寤。寤之日，告公孫支與子輿曰：我之帝所甚樂。今主君之疾與之同。』居二日半，簡子寤。語大夫曰：我之帝所甚樂。與百神遊於鈞天，廣樂九奏萬舞，不類三代之樂，其聲動人心。」此事亦載扁鵲傳。九奏，卽九成，九變。指樂曲的九種變化。

(五) **旣其上帝**：旣，已。其，代名詞，有「其爲」二字之義。上帝，通常謂「天」。是說「鈞天九奏」旣已爲傳說中上帝特有的音樂。

(六) **葛天八闋**：闋，音（ㄑㄩㄝˋ）。葛天氏，傳說中的上古帝王。他領導人民，能不言而信，不化而行。闋，一首樂曲。呂氏春秋仲夏紀古樂篇：「昔葛天氏之樂，三人操牛尾，投足以歌八闋：一曰載民；二曰玄鳥；三曰遂草木；四曰奮五穀；五曰敬天常；六曰達帝功；七曰依帝德；八曰總鳥物之極。」

(七) **爰乃皇時**：爰，語首助詞，無義。乃，是。皇時，上皇時代，猶言上古時代。葛天氏爲傳說中的上古帝王，故此處說「皇時」。

(八) **咸英**：咸，指黃帝時的樂曲「咸池」。英，指帝嚳時的樂曲「五英」。漢書禮樂志：「昔黃帝作咸池，顓頊作六莖，帝嚳作五英。」

(九) **塗山歌於候人**：塗山，本爲地名，此處指塗山氏之女。帝王世紀：「夏禹取塗山之女。」候人，指「候人兮猗」的歌謠。呂氏春秋夏季音初篇：「禹行功，見塗山氏之女，禹未之遇而巡省南土，塗山氏之女，乃令其妾待禹於塗山之陽，女乃作歌。歌曰：『候人兮猗』，實始作爲南音。周公及召公取風焉，以爲周南、召南。」今曹風有「候人」之詩。

(一〇) **有娀謠乎飛燕**：有娀，本古國名，這裏是指「有娀」之二女。飛燕，指「燕燕往飛」的歌謠。呂氏春秋夏季音初篇：「有娀氏有二佚女，爲之九成之臺，飲食必以鼓，帝令燕往視之。鳴若謚謚，二女愛而爭搏之。……燕遺二卵，北飛，遂不反。二女作歌，一終曰：『燕燕往飛』，實始作爲北音」。今邶風有「燕燕」之詩。

(一一) **夏甲歎於東陽**：夏甲，指夏后氏孔甲。呂氏春秋夏季音初篇：「夏后氏孔甲，田於東陽萯山，天大風，晦盲，孔甲迷惑，入於民室，主人方乳，或曰：『后來，是良日也，之子是必大吉。』或曰：『不勝也，之子是必有殃』。后乃取其子以歸，曰：『以爲余子，誰敢殃之。』子長成人，幕動，坼橑，斧斫破其足，遂爲守門者。孔甲曰：『嗚呼！有疾，命矣夫！』乃作爲破斧之歌，實始爲東音。」今豳風有「破斧」之詩。

(一二) **殷整思於西河**：殷整，卽河亶甲。呂氏春秋夏季音初篇：「殷整甲（河亶甲名整）徙宅西河，猶思故處，實始作爲西音。長公繼是音以處西山，秦繆公取風焉。實始作爲秦音，」

(一三) **推移**：轉易的意思。

(一四) **匹夫庶婦**：即匹夫匹婦，謂平民男女的意思。

(一五) **謳吟土風**：謳，齊聲徒歌。吟，歎息沈詠。土風，本義是指鄉土風謠。這裏作「土俗民風」解。

(一六) **詩官採言**：詩官，指行人使者。採言，採集歌謠之言。事見左傳襄公十四年文，師曠對晉侯語。

(一七) **樂胥被律**：樂胥，指周禮春官宗伯樂師屬官大小胥。被律，被，合，有合樂、配樂的意思。

(一八) **志感絲篁**：志，心志情思。感，感應興發。絲，絃樂器，如琴瑟。篁，管樂器，如簫笛。此承上而言，是說歌辭譜以曲律後，作者便將內心情志，發而爲管絃之音。語出禮記「樂記」。

(一九) **氣變金石**：氣，精神意氣。金，鐘屬。石，磬。是說歌辭譜以曲律後，作者便將精神意氣，轉變爲鐘磬之樂。語本禮記「樂記」。

(二〇) **師曠覘風於盛衰**：師曠，字文野，春秋時晉平公樂師，能辨音以知吉凶。覘，音（ㄓㄢ），窺見的意思。事見左傳襄公十八年文。

(二一) **季札鑒微於興廢**：季札，春秋時吳王壽夢少子，有賢德，吳王想立他作太子，辭不肯受，後封於延陵（今江蘇武進縣治），因號「延陵季子」。後到魯國聘問，得觀周樂，能從樂曲中，得知列國的治亂興衰。事見左傳襄公二十九年文。

(二二) **樂本心術**：心術，指內心思想感情的活動。是說音樂本由內心感情的活動而產生。語本禮記「樂記」。

(二三) **響浹肌髓**：浹，音（ㄐㄧㄚˊ），有沁透，滲入的意思。是說樂曲的音響，可以沁透肌膚，滲入骨髓。語出禮記「樂記」。

(二四) **敷訓胄子**：敷，敷布。敷訓，猶言施教。胄子即國子，指卿大夫的子弟。

(二五) **九德**：九德，指九德之歌。顏師古漢書禮樂志注：「水、火、金、木、土、穀，謂之六府。正德、利用、厚生謂之三事，六府、三事謂之九功，九功之德，皆可歌也。故言九德。」

(二六) **情感七始**：七始，指天、地、四時、人之始。漢書禮樂志載安世房中歌：「七始華始，肅倡和聲。」孟康注：「七始，天、地、四時、人之始。」此句是說，能以其至情，感動天、地、人與四時的更始。

(二七) **化動八風**：化，轉移。八風，八方之風。言教化可以轉移八方的風氣。語出呂氏春秋「有始覽」。

(二八) **雅聲浸微**：雅聲，雅頌正聲。浸，漸漸的意思。言雅頌正聲，漸次衰微。

(二九) **溺音騰沸**：溺音，淫聲。騰沸，喻聲勢繁盛，如波濤洶湧。全句是說，鄭衞等國沈溺心志的淫樂，如波濤洶湧，聲勢浩大。

(三〇) **制氏紀其鏗鏘**：鏗鏘，金石之聲，此處指樂曲的音節。漢書禮樂志：「漢興，樂家有制氏，以雅樂聲律，世世在大樂官，但能紀其鏗鏘鼓舞，而不能言其義。」

(三一) **叔孫定其容典**：叔孫，叔孫通，漢時薛人，初仕於秦，後降於漢，拜博士，號稷嗣君。曾建議高祖徵魯諸生定朝儀，采古禮與秦儀雜用之，漢代朝廟典禮，多由叔孫通訂定，後歷太常，徙太子太傅。全句是說，叔孫通采古禮和秦儀，訂定宗廟典禮儀法。語出漢書「禮樂志」。

(三二) **武德興乎高祖**：言漢高祖武德四年制定「武德舞」，以興行武除亂之功。漢書禮樂志：「武德舞者，高祖四年作，以象天下樂己行武以除亂也。」

(三三) **四時廣於孝文**：言孝文帝時，增廣「四時舞」，以示天下安定和平。漢書禮樂志：「四時舞者，孝文所作，以示天下之安和也。」

㉔ **韶夏**：韶，舜樂名。夏，大夏，禹樂名。見荀子「禮論」楊倞注。

㉕ **中和之響**：中和，中正和平，合乎禮節的音樂。此指前文「雅聲」而言。

㉖ **闃其不還**：闃，音（ㄑㄩˋ），寂靜無聲之意。這裏是指中和之音，繼起無作，寂然中止。

㉗ **暨武帝崇禮**：暨，至。禮，郊祀之禮。

㉘ **始立樂府**：言開始設立審音度曲的樂府官署。以上二句，文出漢書「禮樂志」。

㉙ **總趙代之音，撮齊楚之氣**：「總」和「撮」皆聚合之意。趙、代、齊、楚，國名，在此用做地方的代稱。氣，聲音。兩句是說，樂府所采的歌謠，有趙、代、齊、楚等地方的腔調。漢書禮樂志：「采詩夜誦，有趙、代、秦、楚之謳。」藝文志：「自孝武立樂府而采歌謠，於是有趙代之謳，秦楚之風，皆感於哀樂，緣事而發，亦可以觀風俗，知厚薄云。」

㉚ **延年以曼聲協律**：曼，有引長、美飾的意思。曼聲，是指美妙而悠長的樂聲。協律，合於音律。漢書禮樂志：「以李延年爲協律都尉，多舉司馬相如等數十人造爲詩賦，略論律呂，以合八音之調。」又佞幸傳：「延年善歌，爲新變聲，是時上方興天地諸祠，欲造樂，令司馬相如等作詩頌，延年輒承意弦歌所造詩，爲之新聲曲。」

㉛ **朱馬以騷體製歌**：朱，朱買臣，買臣善言楚辭。馬，司馬相如。全句是說，朱買臣、司馬相如用離騷的體裁製作詩歌。事見漢書「禮樂志」及「朱買臣傳」。

㉜ **桂華雜曲**：桂華，是高祖唐山夫人所作安世房中歌十七章中的第十二章，屬於楚聲，祀神的雜曲。

其詞云：「都茘遂芳，窅窊桂華。孝奏天儀，若日月光。乘玄四龍，回馳北行。羽旄殷盛，芬哉芒芒。孝道隨世，我署文章。」

㊸ **麗而不經**：麗，辭藻華麗。不經，不合經典。

㊹ **赤雁羣篇**：赤雁，是指郊祀歌十九章中的第十八章「象載瑜」。漢書禮樂志云：「太始三年，行幸東海，獲赤雁作。」所以彥和稱它爲「赤雁」。其詞云：「象載瑜，白集西；食甘露，飲榮泉。赤雁集，六紛員；殊翁雜，五采文。神所見，施祉福；登蓬萊，結無極。」

㊺ **靡而非典**：靡，造語纖靡。非典，不合典則。以上二句紀評云：「桂華尚未至於不經，赤雁等篇亦不得目之曰靡。蓋深惡塗飾，故矯枉過正。」

㊻ **河間薦雅而罕御**：河間獻王，漢景帝之子，名德，封河間王，諡獻。御，用的意思。全句是說，河間獻王有雅材，知治道非禮樂不成，因獻所集雅樂，然而祇爲歲時備數，很少運用。可見當時常用於郊廟的皆非雅樂。事見漢書「禮樂志」。

㊼ **汲黯致譏於天馬**：汲黯，漢濮陽人，字長孺，生性倨傲，但頗尚氣節。武帝時做東海太守，有政聲，後召爲立爵都尉，能直言進諫，廷諍不諱，武帝稱他是社稷之臣。於，因的意思。史記樂書：「(武帝)嘗得神馬渥洼水中，復次以爲太一之歌，歌曲曰：『太一貢兮天馬下，霑赤汗兮沫流赭，騁容與兮跇萬里，今安匹兮龍與友。』後伐大宛，得千里馬，馬名蒲梢，次作以爲歌，歌詩曰：『天馬來兮從西極，經萬里兮歸有德。承靈威兮降外國，涉流沙兮四夷服。』中尉汲黯進曰：『凡王者作樂，上以承祖宗，下以化兆民，今陛下得馬，詩以爲歌，協於宗廟，先帝百姓，豈能知其音

邪！』」全句是說，汲黯譏刺孝武帝，但知用天馬詩來協配宗廟而已！

(48) **宣帝雅詩，頗效鹿鳴**：鹿鳴，小雅篇名，燕飲羣臣的詩。漢書王褒傳：「宣帝時，天下殷富，數有嘉應，上頗作歌詩，欲興協律之事，於是益州刺史王襄欲宣風化於衆庶，聞王褒有俊才，請與相見，使褒作中和、樂職、宣布詩，選好事者令依鹿鳴之聲，習而歌之。」全句是說，宣帝時，天下殷富，爲了宣導敎化，使王褒作朝廷雅樂，其音律仿效詩經小雅鹿鳴之篇。

(49) **逮及元成，稍廣淫樂**：逮及，降至之意。元，漢元帝，宣帝子。成，漢成帝，元帝子。全句是說，到了元、成二帝，宮廷權貴日漸奢侈，鄭聲淫樂頗有廣泛流行之勢。此事分見漢書「元帝紀贊」，與漢書「禮樂志」。

(50) **正音乖俗**：乖俗，違背世俗。全句是指雅正之樂，不見容於世俗。

(51) **後漢郊廟，惟新雅章**：郊廟，郊，祭天；廟，宗廟；在此指祭天、祭祖的雅樂。新，新作。雅章，雅正的樂章。爲東平王蒼所製。宋書樂志載漢明帝初年，東平王蒼制「舞歌」一章，薦於光武之廟。全句是說，到了後漢，祭祀天地、宗廟，惟用東平王蒼新製的舞歌。

(52) **夔曠**：夔，虞舜時的樂正。曠，師曠，春秋時晉平公的樂師。

(53) **魏之三祖**：指太祖武帝曹操，高祖文帝曹丕，烈祖明帝曹叡。三祖之稱，出沈約宋書「謝靈運傳論」。

(54) **宰割辭調**：言割裂漢朝相和歌的辭調。宋書樂志：「相和，漢舊歌也，絲竹更相和執節者歌，本一部，魏明帝分爲二。」彥和所譏宰割辭調，或卽指此。

(55) **音靡節平**：音調頹靡，節奏平淡。

(五六) **北上衆引**：引，樂曲的名稱（屬清調曲）。魏武帝苦寒行有：「北上太寒山，艱哉何巍巍」句。通篇寫征人之苦。

(五七) **秋風列篇**：列篇，諸篇。魏文帝燕歌行（屬平調曲）有：「秋風蕭瑟天氣涼，草木搖落露爲霜」句，其詞優美深至，是我國最早而十分成熟的七言古詩。

(五八) **酣宴**：宴飲之樂。

(五九) **羈戍**：羈，「覊」的俗字，有在外寄居作客之意。戍，征戍。羈戍，在此指征戍在外的鄉愁。

(六〇) **慆蕩**：慆淫放蕩的意思。黃叔琳注：「按魏太祖苦寒行『北上太行山』云云，通篇寫征人之苦。文帝燕歌行『秋風蕭瑟天氣涼』云云，亦託辭於思婦。所謂或傷羈戍，辭不離於哀思也。他若文帝於譙作、孟津諸作，則又或述酣宴，志不出於淫蕩之證也。」

(六一) **三調之正聲**：瑟調以「角」爲主，清調以「商」爲主，平調以「宮」爲主，古詩云：「清商隨風發，中曲正徘徊」，又：「欲展清商曲，念子不能歸。」相和辭中的清調、平調、瑟調三者，皆華夏的正聲。唐書樂志：「平調、清調、瑟調皆周房中曲之遺聲，漢世謂三調。」隋書音樂志：「清樂其始卽清商三調是也，並漢來舊曲，樂器形制並歌章古詞，與魏三祖所作者，皆被於史籍，平陳後獲之，高祖聽之，善其節奏，曰：『此華夏正聲也』」。由此可知，三調之爲正聲，其來已久。

(六二) **實韶夏之鄭曲**：鄭曲，淫辭蕩曲。全句是說，三祖所爲「三調之正聲」者，實際上不過是韶夏雅樂以外的淫辭蕩曲，就像三百篇中的鄭風一樣。蓋譏其文辭不雅。

(六三) **傅玄曉音**：傅玄，晉北地泥陽人，字休奕，幼孤貧，性剛勁，博學能文，武帝時掌諫職，每有奏劾，或値日暮，輒捧白簡，整簪帶，坐以待旦，以是奸佞懾服，著有「傅子」。至於「傳玄曉音」事，晉書樂志說，玄造「四廂樂歌」三首，「晉鼓吹曲」二十二首，「舞歌」二首，「宣武舞歌」四首，「宣文舞歌」二首，「鼙舞」五首。

(六四) **張華新篇，亦充庭萬**：張華，晉方城人，字茂先，著有「博物志」。新篇，新的樂章。晉書樂志說他曾造「正德」、「大豫」二舞。和「四廂樂歌」十六首，「晉凱歌」二首。庭，公庭。萬，萬舞。全句是說，張華所作的「正德」、「大豫」二舞歌及「四廂樂章」，也充作宮庭「萬舞」，作祭祀山川宗廟之用。「萬舞」一詞，見詩經邶風「簡兮」。

(六五) **杜夔調律**：夔，字公良，河南人，以知音爲雅樂郎，後以世亂奔荊州，荊州平，太祖以夔爲軍謀祭酒，參太樂事，因令創制雅樂。夔善鍾律，聰思過人。遠考諸經，近采故事，教習講肄，備作樂器，紹復先代古樂。事見三國志魏志「杜夔傳」。

(六六) **音奏舒雅**：舒，舒緩。雅，溫雅。言聲音節奏舒緩溫雅。語本世說新語「術解篇」。

(六七) **荀勗改懸**：荀勗，晉潁陰人，字公曾。曾任武帝時中書監，校太樂，八音不和，知後漢至魏，尺長於古四分有餘。遂依古尺更鑄銅律呂以調聲韻，以尺量古器，與本銘尺寸無差。荀勗造新鍾律與古器諧韻，時人稱其精密。懸，本是鐘架，引申爲律呂。事見晉書「律歷志」。

(六八) **聲節哀急**：荀勗既依新尺造作鍾律，時人稱其精密。惟陳留阮咸譏其聲高，聲高則悲，非興國之音。「亡國之音哀以思」，今聲既不合雅，故彥和稱其聲節哀急。意思是說調高音急，有哀思之苦。事見晉書「律歷志」。

(六九) **阮咸譏其離磬**：阮咸，晉尉氏（今河南尉氏縣）人，字仲容，少解音律，瀟灑不羈，為竹林七賢之一，和叔父「籍」齊名，有大小阮之稱。離磬，指荀勗雖依尺改變律呂，但仍舊略有參差，非正德至和之音。事見晉書「律歷志」。「離磬」一詞，本禮記「明堂位」。

(七〇) **銅尺**：銅鑄的尺，用來較量古樂器，又可依古尺為準，鑄銅律呂以調聲韻。事見晉書「律歷志」。

(七一) **表裏相資**：范注：「表謂樂體，裏謂樂心。」表裏相資者，謂「樂體」與「樂心」兩者需相互配合。

(七二) **詩為樂心**：詩是音樂的靈魂。語本「詩大序」。

(七三) **聲為樂體**：聲律是音樂的實體。語本禮記「樂記」。

(七四) **瞽師務調其器**：瞽師，樂官。器，樂器。言瞽師務必調和其使用的樂器。

(七五) **好樂無荒**：意思是說雖喜好遊樂，但不至於荒廢正事。語見詩經唐風「蟋蟀篇」首章。

(七六) **晉風所以稱遠**：言晉風所以被吳公子季札稱有深遠之思。左傳襄公二十九年，載吳公子季札見歌唐，曰：「深思哉！其有陶唐氏之遺民乎？不然，何憂之遠也。」注：「晉本唐國」。

(七七) **伊其相謔**：見於詩經鄭風「溱洧」篇的首章。此詩內容，是講男女縱情遊樂的詩。相謔，互相戲謔。

(七八) **鄭國所以云亡**：言聽其歌詩，知鄭所以較他國先亡的原因了。左傳襄公二十九年，季札見歌鄭，曰：「美哉！其細已甚，民弗堪也，是其先亡乎！」

(七九) **不直聽聲而已**：「直」「特」聲近，「不直」就是「不特」、「不僅」的意思。承上文言，指季札觀樂，不僅聽其聲音，還要玩味其詩義。禮記樂記：「君子之聽聲，非聽其鏗鏘而已也，彼亦有所合之也。」

(八〇) **豔歌婉孌**：豔歌，相和曲中的瑟調曲，如「豔歌何嘗行」，在此泛稱豔麗的歌曲。婉孌，指辭情纏綿悱惻。

(八一) **怨詩訣絶**：怨詩，相和曲中的楚調曲，如「白頭吟」。在此泛指哀怨的詩篇。訣絶，幽怨凄涼。

(八二) **淫辭在曲**：指以上所稱的豔歌、怨詩而言。因爲宋志皆列在「大曲」。故曰「淫辭在曲。」

(八三) **正響焉生**：正響，雅頌正聲。全句是說，雅頌正聲，將何所產生乎。以上二句紀評云：「此乃析出本旨，其意爲當時宮體競尚輕豔發也。觀玉臺新詠，乃知彥和識高一代。」

(八四) **俗聽飛馳**：指世俗的樂曲流行泛濫。

(八五) **職競新異**：「職」「直」相通，「職競」猶言但尚，惟爭。全句是說，大家惟爭新鬪異之是尚。

(八六) **欠伸魚睨**：欠，打呵欠。伸，伸懶腰。魚睨，如魚眼斜視，藐視、不滿的樣子。

(八七) **切至**：懇切周到。

(八八) **拊髀雀躍**：拊，拍打。髀，股外。拊髀，用手拍股，表興奮之狀。雀躍，欣喜之態，如雀鳥般的跳躍。

(八九) **詩聲俱鄭**：言詩心與樂聲，都像「鄭風」一樣淫謔。

(九〇) **自此階矣**：階，事情所以發生的道理。全句言音樂之衰微，其理亦可由此測知了。

(九一) **聲來被辭**：以樂曲的音節去譜配歌辭。

(九二) **陳思稱：左延年閑於增損古辭**：陳思，魏曹植封陳王，卒謚思，因稱「陳思王」，或省稱「陳思」。左延年，見魏志杜夔傳，長於鄭聲。其事亦詳晉書「樂志」。陳思語無可考。閑，熟習的意思。

增損古辭，是說取古辭入樂，往往爲遷就句度，加以增損。因古之樂府，韵逗有定，所以采詩入樂時，不得不增損文字以求配合。

㊈ **貴約**：以約爲貴，即注重簡約之意。

㊉ **高祖之詠大風**：高祖，漢高祖劉邦。大風，高祖過沛，置酒沛宮，悉召父老子弟縱酒，發沛中小兒一百二十人，教之歌。酒酣，高祖擊筑自爲歌。首句有「大風起兮雲飛揚」，故稱「大風歌」。事見史記「高祖紀」。

㊈㊄ **孝武之歎來遲**：指孝武帝因思念李夫人，作「姍姍來遲」詩，以寄哀嘆之情。漢書外戚傳：言「李夫人少而蚤卒，帝思念不已，方士齊人少翁言能致其神，令帝居外帳，遙望見好女如李夫人之貌，帝益悲感，爲作詩曰：『是邪？非邪？立而望之，偏何姍姍其來遲！』令樂府諸音家弦歌之。」

㊈㊅ **子建士衡**：子建，魏曹植字。士衡，陸機字。

㊈㊆ **咸有佳篇**：今昭明文選樂府類載曹子建「美女」、「白馬」、「名都」等三篇，陸士衡樂府十七篇，皆非樂府所奏，故宋書「禮樂志」不收。因樂有定韵，以詩入樂，必須增損，伶人畏難，故雖有佳篇，也只有「事謝絲管」了。

㊈㊇ **無詔伶人**：詔，命。伶人，樂工。是說未嘗命令樂工就子建、士衡所作的佳篇來譜曲。

㊈㊈ **事謝絲管**：謝，本「離去」之意。謝絲管，就是不配樂曲。此承前兩句說，言雖有佳篇，由於「無詔伶人」，故「事謝絲管」。

㊀〇〇 **乖調**：不合樂調。

㉑ **軒岐鼓吹**：軒，指黃帝。岐，指黃帝的臣子岐伯。鼓吹，鼓鉦簫笳等合奏的樂曲。宋書樂志：「鼓吹，蓋短簫鐃歌，蔡邕曰：軍樂也。黃帝岐伯所出，以揚德建武，勸士諷敵也。」崔豹古今注：「短簫鐃歌，軍樂也，黃帝使岐伯所作。」

㉒ **漢世鐃挽**：鐃，鐃歌，卽鼓吹。今傳漢有「鼓吹」「鐃歌」十八曲。挽，挽歌，喪歌，卽「相和曲」中的「薤露」，「蒿里」。

㉓ **繆襲所制**：繆襲，字熙伯，作「魏鼓吹曲」十二首，「挽歌」一首。

㉔ **可算**：可數，算，數也。

㉕ **子政品文**：漢劉向字子政。品，區別。品文，指校訂羣書。漢書藝文志：「成帝時詔光祿大夫劉向，校經傳諸子詩賦。」

㉖ **詩與歌別**：言「詩賦」與「六藝」分略，故稱詩與歌別。此據班固漢書「藝文志」爲說。

㉗ **八音摛文**：八音，泛指各種樂器。卽周禮春官大師所謂的「金、石、土、革、絲、木、匏、竹。」鄭注：「金，鍾鎛也；石，磬也；土，塤也；革，鼗鼓也；絲，琴瑟也，木，柷敔也；匏，笙也；竹，管簫也。」摛，發，布之意。摛文，就是抒布文辭。全句是說，用八音發舒文采。

㉘ **樹辭爲體**：樹，樹立。此承上句爲說，指首先應建立雅辭，作音樂的本體。

㉙ **謳吟坰野**：謳吟，指不配曲調的徒歌。坰，遠的意思。坰野，指國郊遠野。全句是說，國郊遠野，匹夫庶婦所謳吟的土風民謠。

㉚ **金石雲陛**：金石，本是樂器，這裏指用樂器演奏。雲陛，猶言雲階，指廟堂而言。陸機七徵：「雲

階飛陛，仰陟蒼穹。」玉篇：「陛，天子階也。」言詩官採風，樂胥被律後，就應金聲玉振，演奏於廟堂朝廷之上了。

㈡**鄭聲易啓**：易啓，易於啓行、發展之意。言鄭衞淫蕩之聲，易於推廣發展。

㈢**豈惟觀樂，於焉識禮**：指吳季札事。上文已明言：「故知季札觀樂，不直聽聲而已。」禮記檀弓下：「孔子曰：延陵季子，吳之習於禮者也。」這兩句是說，觀歷代詩歌的流變，豈僅知音樂的雅鄭，亦可於此體認國家禮治的盛衰啊。

【語　譯】

所謂「樂府」體類的詩歌，是指樂聲要依照曲辭之長短爲節奏，律呂之高低又須與樂聲相協和啊。傳說上古「鈞天九奏」的曲調，既是上帝特有的音樂，聞於人間；葛天氏的八首樂曲，爲上古時代的齊唱，乃不言而化。自黃帝「咸池」，帝嚳「五英」以下，因時代久遠，居今已無從推論了。至於夏禹巡省南方，塗山之女待禹於塗山之陽，所作「侯人兮猗」的歌辭，實爲南國歌曲之始；有娀氏二美女，養燕於九成之臺，北飛不返，所唱「燕燕往飛」的謠辭，實爲北國樂聲之始；夏后氏孔甲遇風於東陽，取民子歸養，子長大成人，一日，幕動，斧斬子足，哀其命苦，乃作「破斧」之歌，東方的音樂，遂由此發端；殷代河亶甲自囂徙居西河，所作思念故土的詩，西方音樂卽由此興起。足證心有所感，聲音卽隨之轉易。但其間變化莫測的情形，也無法用同一事例概括說明了。及匹夫匹婦，因有不得已的情感，齊聲徒歌，表現其鄉土風謠，於是采詩的官員深入民間，採集各地歌謠後，再由樂師、大小胥按照歌謠的內容性質，配以旋律，將他們內心的情志，感發爲管絃之音；精神意氣，轉變成鐘磬之樂。所以晉平公的樂師師曠，憑音律的強弱，得以窺知晉楚的盛衰；吳公子季札，觀樂工對國風大小雅的演奏，竟能鑑識各國治道的興替。其對音律審察的精妙，可說是已經登峯造極，無以復加了。音樂本由於人們內心感情的活動而產生，故其聲響足以沁透肌膚，滲入骨髓。古聖先王有鑒於此，所以對音樂的處理特別愼重，務期阻塞淫靡之音的泛濫。對卿大夫們子弟的敎育，一定要他們學習九德之歌。如此，才能用音樂的至情，去感化天地人心與四時的更始，轉移各方面的社會風氣。可是自從雅頌正聲漸趨衰微以後，陷溺心志的淫樂，猶如波濤洶湧，蔚爲潮流。秦始皇焚燬樂經，漢初又設法恢復；當時樂官制氏但能記其鏗鏘的音節，叔孫通采古禮與秦儀，訂定宗廟的典禮儀法，於是在高祖四年，制定「武德舞」，以表達行武除亂的功業。孝文帝時，又作「四時舞」，以廣示天下的安定和平；在名義上，說是摹擬舜禹的韶夏，但究其內容，大多沿襲嬴秦的舊章。所以中正和平的雅頌音響，至此竟寂然中止，一去不返了。到了孝武帝時，由於崇尚郊祀之禮，開始設立主管審音度曲的樂府官員，廣采各地的歌謠，聚合趙、代的音樂，撮取齊楚的腔調。當時，李延年用緩慢悠長的聲調，協和音律，朱買臣、司馬相如以離騷的體裁，製作詩歌，如此曲辭相配，一時號爲「新聲」。高祖時，唐山夫人所作的「安世房中歌」第十二章「桂華」，屬於「楚聲」祀神的「雜曲」，辭藻豔麗，不合雅頌之體；武帝所定「郊祀歌」中的第十八章「象載瑜」，造語纖靡，不合典則；河間獻王知治道非禮樂不成，因而獻出平時蒐集的雅樂，可是朝廷拿來祇爲歲時備數，很少能實際應用。故汲黯譏刺孝武帝，不該用「天馬詩」來祭祀宗廟祖先啊！到了宣帝時，天下殷富，爲了宣導敎化，命王褒作朝廷雅樂。其音律仿效詩經小雅鹿鳴之篇。降及元、成二帝，宮廷權貴生活奢侈，鄭聲淫樂，漸次泛濫，雅正之音不見容於世俗，當此之際，欲正末歸本，又談何容易呢！及至後漢，祭祀天地宗廟，改用東平王劉蒼新製的樂章，詩辭雖典雅溫文，而旋律仍襲前漢的舊制，不合夔、曠二家原定的標準。至於魏氏三祖—武帝、文帝、明帝，意氣爽朗，才情妙麗，割裂「相和歌」的詩辭正調，以至音調頹靡，節奏平淡。我們試觀武帝苦寒行「北上太行山」諸曲，與文帝燕歌行「秋風蕭瑟天氣涼」各篇，或敍述宴飲的歡暢，或感傷征戍的鄉愁，抒情寫意，離不開荒淫放蕩，比事屬辭，不外是悲哀憂思；雖然名爲「平調」、「清調」、「瑟調」華夏的正聲，實際上不過是雅樂以外的淫辭蕩曲罷了。到了晉武帝時代，有傅玄者，通曉音律，遵照殷周的禮樂，參酌曹魏的儀節，創製各種雅正的「舞歌」，來頌贊天地祖宗的功業；張華新造的「正德」、「大豫」二舞歌及「四廂樂章」，也充作宮廷萬舞，作祭祀山川宗廟之用。然而杜夔善調聲律，音響節奏，舒緩溫雅。荀勗雖依新尺，更造律呂，而事實上卻調高音急，有哀思之苦。所以阮咸譏諷他和杜夔所造的鐘磬，略有不合；後人用周代度律的銅尺加以檢驗，果然發現其間大有出入。所以想要協和樂律，達到精微奧妙之境地，實有賴於樂曲的聲調旋律，與詩辭的精神情韵，兩者密切配合；如此，方能表裏一貫，相輔相成啊。

由此可知，「詩辭」是音樂的靈魂，「聲律」爲音樂的實體。音樂的實體既形之於聲律，所以主管的官員，務必要調和其使用的樂器，使八音克諧；音樂的靈魂既託之於詩辭，故有德的君子，自當創作雅正的文辭，使五性發而中節。詩經唐風蟋蟀篇云：「好樂無荒」，季札稱其深思遠慮，有陶唐氏遺民之風。又鄭風溱洧篇云：「伊其相謔」，季札稱其聲調細弱，有亡國的徵兆。由此可知季札之觀詩聆樂，不僅僅限於聽其「聲調」而已！至於那些豔麗的歌曲，凡所吟咏，多屬纏綿悱惻的戀情；哀怨的詩篇；凡所感歎，不外憂傷凄涼的別緒。此等詩歌，宋書樂志把它們正式列入「大曲」之中，承認了它們的地位，如此以來，雅頌的正聲，又從何產生與發揚光大呢！然而一般世俗的人，所喜歡聽的豔歌怨詩，卻不脛而走；從事度曲作詩的文士，也都以競新鬬異爲務，一旦見有溫文典雅的歌詠，有的便呵欠伸腰，表示厭倦的態度；有的斜眼藐視，流露不滿的情緒。可是當奇辭豔說的作品，及時而至的時候，卻又鼓掌道好，雀躍不已。於是詩辭與樂聲同鄭衛之風一樣，流於淫靡。我國音樂的衰微，從此便愈演愈烈；究其所以如此之故，良以社會風氣日下，和政府對音樂敎育，未給予合理的督導，可說是其中最重要的環節了。

凡組成樂辭的叫做「詩」，詠唱此詩心聲的叫做「歌」。以樂曲的音節來譜配歌辭，而歌辭之變化繁多，難以節制，所以陳思王曹植讚美左延年，說他對增減古詩字句，以配合樂曲之事，非常熟練。繁冗的歌辭，當然要酌量刪減，於此足以說明，凡是入樂的詩，貴在簡約啊！試觀高祖還沛，吟唱的「大風歌」，孝武帝悼念李夫人，作的「姍姍來遲」詩，前者敎一百二十名童子合樂齊唱，後者令樂府譜曲弦歌，都沒有音律不協的現象。曹子建、陸士衡均有佳作多篇，其中除極少數的列入樂府外，其餘大部分都不配樂曲，命樂工演唱。所以大抵說來，古人譜曲，皆以詩辭爲準，後人不明此理，遂誤以爲作詩須以既成的曲譜爲模式。故凡借用古題或自立新題的作品，一般人都說它不合樂調，實在是未加深思啊！至於軒轅黃帝的大臣岐伯，所作建威揚德的「武樂」，漢代用鼓、鉦、簫、笳合奏的「鐃歌十八曲」，及相和辭中的輓歌「薤露」、「蒿里」二曲，前者屬軍樂，後者屬喪樂，雖兩者用途不同，但都應納入樂府的範圍之中。又繆襲製作「魏鼓吹曲」十二首，及「輓歌」一首，也可以算到這個裏面啊！過去劉向校定羣書，品評詩文體類，曾把「詩」與「歌」分別論列；故本人於「明詩」之後，再略序「樂府」之篇，正由於「樂府」可歌，而「詩」不可歌，故特別加以標出，以明「詩」「樂」兩者的界域不同。

總而言之：詩之所以可歌，首先必須調和八音，以發舒文采，但樹立典雅的文辭，實爲音樂的本體。樂府之興，蓋起於國郊遠野，匹夫匹婦所謳吟的土風民謠。及至經過詩官搜集，樂師被律以後，即成金聲玉振的音樂，而演奏於朝廷之上了。然而古代的韶樂雅音，居今已難以追摹仿效，後世鄭、衞淫靡之聲，卻廣泛流行於社會。所以綜觀歷代詩歌的變遷，豈僅僅知道音樂的「雅」「鄭」而已乎？更可以藉此體認，即令是國家的盛衰，也和它息息相關啊！

【集評】

一、紀評：「『務塞淫濫』四字，爲一篇之綱領。」

二、紀評：「八字貫下十餘行，非單品秦漢。」

三、紀評：「『桂華』安世房中歌之一也，尚未至於不經，此論過當。『赤雁』等篇，亦不得目之曰靡，論亦過高。蓋深惡塗飾，故矯枉過正。」

四、黃評：「聲詩始判。」

紀評：「聲詩自古本判，不始於此，此評似是而非。」

五、曹評：「先心後器，先詩後聲，此極得論樂府之體。」

六、黃評：「語語透宗。」

七、黃評：「聲詩雖別，亦必無詩淫而聲雅者。因知鄭聲既淫，則詩不待言矣。」

紀評：「此乃析出本旨，其意爲當時宮體竟尚輕豔發也。觀『玉臺新詠』，乃知彥和識高一代。」

八、曹評：「此非聲之罪也。」

九、紀評：「此論以聲被詞，意亦斥當時之棄古詞，」

一〇、紀評：「此樂府多不可讀之根，後人不知其增損，遂乃妄解。」

一一、曹評：「降及唐宋，絕句、詩餘，凡被之管絃者，莫不皆然。」

一二、黃評：「唐人用樂府古題及自立新題者，皆所謂『無詔伶人』。」

紀評：「唐伶人所歌，皆當時之詩也。此評未確。」

一三、紀評：「觀此，知『玉臺』之雜編，必非孝穆之本。」

【問題討論與練習】

一、樂府篇云：「詩為樂心，聲為樂體，樂體在聲，瞽師務調其器，樂心在詩，君子宜正其文」，其義為何？試申其旨。

二、彥和云：「豈惟觀樂，於焉識禮」，試舉實例以徵其說

三、試述我國樂府歌詩的起源如何？

四、「雅聲浸微，溺音騰沸」，何義？試由歷代樂府歌詩的發展加以說明：

詮賦第八㈠

【解　題】

彥和論文，騷、賦分篇，與劉、班志藝文，納騷於賦，似異實同。蓋劉、班以騷出於古詩六義之賦，欲明其源，故概以「賦」名之。而彥和謂漢賦之興，遠承古詩的賦義，近得楚人的騷體，故曰：「受命於詩人，拓宇於楚辭」，目的在析其流。所以本篇之中有幾個問題，如賦的起源、賦的類別、賦的作法、賦的代表作家等，需要逐項加以研究和說明：

關於「賦的起源」問題：彥和以爲「賦」由詩經而來，原爲六義之一。但六義中的賦，是「鋪采摛文，體物寫志」的一種表達方式，然後由表達方式演變成詩的朗誦，所謂「公卿獻詩、師箴、瞍賦」，再經由朗誦「獻詩」的過程，而爲朗誦自己的作品，所謂「不歌而頌」者是也。由此可知「賦」與「詩」的密切關係爲如何了。到了「靈均唱騷」，才開始推廣「賦」的聲貌。所以彥和說：「賦也者，受命於詩人，拓宇於楚辭」，明言賦淵源於「詩」和「楚辭」。對這一點兒，劉彥和在「辨騷篇」與「時序篇」裏，曾作過適當的補充。如辨騷篇云：「楚辭者，體憲於三代，而風雜於戰國，乃雅頌之博徒，而詞賦之英傑也。」是說楚辭承詩經雅頌，更接受戰國縱橫家的影響，造成了一種奇特的文體，作爲詩經和漢賦之間的橋樑。時序篇也說：「屈平聯藻於日月，宋玉交彩於風雲。觀其豔說，則籠罩雅頌，故知暐曄之奇意，出乎縱橫家之詭俗也。」較之前篇所言，尤加顯豁。足以證明「賦」的起源，雖然受命於詩人，拓宇於楚辭，更雜有戰國縱橫家的詭俗。清章實齋「文史通義」，於「詩教上」對此曾作過進一步的分析。他說：「京都諸賦，蘇張縱橫六國，侈陳形勢之遺也；上林羽獵，安陵之從田，龍陽之同釣也；客難解嘲，屈原之漁父卜居，莊周之惠施問難也；……孟子問齊王之大欲，歷舉輕煖肥甘，聲音采色，七林之所啓也。而或以爲創自枚乘，忘其祖矣。」章氏的深入分析，適爲彥和之言作一注脚。

關於「賦的類別」問題：「賦」至兩漢，臻於極盛，形成一種代表性的文體後，發展爲大賦、小賦兩種類型。大賦描寫的範圍很廣，內容冠冕堂皇，體製宏偉深奧，其結構：前有「序言」，後有「亂辭」，並以溫文爾雅，作爲措詞的基調。此卽彥和所謂：「若夫京殿苑獵，述行序志，並體國經野，義尙光大，旣履端於唱序，亦歸餘於總亂，序以建言，首引情本；亂以理篇，寫送文勢。……斯並鴻裁之寰域，雅文之樞轄也。」小賦的體貌，寄物則務求細致，說理則著重旁推，其特徵是「新奇小巧」，此卽彥和所謂：「草區禽族，庶品雜類，則觸興致情，因變取會，擬諸形容，則言務纖密；象其物宜，則理貴側附；斯又小制之區畛，奇巧之機要也。」章太炎先生國故論衡「辨詩篇」根據劉、班藝文志的「詩賦略」，以爲：「作家各崇所好，消長不一，再依其流，約可分爲七種類型」，這七種類型：一、爲「騷賦」：此卽楚辭，蓋始於屈原作「離騷」諸賦，爲戰國楚文化的代表。二、爲短賦：此體創自荀子，又稱「荀卿賦」，所謂「荀卿隱語，事義自環」者是也。三、爲古賦，古賦卽「兩漢賦」，侈麗閎衍，不失古意。四、爲俳賦：又稱「六朝賦」，但重聲華工整，已遠離風雅。五、爲律賦：此賦盛於隋唐，專以諧平仄，工對偶爲能事，情感、思想則一概不講。六、爲散文賦：盛於宋元，雖不盡廢對偶，然或用長句，或用短句，純以散文氣勢行之，不受字句格律的限制。七、爲股賦：又稱「八股文賦」，盛於明清，此體特點，是兼律散二者而雜糅之，於對偶中糝入八股文句法，寓駢於散，以俳爲偶，雖形式完美，而桎梏性靈，可說是賦的末流。「律賦」以下，賦體的變化，皆彥和所不及知，特採擇前人的成說，加以補充，以見原本六義附庸，後來以蔚成大國的「辭賦」，與於楚，盛於漢，自魏晉而後，每下愈況，最後走向沒落的軌迹。

關於「賦的代表作家」問題：彥和列舉十家，目爲辭賦的英傑。此十家首爲荀、宋。荀卿五賦，賦而用比，故結隱語以喻意，辭事與意義回環相發，故曰「事義自環」。宋玉各篇，辭多夸飾，如「風賦」，言大人之風，言庶人之風。大人之風有若干種，庶人之風也有若干種。皆一再增爲言詞，故曰「夸談」。其「高唐賦」，形容山高勢險，「神女賦」，敷寫容色之豔麗，皆閎衍盛采，故曰「淫麗」。其次是枚乘、相如，枚乘「兎園」，雖存殘文，如觀其大較，尚知其詞致精鍊，鑄語新奇，故曰「舉要以會新」。相如「上林賦」，前半篇以子虛夸楚王遊獵之盛，後半篇言天子上林苑的陳設，文尤閎博，故曰「繁類以成豔」。又次爲賈誼、子淵：賈誼「鵩鳥賦」，其通篇大旨，在以道家齊物之理，自慰遠謫之情，故曰「致辨於情理」。子淵「洞簫賦」，爲後世音樂賦之祖，篇中鋪排井然：首敍簫材所出之地，次敍制器寫聲之巧，又次寫度曲之時，音隨曲異，復從聲之感人動物處，形容其微妙，足能曲盡題旨，故曰「窮變於聲貌」。再是孟堅、張衡：孟堅「兩都賦」，文選列於京都賦之首，而不取子雲的「蜀都」，蓋兩都關係之大，包涵之富，非「蜀都」所可比擬，繼之者，厥爲平子的「二京賦」，此皆一代巨製麗文，足爲萬世儀表。故稱之「明絢以雅贍」，「迅拔以宏富」。至於子雲「甘泉」，以諷諫爲主，前半敍甘泉宮室，後半寫郊祀典禮，鑄詞用字，皆淵深而奇偉，故曰「構深偉之風」，延壽「魯靈光殿賦」，專賦宮殿，篇中凡階堂壁柱，扉室房序，櫨枅栭掌，以及棟窗的雕刻，榱楣的繪畫，一一鋪寫，皆得營造的精意。讀之，似乎感覺到鳥革翬飛之狀，如在目前，故曰「含飛動之勢」。秦漢以辭賦名家的，何止百數，而彥和僅選此十家，以爲辭賦中的英傑。並以「隱語」「夸談」屬諸荀、宋，「會新」「成豔」歸之枚、馬，「情理」「聲貌」稱述誼、淵，孟堅、張衡因「京都」大賦並舉，子雲、延壽爲賦「宮室」而同列。賦典禮，以「深偉」爲宜，賦宮殿，貴「飛動」之勢。在辭賦的領域裏，無不各具特色，領袖士林，足見彥和評隲的精審。

關於「賦的作法」問題：彥和云：「原夫登高之旨，蓋覩物興情，故義必明雅，物以情覩，故詞必巧麗。麗詞雅義，符采相勝，如組織之品朱紫，畫繪之差玄黃，文雖雜而有質，色雖糅而有儀，此立賦之大體也，」文中「麗詞雅義，符采相勝」，也就是說「賦」要具備華麗的詞藻和雅正的情感，如同美玉一般，使紋理與質地相得益彰。「義」是本，「詞」是末，重視「本」就是重視「賦」的教育意義。舍本逐末的人，雖讀千賦，而愈惑體要，追求「麗詞」，忽略「雅義」，致令作品「無實風軌，莫益勸戒」，此揚子雲所以在法言「吾子篇」，大嘆「追悔於雕蟲，貽誚於霧縠」者，不能說不是有感而發啊！

【正文】

首段說明「賦」的定義，及其「受命於詩人，拓宇於楚辭」。並以荀卿、宋玉為「爰錫名號，與詩畫境」的開始。

詩有六義㊁，其二曰賦。賦者，鋪也，鋪采摛文㊂，體物寫志也㊃〔評一〕。昔邵公稱：「公卿獻詩，師箴，瞍賦（原無「瞍」字，依唐寫本補）」㊄。傳云：「登高能賦，可為大夫」㊅。詩序則同義㊆，傳說則異體㊇〔評二〕，總其歸塗，實相枝幹。故劉向明：「不歌而頌（原作「劉向云明不歌而頌」，衍「云」字，依唐寫本刪。）」㊈，班固稱：「古詩之流也」㊉。至如鄭莊之賦大隧⑪，士蔿之賦狐裘⑫，結言短（原作「拉」，依唐寫本正）韻⑬，詞自己作，雖合賦體，明而未融⑭。及靈均唱騷，始廣聲貌⑮。然則（「則」字原脫，據唐寫本補。）賦也者，受命於詩人⑯，而拓（原無「而」字，依唐寫本補）宇於楚辭也⑰。於是荀況禮智，宋玉風釣⑱，爰錫名號，與詩畫境⑲，六義附庸，蔚成大國。述客主以首引，極聲貌以窮文⑳。斯蓋別詩之原始，命賦之厥初也㉑。

次段言賦興於楚而盛於漢，蔚為我國文學上的偉大體製，雅辭中的樞轄。

三段列舉由先秦至魏晉的代表作家和作品。計有先秦的荀、宋，兩漢的英傑，魏晉的賦首，並各加評述。

秦世不文，頗有雜賦。漢初詞人，循（原作「順」，依唐寫本改）流而作，陸賈扣其端㉒，賈誼振其緒，枚馬播（原作「同」，依唐寫本改）其風㉓，王揚騁其勢㉔，皋朔㉕已下，品物畢圖㉖。繁積於宣時㉗，校閱於成世㉘，進御之賦，千有餘首，討其源流，信興楚而盛漢矣㉙。若夫（「若」字原脫，依唐寫本補）京殿苑獵㉚，述行序志㉛，並體國經野㉜，義尚光大，既履端於唱（「唱」原作「倡」，據唐寫本、御覽五八七引改）序㉝，亦歸餘於總亂㉞。序以建言㉟，首引情本㊱，亂以理篇㊲，寫送文勢（此四字句，原作「迭致文契」，據唐寫本及王利器新書說改）㊳。按那之卒章，閔馬稱亂，故知殷人緝（原作「輯」，依唐寫本改）頌，楚人理賦㊴，斯並鴻裁之寰域㊵，雅文之樞轄也。至於草區禽族，庶品雜類㊶，則觸興致情，因變取會，擬諸形容㊷，則言務纖密；象其物宜，則理貴側附㊸；斯又小制之區畛，奇巧之機要也〔評三〕。

觀夫荀結隱語㊹，事義（原作「數」，據劉永濟校釋徵御覽引改）自環㊺，宋發夸談㊻，實始淫麗。枚乘兔園，舉要以會新㊼，相如上林，繁類以成豔㊽，賈誼鵩鳥，致辨於情理㊾〔評四〕；子淵洞簫，窮變於聲貌㊿；孟堅兩都，明絢以雅贍(51)；張衡二京，迅拔（原作「發」，據唐寫本改）以宏富(52)；子雲甘泉，構深偉（原作「瑋」，依唐寫本改）之風(53)；延壽靈光，含飛動之勢(54)；凡此十家，並辭賦之英傑也。及仲宣靡密，發篇（原作「端」，依唐寫本改）必遒(55)；

偉長博通，時逢壯采(五六)；太沖安仁(五七)，策勳於鴻規(五八)；士衡子安，底績於流制(五九)，景純綺巧，縟理有餘(六〇)；彥伯梗概，情韻不匱(六一)；亦魏晉之賦首也〔評五〕。

原夫登高之旨，蓋覩物興情。情以物興，故義必明雅；物以情覩，故詞必巧麗。麗詞雅義，符采相勝(六二)，如組織之品朱紫(六三)，畫繪之差（原作「著」，據唐寫本改）玄黃，文雖雜（原作「新」，依唐寫本改）而有質，色雖糅而有儀（原作「本」，黃校云：「一作儀」，蓋涉下文「蔑棄其本」而誤，茲據改），此立賦之大體也。然逐末之儔(六四)，蔑棄其本。雖讀千賦(六五)，愈惑體要，遂使繁華損枝，膏腴害骨，無實（原作「貴」，形誤，據唐寫本正）風軌(六六)，莫益勸戒，此揚子所以追悔於雕蟲(六七)，貽誚於霧縠者也(六八)〔評六〕。

末段申論立賦的大體，並以為後世文士棄本逐末，雖讀千賦，愈惑體要。最後並引揚雄法言之說，以正末流之弊。

贊曰：賦自詩出，異流分派（此四字句，原作「分歧異派」，茲從唐寫本改）(六九)〔評七〕。寫物圖貌，蔚似雕畫。抑（原作「枿」，依唐寫本改）滯必揚，言曠（原作「庸」，依唐寫本改）無隘(七〇)。風歸麗則，辭翦荑（原作「美」，形誤，依王利器新書說正）稗(七一)。

【註釋】

(一) 詮賦：詮，詳釋事理。本篇旨在說明賦的命名、沿革與體要，故曰詮賦。

(二) 詩有六義：詩大序：「詩有六義焉：一曰風、二曰賦、三曰比，四曰興、五曰雅、六曰頌。」孔疏：

「風雅頌者，詩篇之異體；賦比興者，詩文之異辭耳。大小不同，而得並爲六義者，賦比興是詩之所用，風雅頌是詩之成形。用彼三事，成此三事，是故同稱爲義。」周禮春官大師鄭注：「賦之言鋪，直鋪陳今之政敎善惡。」可見「賦」和「比」「興」並列，是一種表達情感的方式，卽平鋪直敍，有別於「比喻」和「託物起興」的作法。

(三) **鋪采摛文**：摛，音(彳)，與「鋪」同作「舒布」解。意思是說鋪陳辭采，舒布文華。

(四) **體物寫志**：體察事物，描寫情志。

(五) **邵公稱公卿獻詩，師箴，瞍賦**：邵公，卽召公。公，周朝最高爵位。卿，大夫以上的官員。師，少師，樂官。瞍，有目無眸子的盲者，古人以盲者爲樂官。國語周語上：「邵公曰：故天子聽政，使公卿至於列士獻詩……師箴，瞍賦。」

(六) **登高能賦，可爲大夫**：詩經鄘風「定之方中」傳：「故建邦能命龜，田能施命，作器能銘，使能造命，升高能賦，師旅能誓，山川能說，喪記能誄，祭祀能語，君子能此九者，可謂有德音，可以爲大夫也。」正義：「升高能賦者，謂升高有所見，能爲詩，賦其形狀，鋪陳其事勢也。」

(七) **詩序則同義**：詩序，指上文「登高能賦」而言，此「毛詩序」之文。此序將「賦」與「比」「興」並列爲詩的六義，故曰「詩序同義」。

(八) **傳說則異體**：傳說，指上文「師箴，瞍賦」而言。意思是說「國語周語上」和「毛詩序」，兩方面對「詩」「賦」的說法不同，好像各自異體。

(九) **劉向明，不歌而頌**：漢書藝文志：「不歌而頌謂之賦。」藝文志本於劉向別錄，故曰「劉向明」。

全句是說不能入樂歌唱，但可徒口諷誦而已。

（一〇）**班固稱古詩之流也**：班固兩都賦序：「賦者，古詩之流也。」是說「賦」也是古詩風、雅、頌的流亞啊。

（一一）**鄭莊之賦大隧**：鄭莊公恨母姜氏助弟共叔段作亂，不願再見她，立誓在九泉之下方可見面。後來反悔，因掘地見泉，在隧道中和母親晤面。所以左傳隱公元年載此事云：「公入而賦，大隧之中，其樂也融融。姜出而賦，大隧之外，其樂也洩洩。」

（一二）**士蔿之賦狐裘**：蔿，音（ㄨㄟˇ）。晉大夫士蔿眼見晉獻公寵信驪姬，姬與諸公子將發生內爭，士蔿退而賦曰：「狐裘尨茸，一國三公，吾誰適從。」文出左傳僖公五年文。

（一三）**結言短韻**：結言，結合詞句。短韻，簡短其文辭聲韻。

（一四）**明而未融**：融，大明。全句是說，短韻的賦，文屬初創，辭義淺顯，尚未完全成熟。

（一五）**靈均唱騷，始廣聲貌**：靈均，屈原字。唱騷，作離騷。聲貌，繪聲繪影。全句是說，自屈原作「離騷」，才開始擴大了「賦」的聲音體貌。

（一六）**受命於詩人**：受命，得名。言上承詩經三百篇的作者而命名。

（一七）**拓宇於楚辭**：拓宇，開拓疆界。是說下開楚辭作者的寫作領域。

（一八）**荀況禮智，宋玉風釣**：荀況，戰國時儒家大師，時人尊稱荀卿。著有「荀子」。書中有禮、智、蠶、雲、箴等賦篇。宋玉，楚人，屈原弟子。稍後於荀卿的辭賦家。曾作「風賦」（見昭明文選）、「釣賦」（見古文苑）。

（一九）**爰錫名號，與詩畫境**：錫，賜。畫境，畫界。是說於是開始賜予「賦」的名號，和「詩」畫分了境界，而獨立成體。

(二〇)**述客主以首引，極聲貌以窮文**：此承上面荀、宋二句說。言荀賦的作法，常是假述客主兩人，爲對話的開端。而宋賦的作法，是極力描寫聲情狀貌，以啓文辭的華麗。

(二一)**命賦之厥初**：命賦，命名爲「賦」。厥初，開始。厥，語助詞，無義。

(二二)**陸賈扣其端**：賈，漢時楚人，有辯才，從高祖定天下，拜太中大夫。漢書藝文志有「陸賈賦」三篇，今已亡佚。扣其端，發端。是說陸賈引發了漢賦的開端。

(二三)**枚馬播其風**：枚，枚乘。馬，司馬相如。漢志有「枚乘賦」九篇，「司馬相如賦」二十九篇。播其風，傳播其風氣。

(二四)**王揚騁其勢**：王揚，王褒、揚雄。王褒宣帝時人。揚雄平帝時人。漢志有「王褒賦」十六篇，「揚雄賦」十二篇。騁勢：馳騁其機勢。

(二五)**皐朔**：枚皐、東方朔，俱武帝時人。漢志有「皐賦」百廿篇，「朔賦」七篇，均載漢書本傳。

(二六)**品物畢圖**：品物，各種物類，指宮觀奇獸。畢圖，盡成辭賦描寫的對象。

(二七)**繁積於宣時**：繁，盛。積，聚。宣時，宣帝時代。意思是說，辭賦之作，到宣帝時代，盛極一時。班固兩都賦序：「至於武宣之世，乃崇禮官，考文章，……故孝成之世，論而錄之，蓋奏御者千有餘篇。」

(二八)**校閱於成世**：校閱，校訂檢閱，指光祿大夫劉向校經傳諸子詩賦於成帝之世，事見漢書「藝文志」。

(二九)**興楚盛漢**：言興起於荊楚，盛行於炎漢。

⑳ **京殿苑獵**：京殿，京邑宮殿，如班固「兩都賦」、張衡「二京賦」、王延壽「魯靈光殿賦」、何晏「景福殿賦」等。苑獵，苑囿畋獵。如司馬相如「上林賦」、揚雄「甘泉賦」、「長楊賦」、「羽獵賦」等。

㉑ **述行序志**：述行，如班彪「北征賦」、班昭「東征賦」等。序志，如班固「幽通賦」、張衡「思玄賦」等。

㉒ **體國經野**：體，分。經，經略。全句是指，規畫國都體制，營度郊野經界。此承上二句京殿，述行諸賦而言。

㉓ **履端於唱序**：履端，步履的開端，借喻文章起頭。唱序，指賦前的序文。如「兩都賦」、「甘泉賦」等開頭均有序。「子虛賦」、「上林賦」開頭託「子虛」和「烏有先生」、「亡是公」三人對話，散體行文，雖不名序，實際上也有序的性質。

㉔ **歸餘於總亂**：歸餘，本指推算曆法的每年積餘時日，引申爲「歸結」之意。亂，本指音樂的尾曲，在此引申爲凡文章篇義既成，總括全篇大要者，稱爲「亂」。此句是說最後又在篇末繫有「亂辭」，總括一篇旨趣。

㉕ **序以建言**：言序之爲用，在建立一篇文章的發端。

㉖ **首引情本**：言首先引出作賦的緣起。

㉗ **亂以理篇**：亂辭之爲用，在統理全篇，作一總結。

㉘ **寫送文勢**：寫送，六朝人常用語，有「充足」意。全句指加強結尾，完足文章的氣勢。

㉙ **那之卒章以下四句**：那，詩經商頌篇名。卒章，指「那」篇的末章。閔馬，人名，春秋魯大夫。

稱，稱揚。國語魯語下：「閔馬父曰：昔正考父校商之名頌十二篇於周太師，以那為首，其輯之亂曰：『自古在昔，先民有作，溫恭朝夕，執事有恪』。」輯，成。楚人，指屈原。此承上文「唱序」，「總亂」言，是說詩經商頌「那」篇的最後一章，閔馬父曾稱揚其「亂辭」。故而可知殷人曾以「亂辭」完成頌詩，楚人以「亂辭」整理騷賦。

㊵ **鴻裁之寰域**：鴻裁，長篇大作。寰域，原指天子畿內，在此引申為「重鎮」。

㊶ **草區禽族，庶品雜類**：區族，品類。二句指草木、禽獸、雜物，今漢書藝文志錄有「雜禽獸六畜昆蟲賦」十八篇，「雜器械草木賦」三十三篇。

㊷ **擬諸形容**：擬度各種事物的形態容貌。

㊸ **理貴側附**：言喻理貴乎切合物象。

㊹ **荀結隱語**：言荀賦結語隱密。荀子禮賦注：「言禮之功用甚大，時人莫知，故假為隱語，問之先王」，即是一例。

㊺ **事義自環**：謂荀賦據事類義，自相廻環。

㊻ **宋發夸談**：夸談，指不依正則而巧言夸飾。如宋玉有「好色」、「神女」、「高唐」諸賦，皆屬此類。

㊼ **枚乘兎園，舉要以會新**：枚乘字叔，遊梁有「兎園賦」，便是列舉事物之要點，融合新奇的體式。

㊽ **相如上林，繁類以成豔**：上林，苑名。司馬相如有「上林賦」，先寫水勢、水族、水中珍寶、水鳥，次寫山林、香草、走獸，又次寫上林宮室、美玉、嘉果、茂木之盛，最後寫天子出獵，所獲珍禽異獸，不可勝數，歌舞宴樂，極聲色之娛。分類描寫其中景物，措辭誇張富麗，所以有「繁類以

成豔」之說。

㊾ **賈誼鵩鳥，致辨於情理**：鵩，音（ㄈㄨˊ）。鵩鳥似鴞，是一種不祥的鳥。賈誼有「鵩鳥賦」，大旨是以道家齊物之理，說明禍福無常，生死不足介意，以自慰遠謫之情。所以有「致辨於情理」之言。

㊿ **子淵洞簫，窮變於聲貌**：洞簫，一種無底之簫。王褒字子淵，有「洞簫賦」，分寫簫的巨音、妙聲、武聲、仁聲，從聲的感人處，形容其微妙，曲盡聲貌的變化，所以說「窮變於聲貌」。

(51) **孟堅兩都，明絢以雅贍**：兩都，指東都洛陽和西都長安。班固字孟堅，有「兩都賦」，上篇寫西都形勢，士女之衆，冠蓋之盛，貨殖之富，宮館之壯麗，田獵宴飲之歡娛，結出西都父老懷舊之意，怨思之由。下篇寫建武遷都改邑，是中興的盛軌，明帝增修洛京，皆合於法度，非熟悉典章制度不能爲之。所以有「明絢以雅贍」之說。

(52) **張衡二京，迅拔以宏富**：張衡字平子，後漢南陽西鄂人。衡模擬班固兩都作「二京賦」，以諷諫當時奢侈的貴族。「西京賦」盛舉荒靡之事，諷意峻切；「東京賦」鋪排典章制度，辭富義深。所以說他「迅拔以宏富」。

(53) **子雲甘泉，構深偉之風**：揚雄字子雲，有「甘泉賦」。甘泉，宮名，在今陝西淳化縣甘泉山上。此賦以諷諫爲主，文中鋪敍甘泉宮室，及郊祀典禮，寓意淵深，風格奇偉。所以說「構深偉之風。」

(54) **延壽靈光，含飛動之勢**：王延壽，字文考，後漢南郡宜城人，王逸之子，少曾遊魯，作「靈光殿賦」。此賦鋪寫宮殿的華美，曲盡其妙，能得營造的精意。讀之，覺得樓臺觀樹，勢欲飛動，如在目前。所以說「含飛動之勢」。

(五五) **仲宣靡密，發篇必遒**：王粲字仲宣，山陽高平人，善屬文。其賦結構緊密，故稱「靡密」。行文遒勁有力，故稱「發篇必遒。」

(五六) **偉長博通，時逢壯采**：徐幹字偉長，其賦已殘缺不全，居今可見者爲「齊都賦」。博通，指其學識廣博通達。文中多用誇張描繪手法，故曰：「時逢壯采。」

(五七) **太沖安仁**：左思字太沖，齊國臨淄人，欲賦「三都」，思摹「二京」，費時十年，賦成，皇甫謐爲之作序，豪貴之家競相傳寫，洛陽爲之紙貴。又潘岳字安仁，著有「藉田」、「射雉」、「閒居」、「懷舊」諸賦。

(五八) **策勳於鴻規**：策勳，以簡策記功之意，引申爲著名，成就。鴻規，鴻大的規模。

(五九) **士衡子安，底績於流制**：陸機字士衡，吳郡人。其「文賦」將作品分爲十類：即詩、賦、碑、誄、銘、箴、頌、論、奏、說，並說明每一類的風格，又講述創作上的有關問題。成公綏字子安，東郡白馬人；仕至中臺郎，著有「嘯賦」。文中講蹙口成聲，可以發出各種聲音。又言「嘯」能表達各種不同的感情，具有不同的風格。綜觀二賦，均論流品和制作，所以說「底績於流制」。底績，獲得功效。

(六〇) **景純綺巧，縟理有餘**：郭璞字景純，學博才高，彥和在本書「才略篇」稱他「足冠中興」。其「江賦」，先寫長江的源流，再寫三峽的形勢，以及江中物產，和風平浪靜時的景色，與水路交通的狀況，最後又寫江上漁夫以及神靈等。文采富麗，敍事條貫，所以說「縟理有餘」。

(六一) **彥伯梗概，情韻不匱**：袁宏字彥伯，小字虎，晉陳郡夏陽人，才思敏捷，爲桓溫記室，溫北征，命宏作露布，袁倚馬而就，文頗可觀。其「東征賦」，敍述名臣功業，略舉大概，故曰「梗概」。又

「北征賦」，時人王珣認爲情韻不足，宏加以增補，使理充韻完，故曰「情韻不匱」。梗概，粗舉大綱。匱，乏。事見晉書文苑「袁宏傳」及世說新語「文學篇」。

(六二) **符采相勝**：符采，玉的橫文。相勝，相得。全句是說，辭賦之美，其華麗的文采和典雅的文義，如同玉石的紋理與質地，彼此相得益彰。

(六三) **組織之品朱紫**：組織，本爲絲痲之屬，分別經緯，縱橫交錯，以編織成幅，此處借喻文章的鎔裁經營。品，分別。朱紫，指作品的文采。

(六四) **逐末之儔**：儔，輩。逐末，追求文采。此句應與下文「蔑棄其本」句合觀。

(六五) **雖讀千賦**：桓譚新論：「余素好文，見子雲工爲賦，欲從之學，子雲曰：『能讀千賦，則善爲之矣。』」

(六六) **無實風軌**：無實，無當。風軌，卽風矩，指世道人心言。此總結上文爲說，言無益於世道人心也。

(六七) **追悔於雕蟲**：雕蟲，喻辭賦是小技。揚子法言吾子篇：「或問，吾子少而好賦？曰然，童子雕蟲篆刻。俄而曰：壯夫不爲也。」全句是講，揚子雲事後追悔說，辭賦只是雕琢辭章，壯夫不爲的小技。

(六八) **貽誚於霧縠**：貽誚，有被責之意。縠，音（ㄏㄨˊ），縐紗。霧縠，喻縐紗之輕細，如同雲霧，雖細緻美麗，然不切實用。揚雄法言吾子篇：「或曰：霧縠之組麗。曰：女工之蠹矣。」全句是說「辭賦」就像那薄如輕霧的細紗，毫無實用價値，反而傷害了女工。

(六九) **異流分派**：卽分枝別派。賦分各種流派，如「屈原賦」一派，「荀卿賦」一派，「司馬相如賦」一派，「咏物雜賦」爲一派，「抒情小賦」又爲一派。

(七〇) **言曠無隘**：是說言辭曠達，自能通暢無礙。陸機文賦：「言窮者無隘，論達者唯曠。」

(七一) **辭翦荑稗**：荑，音（ㄊㄧˊ）。稗，音（ㄅㄞˋ）。這是兩種長得像穀類一般的野草。孟子告子篇：「苟為不熟，不如荑稗。」辭翦荑稗，意謂剪裁文章的浮辭繁句，須如剪除嘉禾中的荑稗一般。

【語譯】

詩經有風、雅、頌、賦、比、興六義，其中第二義就是賦。賦，鋪陳的意思，也就是鋪陳辭采，舒布文華，體察事物，抒寫情志啊。從前邵公奭曾說：「天子聽政，令公卿獻上採自民間的詩歌，少師箴砭王闕，瞽者絃歌吟詠，以觀政治的得失。」漢書藝文志引詩經毛傳說：「登高望遠，即興感物，能作賦描繪景色，鋪陳事勢者，可以任大夫之官。」詩序把「賦」與「比」「興」同列為六義之一，毛傳和國語周語則以為「賦」與「詩」的體裁互異。然而究其終極旨趣，「詩」與「賦」都是言志陳事，如同樹木的枝幹，可說是相輔相成的。所以劉向明言：「不入樂府歌唱，但能徒口諷誦的叫做賦」，班固兩都賦序上說：「賦是古詩風、雅、頌的流亞啊！」至於像鄭莊公賦「大隧」之歌，文僅兩句，晉士蔿賦「狐裘」之歌，文僅三句，結合的韻語，都很簡短；詞皆由作者自為，雖然合於「賦」的體裁，究因事屬初創，就像日之初旦，其光芒尚未達於明朗，還不能算是成熟的作品啊。直到屈原創作「離騷」，才開始擴大賦體的聲音體貌，具備了規模法式，而成為一種獨立的文體。然則綜觀「賦」的產生，它是上承詩經三百篇作者的命名，下開楚辭寫作的領域。於是荀況作「禮」、「智」等賦，宋玉作「風」、「釣」諸篇，這種鋪采摛文的體裁，至此才給予「賦」的名號，並和「詩經」劃分了境界，使本來附屬的小邦，一變而成文采繁盛，蔚然並峙的大國了。荀賦假借客主對話，首創問答之體；宋賦窮極聲情狀貌，以啓文辭淫麗的風氣。這大概就是詩、賦分道揚鑣的開始，同時也是以「賦」命名的當初情況吧！

秦代雖然不重視文辭，但卻存有九篇雜賦。漢初的辭賦家們，順沿著荀卿、宋玉的流風從事創作。例如：陸賈引發了它的開端，賈誼振奮了它的緒業，枚乘、司馬相如傳播了它的風氣，王褒、揚雄馳騁了它的機勢；枚皐、東方朔以後，天地間一切的事物，都成了辭賦鋪敘的對象了。辭賦的製作，到漢宣帝時，可說盛極一時。光祿大夫劉向校經傳諸子詩賦於成帝時代；當時羣臣進呈御覽的作品，就有一千多首。如果我們探討賦的起源和流變，實在是興起於荊楚，而盛行於炎漢了。關於賦的取材，無論是鋪寫京邑、宮殿，或是描繪苑囿、畋獵，甚至紀述遠行的經歷，敍說情志的幽微，均能規劃國都的體制，營度郊野的經界。陳說義理時，更重視光華盛大的規模；其在一篇的發端，往往先用「序言爲前導」，篇末繫「亂辭作結尾」。「序言」之爲用，在建立言論，首先引出寫作的緣起；「亂辭」之爲用，在總結一篇的旨趣。以完足文章的氣勢。根據商頌「那」篇的最末一章，閔馬父曾稱道其「亂辭」，由此可知，殷代的詩人，已有利用「亂辭」來完成頌詩的先例。楚國詩人屈原，也用「亂辭」整理騷賦，可見「亂辭」之爲用，是長篇辭賦不可或缺的重鎭，雅什歌詩必須具備的關鍵啊！至於雜賦方面，凡草木花卉之區，禽獸昆蟲之族，以及諸多的器皿，各種的物類；自漢代以後，辭人皆能觸物起興，引發情懷，因緣事物的變化，取合感情的興會。這些作者，在擬度景色形容時，言辭務求纖細綿密；表象事物所宜時，說理重視逼眞切合。此種短篇小制的作品，與長篇鉅著的漢賦，是有分別的。不過體裁新奇，辭句巧麗，又是寫作這一類文章的要訣啊！

試觀荀卿的賦作，都用隱密之語寫成，據事類義，自相回環。宋玉諸賦，巧言夸飾，實乃淫濫華麗的開端。枚乘的「兎園賦」，列舉事物的要點，融會新奇的體式。司馬相如的「上林賦」，舉類繁富，構成豔麗的辭藻。賈誼的「鵩鳥賦」，致慰於遠謫的情懷，和辨別禍福無常的道理。王褒的「洞簫賦」，窮極聲音狀貌的變化。班固的「兩都賦」，描述西都的規模雄盛，東都的法度完美，辭采鮮明絢爛，典雅豐贍。張衡的「二京賦」，寫西京的游觀荒靡，東京的典章制度，文情激切遒勁，宏深富麗。揚子雲的「甘泉賦」，寓意諷諫，構成淵深奇偉的風格。王延壽的「靈光殿賦」，鋪寫營造工程的逼眞，含有活潑生動的氣勢。上自先秦的荀況，下到東漢的王延壽，凡此十家，同爲辭賦中英雄傑出的才士。時到曹魏、王粲的作品，情致靡麗而細密，發而爲文，篇章緊嚴，剛勁有力。徐幹學識廣博通達，舒布辭藻，間有壯麗的情采。左太沖的「三都賦」，思摹「二京」。潘安仁的「藉田賦」，徵考古禮，於王業宏謀，國家大典，著有簡策書記的勳勞。陸士衡的「文賦」、成子安的「嘯賦」，於文章流品，音樂制作，各能獲致特別的績效。郭景純的「江賦」，鋪陳川瀆的壯美，錦心繡口，辭藻繁縟，頗富綺麗之巧。袁彥伯的「東征賦」，列敍過江諸臣的功勳，粗舉大略，頗饒情趣和韻致。上述各家，也都是魏晉兩代辭賦中的翹楚啊。

推求毛傳所謂「登高能賦」的旨趣，大概由於登高可以觀覽景物，容易觸發情思吧！內在的才情，旣因外在的景物而觸發，所以文義必須明潔典雅；外在的景物，旣由內在的才情而反映，所以詞采必須豔巧絢麗。詞采旣要絢麗，事義又需典雅，好比玉石的紋理和質地，彼此相得益彰。這種情形，正像編織錦繡時，一經一緯，分別朱紫，不使眞僞混亂，保持其本質的純正。又像繪畫風景時，或陰或陽，比次不同的色彩，避免濃淡失調，以顯現色彩的明朗。文章的寫作亦復如此，其組織雖然繁複，但有純正的內容；色彩雖然糅雜，而有明確的法度，這就是寫作辭賦的基本原則啊！然而一些捨本逐末的文士們，拋棄了文章的情理，這樣縱然讀賦千首，越發不能瞭解辭賦寫作的要領了。於是就像繁花累果，有損枝條，脂肪過多，傷及骨髓。如此既無益於風俗敎化，也不能發生勸戒世人的作用，這就怪不得揚雄事後追悔說：「辭賦只是雕琢辭章，壯夫不爲的小技；又像那薄如輕霧的細紗，不僅毫無實用價值，反而傷害了女工啊！」

總而言之：辭賦發源於詩經，以後分枝別派，有所謂描寫景物，刻畫形貌的雅文鴻裁，和奇巧小品。其文采之盛，就像雕刻繪畫一般，眞是美不勝收。作品如能抑止沈滯的情緒，必能使詞采生動飛揚；言辭曠達，文思自可通暢無阻。風格應以華麗和典則爲依歸，至於蕪辭浮句，好比嘉禾中的莠稗，必須加以澈底剪除。

【集評】

一、紀評：「『鋪采摛文』，盡賦之體；『體物寫志』，盡賦之旨。」

二、曹評：「同義則重風骨，異體則重華靡，此是一篇之案。」

三、紀評：「分別體裁，經緯秩然，雖義可並存，而體不相假。蓋齊梁之際，小賦爲多，故判其區畛，以明本末。」

四、紀評：「『鵩賦』爲談理之始。」

五、紀評：「篇末側注小賦一邊言之，救俗之意也。」

六、紀評：「舍人洞見癥結，針對當時以發藥。」

七、紀評：「此『分歧異派』，非指賦與詩分，乃指『京殿』一段，『草區』一段言之，而其語仍側注小賦一邊。」

【問題討論與練習】

一、試答「賦」之定義，以及「賦」與「詩」「騷」之關係？

二、所謂「辭賦之英傑」，「魏晉之賦首」，各指何人？並分別舉證以對：

三、試述漢賦體制及其內容作法如何？

四、我國辭賦之發展，代有不同。可否擇要條述其真象？

頌贊第九

【解題】

本文內容可分兩大部分，第一部分講「頌」，第二部分講「贊」。「頌」的部分，又可別爲四個層次：首解「頌」的名義，次由「帝嚳」以至「秦漢」，言「頌」的原流本末，及其體用關係。繼而列舉了子雲以下十一位作家及其代表作品，以見「頌」體的寫作，由「褒德顯容」，一變而爲「褒過謬體」的序引，再變而爲「弄文失質的」雅而似賦，三變而爲「不辨旨趣」的雜以風雅，四變而爲「末代訛體」的褒貶雜居。文末提示「頌」體寫作的要領。

至於「贊」的部分，也可從以下三方面，看彥和鋪敍的大要。他先釋「贊」的名義，繼而說明「贊」體的流衍，並駁斥仲治「流別」謬稱之失；同時擧景純注「雅」，動植必贊，義兼美惡之例，以明「贊」的變體爲文。其次，言「贊」的作法，及其與「頌」的關係。最後，回應題面，說明「頌贊」所以合寫的原因。

文中最堪注意的有兩點：即「頌贊」的「正變問題」和「頌贊」的「作法問題」。以下分別言之：

關於「頌贊」的正變。彥和以爲「頌」是從詩經而來，原爲四始之一。所以揄揚功德，昭告神明，如詩經的周頌、魯頌、商頌，都是「宗廟之正歌」，非「讌饗之常詠」，而周頌中的「時邁」一篇，周公的作品，哲人之頌，當然保留著「頌」的正體。至於左傳記「城濮之戰」，文中載晉師「輿人之誦」云：「原田每每，舍其舊而新其謀」；呂氏春秋及孔叢子二書記載，於孔子相魯，開始執政時，國人謗誦云：「麛裘而韠，投之無戾；韠而麛裘，投之無郵」；以及屈原九章中的「橘頌」，藉頌橘以寓意，由原來歌功頌德，祭天告神的作用，衍化到人情事理，再進一步施之於細物小品，這些都可以說是「頌」的變體。事實上，後代作家借物起興，以寓仰止之意者很多，甚而器物禽獸之微，也可藉頌辭以見意。但大多爲文人遊戲筆墨，自非「頌」文的正體。

我們就拿彥和所舉的十一位作家，及其代表作品來看，除了揚子雲的「趙充國頌」，班孟堅的「安豐戴侯頌」，傅武仲的「顯宗頌」，史岑的「和熹鄧后頌」，模經範典，褒德顯容，可謂「頌」的正體以外。其他像班孟堅、傅武仲兩家的「北征頌」、「西征頌」，都「褒過謬體」，只可以列入「序」「引」之類。馬融的「廣成頌」「上林頌」，更是「弄文失質」，大可以列入「辭賦」的範疇。崔瑗的「南陽文學頌」，蔡邕的「樊惠渠頌」，文中「雜以風雅」，可說是不倫不類。至於陳思王曹植的「皇太子生頌」，陸機的「漢高祖功臣頌」，「褒貶雜居」，有背「頌主告神，義必純美」，只褒不貶的原則。這些只能說是「序引」、「辭賦」、「雜著」，和正統的「頌」相較，名同實異。所以彥和斥他們是末代的訛體。

舜爲禹賓，樂正進讚，見於「尙書大傳」。彥和以爲這雖然不是「讚」的本身，但足以說明「讚」是高聲宣唱的文辭。「益讚於禹，伊陟讚於巫咸」，事見書經。彥和又因而推到「漢置鴻臚，以唱拜爲讚」，說這些都是古代「讚語」的遺風，有類乎現在典禮中的司儀。他以爲司馬相如的「荆軻贊」，是以文字爲「贊」的開始。至於遷史固書，託讚褒貶，究其爲用，因爲「贊」的本義爲「助」爲「明」，目的在助以發明「傳」意，和一意褒美者大有出入。及郭景純注爾雅，作草木禽蟲贊，義兼美惡，所以彥和稱遷固之作，是「頌體以論辭」，景純之注，爲「頌之變體」耳。

隋唐以後，作者日多，作品亦繁，文章之題爲「頌贊」者，較之彥和所述，門類尤爲複雜。括以別之，「頌」，分「無韻之頌」，與「有韻之頌」。在有韻的頌中：有頌人物者，有頌武功者，有頌上儀者，有頌德政者，有頌吉祥者，有頌雜事物者。「贊」，也分無韻、有韻兩類。無韻之贊中：有「史贊」與「雜贊」；有韻之贊中：有贊人物者，有贊山水者，有贊文字者，有贊名理者，有贊圖畫者，有贊雜物者。檢近人張相謀錄的「古今文綜」，其詳細情形，卽可印證，在此恕不贅錄篇名。

「頌」「贊」的作法，彥和以爲「頌」的內容要典實雅正，措辭要清麗明暢；寫作的態度，要介乎「賦」而不華，「銘」不規戒的地步。其標準應「揄揚以發藻，汪洋以樹義」。至於「贊」，在篇幅方面，古來多促而不廣。在文字方面，大抵是「結言於四字之句，盤桓乎數韻之辭」。至於內容和形式的配合，要「約舉以盡情，照灼以送文」。但如究其爲用，「發源雖遠」，而「致用蓋寡」。

「頌贊」二體所以併爲一篇，合而論述的原因：根據彥和的說法，蓋由於「贊」是「頌家的細條」，且其適用場合有限，所以只能列入「頌」的支流。但是，如果我們從這兩種文體的形式和叶韻方面來看，它們固未嘗沒有「共相」，可是從內含的情意及用途方面而言，又不能說沒有「別相」啊！

【正文】

首段釋「頌」的名義。

四始之至㊀，頌居其極㊁。頌者，容也㊂，所以美盛德而述形容也。

次段自帝嚳至秦漢，說明「頌」的源流本末，以見其體用。

昔帝嚳之世，咸黑（原作「墨」，依唐寫本校改）爲頌，以歌九招（原作「韶」，依唐寫本校改）㊃。自商頌（「頌」字原缺，依唐寫本校補）已下，文理允備㊄。夫化偃㊅一國謂之風，風正四方㊆謂之雅，雅容告神謂之頌（「容」上「雅」字原缺，「神」下原衍「明」〔評一〕字，今據唐寫本及宋本御覽五八八引補刪）。風雅序人，故（「故」字原缺，依唐寫本校補）事兼變正㊇；頌主告神，故義必純美（「故」字原缺，依唐寫本校補）。魯（「魯」下原有「國」字，唐寫本無，今據刪）以公旦次編㊈。商（「商」下原有「人」字，唐寫本無，今據刪）以前王追錄⑩，斯乃宗廟之正歌⑪，非讌饗⑫之常詠也。時邁一篇，周公所製⑬；哲人之頌，規式存焉。夫民各有心，勿壅惟口⑭；晉輿

（原作「興」，依唐寫本校改）之稱原田（原作「由」，依唐寫本校改）⑮，魯民之刺裘鞸⑯，直言不詠，短辭以諷⑰，丘明子順，並諜爲頌（原作「誦」，依唐寫本改）⑱，斯則野頌之變體，浸被乎⑲人事矣〔評二〕。及三閭橘頌，情采芬芳，比類寓意，乃覃及乎細物矣（「乃」原作「又」，「及」下「乎」字原脫，今據唐寫本改補）⑳〔評三〕。至於秦政刻文，爰頌其德㉑；漢之惠景，亦有述容㉒；沿世並作，相繼於時矣〔評四〕。

三段論代表作家與作品，由褒德顯容，變而爲序引，雅而似賦，褒貶雜居，固末代之訛體。

若夫子雲之表充國㉓，孟堅之序戴侯㉔，武仲之美顯宗㉕，史岑之述熹（原作「僖」，依王利器新書校改）后㉖，或擬清廟，或範駉那㉗，雖淺深不同，詳略各異，其褒德顯容，典章一也㉘。至於班傅之北征西征（原作「巡」，今依唐寫本校改）㉙，變爲序引，豈不褒過而謬體哉〔評五〕！馬融之廣成上林㉚，雅而似賦，何弄文而失質乎㉛！又崔瑗文學㉜，蔡邕樊渠㉝，並致美於序，而簡約乎篇〔評六〕；摯虞品藻，頗爲精覈㉞，至云雜以風雅，而不辨（原作「變」，依上下文意及唐寫本校改）旨趣㉟，徒張虛論，有似黃白之僞說矣㊱。及魏晉雜（原作「辨」，依唐寫本校改）頌，鮮有出轍㊲。陳思所綴，以皇子爲標㊳，陸機積篇，惟功臣最顯㊴；其褒貶雜居㊵，固末代之訛體也㊶。

四段提示作

原夫頌惟典懿（原作「雅」，依唐寫本校改）㊷，辭必清鑠㊸；敷寫似賦，而不入華侈之區；

「頌」的要領，須典懿清鑠，似賦而不入華侈，如銘而異乎規戒。五段釋「贊」體名義。

六段說明「贊」體的流變，並辨正仲治流別的謬稱，及景純的變體爲文。

七段言「讚」體作法，先言形式，再舉內容。最後以源遠用寡，乃頌家之細條作結。

敬慎如銘，而異乎規戒之域；揄揚以發藻㊹，汪洋以樹義㊺，雖（原作「唯」，依唐寫本校改）今纖曲巧致，與情而變㊻，其大體所底㊼，如斯而已〔評七〕。

贊者，明也，助也。昔虞舜之祀，樂正重贊㊽，蓋唱發㊾之辭也。及益贊於禹㊿，伊陟贊於巫咸(51)，並颺言(52)以明事，嗟嘆(53)以助辭也。故漢置鴻臚(54)，以唱拜爲讚，即古之遺語也〔評八〕。至相如屬筆，始讚荆軻(55)。及遷史固書，託讚褒貶(56)。約文以總錄，頌體以論辭(57)；又紀傳後評，亦同其名。而仲治流別，謬稱爲述(58)，失之遠矣。及景純注雅，動植必讚(59)，義兼美惡，亦猶頌之變耳。

然本其爲義，事生獎歎，所以古來篇體，促而不廣(60)，必結言於四字之句，盤桓乎數韻之辭，約舉以盡情，照（原作「昭」，依唐寫本校改）灼(61)以送文，此其體也。發源雖遠(62)，而致用蓋寡(63)，大抵所歸，其頌家之細條乎〔評九〕！

贊曰：容德（原作「體」，依唐寫本校改）底頌，勳業垂讚(64)。鏤影（原作「彩」，依唐寫本校改）摛聲（原作「文」，依唐寫本校改），文（原作「聲」，依唐寫本校改）理有爛(65)。年迹（原作「積」，依唐寫本校改）逾（原作「愈」，依唐寫本校改）遠，音徽如旦(66)。降及品物(67)，炫辭作翫。

【註釋】

㈠ **四始之至**：四始，指國風、小雅、大雅、頌。即毛詩序所謂：「一國之事，繫一人之本，謂之風，言天下之事，形四方之風，謂之雅。雅者，正也，言王政之所由廢興也。政有小大，故有小雅焉，有大雅焉。頌者，美盛德之形容，以其成功告於神明者也。是謂四始，詩之至也。」至，美、善之意。

㈡ **頌居其極**：極，終，最後，最高。言「頌」居「四始」中最高地位。

㈢ **頌者，容也**：容，形容、美儀之意。

㈣ **帝嚳之世，咸黑爲頌，以歌九招**：帝嚳，黃帝曾孫，名嚳，又名夋。十五歲時，因佐顓頊，受封於辛。咸黑，帝嚳的臣子。九招，舜樂。呂氏春秋仲夏紀古樂篇云：「帝嚳命咸黑作爲聲歌，九招、六列、六英。」

㈤ **自商頌已下，文理允備**：詩經有「商頌」「周頌」。言自商代以下，「頌」體之作，文理允備。

㈥ **化偃**：敎化，影響之意。論語顏淵篇：「君子之德，風；小人之德，草；草上之風必偃。」風吹草偃，喻敎化大行。

㈦ **國，方**：國，指諸侯，方，指天下。

㈧ **風雅序人，故事兼變正**：序，與敘通。序人，敘述人事之意。事兼變正，指詩經中有敘事喻理的正風，也有反映政敎衰微的變風。即詩大序中所謂：「王道衰，政敎失，國異政，家殊俗，而變風變雅作矣。」

(九)**魯以公旦次編**：公旦，周公之名。次編，依次編列。全句是說，周成王曾命魯國用天子禮樂，以祭祀周公。故孔子刪詩時，始列「魯頌」於「周頌」之末，著爲後王之法。鄭玄魯頌譜略云：「初，成王以周公有致太平之勳，命魯郊祭，用天子禮樂，故孔子錄取魯頌，而同於王者之後。」

(一〇)**商以前王追錄**：是說宋大夫正考父，得「商頌」十二篇於周太師，乃取之以追祀商代的先王，所以孔子錄詩之時，也將「商頌」列入。鄭玄商頌譜略云：「宋大夫正考父，校商之名頌十二篇於周之太師，以『那』爲首，歸而祭於先王。孔子錄詩之時，唯得此五篇而已，乃列之以備三頌，著爲後王之義，使後人監視三代之成法。」

(一一)**宗廟之正歌**：言此乃宗廟祭祀的正樂。

(一二)**讌饗**：宴會賓客。

(一三)**時邁一篇，周公所製**：時邁，詩經篇名，乃周公爲武王伐紂，巡狩告祭柴望所作的一首樂歌。毛詩序：「時邁，巡守告祭柴望（柴，祭天。望，祭河海山川）也。」正義引國語稱，此詩是周公作。

(一四)**夫民各有心，勿壅惟口**：壅，阻塞。全句是說，人民各具有不同的情志，因爲表情達意，出乎自然，是他人無法壅塞的。語出國語「周語」。

(一五)**晉輿之稱原田**：輿，民衆。全句是說，晉國民衆吟「原田」之詩，以激勵晉侯的戰志。左傳僖公二十八年：「晉文公與楚師戰於城濮，聽輿人之誦曰：『原田每每，舍其舊而新是謀。』」

(一六)**魯民之刺裘韠**：裘，皮衣。韠，古代朝服，皮製，遮蔽在膝前。裘韠，在此專指魯民所吟誦的詩。

大意是說，魯人以裘韠之詩，諷刺孔子相魯。孔叢子陳士義篇：「子順曰：先君（指孔子）初相魯，魯人謗誦曰：『麛裘而芾，投之無戾，芾之麛裘，投之無郵。』，及三月政成，化既行，民又作誦曰：『袞衣章甫，實獲我所，章甫袞衣，惠我無私。』」

⑰ **直言不詠，短辭以諷**：此總結以上兩句，是說「原田」「裘韠」二詩，皆由人直率地說出，不是長言詠歎。

⑱ **丘明子順，並諜為頌**：丘明，左丘明。子順，即「孔叢子」一書中的「子順」。子順，孔謙字，孔穿（子高）之子，孔子八世孫。諜，譜的意思，與牒通。是說丘明、子順都將他們誤認為「頌」辭。

⑲ **浸被乎**：漸及乎。

⑳ **三閭橘頌，情采芬芳，比類寓意，乃覃及乎細物矣**：三閭，指屈原，他在楚懷王時，任三閭大夫。橘頌，屈原作品「九章」中的一篇。內容是以橘自況。如「獨立不遷，豈不可喜兮。深固難徙，廓其無求兮。蘇世獨立，橫而不流兮。」覃，延長之意。細物，小物。此四句承上文言，是說「頌」體原由廟堂之作，逐漸被乎人事；最後，更旁及細物小品；故云：「乃覃及乎細物矣」。

㉑ **秦政刻文，爰頌其德**：政，嬴政，秦始皇名。刻文，刻石為文。爰，於是。全句指秦始皇嬴政巡行天下，所到之處，都刻石頌秦功德。史記始皇本紀云：「廿八年始皇東行郡縣，上鄒嶧山，立石，與魯諸儒生議刻石，頌秦德，議封禪，望山川之事。」又云：「廿九年始皇東游，登之罘，刻石。」又云：「卅二年，始皇之碣石，刻碣石門。」史記載泰山、琅邪臺、之罘、東觀、碣石、會稽刻石，凡六篇，獨不載鄒嶧山刻石文。

㉒ **漢之惠景，亦有述容**：漢之惠景，指漢之「惠帝」與「景帝」。述容，言惠、景二帝繼述高祖的音樂，更造樂舞，以稱述其先王孝親、定國、文治、武功的儀容。事見漢書「禮樂志」。

㉓ **子雲之表充國**：子雲，揚雄字。充國，趙充國，鎭撫西羌有功。全句是說，揚雄依未央宮的功臣畫像，作「趙充國頌」，以表彰其生前的豐功偉績。漢書趙充國傳：「初，充國以功德，與霍光等列畫未央宮，成帝時，西羌嘗有警，上思將帥之臣，追美充國，乃召黃門郎揚雄，卽充國圖畫而頌之。」

㉔ **孟堅之序戴侯**：孟堅，班固字。戴侯，東漢時的竇融，封爲安豐侯，卒謚戴，故稱戴侯。全句是說，班固作「安豐戴侯頌」，以贊述光武帝的功臣竇融。頌文今已散佚。事見御覽五八八引「文章流別論。」

㉕ **武仲之美顯宗**：武仲，傅毅字。顯宗，漢明帝廟號。全句是說，傅毅作「顯宗頌」十篇，以追美孝明皇帝的盛德。後漢書傅毅傳：「毅爲蘭臺令史，拜郎中，與班固、賈逵共典校書。毅追美孝明皇帝功德最盛，而廟頌未立，乃依清廟作顯宗頌十篇奏之。」頌文今已散佚。

㉖ **史岑之述熹后**：史岑，字孝山，作有「出師頌」及「和熹鄧后頌」。全句是說，史孝山作「和熹鄧后頌」，以稱述鄧皇后的懿德。案「和熹鄧后頌」今佚，「出師頌」尚存。

㉗ **或擬清廟，或範駉那**：擬，模擬。範，取法。「清廟」，詩經「周頌」中的一篇，祀文王的詩。「駉」，詩經「魯頌」中的一篇，頌揚僖公的詩。「那」，詩經「商頌」中的一篇，祀成湯的詩。此承上文言，是說傅毅的頌，摹擬「清廟」，揚雄的頌，取法「駉」「那」。說見摯虞「文章流別論」。

㉘ **典章一也**：典章，指一國的文物制度。此處指「頌」的體制，言「頌」之爲體，在褒美功德，頌揚

儀容，與一代典禮文章，無二致也。

㉙ **班傳之北征、西征**：指班固的「車騎將軍竇北征頌」，和傅毅的「西征頌」。班頌見「古文苑」卷十二，傅頌已散佚。

㉚ **馬融之廣成、上林**：馬融，字季長，東漢扶風人。曾作「廣成頌」、「上林頌」。後漢書馬融傳略云：「鄧太后臨朝，鄧隲兄弟輔政，俗儒世士，以文德可興，武功宜廢。融以爲文武之道，聖賢不墜，五才之用，無或可廢，上『廣成頌』以諷諫。太后怒，遂令禁錮之。安帝親政，出爲河間王廐長史。時車駕東巡岱宗，融上『東巡頌』，召拜郎中。」黃叔琳注以爲「上林頌」或爲本傳中之「東巡頌」。

㉛ **弄文失質**：指一意追求文采，失去「頌」的特質。

㉜ **崔瑗文學**：崔瑗，字子玉，東漢安平人。著有「南陽文學頌」，序文詳而頌文稍略，今見全後漢文。後漢書崔瑗傳：「瑗字子玉，高於文辭，尤善爲書記箴銘。所著南陽文學官志，稱於後世，諸能爲文者，皆自以弗及。」

㉝ **蔡邕樊渠**：蔡邕，字伯喈，東漢陳留圉人。曾作「京兆樊惠渠頌」。頌前有序，序文較頌文長兩倍，見於「蔡中郎文集」卷九。

㉞ **摯虞品藻，頗爲精覈**：摯虞，字仲治，晉長安人，著有「文章流別論」，對於文章的分類、評論，頗稱精備。摯虞對「頌」的評論，見「文章流別論」「頌」條。

㉟ **雜以風雅，而不變旨趣**：雜以風雅，是指摯虞的「文章流別論」中說：「揚雄趙充國頌，頌而似

雅，傅毅顯宗頌，文與周頌相似，而雜以風雅之意。」既是「雜以風雅」，又說與「周頌」相似，前後矛盾，便成僞說了。旨趣，是宗旨，意趣的意思。

（三六）**有似黃白之僞說**：呂氏春秋別類篇云：「相劍者曰：『白所以爲堅也，黃所以爲牣也。黃白雜，則堅且牣，良劍也。』難者曰：『白所以爲不牣也，黃所以爲不堅也，黃白雜，則不堅且不牣也，焉得爲利劍。』」此段文字是說，劍中既要加白鋼，以求其堅硬，又要摻黃銅，以求其柔和，然堅、柔是不能並存的。這是因爲不明白黃銅、白鋼的本質，而信口雌黃，所以稱爲「僞說」。

（三七）**魏晉雜頌，鮮有出轍**：轍，本指車行的軌迹，此處引申爲「法則」。全句是說，魏、晉兩代，各種頌體，很少有突破前人，推陳出新的作品。

（三八）**陳思所綴，以皇子爲標**：陳思指曹植。植字子建，受封爲陳思王，著有「皇太子生頌」，是藩臣作頌，贊美皇后生太子。頌見於「藝文類聚」四十五。

（三九）**陸機積篇，惟功臣最顯**：陸機有「漢高祖功臣頌」，內容在對漢高祖的功臣加以表揚，不過也有貶刺的地方。文見於昭明文選第四十七卷。

（四〇）**褒貶雜居**：是說「頌」文本是褒美的，但文選「漢高祖功臣頌」說：「盧綰自微，婉孌我皇，跨功踰德，祚爾輝章，人之貪禍，寧爲亂王。」卻是貶刺之辭。所以說「褒貶雜居。」

（四一）**訛體**：訛，錯誤。指褒貶夾雜，不是「頌」的正體。

（四二）**典懿**：典雅美好。

（四三）**清鑠**：指純粹而有光采。

(四四) **揄揚以發藻**：揄揚，稱揚、歌頌的意思。是說以表揚人物的賢德，來發揮美妙的辭采。

(四五) **汪洋以樹義**：汪洋，比喻文章內容的深厚恢宏。是說以寬宏偉大的氣度，來樹立深厚的內容。

(四六) **纖曲巧致，與情而變**：指行文措辭纖細委曲，巧妙盡致，應隨情境之不同而變化。

(四七) **大體所底**：底，至。全句是說「頌」文寫作大體所至。

(四八) **虞舜之祀，樂正重讚**：樂正，古時主管樂官的官員。樂正重讚，是指「尚書大傳」上說的：「舜爲賓客，禹爲主人，樂正進贊曰：尚考大室之義，唐爲虞賓；至今衍於四海，成禹之變，垂於萬世之後。於是卿雲聚，俊乂集，百工相和而歌卿雲。」

(四九) **唱發**：高聲宣唱的意思。

(五〇) **益讚於禹**：益，舜的臣子。益讚於禹，指益佐禹致辭，其言見於書經大禹謨：「益贊於禹曰：惟德動天，無遠弗屆，滿招損，謙受益，時乃天道。」

(五一) **伊陟讚於巫咸**：伊陟，殷商時伊尹的兒子。巫咸，與伊陟同時的太臣，書經商書「咸有一德」書序：「伊陟贊于巫咸，作咸乂四篇。」是說伊陟因巫咸有禳災之功，作「咸乂」四篇。

(五二) **颺言**：同揚言，卽高聲說話。

(五三) **嗟嘆**：感嘆的語氣。

(五四) **漢置鴻臚**：鴻臚，漢朝參贊禮儀的官。後人叫做「贊禮官」。鴻，大聲。臚，傳呼。漢書百官公卿表注引應劭說：「郊廟行禮讚九賓，鴻聲臚傳之也。」

(五五) **相如屬筆，始讚荊軻**：言司馬相如屬筆爲文，讚揚荊軻刺秦王的義舉。讚文的體式至此，始有所改變。

(五六) **遷史固書，託讚褒貶**：司馬遷史記於記傳之後，必有「太史公曰」，班固漢書於每篇之後，必加「贊曰」，且將褒善貶惡的微旨，寄託於贊詞之中。所以彥和於此有「託贊褒貶之說」。

(五七) **約文以總錄，頌體以論辭**：此承上二句爲說，言遷史固書各篇之末，「託讚褒貶」，其內容大要，文體像頌，但又發議論，所以彥和才有此評。

(五八) **仲治流別，謬稱爲述**：仲治，摯虞字。流別，指摯虞所著的「文章流別論」。是說摯虞的文章流別論，竟將「贊」誤認爲「述」。摯書殘缺，「謬稱爲述」之語，已不可見。

(五九) **景純注雅，動植必讚**：景純，晉郭璞字。雅，爾雅。郭璞曾注釋爾雅。且有「爾雅圖讚」，現在大都亡佚。嚴可均在全晉文裏曾輯錄四十八篇。爾雅圖讚裏，讚有「比目魚」、「枳首蛇」、「萍」、「蟬」、「鱗」、「柚」等動植物，這正是對動物植物，必加讚語的例證。

(六〇) **促而不廣**：是說讚的本義是讚嘆，讚嘆的話比較短促，所以此等文字篇幅簡短不長。

(六一) **照灼**：明顯之意。

(六二) **發源雖遠**：據本文可知，讚從舜禹時已開始，所以說發源久遠。

(六三) **致用蓋寡**：由於「讚」的適用場合有限，只能列入「頌」的支流，所以有「致用蓋寡」之說。下文云：「其頌家之細條乎」，正是此意。

(六四) **容德底頌，勳業垂讚**：底，定，猶構成之意。全句是說，由於舞歌的聲容構成了「頌」，歌功頌德的話叫做「讚」。

(六五)**鏤影擒聲，文理有爛**：鏤，刻。擒，布。兩句是說，刻畫風儀，抒布聲名的作品，文采事理，要光輝燦爛，相得益彰。

(六六)**音徽如旦**：徽，美。旦，光明。全句是說，頌讚的嘉言美音，必如初昇的朝陽，光朗明麗。

(六七)**品物**：指兩漢以後的「詠物頌」。

【語譯】

國風、小雅、大雅、頌四種作品，是詩經表達王道興衰的詩歌，其中「頌」又居四者中的最高地位。「頌」乃「形容」、「美儀」的意思，是用來讚美盛大的德澤，稱述成功的威儀和情狀啊。

從前帝嚳時代，命善歌的臣子咸黑作頌，以歌九招、六列、六英等樂章。及至殷商以降，「頌」，這種文章體式，已大致發展得相當完備了。凡在上位的人，其教化足以影響一國者，稱爲「風」；規諫王政興衰，而能端正四方習俗者，稱爲「雅」；讚美盛大的德澤，將事功向天神地祇祭告者，稱爲「頌」。國風與大、小雅主要是敍述人事，所以在十五國風一百六十篇中，因政教興衰的不同，而有「正風」與「變風」的區別。「頌」以告祭神明爲主，所以辭義必須純正美順。根據禮記明堂注記載，成王爲紀念周公制禮作樂之功，曾命令魯國設郊天大祭的天子禮樂，所以後來孔子刪述詩經，列次其詩於「周頌」之末。宋大夫正考父得「商頌」十二篇於周太師，乃取歸以追祀其商代先王，所以孔子錄詩之時，也把「商頌」列入。這些都屬宗廟的正樂；並非宴饗賓客的歌詠啊！周頌「時邁」一篇，是周公爲武王伐紂寫的作品，內容屬於巡狩告祭的樂章。由於古聖先哲的詩篇，幸獲保存，所以後人始得了解「頌」的寫作規模與法式。且生民具有各自不同的情志，因此他們表達的欲望，是無法壅塞的。如左傳僖公二十八年，載晉侯聽輿人吟「原田」之詩，而激勵了戰鬥意志；孔叢子記魯人以「裘韠」之詩，諷刺孔子相魯。這些詩都是直言抒意，不被歌誦，祇以簡短的辭句，諷諫時政而已！然而丘明、子順卻將他們誤成「頌」辭，這可說是民間流傳頌詩的變體。「頌體」至此也由原來祭天告神的作用，逐漸影響到人情事理了！其後三閭大夫屈原寫「橘頌」，文情辭藻之美，猶如奇花異草般的芬芳。他以性質相同的物類，比喻各種不同的事理，寄託騷人的幽怨情意，如此更將「頌」的範圍，拓展到平凡的細微事物了！至於秦王政巡行天下，所到之處，刻石記功，究其內容，無非是頌揚一己的功德。漢代惠、景二帝時，也有李思作的「孝景皇帝頌」十五篇，以稱述先王孝親、定國、文治、武功的行狀。這樣累代相沿，都有頌的作品。而作家更是前後相繼，永世不絕了。

至如揚雄依照未央宮的功臣畫像，表彰趙充國的偉大功績，作「趙充國頌」；班固贊述光武帝的功臣竇融，作「安豐戴侯頌」；傅毅追美孝明皇帝的盛德，作「顯宗頌」十篇；史孝山稱述鄧皇后，作「和熹鄧后頌」。在這些作品之中，有的體式，模擬周頌的「清廟」，有的取法魯頌的「駉篇」，和商頌的「那篇」。雖然文中意旨深淺各不相同，敍事的詳略也有差別，但都屬於褒美功德，炫耀儀容，同爲一代典禮文章，是毫無二致的啊！至於班固、傅毅作的「北征頌」、「西征頌」，變頌體而成說明事物的「序」、「引」，難道這不是由於褒揚過甚，以至弄錯體裁了嗎？東漢馬融的「廣成頌」、「上林頌」，文字雅麗，頗似辭賦，爲何故意賣弄文字，而不惜失去頌體的本質呢！又崔瑗的「南陽文學頌」，蔡邕的「京兆樊惠渠頌」，二文都只顧及序文的優美，對本文反過分簡省。摯虞作「文章流別論」評古今文章，頗稱精當該備，至於論到揚雄的「趙充國頌」時，卻說「頌而似雅」，評傅毅的「顯宗頌」時，說他「與周頌相似，雜以風雅」。一體之內，兼雜風雅，這種似是而非的論調，純粹是由於摯氏沒有辨明風、雅、頌三種體裁的眞正旨趣，祇是徒逞快意於一時，才作出這種誇張不實的評論！正如呂氏春秋別類篇上所指的：劍中既要加白鐲求其堅硬，又要摻黃銅求其柔和，堅柔怎能同時並存呢？這就是因爲不明白黃銅、白鐲的本質，以至觀念混淆，信口雌黃了。到了魏晉兩代，有關頌體的作品，很少有突破前人，推陳出新的成就。陳思王曹植所作的頌，可以「皇太子生頌」爲代表，陸機的各篇頌文，應以「漢高祖功臣頌」最爲著名；但是其間褒善貶惡，雜於一篇，這樣的文字，當然只算是頌文的末流，訛濫的變體了！

推究「頌」的體製，既在於典雅純正，因此辭藻就必須淸麗明暢，雖然文字的鋪陳，類似辭賦，但不可流於賦體的虛浮誇張。誠敬戒愼的態度雖如銘文，但又不同於銘文的規勸警誡；它只是藉著表揚人物的賢德，發揮美妙的辭采，以寬潤宏偉的氣度，樹立深厚的內容，雖然是細微精巧，曲折盡致，但也要隨著情境的不同而變化；所以從大體上來說，頌文寫作的要領，不過如此而已。

「讚」有「申明」、「獎勵」的意思。

古代虞舜禪讓的祀典中，有樂正複誦讚詞，可見「讚」原是高聲宣唱的文辭啊！稍後舜的臣子益，有頌揚大禹的讚詞，伊尹的兒子伊陟，曾因巫咸禳災有功，作「咸乂」四篇，這些都是揚聲高唱以宣明事蹟，長歌詠歎以助長氣勢啊！所以漢代設置鴻臚之官，就是用來參讚禮儀，以大聲傳達聲氣，這可算是古代讚語的遺風啊。及至司馬相如屬筆爲文，專門讚揚荆軻刺秦王的義舉，才開始改變讚文的體式。司馬遷史記、班固漢書，更將褒善貶惡的微旨，寄託於讚詞之中。他們縮詞約句，以總括全文的大義，用頌讚的體裁，來綜述全篇的要旨，以紀傳的方式，評論人事的得失，其作用也和「讚」相同。然而摯虞在「文章流別論」中，竟把「贊」錯認爲是述說的「述」，眞是失之毫釐，差之千里了。及至東晉郭璞注「爾雅」，於書中草木、鳥獸、蟲魚均附讚詞，內容並兼顧褒美貶惡之義，細加揣摩，似乎是「頌」的變體啊！

推「贊」的本義，乃起於對人事的奬勵、讚歎，所以自古以來其篇幅體裁，都是簡短而不冗長，句法結構多以四字爲句，諧聲押韻也僅止於少數韻目之辭，約舉事功以敍明情景的眞象，字辭朗麗以宣洩美妙的文章，這就是「贊」的寫作體製啊。「贊」的起源雖然久遠，但究其爲用並不很多。如果大致加以歸納的話，只可以算是「頌」體的枝條細目而已！

總而言之：舞歌聲容的文辭屬於「頌」，歌功頌德的作品叫做「贊」。二者皆屬刻畫風儀，抒布聲名的體裁。其文采事理自是光輝燦爛，相得益彰。如此年代愈是久遠，而頌贊的嘉言美音，卻如初昇的朝陽，清朗明麗；讓後人得以窺見前人的德儀。可是降至後世，竟用它來品評事物。如果我們從「頌贊」的「正體」方面來比較，這不過是一種炫耀辭采的遊戲文字罷了！

【集　評】

一、曹評：「頌亦本於風雅，故摯虞云：『雜以風雅而不變旨趣』。」
　　紀評：「此頌之本始。」

二、紀評：「此頌之漸變。」

三、曹評：「卽野頌之意。」

四、紀評：「此頌體之初成。」

五、紀評：「此變體之弊。」

六、紀評：「此後世通行之格。」

七、黃評：「陸士衡云：『頌優遊以彬蔚』，不及此之切合頌體。」

八、曹評：「遺語足見古人相沿之妙。」

九、紀評：「『東方贊』稍衍其文，亦變格也。」

【問題討論與練習】

一、試述「頌」的源流變遷如何？

二、試述「頌」「贊」的寫作要領如何？

三、「頌」「贊」二體，名義各別，而彥和合篇論述，原因何在？

四、彥和評論代表作家及其作品時，有單論、合論之分，可否舉本篇內容為證？

祝盟第十 〔評一〕

【解題】

凡彥和兩體合論的篇目，多由於彼此在起源、名義、演變、作法、體式等各方面有其共通性。本文「祝盟」篇可謂箇中的顯例。蓋「祝」爲古代向神祈禱的官員，周禮「春官」中有太祝、小祝等。引而申之，太祝向神祈禱的話，也稱爲「祝」。這種「禱告辭」，因爲對象和內容的不同，當然也有種種不同的名稱，如祭神求福的話叫「祝」，叫「禱」，祭神咒敵的話叫「詛」，謝神報賽的話叫「祠」，而總稱曰「祝文」。「祝文」雖有種種名稱，但主要可分兩類：一、是告神求福，一、是告神咒敵。像伊耆氏「蜡辭」，舜之「祠田」，商履之「告天禱旱」，周太祝所掌之「六祝」之辭，春秋張老賀室，致美於「歌哭之頌」，蒯聵臨戰，獲祐於「筋骨之請」，都可以說是「祝」。

「盟」，指結盟時對神立誓下的「辭」，所謂「陳辭乎方明之下，祝告於神明者也」，因而與「祝文」並稱。春秋以前，沒有歃血結盟的記載，故彥和有「在昔三王，詛盟不及」的話。戰國以後，由於王綱解紐，諸侯力政，始之以要脅，甚之以刼持，如曹沫之刼齊侯，毛遂之要楚王。便是顯明的例子。

「祝」「盟」兩類的作品，不論告神告鬼，其中皆反映出古人的信仰問題。所謂「天地定位，祀徧羣神，六宗旣禋，三望咸秩，甘雨和風，是生黍稷，兆民所仰，美報興焉。」因爲有這種報本反始的原始宗敎信仰，方才產生了「祝史陳信，資乎文辭」的作品。

關於內容可取的代表作，皆不在於告鬼神，如張老的「善禱」，楚辭的「招魂」，臧洪的「歃辭」，劉琨的「

「鐵誓」等，或以爲「致美」，或以爲「組麗」，或稱其「氣截雲蜺」，或讚其「精貫霏霜」。結尾雖都有告神之言，但那只是盟誓中的一種形式，並沒有祈福咒敵的迷信。故彥和云：「信不由衷，盟無益也。」此話由篤信佛敎的劉彥和說出，益發了解他在著述文心雕龍時，那種「無私於輕重，不偏於憎愛」，從傳統出發的嚴謹態度爲如何了。

「祝」「盟」的寫作方法，彥和從兩方面說明。在「祝文」方面，要「羣言務華，而降神務實，修辭立誠，在於無媿。祈禱之式，必誠以敬，祭奠之楷，宜恭且哀。此其大較也。」並援引班固「祀涿山文」，與潘岳的「祭庾婦文」爲例，以見誠敬恭哀之實。我們據此類推，就可以略窺「祝文」寫作的奧竅了。在「盟辭」方面，其寫作大體。「必序危機，獎忠孝，共存亡，戮心力，祈幽靈以取鑒，指九天以爲正，感激以立誠，切至以敷辭」。

「祝」「盟」兩體的寫作，有個共通的特點，那就是「修辭立誠」，此所謂「非辭之難，處辭爲難」，意思是說爲文容易，實行困難，尤其我們中國人，坐而論道者多，起而立行者少，此說正一針見血，切中時弊。所以他說：「忠信可矣，無恃神焉！」人若言而無信，即令指九天以爲誓，又於實際何補乎？

後世論文體者，如「古文辭類纂」、「經史百家雜鈔」，認爲「祝盟」總括一切告祭鬼神之文，則多以「哀祭」總括「哀弔」、「誄辭」以及「告祭鬼神」之作，比較簡明，故列「哀祭」一類。這雖然是古分今合的不同，於此也可以得知文體演變的大概了。

【正文】

首段言「祝辭」的名義，爲報神陳信所必資。

天地定位，祀徧羣神，六宗既禋㊀，三望咸秩㊁；甘雨和風，是生黍稷，兆民㊂所仰，美報興焉！犧盛惟馨㊃，本於明德；祝史陳信，資乎文辭〔評一〕。

次段歷敘各代祝辭的概

昔伊者（原作「祁」，茲依唐寫本校改）始蜡㊄，以祭八神㊅。其辭云：「土反（原作「及」，依楊明照校注拾遺徵傳校略：如伊耆始蜡，舜之祠田，商之罪己、責躬，周之祔廟、饋食。春秋以下，黷祀諂祭，雖造次顚沛，亦必於祝。漢總參儒道，祕祝移過，與往代不同，蓋禮失之漸的緣故。

（各本改）其宅，水歸其壑，昆蟲毋作，草木歸其澤⑦。」則上皇祝文，爰在茲矣⑧〔評三〕！舜之祠田⑨云：「荷此長耜，耕彼南畝，四海俱有⑩。」利民之志，頗形於言矣。至於商履⑪，聖敬日躋⑫，玄牡告天，以萬方罪己⑬，即郊禋⑭之詞也；素車禱旱⑮，以六事⑯責躬，則雩禜⑰之文也。及周之大祝，掌六祝之辭⑱。是以庶物咸生⑲，陳於天地之郊；旁作穆穆⑳，唱於迎日之拜㉑；夙興夜處㉒，言於祔（原作「附」，茲依唐寫本改）廟之祝㉓；多福無疆㉔，布於少牢之饋㉕；宜社類禡㉖，莫不有文㉗。所以寅虔（原作「處」，依唐寫本校改）於神祇㉘，嚴恭於宗廟也。自（「自」字原無，茲依唐寫本補）春秋㉙已下，黷祀諂祭㉚，祝幣史辭㉛，靡神不至。至於張老賀（原作「成」，茲據唐寫本校改）室，致美（原作「善」，茲依唐寫本校改）於歌哭之頌（原作「禱」，徵禮記檀弓下鄭注訂正，楊明照校注拾遺云：「此禱字當爲頌，舍人蓋誤記耳。」）㉜；蒯聵臨戰，獲祐（原作「佑」，茲依唐寫本校改）於筋骨之請㉝；雖造次顚沛㉞，必於祝矣。若夫楚辭招魂㉟，可謂祝辭之組麗（原作「纚」，茲依唐寫本校改）也㊱〔評四〕。逮（「逮」字原脫，茲據唐寫本補）漢之羣祀，肅其百（原作「旨」，茲依唐寫本校改）禮㊲，既總碩儒之義（原作「儀」，茲依唐寫本校改），亦參方士之術㊳。所以祕祝移過㊴，異於成湯之心，侲子毆疫（原作「歐疾」，茲依唐寫本校改）㊵，同乎越巫之祝㊶，禮失之漸也〔評五〕。

三段，述祝辭之作，以陳思誥咎，裁以正義，並述中代祭文，兼讚言行，乃引伸而作。

至如黃帝有祝邪之文㊷，東方朔有罵鬼之書㊸，於是後之譴呪，務於善罵〔評六〕，惟陳思誥（原作「詰」，茲依唐寫本校改）咎㊹，裁以正義矣。若乃禮之祭祝（原作「祀」，茲依唐寫本校改）㊺，事止告饗㊻；而中代祭文，兼讚言行㊼。祭而兼讚，蓋引伸（原作「神」，茲依唐寫本校改）而作也。又漢代山陵㊽，哀策流文㊾；周喪盛姬，內史執策㊿。然則策本書賵（原作「贈」，形誤，茲依唐寫本改正），因哀而為文也(51)。是以義同於誄，而文實告神，誄首而哀末，頌體而呪（原作「祝」，形誤，茲依王利器新書徵傳校各本，及李師曰剛斠詮說改正）儀，太史(52)所讀（原作「作」，茲依王利器新書說改）之讚，固（原作「因」，茲依王利器新書說改）周之祝文也〔評七〕。

四段標明祝文寫作的楷式，在於必誠必敬，宜恭且哀。

凡羣言務（原作「發」，茲依唐寫本校改）華，而降神務實(53)，修辭立誠，在於無媿。祈禱之式，必誠以敬；祭奠之楷(54)，宜恭且哀；此其大較也〔評八〕。班固之祀涿（原作「濛」，形誤，茲依唐寫本校改）山(55)，祈禱之誠敬也，潘岳之祭庾婦(56)，祭奠（原倒作「奠祭」，茲依唐寫本及上文「祭奠之楷」句法乙正）之恭哀也，舉彙而求，昭然可鑒矣。

五段釋「盟」的名義。

盟者，明也(57)。騂旄（原作「毛」，茲依唐寫本校正）白馬(58)，珠盤玉敦(59)，陳辭乎方明(60)之下，祝告於神明者也。

六段言歷代

在昔三王，詛盟不及(61)，時有要誓，結言而退(62)。周衰屢盟，弊（原作「以」，茲依唐寫本校改）

及要劫[63]原作「契」，茲依唐寫本校改，始之以曹沫[64]，終之以毛遂[65]。及秦昭盟夷，設黃龍之詛[66]；漢祖建侯，定山河之誓[67]。然義存則克終，道廢則渝始[68]，崇替在人，祝何豫焉「祝」原作「呪」，「豫」原作「預」，並據唐寫本改？

盟誓的概況：三王不待盟誓，周衰屢盟，秦昭盟夷，漢有山河之盟。

若夫臧洪歃辭[69]，氣截雲蜺；劉琨鐵誓[70]，精貫霏霜；而無補於漢晉原倒作「晉漢」，茲依唐寫本乙正，反爲仇讎。故知信不由衷，盟無益也〔評九〕。

七段舉臧洪歃辭，劉琨鐵誓爲法式，以見信不由衷，雖盟無益。

夫盟之大體，必序危機，獎忠孝，共存亡，戮心力[71]，祈幽靈以取鑒，指九天以爲正[72]，感激以立誠，切至以敷辭，此其所同也。然非辭之難，處辭爲難。後之君子，宜存原作「在」，形誤，茲依唐寫本校改殷鑒[73]。忠信可矣，無恃神焉〔評一〇〕。

八段揭示盟誓寫作的大要，在於一本忠信，不必依恃神明。

贊曰：毖祀[74]歃血「歃血」原作「欽明」，茲據唐寫本改正，祝史惟談[75]。立誠在肅，修辭必甘。季代[76]彌飾，絢言朱藍[77]。神之來格[78]，所貴無慚。

【註釋】

㈠ **六宗既禋**：宗，尊敬。六宗，孔安國傳以爲是一、四時；二、寒暑；三、日；四、月；五、星；六、水旱。禋，音（ㄧㄣ），指誠潔的祭祀天神。語出書經舜典：「禋於六宗」。

(二) **三望咸秩**：望，望空遙祭的神。三望，指祭山、河川、海。咸，皆。秩，依序祭祀。語出公羊傳僖公三十一年文。

(三) **兆民**：衆民的意思。

(四) **犧盛惟馨**：盛，指盛在器中的黍稷。馨，香。全句是說，祭祀的犧牲和黍稷是馨香的，語出書經周書「君陳」。

(五) **伊耆始蜡**：伊耆，按照禮記郊特牲鄭注：「伊耆氏，古天子號也。」所以下文稱「上皇」。蜡，音(ㄓㄚˋ)，祭名，於每年十二月時，合祭萬物之神。

(六) **八神**：依照禮記郊特牲陸德明釋文的說法，八神：一、先嗇，谷物之神；二、司嗇，主管百谷之神；三、農，農耕之神；四、郵表畷，創廬舍，表道路，分疆界之神；五、貓、虎，食田鼠、田豕的貓神虎神；六、坊，防水患的堤神；七、水庸，灌溉排澇的溝渠之神；八、昆蟲，昆蟲之神。

(七) **土反其宅以下四句**：反，返。宅，猶安定。是說田地得到安定，不要坍塌，水流到溝壑裏，不要氾濫成災，昆蟲不要損害莊稼，草木生長到山澤去，不要長在良田裏，文見禮記「郊特牲」。

(八) **爰在茲矣**：即乃在於此的意思。

(九) **祠田**：祠，春祭，祠田，是說春日祭田。

(一〇) **荷此長耜以下三句**：荷，負。耜，掘土的農具。有，有年，指大豐收。文見御覽八十一引「尸子」。

(一一) **商履**：商湯字天乙，又名履。

(一二) **聖敬日躋**：躋，進。全句是說，商湯勤政愛民的聖德，一天比一天增進。語出詩經商頌「長發」。

(三) **玄牡告天，以萬方罪己**：玄牡，黑色的公牛，古時用做犧牲以祭天。萬方，萬國之意。全句是說，商湯用黑色的公牛做犧牲，且以「萬國有罪，在己朕躬」爲辭，告祭天地。語出論語「堯曰」篇。

(四) **郊禋**：祭天。

(五) **素車禱旱**：素車，沒有文飾的車子。全句是說，商湯坐著樸素的車子，以祈雨求福。語出「藝文類聚」八十二。

(六) **六事**：指政不節、使民疾、宮室榮、婦謁盛、苞苴行、讒夫興等六事。荀子「大略篇」曾引商湯的禱告辭，可參看。

(七) **雩禜**：雩，音（ㄩˊ）禜，音（ㄩㄥˇ），皆求甘雨的祭名。雩，是徧祭天地百神，以祈求降雨的祭祀。禜，是祭日月、山川之神，以祈消除風雨、霜雪、水旱、癘疫之禍。

(八) **周之大祝，掌六祝之辭**：大祝，掌管祭祀的官。太，古作大，六祝，指周禮春官大祝所說的順祝（卽順民心而求豐年）、年祝（求長壽）、吉祝（求福）、化祝（弭兵災）、瑞祝（求風調雨順）、筴祝（祈求遠罪避疾）。

(九) **庶物咸生**：是說萬物因此都生長，是祭天的祝告。

(一〇) **旁作穆穆**：旁作，普遍廣被。穆穆，和美光明。全句是說，普遍地顯得光明肅穆。

(一一) **迎日之拜**：大戴禮公冠：「維某年某月上日（初一），明光於上下，勤施於四方，旁作穆穆。維予一人某，敬拜迎日於郊。」這是指祭天祭日的祝辭。

(一二) **夙興夜處**：夙興，早起。夜處，晚睡。言早起晚睡，是在祖廟裏祔祭時說的話。

㉓ **祔廟之祝**：祔，祭名，奉後死者的神位入祖祠的一種祭祀。祔廟，是說後死子孫合會於先祖，所以奉後死者的神主，祭於祖廟，事見儀禮「士虞禮」。

㉔ **多福無疆**：無疆，無邊。此語是在少牢饋食祭典中的祝辭。

㉕ **少牢饋食**：少牢，羊、豕二牲稱之。諸侯的卿大夫用少牢，到祖廟去祭祖先的祭禮。事見儀禮少牢「饋食禮」。

㉖ **宜社類禡**：皆祭名。宜社，出兵祭社（土地神）之名。左傳定公四年：「祓社釁鼓。」注：「師出，先有事祓禱於社，謂之宜社。」類，本作禷，指天子出征，祈禱上帝之名。禡，是說古時行軍，對其所駐地的一種祭祀之名。詩經大雅皇矣：「是類是禡。」傳：「師祭也，類於上帝，禡於所征之地。」

㉗ **莫不有文**：文，祝辭。禮記王制：「天子將出征，類乎上帝，宜乎社，造乎禰，禡於所征之地。」

㉘ **寅虔於神祇**：寅虔，恭敬虔誠。神，指天神。祇，指地神。

㉙ **春秋**：時代名，孔子著春秋，由魯隱公元年（卽周平王四十九年），到魯哀公十四年（卽周敬王三十九年），凡十二公，二百四十二年，後人乃稱此一時代爲「春秋」。

㉚ **黷祀諂祭**：黷祀，祭祀褻黷而禮煩亂，猶淫祀。諂祭，非其鬼而祭之，謂之諂祭。

㉛ **祝幣史辭**：是說主祭的祝官，用幣帛賄賂神明，巫史用美麗的言辭諂媚神明，指祭祀的淫濫。

㉜ **張老賀室，致美於歌哭之頌**：言晉獻文子(卽趙武)宮室落成，張老曾致「美哉輪(狀高大)焉！美哉奐（狀光彩）焉，歌於斯，哭於斯，聚國族於斯」的祝辭。君子謂之「善頌」。語出禮記「檀弓」下。

㉝ **蒯聵臨戰，獲祐於筋骨之請**：蒯聵，衞靈公太子，全句是說，蒯聵面臨戰爭之前，以「無絕筋，無

折骨，無面傷，以集（成）大事」的禱辭，祈求先祖的護祐，語出左傳哀公二年文。

㉞ **造次顛沛**：造次，倉卒匆忙之意。顛沛，困頓跌倒之意。

㉟ **楚辭招魂**：原屈作，相傳內容係招懷王之魂。因懷王被秦囚死，故招之歸來。

㊱ **組麗**：本指冠冕上的飾物，此處引申爲精華、文彩之意，語出揚雄法言「吾子篇」。

㊲ **漢之羣祀，肅其百禮**：肅，致敬。百禮，多種祭禮。是說漢初祭祀上帝、山川諸神的各種禮儀，都沿襲秦代舊制，且甚爲肅穆，語出漢書郊祀志上「高帝詔」。

㊳ **既總碩儒之議，亦參方士之術**：碩儒，博學鴻儒。方士，方術之士。全句是說，漢武帝既總括博學之士的意見，又參用方士的法術。此處指漢武帝集羣儒討論封禪，又用方士少君之說，祭祀灶神。事見漢書「郊祀志」下。

㊴ **祕祝移過**：祕祝，漢時主司祭祀的祝官。全句是說，漢代有祕祝之官。遇有災祥，就令祕祝之官，移禍於臣民、百姓身上。這同商湯「以萬方罪己」的禱告詞，完全相反。所以下文有「異於成湯之心」的話。語出史記「封禪書」。

㊵ **侲子敺疫**：侲，音（ㄓㄣˋ），侲子，指童男、童女。敺，古驅字。全句是說，以童子驅除疫鬼，事載後漢書「禮儀志」中。

㊶ **越巫之祝**：越與粵通。全句是說，百粵的東甌王敬鬼，命越巫作祝祠，以求長壽。事載漢書「郊祀志」下。

㊷ **黃帝有祝邪之文**：是說黃帝巡狩，行到東海，於海濱得白澤神獸，能言天地鬼神之事，通達萬物之情，於是黃帝作「祝邪之文」以祝之。事出張君房「雲笈七籤」卷一百「軒轅本紀」。

（四三）**東方朔有罵鬼之書**：東方朔字曼倩，西漢厭次人。全句指王延壽作「夢賦」，序中託言夢見東方朔和他同作「罵鬼」的書。事出「古文苑」卷六王延壽「夢賦序」。

（四四）**陳思詰咎**：陳思卽曹植，魏武帝曹操的第三子，初封東阿王，後改封陳王，謚思，故世稱「陳思」，曾作「詰咎文」。文中說天帝震怒，制止風災，造成豐年。曹植不迷信鬼神，所以下文有「裁以正義」的評語。文見「藝文類聚」卷一百。

（四五）**禮之祭祝**：指上文所謂的「祭神」和「祝辭」。

（四六）**事止告饗**：告饗，告神和饗神。是說禮儀上祭祝之事，僅止於祈願禱告。

（四七）**中代祭文，兼讚言行**：中代指漢代。言兩漢祭文，不光是祝告，還稱讚被祭者的言行。如曹操「祭故太尉橋玄文」，卽其例。

（四八）**山陵**：指帝王墳墓。秦時稱天子墳墓爲「山」，漢時稱「陵」。

（四九）**哀策流文**：指漢代祭祀皇帝陵墓，所用的「哀策文」，流行成一種新的文體。如明帝時的「顯節陵中策」，和漢樂安相李尤作的「和帝哀策」等。所以下文有「誄首而哀末，頌體而祝儀」，就是指此等文體的模式。參見後漢書「續禮儀志」及任昉「文章緣起」。

（五〇）**周喪盛姬，內史執策**：周指周穆王。內史，主管策命的官員。是說周穆王的「盛姬」死了，內史執哀策文致祭。事見「穆天子傳」六。

（五一）**策本書賵，因哀而爲文**：賵，音（ㄈㄥˋ），送給死人的東西，如車馬衣物等。全句是說，哀策文本由於「書賵」，再加上「哀辭」，就成了哀策之文了。

(52) **太史**：史官名，三代時已有。史官而兼掌天文曆法，兩漢屬於太常。

(53) **降神務實**：言迎神的祝告，要力求信實不虛。

(54) **祭奠之楷**：楷，法式。言祭奠的法式。

(55) **班固之祀涿山**：班固「祀涿山文」，已散佚。惟嚴可均全後漢文二十六輯得班固「涿邪山祝文」四句：「晃晃將軍，大漢元輔，仗節擁旄，鉦人伐鼓。」涿邪山，在今「外蒙古」西部一帶。

(56) **潘岳之祭庾婦**：指潘岳的「爲諸婦祭庾新婦文」，今已殘缺不全，見於「藝文類聚」三十八。

(57) **盟者，明也**：語出劉熙「釋名」釋言語。

(58) **騂旄白馬**：騂毛，赤色的牛。語出左傳襄公十年：「瑕禽曰：『昔平王東遷，吾七姓從王，牲用備具，王賴之，而賜之騂旄之盟。」白馬，古代以白馬做爲盟誓或祭祀的犧牲。語出漢書王陵傳：「高皇帝刑白馬而盟曰：非劉氏而王者，天下共擊之。」

(59) **珠盤玉敦**：指古代諸侯盟誓時使用的器具。珠盤，可盛牛耳之血；玉敦，可盛食物。語出周禮天官玉府：「若合諸侯，則共珠槃玉敦。」

(60) **方明**：四方神明之象，木製，方四尺，有六面，畫六色，東青、南赤、西白、北黑、上玄、下黃，按照方位，放在明堂上，用來象徵神明。古代結盟時，殺牲口，割牛的左耳，放在珠盤裏，血盛在玉敦裏，結盟的人含血立誓，稱歃血，見禮記「曲禮」。古代天子祭方明，見儀禮「覲禮」。

(61) **在昔三王，詛盟不及**：三王，指夏、商、周三代的開國君主。詛盟，誓約之意。全句是說，古時夏、商、周三代的開國君主，不需盟誓，民衆自然歸信。穀梁傳隱公八年：「盟詛不及三王。」范寧注：「三王，謂夏殷周也。夏后有鈞臺之享，商湯有景亳之命，周武有孟津之會，衆所歸信，不盟詛也。」可見當時只有約定的誓言，不用歃血結盟。

(六二) **時有要誓，結言而退**：要誓，約定的誓言。結，締結。結言，以言相締結。公羊傳桓公三年：「古者不盟，結言而退。」

(六三) **周衰屢盟，弊及要劫**：言周衰以後的春秋時代，各國屢屢結盟。要，即要盟，指在盟會上仗勢要挾。如左傳襄公九年，晉率諸侯伐鄭，鄭求和，晉鄭會盟。劫，劫盟，指用武力劫持。如齊桓公求魯莊公在柯地會盟，魯曹沬執匕首劫桓公，要桓公歸還侵佔的魯地。

(六四) **始之以曹沬**：曹沬，春秋魯人。齊師伐魯，魯將曹沬，與齊戰，三敗北，魯乃獻遂邑之地以求和。魯與齊盟於柯，曹沬執匕首劫桓公，齊乃盡歸魯之侵地。語出史記刺客列傳「曹沬傳」。

(六五) **終之以毛遂**：毛遂，戰國趙平原君食客。秦侵趙，趙平原君奉使求救合縱於楚，約門下食客文武具備者二十人同去，毛遂自請隨從，至楚，平原君與楚王言合縱之利，由日出到日中，仍沒有結果，毛遂乃按劍劫楚王，說以利害，楚王方許合縱之約，並派春申君救趙。語出史記「平原君列傳」。

(六六) **秦昭盟夷，設黃龍之詛**：詛，誓言。是說秦昭襄王和夷人訂盟約，曾刻有「秦犯夷，輸黃龍（玉石刻的黃龍）一雙；夷犯秦，輸清酒一鍾（六斛四斗）」的誓辭。事見常璩撰的「華陽國志」巴志。

(六七) **漢祖建侯，定山河之誓**：山，泰山。河，黃河。是說漢高祖爲功臣封侯，其中有「使河如帶，泰山若厲，國以永寧，爰及苗裔」的誓辭。語出史記「高祖功臣侯年表」。

(六八) **克終，渝始**：克終，善終。渝始，改變原來的誓言。

(六九) **臧洪歃辭**：臧洪，字子源，東漢人，曾任廣陵太守張超的功曹。全句是說，在各州牧守謀討董卓的盟約上，推臧洪主盟，歃血致辭。事見後漢書「臧洪傳」。

(七〇) **劉琨鐵誓**：劉琨字越石，晉魏昌人。劉琨與段匹磾相約，共討石勒，定下金石之盟。事見晉書「劉琨傳」。

(七一) **戮心力**：同心合力。

(七二) **九天以爲正**：九天，中央及八方的天。正，同徵。言對天立誓，作爲徵驗。此處彥和用「離騷語」。

(七三) **殷鑒**：按照字面是說殷人宜以滅亡爲鑒，引申以先例爲鑒戒之意。語出詩經大雅「蕩」。

(七四) **毖祀**：謹愼祭祀。詞出書經周書「洛誥」。

(七五) **祝史惟談**：談，指祝辭或盟辭。

(七六) **季代**：後代、末世之意。

(七七) **絢言朱藍**：是說言辭絢爛而華采。指後世祝盟之辭，只尙辭采，不求實質。朱藍，正色，借指華采。

(七八) **來格**：格，感而遂通之意。

【語　譯】

天尊地卑有其固定的位置以後，祭祀方才徧及諸神。四時、寒暑、日、月、星辰、水旱此「六宗」之神，既然已享用誠潔的禮儀祭祀了，而山、海、河川「三望」的祭祀，也都有其秩序。甘霖時雨，惠風和暢，黍稷豐收，爲億兆人民所仰望，因此，美善的福報，才會在民間興起。犧牲黍稷雖然要美盛馨香，而一切的福祉，卻源於人們光明的美德。祝史爲了陳述拜祭的虔誠，也必須藉助於文辭。

以前神農氏開始舉行蜡祭，在祭祀天、地、日、月、山、川、風、雨八神的時候。所用的祝辭是：「祈願上蒼，使山岳土壤安返於原位，潦水河川歸流於溪谷，昆害蟲災不要發生，雜草樹木滋生於水澤。」上古聖皇告祝的文辭，都已在這幾句話中表現出來了。帝舜春日祭田的祝辭說：「荷著長條的耒耜，耕種那向陽的良田，祈求神明，使海內的人民，都有豐收的年歲。」其福國利民的願望，充分地流露於祝辭中了。到了商湯，其勤政愛民的聖德，日益增進，在論語堯曰篇引用商湯的話說：「用黑色的雄牛做爲犧牲，來祭告上天，如果萬民有罪，願上蒼降罪於我」，這就是郊祀祭天的祝詞了。商湯伐桀以後，恰逢天下大旱，他就坐著樸素的車子，祈福求雨，以「政不節、使民疾、宮室榮、婦謁盛、苞苴行、讒夫興」六件事，來反躬自責，這就是祭神求雨的祝文啊！到了周代，掌管祭祀的太祝，專門負責六祝的祝辭，所以祈求「萬物都滋生成長」的祝辭，陳述於郊祀天地的典禮；「磅礴廣被，光明肅穆」的祝辭，高唱於迎接太陽的祭禮；「晚睡早起，日日勤奮不已」的祝辭，歌頌於祭祀祖先的祝禱，「祈求萬福，無窮無盡」的祝辭，鋪陳於少牢的饋食禮儀；當時甚而至於不論是軍隊出師前的禱告土社，或是作戰宿營時類祭天神，沒有不用祝辭的。由此看來，祝辭之爲用，主要是來表示對天神地祇的尊敬虔誠，和對朝廷宗廟的莊嚴恭敬啊。春秋以後，褻黷的祀禮，諂媚的祭神，祝官用錢幣賄賂，巫史用美辭諂媚，對一切神明，莫不如此。至於像張老祝賀晉獻文子的宮室落成，有「美哉輪焉，美哉奐焉，歌於斯，哭於斯，聚國族於斯」的頌詞。蒯聵面臨戰爭時，向祖先祈願，希望獲得「無絕筋、無折骨、無面傷」的請辭。他們雖在倉皇造次，流離顛沛的時候，仍然使用祝辭。像那楚辭「招魂」，可說是祝辭中的精華了。漢初帝王，對於諸神的祭祀禮儀都敬肅無比，既能總括大儒們的意見，也參酌了方士們的法術。但是方士身為祕祝之官，他們看到異兆，就把過惡移給百姓；這種用心，實不同於商湯的反躬自責；又有用童男童女驅除疫癘的祭舞，這有類乎百粵東甌的巫師，以祝祠求壽般的荒謬，祭祀的禮儀，也因而逐漸失去它原來的意義了。

至於傳說黃帝有「祝邪」之文，東方朔有「罵鬼」的書，於是後代的譴責咒詈，務必講求善罵的技巧。只有陳思王的「誥咎文」，能以正義為準則。像古時禮儀上的祭神和祝辭，僅宜於祈願禱告，供奉犧牲而已。而中古時代的祭文，兼有讚揚祭者或被祭者的言行。「祭文」兼有讚美的文辭，乃是引伸原義而作的。又如漢代祭祀駕崩的帝王，所用的「哀策文」，流行成一種新的文體。周穆王哀傷「盛姬」的去世，內史曾用「哀策文」祭祀。如此說來，「哀策文」原本是書寫贈送給死人的文字，加上哀悼其人而作的啊！所以在意義上，「哀策」同於「誄辭」，其文實是告祭神明用的。體裁應以「誄辭」發端，用「哀策」結束，內容是稱美前人的頌體，而用禱祝的儀式來表現。例如漢代太史所作的讚詞，就是因襲周代的祝文啊。

凡行文措辭，應力求華美，但迎神祝告，卻須信實無虛。修飾文辭應本乎誠信，以求無愧於神明。祈禱的方式，必須虔誠恭敬；祭奠的規模，應當恭敬哀傷，這是祝祭文字，應該遵守的一般原則啊。像班固的「祀涿山文」，是祈禱文中誠敬的代表。潘岳的「祭庾新婦文」，是奠祭文中恭哀的表率。如果我們彙集前人的作品，詳加考求的話，其中寫作的道理，就昭然可知了。

「盟」，是明告神明的意思。如平王東遷，用赤牛，高祖盟誓，用白馬，也有人用珠盤盛著牛耳的血，用玉敦裝著食物，陳述盟辭於四方神明之下，然後在祭拜神明的儀式中祝禱告詞。

在以前夏、商、周三王的時代，夏后氏有鈞台之享，商湯有景亳之命，武王有孟津之會，民衆自然歸順他們，不需要盟誓。諸侯之間，如有需要誓言的話，也只要口頭上締結盟約，就可以告退了。可是周朝衰微後，諸侯屢次召開盟會，其弊端，甚至到了仗勢要脅，武力打级的地步。如前有曹沫以匕首级齊桓，後有毛遂按劍逼楚王。等到秦昭王和夷人訂盟，設有「秦犯夷，輸黃龍一雙，夷犯秦，輸清酒一鍾」的誓言，漢高祖爲功臣封侯，曾有「使河如帶，泰山如厲」的誓辭。不過，心存正義，才能有始有終；否則，就會改變初衷。所以誓言的被尊重與否？全在當事之人，與祝辭有什麼相干呢？

至於像東漢臧洪歃血爲誓，其盟辭氣勢慷慨，上衝雲霓；晉朝劉琨和段匹磾的金石之盟，精誠所至，融貫霜雪。其結果，不但對漢、晉兩代末年的天下毫無助益，就是參予誓盟的人，到最後竟然反目成仇。由此可知，如果誓言不出自內心之誠悃，卽令是訂了盟約，也不會有任何幫助的。

「盟誓」的寫作要領，一定要敍述存亡的危機，獎勵忠孝的氣節，表示生死與共，同心協力的決心，祈求鬼神的明察，指九天爲憑證，以感激的心情，建立誠信，以懇切的話語，來鋪寫辭藻，這是盟文寫作的共同要求。不過，撰寫誓辭並不困難，而如何共同信守，才是誓辭的困難所在。後世的君子，應當記取歷史上的往例，以忠誠信實的態度，去遵守盟誓就可以了，何必仗恃那虛無的鬼神呢！

總而言之，敬愼祭祀，歃血爲盟，掌管祝祀的太史，只是向神祇表達誠信而已。建立誠信在於肅敬，修飾文辭，必須甘美。後代祝盟之文，漸趨矯飾，絢爛的華采，敗壞了它的內容實質。神明之所以感通來饗，其可貴之處，就在於內心的無愧。

【集評】

一、紀評：「此篇獨崇實而不論文，是其識高於文士處，非不論文，論文之本也。」

二、曹評：「文字最醒，皆如此類。」

三、紀評：「祝之緣起。」

四、紀評：「『招魂』似非祝辭。」

五、紀評：「祝之流弊」。

六、黃評：「祝又音晝，詩經大雅：『侯詛侯祝』是也。俗作咒，非。故詛罵亦祝之一體。」

紀評：「『詛楚文』之類是也。」

七、紀評：「祝之派別。」

八、紀評：「此雖老生之常談，然執是以衡文，其合格者亦寡矣。所謂三歲小兒道得，八十老翁行不得也。」

九、曹評：「此非臧、劉之罪。」

黃評：「二盟義炳千古，不宜以成敗論之。」

紀評：「此論紕謬，北平先生鍼之是也。」

一〇、紀評：「宕出題外，正是鞭緊題中。」

【問題討論與練習】

一、彥和將「祝」「盟」併同一篇加以說明，原因何在？

二、楚辭「招魂」，可謂祝辭之組麗，而清代紀曉嵐以為「招魂似非祝辭」，究竟如何？試加析評：

三、試述「祝文」之演變過程，並說明漢代「哀策文」之特質如何？

四、盟辭的寫作原則為何？能否舉臧洪「歃辭」，劉琨「鐵誓」加以印證？

銘箴第十一

【解　題】

「銘箴」體，爲歷代文家分類所必備，如昭明文選分於第二十二類「銘」，與第三十一類「箴」，古文辭類纂爲第十類「銘箴」，「經史百家雜鈔」雖將「銘」「箴」歸入「詞賦」類下篇，但以爲是「著作之有韵者」，顯係錯誤。蓋「銘箴」二體「文」「筆」兼而有之，如崔瑗「座右銘」：「無道人之長，無說己之短」，爲五言韵語，劉禹錫的「陋室銘」：「山不在高，有仙則名；水不在深，有龍則靈」，爲四言韵語。但是孔悝的「鼎銘」，卻散行無韵。班固的「燕然山銘」：「鑠王師兮征荒裔，剿凶虐兮截海外」，又用「楚辭」體。蔡邕的「鼎銘」，更根本不用韵。由此看來，「銘文」並沒有絕對的形式。而「箴」不管是「官箴」或「私箴」，多半都用四言韵語，很少有形式上的突破。所以曾氏硬把它列入「詞賦」類，說它是「著作之有韵者」，與事實未能盡符。再說「銘箴」無論對人或事，皆有警戒勉勵的作用，「銘」又常託物寓意，且所警勸者，屬作者本身，則其內容所運載的感情與理智，顯爲狹義的文學，和屬於「勸一諷百」的「詞賦」，更有顯著的區別。

「銘」，古通作「名」，祭統曰：「史鼎有銘，銘者自名也。」古人作器刻銘，稱揚其先祖之德，著於己名之下，皆祇云「名」而已，不必另加「金」旁，故許愼「說文」於金部不錄「銘」字。後世君子緣於人們好名的天性，乃將功德或刻於器物，或勒於金石，以明著後世；或作警戒之語，以資反省，而稱其文曰「銘」。彥和云：「銘者，名也，觀器必名焉，正名審用，貴乎愼德。蓋臧武仲之論銘也，曰：『天子令德，諸侯計功，大夫稱伐。』」由「觀器必名」，發展而爲「正名審用」，再由「正名審用」，引申而爲「天子令德，諸侯計功，大夫稱伐」。例如「夏鑄九牧之金鼎，周勒肅愼之楛矢」，就是天子令德之例。「呂望銘功於昆吾，仲山鏤績於容器」，就是諸侯計功之例。「魏顆紀勳於景鐘，孔悝表勤於衛鼎」，就是大夫稱伐之例。到了後世，又有碑銘、墓碑銘、墓誌銘。但古之爲「銘」，多見於鐘鼎彝器，「碑」「墓」之銘，多合「誌」與「銘」而爲之。被銘志窆，另見「誄碑」篇。此卽彥和所謂：「勒器讚勳者，入銘之域；樹碑述亡者，同誄之區」，二體義用不同，此學者不可不知也。

「箴」與「鍼」古今字，俗作「針」，又針灸治病所用的針石，也叫做「箴」。漢書藝文志師古注：「箴，所以刺病也」，引申之有諫刺，規戒之義，後世遂成文體之名，是故凡寓規戒之意者均屬此體。彥和云：「箴者，針也。所以攻疾防患，喻鍼石也。斯文之興，盛於三代。夏商二箴，餘句頗存」。足證此體起源甚早。

「箴」的作用自然在「攻疾防患」。就攻疾而言，是譏刺缺失；就防患來說，是用作警戒。如左傳襄公四年文，載魏絳的「虞人之箴」，一方面是譏刺后羿沈迷畋獵，不顧國事，一方面又引以爲戒。所以結語說：「獸臣司原，敢告仆夫。」左傳宣公十二年文，引楚子的「箴」，祇有「民生在勤，勤則不匱」兩句，內容祇有警戒，沒有譏刺。以後揚雄仿「虞箴」作「卿尹州牧二十五官箴」，其內容又富有警戒之意。所以從魏絳的「虞人之箴」，到揚雄的「二十五官箴」，可說皆屬刺古戒今的作品。

兩漢以後，晉有張華的「女史箴」，借樊姬不食鮮禽來感動楚莊王，使他不再沈緬畋獵。以衛姬不聽靡靡之音，來矯正齊桓公的愛好淫樂，其手法是借正面的故事，來警戒國君。溫嶠的「侍臣箴」；「思有虞之蒸蒸，魯周文之翼翼」，也是假正面的事例，歸結到「蒸蒸翼翼」的戒懼。到了後來，「箴」之爲用，流於煩濫，如魏之王朗，更就頭巾衣履，著「雜箴」若干篇，所以彥和斥之，以爲雖「深其戒愼」，而「失其所施」。箴體到了這個地步，眞是無物不箴，無處不箴，「繁辭不已，志有所偏」，如此詆訶，也可以說是平心之論了。

「銘」「箴」二體之所以合論，原因在於「箴」文諷誦於官府，「銘」文題識於器物。名目雖然有區別，但警戒的作用相同。至於寫作技巧的要領，既然「箴」在「禦過」，所以要「文資确切」；「銘」兼「褒讚」，所以應「體貴弘潤」。在取材方面，要合乎「覈實明辨」的要求。在行文方面，要達到「簡潔深刻」的標準。不過沿至後世，直言規諫之道，缺而不備，刻功紀勳的制度，久已淪亡，「箴」「銘」二體之爲用，已罕見施行。此彥和之所以勉我等「秉文君子，宜酌其遠大者」，意在斯乎！

【正文】

首段「原始以表末」。歷敍列聖的名器，以見銘文之來，爲時已久。

昔帝軒刻輿几以弼違㈠，大禹勒筍簴而招諫㈡，成湯盤盂，著日新之規㈢，武王戶席，題必誡原作「戒」，據唐寫本及宋本御覽五九〇引改之訓㈣，周公愼言於金人㈤，仲尼革容於攲器㈥〔評一〕，列原作「則先」，據唐寫本及宋本御覽五九〇引刪改聖鑒戒，其來久矣。

次段言「銘的義用」。要在觀器正名，以彰德業。並據臧武仲之論爲證。反襯飛廉、靈公、趙靈、秦昭等之勸石夸誕爲可笑。

故銘者，名也㈦，觀器必名焉，正名審用㈧，貴乎愼德「銘」上原有「故」字，「名焉」二字原作「也」，「愼」原作「盛」，並據楊明照校注拾遺及唐寫本刪改〔評二〕。蓋臧武仲㈨之論銘也，曰：「天子令德，諸侯計功，大夫稱伐」㈩。夏鑄九牧之金鼎⑪，周勒肅愼之楛矢⑫，令德之事也；呂望銘功於昆吾⑬，仲山鏤績於庸器⑭，計功之義也；魏顆紀勳於景鐘原作「銘」，據唐寫本校改⑮，孔悝表勤於衞鼎⑯，稱伐之類也。若乃飛廉有石棺「棺」原作「槨」，據史記秦本紀，並依御覽及淵鑑類函一七八卷棺槨條引史記文，與三段「選文以定篇」。敍述自秦皇到魏、晉以來，各家銘文的雅俗利弊。

四段釋「箴的義用」，及其興起經過。

（李師曰剛斠詮說改）之錫⑰，靈公有奪（原作「蒿」，據宋本御覽五九〇引，及楊明照校注拾遺說改）里之諡⑱，銘發幽石，噫（原作「吁」，涉下文「吁可笑也」誤，茲據唐寫本改）可怪矣⑲！趙靈勒跡於番吾（原作「禺」，依王利器新書徵傳校各本校改）⑳，秦昭刻博（原作「傳」，依唐寫本校改）於華山㉑，夸誕示後，吁可笑（原作「茂」，依唐寫本校改）也！詳觀衆例，銘義見矣。

至於始皇勒岳㉒，政暴而文澤，亦有疏通之美焉㉓。若班固燕然之勒㉔，張昶華陰之碣㉕，序亦盛矣㉖。蔡邕銘思，獨冠古今㉗。橋（原作「僑」，依唐寫本校改）公之鉞（原作「箴」，依王利器新書徵傳校各本校改），吐納典謨㉘；朱穆之鼎，全成碑文㉙，溺所長也㉚。至如敬通雜器，準矱武（原作「戒」，形近致誤，依唐寫本校改）銘㉛，而事非其物，繁略違中㉜。崔駰品物，讚多戒少㉝，李尤積篇，義儉辭碎㉞。蓍龜神物，而居博弈之中㉟，衡斛嘉量，而在杵臼之末㊱；曾名品之未暇，何事理之能閑哉！魏文九寶㊲，器利辭鈍。唯張載（原作「采」，依唐寫本校改）劍閣㊳，其才清采，迅足駸駸㊴，後發前至，詔勒（「詔勒」，原作「勒銘」，據唐寫本及楊明照校注拾遺說改）岷漢㊵，得其宜矣。

箴者，針也（「針也」二字原無，唐寫本有。茲依唐寫本及王利器新書徵本書文例，「賦者，鋪也」，「銘者，名也」，「哀者，依也」，「弔者，至也」，皆以雙聲疊韻字為訓補），所以攻疾防患㊶，喻鍼石也㊷。斯文之興，盛於三代，夏商二箴，餘句頗存㊸。及周之辛甲，百官箴闕，唯虞箴一篇（原作「百官箴一篇」，依唐寫本及王利器新書，徵覽御五八八校改），體義備焉㊹。

五段敍自春秋至魏、晉，歷代箴文的演變，並詳述各家作品的得失。

迄至春秋，微而未絕。故魏絳諷君於后羿〔四五〕，楚子訓人（原作「民」，據唐寫本及左傳宣公十二年文改）於在勤〔四六〕，戰代以來，棄德務功，銘辭代興，箴文萎（原作「委」，據唐寫本及御覽五八八引校改）絕〔四七〕，至揚雄稽古，始範虞箴，作卿尹州牧二十五篇〔四八〕。及崔胡補綴，總稱百官〔四九〕，指事配位，鞶鑑〔五〇〕有（原作「可」，據唐寫本及御覽五八八引改）徵，可謂追清風於前古（句首原有「信」字，「可」原作「所」，據唐寫本及御覽五八八引刪改）〔五一〕，攀辛甲於後代者也。至於潘勗符節〔五二〕，要而失淺〔五三〕，溫嶠侍（原作「傅」，形誤，依唐寫本校改）臣〔五四〕，博而患繁；王濟國子〔五五〕，引多而事寡（原作「引廣事雜」，茲據唐寫本改補）〔五六〕；潘尼乘輿義正而（「而」原脫，據唐寫本補）體蕪〔五七〕，凡斯繼作，鮮有克衷〔五八〕。至於王朗雜箴〔五九〕，乃置巾履，得其戒愼，而失其所施。觀其約文舉要，憲章武（原作「戒」，形近致誤，據唐寫本改）銘〔六〇〕，而水火井竈，繁辭不已，志有偏也。

六段綜論銘箴二體的異同，及其寫作要領，並寄慨於矢言道闕，箴銘罕用，以收束全文作結。

夫箴誦於官〔六一〕，銘題於器，名目雖異，而警戒實同。箴全禦過，故文資确（原作「確」，依唐寫本校改）切〔六二〕；銘兼褒讚，故體貴弘潤〔評三〕；其取事也必覈（原作「覆」，依唐寫本校改）以辨〔六三〕，其摛文也必簡而深，此其大要也。然矢言〔六四〕之道蓋闕，庸器之制久淪，所以箴銘寡（原作「異」，依唐寫本校改）用，罕施後（原作「於」，依唐寫本校改）代〔評四〕。惟秉文君子，宜酌其遠大者（「者」字原脫，茲據唐寫本補）焉。

贊曰。銘實器表（「器表」原倒，據唐寫本乙正）(六五)，箴惟德軌(六六)。有佩於言(六七)，無鑒於水(六八)。秉茲貞厲(六九)，警乎立履（此句原作「敬言乎履」，茲據唐寫本訂正）(七〇)，義典則弘，文約為美。

【註釋】

㈠ **帝軒刻輿几以弼違**：帝軒，指黃帝，生於軒轅之丘，故稱轅軒氏。輿几，指車輿巾几之意。巾几指罩巾的几。弼是輔助。全句是說，黃帝把銘文刻在車輿和罩巾的几上，用來輔助記憶，匡正過失，猶後世的座右銘。語出蔡邕「銘論」，漢書藝文志道家載有「黃帝銘」六篇。

㈡ **大禹勒筍簴而招諫**：筍簴，指懸掛鐘磬的架子，橫木稱筍，縱木稱簴。全句是說，大禹把銘文刻在懸掛鐘磬的架子上，用來招請萬民進諫。語出「鬻子」。

㈢ **成湯盤盂，著日新之規**：盤，沐浴的器具。盂，盛飲食的器具。規，規誡。「盤盂」的「盂」字，在此是陪襯字，無義。全句是說，商湯在他日常應用的盤盂上，刻著「苟日新，日日新，又日新」的銘文，以警惕自己，除舊布新，精進不已。語出禮記「大學篇」。

㈣ **武王戶席，題必誡之訓**：是說周武王在門戶與坐席四端，題上自勉自誡的訓詞，以貽後世子孫。事詳大戴禮記「武王踐阼」。

㈤ **周公慎言於金人**：周公「金人銘」，今無可考，惟孔子家語記載說：「孔子觀周，入后稷之廟，有金人焉，三緘其口，而銘其背，曰：『我古之慎言人也，戒之哉！戒之哉！無多言，多言多敗。』」本句是說，周公在金人背上刻著慎言的銘文。事又見劉向說苑「敬慎篇」。

㊅ **仲尼革容於敧器**：革容，變色。敧器又名「宥坐器」，古之君王置於座右，以爲鑒戒的器具。荀子宥坐篇說：「孔子曰：『吾聞宥坐之器者，虛則敧，中則正，滿則覆。』孔子喟然而嘆曰：『吁！惡有滿而不覆者哉！』」全句是說，孔子看到宥坐器，而有戒惕的神色。文中所謂「虛則敧」，指中空則偏斜；「中則正」，指盛水到七、八分便平正；「滿則覆」，指水盛滿便傾倒。惟敧器不聞有銘，彥和只是連類言之。

㊆ **銘者，名也**：言述其功美，使可稱名。語出釋名「釋典藝」。

㊇ **正名審用**：正名，使器物和它的名稱相應。審用，是說看器物的作用，來作銘文。

㊈ **臧武仲**：卽臧孫紇，春秋時魯大夫，謚武仲。關於「臧武仲論銘」事，見左傳襄公十九年文。

㊉ **天子令德，諸侯計功，大夫稱伐**：是說銘文的內容，宜稱頌天子的美德，諸侯的功績和大夫的辛勞。語出左傳襄公十九年文。

⑪ **夏鑄九牧之金鼎**：九牧，指九州之長。全句是說，夏禹把九州之長進貢而來的銅，鑄成九鼎，以象徵九州的統一。按「禹鼎」不言有銘，蓋彥和以意爲之說。事詳左傳宣公三年文。

⑫ **周勒肅愼之楛矢**：勒，刻。肅愼，古國名，在今吉林省。楛，樹木名，可做箭幹。全句是說，周武王滅商後，北方的肅愼氏進貢楛矢，武王爲宣揚盛德，在箭幹上刻曰「肅愼氏貢矢」。語出國語「魯語下」。

⑬ **呂望銘功於昆吾**：呂望，周代東海人，姓姜，名尙，字子牙，號太公望，因其先人封於呂，所以又稱呂尙，亦名呂望。昆吾，當時善治人之名。蔡邕銘論說：「呂尙作周太師，而封於齊，其功銘於

昆吾之治。」事又見逸周書「大聚解」。

(一四) **仲山鏤績於庸器**：仲山，卽仲山甫，周宣王中興時的大臣。鏤績，鏤刻功績。庸器，指用戰爭勝利後擄獲的兵刃，鑄造銘功的器物。庸，功。參見後漢書「竇憲傳」。

(一五) **魏顆紀勳於景鐘**：魏顆，春秋時，晉國大夫。景鐘，晉景公所鑄的鐘。全句是說，晉國魏顆因擊敗秦軍，而將其功勳記在景鐘上。事見左傳宣公十五年及國語「晉語七」。

(一六) **孔悝表勤於衞鼎**：孔悝，春秋時衞國的正卿，曾驅逐衞出公輒，擁立蒯聵爲國君，是爲莊公。莊公將此事銘於鼎上，以表揚他的功德。孔悝之鼎銘，載於禮記「祭統」。

(一七) **飛廉有石棺之錫**：飛廉，又作蜚廉，是商紂的寵臣。錫，賜。全句是說，飛廉在霍太山的一口石棺上，竟發現刻有賜給他的銘文。事見史記「秦本紀」。

(一八) **靈公有奪里之諡**：奪里，指死人里，卽「黃泉」的意思。諡，死後的稱號。全句是說，衞靈公葬在沙丘，在掘穴的時候，發現一口石棺，其上已有爲他作諡的銘文。事見莊子「則陽篇」。

(一九) **銘發幽石，噫可怪矣**：指上文「靈公有奪里之諡」言，是說此等銘文，從埋在地下的石棺上發現，實爲可怪。這表示彥和對它的懷疑。

(二〇) **趙靈勒跡於番吾**：趙靈，趙武靈王，自號主父。番吾，古地名，在今河北省平山縣南。全句是說，趙武靈王曾在番吾山刻石云：「主父常遊於此。」事見韓非子「外儲說左上」。

(二一) **秦昭刻博於華山**：博，賭具。華山，西嶽，在今陝西省華陰縣南，一名泰華。是說秦昭王曾在華山刻石云：「昭王常與天神博於此。」事見韓非子「外儲說左上」。

㉒ **始皇勒岳**：是說秦始皇併呑六國之後，曾巡行各地，在山上刻石，以歌頌秦的功德。計有「泰山刻石」、「琅琊臺刻石」、「之罘西觀銘」、「之罘東觀銘」等。事見史記「秦始皇本紀」。

㉓ **政暴而文澤，亦有疏通之美焉**：接上句「始皇勒岳」言，是說始皇政治暴虐，而文辭潤澤，有疏導政理，通達民情之美。

㉔ **班固燕然之勒**：後漢書竇憲傳：「憲遂登燕然山，去塞三千餘里，刻石勒功，紀漢威德，令班固作銘。」燕然山，在今外蒙古的顏諾顏部杭愛山，蓋卽古燕然山。是說班固曾於打敗匈奴後，登燕然山作銘，以頌揚漢朝的功德。事出後漢永元元年（西元八九）。

㉕ **張昶華陰之碣**：張昶，字文舒，東漢末年人，芝弟，書類其兄，極工八分。碣，圓形的碑。張昶在漢宣帝時曾爲北地太守段煨作「西嶽華山堂闕碑銘」，銘文長六百八十七字，今尚載於「藝文類聚」卷七，「初學記」卷五。

㉖ **序亦盛矣**：指「班勒」「張碣」二者，言這兩位的作品，敘事記功都寫得十分壯盛。

㉗ **蔡邕銘思，獨冠古今**：蔡邕，東漢末年碑銘的名家。銘思，碑銘的文思。全句言蔡邕的碑銘，構思美巧，勝於他體，可謂古今之冠。蔡邕碑銘見「蔡中郎文集」。

㉘ **橋公之鉞，吐納典謨**：橋公，橋玄，字公祖，東漢睢陽人。「蔡中郎文集」中有「橋公黃鉞銘」。吐納典謨，言其出語似書經的「堯典」、「大禹謨」，甚是古奧雅重。

㉙ **朱穆之鼎，全成碑文**：朱穆，字公叔，東漢人，桓帝時，冀州凶荒，用朱牧作冀州牧，除暴安良，德被生黎，徵拜尚書，延熹六年（西元一六三）死。桓帝下詔痛悼，蔡邕爲作「鼎銘」。此銘通

體散行，不用韻語，完全和碑文一樣。

⑳ **溺所長也**：此指上句「朱穆之鼎，全成碑文」來說。蓋蔡邕以「碑文」獨冠今古，而今把鼎銘寫成碑文，實在是溺其所長，而用其所短了。

㉑ **敬通雜器，準矱武銘**：馮衍，字敬通，東漢人，著有賦、銘、誄、說、雜文五十餘篇；又有刀陽、刀陰、杖、車、席、爵等雜器的銘文。準矱，模範、準則之意。武銘，指武王踐阼諸銘。全句是說，馮衍的銘文，是以武王踐阼諸銘爲準則來作的。文見清嚴可均輯「全後漢文」卷二十

㉒ **事非其物，繁略違中**：指銘文與器物不相應，且文字的詳略長短也不適中，

㉓ **崔駰品物，讚多戒少**：崔駰，字亭伯，東漢涿郡安平人。曾作車左、車右、車後、仲山父鼎、冬至襪、刀劍、刻漏、扇等，品評各物的銘文，因通篇都是讚美之辭，故言讚多戒少。各銘文見清嚴可均輯「全後漢文」卷四十四。

㉔ **李尤積篇，義儉辭碎**：李尤，字伯仁，東漢廣漢雒人，少以文章顯於世。清嚴可均輯「全後漢文」卷五十輯有李尤的銘文八十四篇，皆文義淺陋，辭藻瑣碎。

㉕ **蓍龜神物，而居博弈之中**：蓍所以筮，龜所以卜，皆屬神物。李尤有蓍龜銘，圍碁銘。全句是說，李尤的「蓍龜銘」，抒寫神物，卻把它排在賭博奕棋的「圍碁銘」中。

㉖ **衡斛嘉量，而在杵臼之末**：是說李尤的「權衡銘」，本是抒寫量物的美器，卻排在搗米的「臼杵銘」之後。按以上各銘或佚或闕，已不可見，只有「圍碁銘」「權衡銘」尚存。

㉗ **魏文九寶**：魏文帝曹丕，字子桓，卒謚文。九寶，指魏文帝做太子時，所鑄的九把刀劍。卽三把

劍：一曰飛景，二曰流采，三曰華鋒。三把刀：一曰靈寶，二曰含章，三曰素質。兩把匕首：一曰清剛，二曰揚文。一把靈陌刀，曰龍鱗。且都作有銘文。事詳魏文帝典論「劍銘」。

㊳ **張載劍閣**：張載，字孟陽，西晉安平人，曾作「劍閣銘」，以誡示蜀人。晉書張載傳：「載父收，蜀郡太守。太康初，至蜀省父，道經劒閣。載以蜀人恃險好亂，因著銘以作誡，益州刺史張敏見而奇之，乃表上其文，武帝遣使鐫之於劍閣山焉。」劍閣，在四川省大小劍山間，屬巴山山脈，爲岷山山脈的東支，所以又稱「岷漢」。

㊴ **騤騤**：馬疾行的樣子。

㊵ **岷漢**：指岷山、漢水，即今四川省劍閣縣北的劍山一帶，近岷山而控漢水，今亦稱「劍門」。可參看本文註㊳。

㊶ **攻疾防患**：疾，有過惡災禍之意。全句是說，攻伐過惡毒害，防止憂難災禍。

㊷ **鍼石**：古時以石鍼刺穴道治病。鍼，所以刺病。石，謂砭石，即石鍼。

㊸ **夏商二箴，餘句頗存**：是說夏朝與商代的箴文，猶有文句留傳至今，即指逸周書「文傳解」引夏箴曰：「中不容利，民乃外次。」和呂氏春秋應同篇：「商箴云『天降災布祥，並有其職。』」

㊹ **及周之辛甲以下四句**：是說周朝時太史辛甲，令百官作箴文，以進諫君王，糾正闕失，其中有一篇「虞人之箴」，文辭義理，最爲完備，事見左傳襄公四年文。

㊺ **魏絳諷君於后羿**：魏絳，春秋時晉國大夫。后羿，爲夏有窮國之君，恃其善射，不修民事，棄賢臣，用讒佞寒浞爲相，後爲浞所殺。全句是說，魏絳用后羿違民棄賢的失國史實，來諷諫晉悼公，

事詳左傳襄公四年文。

㊻ **楚子訓人於在勤**：楚子，指楚莊王，名侶，穆王之子，有雄才，爲春秋五霸之一，全句言楚莊王自滅庸之後，每日以「民生在勤，勤則不匱」的箴言，訓勉萬民，語出左傳宣公十二年文。

㊼ **萎絶**：衰亡。

㊽ **揚雄稽古，始範虞箴，作卿尹州牧二十五篇**：是說後漢揚雄稽考古籍，開始摹仿虞箴作「十二州箴」、「二十五官箴」傳於世，語出摯虞「文章流別論」，並可參考後漢書「胡廣傳」，及清嚴可均輯「全漢文」卷五十四。

㊾ **崔胡補綴，總稱百官**：崔胡，指崔駰、胡廣。崔氏生平見於本文註㉝。胡廣字伯始，東漢人。全句是說，揚雄的「十二州箴」，「二十五官箴」，其中九箴亡闕，崔駰、胡廣等人爲之補作，而總稱爲「百官箴」。後漢書胡廣傳云：「初揚雄依虞箴作十二州廿五官箴，其九箴亡闕，後涿郡崔駰及子瑗，又臨邑侯劉騊駼增補十六篇，廣復繼作四篇，文甚典美。乃悉撰次首目，爲之解釋，名曰『百官箴』。凡四十八篇」。

㊿ **鞶鑑**：鞶，大的帶子。鞶鑑，指飾有鏡子的鞶帶。古人寫箴辭於其上，作爲鑑戒。在此引申爲「明顯」之意。

(五一) **追清風於前古**：言上追清新風格於前代作家。

(五二) **潘勗符節**：潘勗，字元茂，後漢中牟人，初名芝，漢獻帝時爲尚書郎，遷右丞，有集二卷，所作「符節箴」，已亡佚。

(五三) **要而失淺**，指內容簡要而失之膚淺。

(54) **溫嶠侍臣**：溫嶠，字太眞，晉祁人，曾任太子中庶子，在東宮，深受寵遇，數陳規諷，又獻「侍臣箴」。事詳晉書「溫嶠傳」，箴文載於「藝文類聚」十六。

(55) **王濟國子**：王濟，字武子，晉武帝時人，曾任國子祭酒，作有「國子箴」，今已亡佚。

(56) **引多而事寡**：指「國子箴」的作者引文過多，而事例甚少。

(57) **潘尼乘輿，義正而體蕪**：潘尼，字正叔，晉人，少有清才，曾作「乘輿箴」，規諫君主，所以說「義正」，但文字繁蕪。乘輿，天子車駕，在此借指「君主」。箴文見於晉書「潘尼傳」。

(58) **鮮有克衷**，指很少有中肯得當的作品。

(59) **王朗雜箴**：王朗，字景興，三國魏郯人，所作「雜箴」，今已亡佚。惟藝文類聚八十，僅存數句，云：「家人有嚴君焉，井竈之謂也，俾冬作夏，非竈孰能？俾夏作冬，非井孰閑？」

(60) **憲章武銘**：憲章，遵守法制。武銘，武王的銘文。全句是說，效法周武王的銘文。此句承「王朗雜箴」來，言王朗雜箴中包括水、火、井、竈等箴，與武王的席、戶、牖等銘相類似。

(61) **箴誦於官**：言周時，少師向王誦箴，以砭王闕。本書卷二詮賦篇，有「昔邵公稱，公卿獻詩，師箴，瞍賦。」

(62) **确切**　确本意爲磐石，引申有堅正之意。确切卽切要的意思。

(63) **其取事也必覈以辨**：覈，考驗。辨，辨明。全句是說，作者對於材料的選取，一定要考覈事實，分明事理。

(64) **矢言**：正直的言語。書經盤庚：「出矢言」，孔傳釋「矢言」爲正直之言。蓋「箴全禦過」，故稱

「矢言」。

(六五) **銘實器表**：器表，器物的表記。因銘文記在器物上，故曰「銘實器表」。

(六六) **箴惟德軌**：德軌，道德軌範。言箴是道德的軌範。

(六七) **有佩於言**：佩，識之於心之意，全句是說，要把銘文、箴言謹記在心。

(六八) **無鑒於水**：書經酒誥曰：「古人有言曰：『人無於水監，當於民監。』」孔傳：「視水見己形，視民行事見吉凶。」是說不要僅拿銘箴之文，來觀察自己，如以水照形一樣；更要擴大其效用，以見行事的吉凶。

(六九) **秉茲貞厲**：言遵守這種純正警勉的箴銘。

(七〇) **警乎立履**：立履，指立身行事。是說立身行事，應時刻警惕。

【語　譯】

上古時代，黃帝把銘文刻在車輿巾几上，用它來輔助記憶，匡正過失。大禹把銘文鐫在懸掛鐘磬的架子上，用它來招請萬民進諫。商湯在他日常應用的盤盂上，刻著「苟日新，日日新，又日新」的銘文，警惕自己，精進不已。周武王在門戶和坐席四端，題著自勉自誡的訓詞。周公在金人背上刻下愼言的詞句。孔子看到「虛則攲，中則正，滿則覆」的攲器後，顯出戒愼恐懼的神情。由此看來，古聖先王刻銘文於器物之上，來省察鑒戒，自勗自勉，這種美德已由來很久了。

「銘」就是述其功美，使可稱名的意思。觀察器物，必須給予恰當的名稱；端正名稱，審合功用，其所以如此，旨在重視其所呈現戒愼的美德。春秋時代，魯國大夫臧武仲，評論銘文的功用時，說「

銘文應當稱頌天子的美德，和諸侯的功績，大夫的辛勞。」例如：夏禹將九州獻來的金銅，鑄成九鼎，以象徵九州的統一；周武王滅商以後，北方肅愼氏進貢楛矢，武王在箭幹上，刻著「肅愼之貢矢」。這些都是銘刻天子美德的盛事啊！太公望呂尚輔周滅商有功，銘其功勳於昆吾所治的器物上；仲山甫因佐宣王中興有功，鏤其功績於兵器鑄成的庸鼎上，這些都是記載諸侯事功之義啊！晉國魏顆擊敗秦軍，將功勳記於景鐘；孔悝擁立衞莊公，曾表揚其勤勞於衞鼎，這些都是頌揚大夫攻伐勞苦之類啊！至於像飛廉在霍太山得一口石棺，竟發現刻有賜給他的銘文。衞靈公葬於沙丘，掘穴時發現石棺上面，竟有預爲他作好的謚文。噫！這眞是咄咄怪事了。趙武靈王曾命工刻石於番吾山上，說「主父常遊於此」。秦昭王令人製作碁局於華山，說「昭王常與天神博弈於此」，意在把這些誇大荒誕的銘文，留給後人觀賞。吁！眞是可笑極了。詳觀上舉諸例，銘文的意義和功用，便顯然可知了。

至於秦始皇併吞六國以後，巡行天下，在各地山岳刻石頌德，雖然他平素政治殘暴，但文辭潤澤，卻有疏導政理，通達民情之美啊！像班固的「燕然山銘」，張昶的「西嶽華山堂闕碑銘」，無論敍事記功，都寫得十分壯盛。蔡邕於銘文的構思，堪稱古今的冠冕。他爲橋玄作的「黃鉞銘」，融會書經的典謨，造語古奧而雅重；爲朱穆作的「鼎銘」，通體散行，不用韵語，完全和碑文一樣，這又是溺其所長，而用其所短了。又如馮敬通有刀陽、刀陰、杖、車、席前右、席後右、杯、爵等雜器物的銘文，都是摹擬武王踐阼諸銘爲準則而作的，其內容往往與器物之義不合，文辭的繁簡，與篇幅的大小，也未能恰當適中。崔駰品評事物的銘文，通篇讚揚之辭多，警戒之義少。李尤有各類銘文八十四篇，然而大多文義淺陋，辭藻瑣碎。例如他的「蓍龜銘」，本屬描寫通神占卜的事，卻把它排在賭博弈棋的「圍碁銘」中。他的「權衡銘」，本爲說明量物的美器，卻把它列於搗米的「臼杵銘」之後。如此連器物的等差品第都不及分別，又怎能說是熟練銘文的事理呢？魏文帝做太子時，曾替打造的九件寶器作「劍銘」，觀其作品，令人有器物鋒利，而銘辭笨拙的感覺。唯有張景陽的「劍閣銘」，頗能表現其清新的風格，和優美的文采，好比快馬疾馳，雖然他起步在後，卻能超邁前賢。晉武帝下詔刻「劍閣銘」於岷山、漢水間的劍閣山上，可說是刻得其所，很合時宜的安排啊！

「箴」就是針砭的意思。其主要目的，是用來攻伐缺失，防止災禍，好比刺病治痛的針砭一般。此種文體之興起，盛行於夏、商、周三代。夏、商二代的箴文，尚有餘句存留至今。到了周代的太史辛甲，命百官作箴，以進諫君王的過失，其中有一篇「虞人之箴」，規模義理最爲完備啊！

到春秋時代，箴文的爲用衰微，但尚未斷絕。所以晉國大夫魏絳，運用后羿違民棄賢而失國的史實，來諷諫悼公。楚子莊王用「民生在勤，勤而不匱」的箴言，來訓勉臣民。戰國以來，各國諸侯都拋棄仁德，務求功利，銘辭遂代之而興，箴文便逐漸沒落。到了漢朝的揚雄，稽考古籍，開始摹仿「虞人之箴」，作「十二州牧箴」，「二十五卿尹箴」，傳於世。及至崔駰、崔瑗父子，又補作「九官箴」，後經胡廣的綴輯編排，總稱爲「百官箴」，指明事理，配合官位，一如衣帶上的飾鏡，兩相比較，明白可驗。相信可以上追清新風格於往古，攀援辛甲的作品於後代，而毫無愧怍了。至於潘勗的「符節箴」，內容簡要而失於膚淺；溫嶠的「侍臣箴」，取材廣博而事患冗雜，王濟的「國子箴」，引文過多而敍事甚少；潘尼的「乘輿箴」，思想雅正而體制繁蕪。這些上繼古人而後起的作品，很少有切中箴文體要的佳構。至於王朗的「雜箴」，乃置於頭、巾、鞋、履之中，雖得箴文戒愼之義，但卻不合施陳的處所，觀其以簡約的文辭列舉要義，實是效法武王銘文的法則；而其中包括水、火、井、竈等瑣事細物，顯得文辭繁宂，志意頗有偏失啊！

古之箴文，諷誦於官府，銘文題識於器皿，名目雖然有別，而警戒的作用實相雷同。箴文之用，全在防犯過失，所以行文取材必須堅正肯切；銘文之用，兼具褒揚讚美之意，所以內容體式，貴乎弘偉溫潤。在取材用事方面，既必須覈實明辨，在舒布文辭方面，更應當簡潔深刻，這就是「箴」「銘」二體寫作的大致要領啊！然而到了後代，直言規諫的正道缺而不備，刻勳功於庸器的制度，也久已淪喪，所以「箴」「銘」殊少應用，罕加施行。希望掌握文運的才德君子，能深思「箴」「銘」二體的遠大意義，酌加採行啊！

總而言之：「銘文」實器物的表徵，「箴文」乃道德的軌範。要把箴言銘文深記在心，不僅要拿它來觀察自己，像以水照形一樣；更應本著銘箴的嚴正意義，擴大其作用，謹守警勸，實踐力行。至於寫作的原則，要義理典雅，用途弘大，文辭簡約，方稱優美。

【集　評】

一、紀評：「鼓器不言有銘，此句未詳，或六朝所據之書，今不盡見耳。」

二、黃評：「李習之論銘，謂『盤之辭可遷於鼎，鼎之辭可遷於山，山之辭可遷於碑，惟時之所紀，而不必專切於是物。』其說甚高，然與觀器正名之義乖矣，但不得直賦是物爾。」

紀評：「處處可移，不免馬絡；字字比附，亦成滯相。斟酌於不即不離之間，則兩義兼得矣。」

三、黃評：「陸士衡云：『銘博約而溫潤，箴頓挫而淸壯』，亦同斯旨。」

紀評：「四語分明。」

四、紀評：「此爲當時惟趨詞賦而發。亦補明評文不及近代之故。」

【問題討論與練習】

一、試述銘、箴二體之意義及作用如何？並援例以徵其實。

二、彥和云：「箴全禦過，故文資确切；銘兼褒讚，故體貴弘潤」，所指何事？能就本文所引加以說明否？

誄碑第十二

【解　題】

「誄」，後世以爲「哀祭文」的一種，用於德高望重的死者，累列其生前功伐，以致悼念，與施及夭昏的「哀辭」不同。許愼說文解字言部釋誄云：「謚也」。段注引禮記曾子問注云：「誄，衆也。累列其生時行迹，讀之以作謚。」可見「誄」與「謚」相因爲用，謚以誄成，則誄必有謚。然而論語述而篇曰：「子疾病，子路請禱。子曰：有諸？子路曰：有之。誄曰：禱爾于上下神祇。」觀乎此，「誄」又可以累記功德，祈神求福。

「誄」在夏、商以前，其詞靡聞，周雖有誄，而未被於士。所以「誄」之爲用，大體是「賤不誄貴，幼不誄長，天子至尊，稱天以誄之，卿大夫卒，則君誄之」，如諸侯相誄，則以爲非禮。可是春秋以後，「誄」的使用範圍，逐漸擴大，正如彥和所說：「自魯莊戰乘丘，始及于士。逮尼父卒，哀公作誄，觀其憖遺之辭，嗚呼之歎，雖非叡作，古式存焉。至柳妻之誄惠子，則辭哀而韵長矣。」由貴族逐漸普及於士庶。再說「誄」之爲用，本在定謚，但哀公之誄孔子，純粹是寄哀，與定謚毫無關係。其次由柳妻之誄惠子，似又由原來的「賤不誄貴，幼不誄長」，一變而爲私人也可以作誄，甚而貴賤長幼之節，也可以置而不論了。

對誄辭的寫作要求，彥和云：「誄之爲制，蓋選言以錄行，傳體而頌文，榮始而哀終。論其人也，曖乎若可覿；道其哀也，悽焉如可傷，」這說明在敍述死者生前的德行時，其體裁要似傳而不繁，既然是榮始，便不能專門去抒哀。至於運用語言方面，彥和還是強調它的文學特性，所謂「論其人也，曖乎若可覿；道其哀也，悽焉如可傷。」他從「運辭」和「言情」兩方面，說明「論人」要作到音容宛在，如同晤對；「敍哀」要能够魂牽夢縈，傷心欲絕。從這些條件來看，作者如果沒有高度的寫作技巧，是很難達到他要求的水準的。觀其評揚雄的「誄元后文」云：「文實煩穢」，評杜篤的「吳漢誄」云：「結體頗踈」，評陳思的「文帝誄」云：「體實繁緩」。評傅毅的「明帝誄」與「北海王誄」云：「文體倫序」。評蘇順、崔瑗的「和帝誄」云：「序事如傳，辭靡律調」。評潘岳的「誄辭」云：「巧於序悲，易入新切」。並且還說他專門模仿蘇孝山，已到了出神入化的地步，所謂「隔代相望，能徽厥聲者也」。我們分析彥和之「所譏」與其「所取」，再和他前面所立的「誄之爲制」相較，馬上就可以發現「誄辭」寫作的特點了。

「碑」嚴格說來，並不是文體之名，因爲古代所謂之「碑」，都沒有文字。彥和云：「上古帝皇，紀號封禪，樹石埤岳，故曰碑也」，考許愼說文解字「碑」字的本意，僅僅「豎石」而已。所以深究「碑」之爲用，大別經過以下三個層次，一、是宮室豎碑，在於識影辨時；二、是宗廟豎碑，在於祭祀繫牲；三、是由宗廟的繫牲，擴而大之，用於增土作墓，表揚功績。彥和云：「後代用碑，以石代金，同乎不朽」，這就是後來「碑碣雲起」的根本原因了。

關於立石紀功的文字，大概始於始皇二十八年李斯的「嶧山石刻」，而碑文之作，相傳在西漢已有，如張華「博物志」載西漢醇儒王史威長葬銘：「明明哲士，知存知亡。崇隴原野，非寧非康。不封不樹，作靈垂光。厥銘所依，王史威長。」假若此銘可信，那已經從原來單純的記姓名、爵里，發展到有銘文的地步了。到了後漢，名家蠭出，而蔡邕更可推爲箇中的巨匠。彥和云：「才鋒所斷，莫高蔡邕。觀楊賜之碑，骨鯁訓典，陳郭二文，句無擇言。周胡衆碑，莫非淸允。其敍事也該而要，其綴采也雅而澤。淸詞轉而不窮，巧義出而卓立。察其爲才，自然而至矣。」稱讚他在碑文方面的造詣，是自然的流露，臻於寫作的妙境，可謂空前絕後，才不世出了。

「碑文」之爲用，到了後代，可說十分廣泛，如以設置的地點分析，有門川之碑，有城池之碑，有宮室之碑，有橋道之碑，有壇井之碑，有神廟之碑，有家廟之碑，有古迹之碑，有風土之碑，有災祥之碑，有功德之碑，但如從碑的用途加以區別，又不外用於祠廟，用於紀事，用於墓壙三方面。

「碑文」的制作，有文，有銘，又間或有序。至於寫作要領，彥和以爲「碑之爲體，資乎史才。其序則傳，其文則銘。」在「標序盛德」時，必見「清風之華」，「昭紀鴻懿」時，必見「峻偉之烈」。這可以說給碑文的寫作，指出了一個明顯的規範。同時更可以做爲評鑒「碑文」優劣的準繩。

然而「誄」「碑」爲不同的器物，而彥和卻融會二體爲一篇者，蓋以「碑實銘器，銘實碑文，因器立名，事先於誄，是以勒石讚勳者，入銘之域；樹碑述亡者，同誄之區。」將二體在此合說，也是言之成理的。

【正文】

首段釋誄的名義，及其肇始時代。

周世盛德，有銘誄之文㈠。大夫之材，臨喪能誄㈡。誄者，累也㈢，累其德行，旌之不朽也㈣。

次段敍歷代誄文的發展，先言周雖有誄，未被于士；次言哀公誄尼父，古式存焉。繼論漢朝以來，誄文的優劣。

夏商已前，其詞〔原作「詳」，涉俗書而形誤；唐寫本及御覽作「詞」，據楊明照校注拾遺及唐寫本校改〕靡聞㈤。周雖有誄，未被于士㈥。又賤不誄貴，幼不誄長㈦，其〔原無，依唐寫本校增〕在萬乘，則稱天以誄之㈧。讀誄定謚㈨，其節文大矣。自魯莊戰乘丘，始及于士㈩；逮尼父之〔原無，依唐寫本校增〕卒，哀公作誄⑪，觀其憖遺之辭〔原作「切」，依唐寫本校改〕，嗚呼之歎⑫，雖非叡作，古式存焉⑬〔評一〕。至柳妻之誄惠子⑭，則辭哀而韻長矣⑮〔評二〕。暨乎漢世，承流而作。揚雄之誄元后，文實繁穢〔「繁穢」原作「煩穢」，據唐寫本改〕⑯，沙鹿撮其要〔「鹿」原作「麓」，據唐寫本及御覽五九六引改〕⑰，而摯疑成篇⑱，安有累德述尊，而闊略四句乎！杜篤之誄，有譽前代⑲，吳誄雖工，而結篇頗疏（「結篇」原作「他篇」，唐寫本同，茲從王利器新書徵御覽改），豈以見稱光武，而改眄（「眄」原作「盼」，茲據唐寫本改）千金哉⑳！傅毅所制，文體倫序㉑；蘇順㉒崔瑗（「蘇順」原作「孝山」，孝山乃蘇順字，疑涉下文「專師孝山」而誤，茲據唐寫本改）㉓，辨絜相參㉔，觀其敘事如傳，辭靡律調㉕，固誄之才也。潘岳構思（原作「意」，依唐寫本改）㉖，專師孝山，巧於敘悲，易入新切，所以隔代相望，能徽（原作「徵」，形誤，茲依唐寫本改）厥聲者也㉗〔評三〕。至如崔駰誄趙㉘，劉陶誄黃㉙，並得憲章，工在簡要。陳思叨名，而體實繁緩㉚，文皇誄末，百（原作「旨」，形誤，茲依唐寫本校改）言自陳，其乖甚矣㉛！

三段選出代表作家及作品，並分別評述。

若夫殷臣詠（原作「誄」，形誤，茲依唐寫本改）湯，追褒玄鳥之祚㉜〔評四〕；周史歌文，上闡后稷之烈㉝，誄述祖宗，蓋詩人之則也。至於序述哀情，則觸類而長㉞。傅毅之誄北海㉟，云：「白日幽光，雰霧杳冥㊱。」始序致感，遂為後式㊲。影（原作「景」，依唐寫本校改）而效者，彌取於工㊳矣。

四段提示誄文的寫作要領。

詳夫誄之為制，蓋選言錄行，傳體而頌文，榮始而哀終。論其人也，曖乎若可覿㊴，道其哀也，悽焉如可傷，此其旨也。

五段釋碑的名義及由來

碑者，埤也㊵。上古帝皇，紀（原作「始」，依唐寫本校改）號封禪㊶，樹石埤岳，故曰碑也。

六段言歷代碑文發展演變的狀況，並就蔡邕、孔融、孫綽三家作品，加以評述。

周穆紀跡于弇山之石(42)，亦碑之意也（原「亦」下有「古」字，依唐寫本校刪）〔評五〕。又宗廟有碑，樹之兩楹(43)，事止（原作「正」，依唐寫本校改）麗牲(44)，未勒勳績〔評六〕，而庸器漸缺(45)，故後代用碑，以石代金，同乎不朽，自廟徂墳(46)，猶封墓也(47)。自後漢以來，碑碣雲起(48)；才鋒所斷，莫高蔡邕(49)。觀楊賜之碑(50)，骨鯁訓典(51)，陳郭二文(52)，句（原作「詞」，形誤，玆依唐寫本正）無擇言(53)，周胡（原作「乎」，音同致誤，玆依唐寫本校改）衆碑(54)，莫非精允(55)。其敘事也該而要，其綴采也雅而澤，清詞轉而不窮，巧義出而卓立；察其爲才，自然而至矣（「矣」字原無，據唐寫本校增）(56)。孔融所創(57)，有摹（原作「慕」，依唐寫本校改）伯喈；張陳兩文(58)，辨給足采(59)，亦其亞也。及孫綽爲文(60)，志在於碑（「於碑」原作「碑，誄」，依唐寫本補刪）；溫、王、郄（原作「卻」，形誤，玆據唐寫本校改）庾(61)，辭多枝雜；(62)桓彝一篇，最爲辨裁矣（原無「矣」字，依唐寫本校增）(63)。

末段指出碑文寫作大要，以及碑與銘，碑與誄各體的同異。

夫屬碑之體，資乎史才。其敍則傳，其文則銘〔評七〕。標敍盛德，必見清風之華；昭紀鴻懿，必見峻偉之烈；此碑之制也。夫碑實銘器(64)，銘實碑文，因器立名(65)，事先（原作「光」，依唐寫本校改）於誄(66)。是以勒器（原作「石」，據唐寫本改）讚勳者，入銘之域，樹碑述亡（原作「已」，依唐寫本校改）者，同誄之區焉。

贊曰：寫遠（原作「實」，據唐寫本改）追虛(67)，誄碑以立。銘德纂（原作「慕」，依唐寫本改）行，光采允集（「光采」

原作「文采」，據唐寫本改（六八）。觀風似面（六九），聽辭如泣（七〇）。石墨鐫華（七一），頹影豈戢原作「忒」，依唐寫本校改（七二）。

【註　釋】

㊀ **周世盛德，有銘誄之文**：言周代施政，盛德流行，凡對公卿大夫有功勳者之喪，皆頒賜諡號誄文。語出後漢書种岱傳「李燮上書」。

㊁ **大夫之材，臨喪能誄**：指士大夫在喪祭中，能序次死者生平爲誄文。詩經「定之方中」傳云：「故建邦能命龜，田能施命，作器能銘，使能造命，升高能賦，師旅能誓，山川能說，喪紀能誄，祭祀能語，君子能此九者，可謂有德音，可以爲大夫。」

㊂ **誄者，累也**：誄，累列死者生前德行的文辭，讀之以作諡。文出禮記「曾子問」注。

㊃ **旌之不朽**：旌，表彰的意思。不朽，謂人雖死而名不滅。

㊄ **夏商已前，其詞靡聞**：言夏商以前也間或有諡號，惟其誄詞，世無流傳。詳見逸周書「諡法解」，及白虎通「論諡」。

㊅ **周雖有誄，未被于士**：是說周代雖有賜誄的制度，然祇加諸公卿大夫，未普及於士。參見白虎通「論諡」。

㊆ **賤不誄貴，幼不誄長**：指卑者不能替尊者作誄，晚輩不得替長輩作誄。語出禮記「曾子問」。

㊇ **其在萬乘，則稱天以誄之**：萬乘，能出萬輛兵車的大國，在此指「天子」，全句是說，天子至尊，

一旦駕崩，就須藉上天的名義作誄，語出禮記「曾子問」。

(九) **讀誄定謚**：謚，生前行迹。卽根據死者生前行迹，議定一個稱號叫「謚」。全句是說，誦讀誄文，來決定死者的謚號。

(一〇) **魯莊戰乘丘，始及于士**：魯莊公和宋人戰於乘丘（今山東滋陽縣西北），因馬中流矢，墜車敗績，駕車的縣賁父引咎自殺。及圉人洗馬，見馬中流矢，莊公始知非駕馭之罪，遂誄之。士之有誄當自此始。事見禮記「檀弓上」。

(一一) **逮尼父之卒，哀公作誄**：逮，及。尼父，仲尼的尊稱，魯哀公十六年夏四月己丑孔子卒。公爲文誄之。

(一二) **觀其慭遺之辭，嗚呼之歎**：慭，音（一ㄣˋ），願。全句是指，魯哀公作「誄孔丘文」，其中有「旻天不弔，不慭遺一老」的悼辭，和「嗚呼哀哉，尼父」的歎辭。誄辭見於左傳哀公十六年文。

(一三) **雖非叡作，古式存焉**：叡，同睿，音（ㄖㄨㄟˋ）。叡作，明達之作。全句是說，魯哀公之「誄孔丘文」，雖不算是明達的作品，但仍存有古代誄文的體式。

(一四) **柳妻之誄惠子**：柳，指柳下惠，卽展禽，春秋魯人，名獲，字季，居柳下，嘗仕爲士師，三黜而不去。全句是說，柳下惠既死，其妻替丈夫作誄文，且私謚其夫爲「惠」。語出「說苑」、「列女傳二」。

(一五) **辭哀而韻長**：言柳妻之誄，內容有哀辭，有韻語，不像以前的誄文短促，所以說它「辭哀韻長」。

(一六) **揚雄之誄元后，文實繁穢**：漢書元后傳載：「王莽建國五年，元后崩，詔揚雄作誄。」揚雄「誄元后文」，見於「藝文類聚」十五，「古文苑」二十。嚴可均輯「全漢文」也有收錄。按該誄文措詞繁瑣，不簡潔，故云「文實繁穢」。

⑰**沙鹿撮其要**：沙鹿，山名，在今河北省大名縣東。撮，攝取。揚雄「誄元后文」，有「太陰之精，沙鹿之靈，作合於漢，配元生成。」此四句載於「漢書」元后傳，彥和認爲所錄四句，只是撮取大要，並非該誄文的全部。

⑱**摯疑成篇**：摯，摯虞，字仲治，晉長安人。全句是說，摯虞不曾見「元后誄」全篇，而於「文章流別論」中，疑「漢書」元后傳中所載的，就是「元后誄」的全文。按：清嚴可均輯「全漢文」所校錄的「元后誄」，凡七百二十二字，內容相當冗長。

⑲**杜篤之誄，有譽前代**：杜篤，字季雅，東漢人，少博學，不修小節。後漢書文苑傳杜篤傳云：「大司馬吳漢薨，光武詔諸儒誄之，篤於獄中爲誄，辭最高，帝美之，賜帛免刑。」吳漢誄，今存，見「藝文類聚」四十七。全句是說杜篤的「吳漢誄」，曾獲美譽於前代。

⑳**豈以見稱光武，而改眄千金**：是說難道由於受到光武帝的稱讚，便改變了大家的看法，把寫得「結篇頗疏」的作品，視爲價值千金的名著嗎？

㉑**傅毅所制，文體倫序**：毅，字武仲，東漢茂陵人，曾作「明帝誄」與「北海王誄」。誄文見於「藝文類聚」十二及四十五。傅誄文理條暢，序次分明。

㉒**蘇順**：蘇順字孝山，東漢霸陵人，善屬文，著有賦、論、誄、哀辭、雜文等，凡十六篇。其中有「和帝誄」，見於後漢書文苑傳「蘇順傳」。

㉓**崔瑗**：字子玉，東漢安平人。瑗高於文，著有賦、碑、銘、箴、頌等，凡五十七篇。其中有「和帝誄」，見於後漢書文苑傳「崔瑗傳」。

㉔ **辨絜相參**：絜，修整，明約之意。全句是指，文章辨析入理，修辭得當。

㉕ **序事如傳，辭靡律調**：指傅毅、蘇順、崔瑗三家的誄文，序事如同紀傳，文辭靡麗，音律調和，所以下句有「固誄之才也」的稱許。

㉖ **潘岳構思**：潘岳，字安仁，晉中牟人。曾作「世祖武皇帝誄」、「楊荊州誄」、「楊仲武誄」、「夏侯常侍誄」諸篇，見於「藝文類聚」十三，及清嚴可均「全晉文」卷九十二。構思：構結思意，指作文。

㉗ **能徽厥聲**：徽，美。能徽，追美。此承上文「潘岳構思，專師孝山」來。言潘岳能追美蘇孝山的文壇聲譽。

㉘ **崔駰誄趙**：崔駰，字亭伯，東漢安平人。後漢書崔駰傳云：「駰，所著詩、賦、銘、頌、書、記、表、七依、婚禮、結言、達旨、酒警，合二十一篇。」其「誄趙文」，已佚。

㉙ **劉陶誄黃**：劉陶，字子奇，東漢人。後漢書劉陶傳云：「陶著書數十萬言，又作七曜論，匡老子，反韓非，復孟軻，及上書言當世便事，條教、賦、奏、書記、辯疑，凡百餘篇。」其「誄黃文」，已佚。

㉚ **陳思叨名，而體實繁緩**：叨名，虛有聲名。陳思，曹植。曹子建集中載有「文帝誄」，文長凡千餘言。全句是說，曹植虛得高名，他作的誄文，卻內容繁複，結構鬆弛。

㉛ **文皇誄末，百言自陳，其乖甚矣**：指曹植的「文帝誄」末，自「咨遠臣之渺渺兮，感凶諱以怛驚」以下百餘言，均為自己的陳述，殊違「誄」的體例。

㉜ **殷臣詠湯，追褒玄鳥之祚**：追褒，追美玄鳥賜福給商代。玄鳥，即燕鳥，此處指詩經商頌篇名，為

祭祀殷高宗詩。祚，福。詩經商頌玄鳥：「天命玄鳥，降而生商。」史記殷本紀：「殷契母曰簡狄，有娀氏之女，爲帝嚳次妃，三人行浴，見玄鳥墮其卵，簡狄取吞之，因孕生契。」全句是說，殷商的臣子，詠贊商湯，必追美簡狄吞燕卵而生契，這種玄鳥賜福的事。

㉝ **周史歌文，上闡后稷之烈**：周史，指周代太史。歌文，歌頌文王、武王的功德。后稷，周始祖，堯曾使居農稷之官，封於邰，號曰后稷，子孫世領其官，十五傳，至周武王而有天下。全句是說，周代的太史歌頌文王、武王之德，必向上追溯，闡明祖先后稷的功業。詩經大雅生民序云：「生民，尊祖也。后稷生於姜嫄，文武之功起於后稷，故推以配天焉。」

㉞ **序述哀情，觸類而長**：言敍述哀思之情，觸逢事類的不同，而增長其文辭。

㉟ **傅毅之誄北海**：指傅毅所作的「北海靖王興誄」，見「古文苑」，其文殘闕不全。

㊱ **白日幽光，雰霧杳冥**：雰，霧氣。杳冥，深遠幽渺。是說白日因悲傷而幽暗無光，霧氣因哀愁而深遠入冥。

㊲ **始序致感，遂爲後式**：言開始敍寫感人的情致，遂爲後世誄文寫作的程式。

㊳ **影而效者，彌取於工矣**：影，模仿。工，工巧。言後之作者，由模仿而效法，文字越發工巧了。

㊴ **曖乎若可覿**：曖，僾的假借字，音（ㄞˋ），彷彿。覿，音（ㄉㄧˊ），見面。此承上句來，是說當講到死者生前的人品時，彷彿其人音容宛在，當面可見一般。

㊵ **碑者，埤也**：埤，增益，即增土爲埤的意思。

㊶ **紀號封禪**：封指祭天，禪指祭地。全句是說，上古帝皇紀建帝號時，須行封天禪地的祭禮。參見管

子「封禪篇」，白虎通德論「封禪」。

㊷ **周穆紀跡于弇山之石**：弇，音（一ㄢˇ）。指周穆王與西王母在瑤池宴飲後，又登弇山之石，植槐樹於石旁，題曰「西王母之山」。語出「穆天子傳」三。

㊸ **兩楹**：楹，柱。兩楹，指東、西兩廂的廊柱之間。

㊹ **麗牲**：麗，繫。麗牲，指拴繫將用於祭祀宴饗的牲畜。語出禮記「祭義」。

㊺ **庸器漸缺**：庸，功。庸器，指銘刻功勳的鐘鼎彝器。漸缺，逐漸缺乏。

㊻ **自廟徂墳**：徂，及。全句是說，碑之爲用，先由宗廟的繫牲，後來用到墳墓的刻石紀功。

㊼ **封墓**：增土作墓，以表揚其人的功績，也有增益的意思。

㊽ **碑碣雲起**：方形的叫「碑」，圓形的叫「碣」，雲起，風起雲湧，喻多。參見後漢書「竇憲傳」注。

㊾ **才鋒所斷，莫高蔡邕**：蔡邕，字伯喈，東漢陳留人。意思是說，求之當時才華豐贍，筆鋒犀利的作者，沒有超過蔡邕的。後漢書「蔡邕傳」載其作品有百四篇傳世，但居今尚存九十篇，而銘墓居其半。可參看「蔡中郎文集」。

㊿ **楊賜之碑**：楊賜字伯獻，東漢人，卒謚文烈。蔡中郎文集中有「司空文烈侯楊公碑」。

(五一) **骨鯁訓典**：骨鯁，正直，在此喻內容。訓典，指「書經」中典謨訓誥的文字。全句是說，用典謨訓誥，爲文章的內容骨幹。

(五二) **陳郭二文**：陳指陳寔，字仲弓，東漢潁川許人。郭指郭泰，字林宗，東漢太原界休人。蔡中郎文集中有「陳太丘碑文」、「郭有道碑文」。

㉓ **句無擇言**：擇，簡選。全句是說，陳、郭二文，造語和生平行誼相符，毫不虛美，無可指摘更易的地方。

㉔ **周胡衆碑**：周指周勰，字巨勝，東漢汝南人。胡指胡廣，字伯始，東漢南郡華容人。蔡中郎文集中有「汝南周勰碑文」、「太傅胡廣碑文」。

㉕ **莫非精允**：指「周胡衆碑」的內容確切，文辭允當，恰到好處。

㉖ **其敍事也該而要以下六句**：該而要，完備而扼要。雅而澤，典雅而豐潤。自然而至，毫不扭揑，純任自然，卽臻於碑文的至境。

㉗ **孔融所創**：融，字文舉，東漢魯人。後漢書孔融傳云：「融，與蔡邕素善，邕卒後，有虎賁士貌類於邕，融每酒酣，引與之同坐曰：『雖無老成人，尚有典型。』所著詩、頌、碑文，凡二十五篇。」他寫的碑文，在嚴可均「全後漢文」卷八十三中，僅保存「衞尉張儉碑銘」，且殘缺不全。創，作。

㉘ **張陳兩文**：張指張仲，字元節，東漢山陽高平人。諱儉。孔融有「衞尉張儉碑銘」，已殘。陳文已散佚無考。

㉙ **辨給足采**：行文便捷，辭采充足。

㉚ **孫綽爲文**：綽，字興公，少以文才稱，晉太原中都人。於時文士，綽爲其冠。

㉛ **溫王郄庾**：溫指溫嶠，字太眞，晉祁人。王指王導，字茂弘，晉臨沂人。郄指郄鑒，字道徽，晉人。庾指庾亮，字元規，晉鄢陵人。「藝文類聚」四十五載有孫綽撰的「丞相王導碑」、「太宰郄鑒碑」。「藝文類聚」四十六載有「太尉庾亮碑」，都已殘缺不全，「溫嶠碑」已散佚。

(六二) **辭多枝雜**：言孫綽的碑文，大多措辭枝蔓雜亂，缺乏條理。

(六三) **桓彝一篇，最為辨裁**：「桓彝碑」已散佚。辨裁，指明辨事理，剪裁得當。

(六四) **碑實銘器**：言「石碑」實乃刻勒銘文的器物。

(六五) **因器立名**：本句承接「碑實銘器，銘實碑文」說的，指碑之得名而言。因為立石稱「碑」，所以稱刻於石上的文字叫做「碑文」。

(六六) **事先於誄**：彥和以為立石為碑，始於「上古帝皇，紀號封禪」，時間比誄要早。近人李詳「補注」，稱漢以前刻石紀功，只稱「刻石」，不稱「碑」，稱碑始於「漢」，而彥和謂碑始於上古，其說恐非。

(六七) **寫遠追虛**：寫遠，指敘述死者生前的事蹟。追虛，指追美其人的功德。

(六八) **光采允集**：言榮光華采，確實結合。

(六九) **觀風似面**：指觀看文章中所敘述的風範，使人有面晤其人的感覺。

(七〇) **聽辭如泣**：言聽其抒寫的悲哀文辭，使人不禁感懷涕零。

(七一) **石墨鐫華**：言石碑上鐫刻的華麗辭藻，可以供後人墨搨。

(七二) **頹影豈戢**：頹影，死者的遺影。戢，止息。全句是說，死者的遺風影像，即賴以不朽，絕不因時日久遠而有所消失啊！

【語譯】

周朝施政，大德流行，這時凡對公卿大夫的喪事，皆頒賜諡號誄辭，大夫也以臨喪哀悼，序次死者生平德行，抒發誄辭，以表追念爲能事。所謂「誄」，就是累列一個人生前的品德行迹，藉此表彰他不朽的盛名啊。

夏商以前，也間有諡號，不過「誄辭」後世無傳，所以詳細的內容不得而知。周代雖有賜誄的制度，但只加於位在朝廷的公卿大夫，還沒有普及到一般的士子黎庶。根據禮記「曾子問」，可知當時地位卑賤的人，不能爲尊貴的人作誄，年幼的或晚輩，不能爲年長的作誄，假如天子駕崩，就要藉上天的名義來作誄。且死者的諡號，是依據誄文的內容而定的。其禮節文飾實在是非常莊重的了。自從魯莊公和宋人戰於乘丘，因爲馬中流矢，墜車敗績，駕車的縣賁父引咎自殺；以後莊公知道這不是他的錯，乃作誄以祭弔其忠義。賜誄於士，這可以說是個開始。等到孔子去世，魯哀公作誄以祭，詳觀他那「不憖遺一老」的悼辭，和最後「嗚呼哀哉，尼父」的悲歎，雖然不是才思明達的佳作，但卻保存了古人作誄的法式啊！至於柳下惠死後，其妻爲他作誄，讀來更是辭旨哀怨，情韻深長了！到了漢代，承襲古來的誄文法式，從事寫作，例如揚雄奉王莽詔，爲漢元帝皇后作的「元后誄」，措辭繁瑣，蕪雜不潔。漢書元后傳僅摘要地撮列其「太陰之精，沙麓之靈，作合於漢，配元生成」四句，可是後來西晉的摯虞卻大意失檢，在「文章流別論」裏，竟以爲這就是「元后誄」的完璧；其實那裏有列舉聖德，贊述至尊的誄文，會疏濶簡略到僅止於四句的道理呢？杜篤爲大司馬吳漢作的「吳漢誄」，曾獲美譽於前代。「吳漢誄」雖然文辭工巧，但結尾數句頗嫌粗疏，難道因爲曾獲得光武帝的稱賞，便使得大家另眼相看，得享千金的高價嗎？傅毅作的「明帝誄」，「北海王誄」等，文理暢達，序次分明。蘇順的「漢和帝誄」，崔瑗的「竇貴人誄」，文章辨析入理，簡潔得當。他們敍述死者的生平行事，猶如史傳，條理清晰，文辭靡麗，音律調和，可說是擅長誄詞的高才了。潘岳作誄，構思立意時，專門師法蘇孝山，尤善於敍述悲情，平易感人，文辭懇切。雖然他們兩位，中隔曹魏，處於不同的時代；可是在作品方面，確能前後輝映，追美孝山的文壇聲譽啊！至於像崔駰的「誄趙文」，劉陶的「誄黃文」，都深得誄詞的寫作法式。其作品精到處，在於簡明扼要。陳思王曹植文名雖高，可是他所作的誄詞，卻內容繁複，結構鬆弛，而在「文皇誄」這篇文章的末尾，竟有百餘言，在寄託自身的哀愁，乖違誄文的體式，可說是莫此爲甚了！

至於殷商臣子詠贊「成湯」，必定追述有娀氏女簡狄，吞食玄鳥之卵而生契的故事，用來褒美上天的賜福。周代史官歌頌文王、武王，也必定上考有邰氏女姜嫄，因爲踏了巨人足跡而生后稷的傳說，用來闡揚祖先的功烈。由此看來，在誄文中稱述祖宗的盛德，是詩人作誄的自然法則啊！至於敍述哀思的感情，則須近取類似的事物，而加以引申發揮。如傅毅的誄「北海靖王」云：「白日幽光，雰霧杳冥」，意思是說「悲傷的情緒，恰如白日失色，哀愁的心思，好比霧氣杳冥。」自從他開始敍寫感人的情致以後，幾乎就成了後代誄文寫作的範式。大家模仿效法，如影隨形，筆法之精到，更是越發的巧奪天工了！

詳究誄文的體制，在於選錄死者生前的嘉言懿行，運用傳記的體裁，採行頌贊的文辭，以稱述其光榮的事迹爲開端，以哀悼其逝世作終結。當作者論述死者生前的人品時，彷彿他音容宛在，對面可見；

稱道生者的哀思情感時，則內心悽愴，猶如魂牽夢縈，傷心欲絕。這就是寫作誄文的要旨所在啊！

「碑」，就是「埤」，有自卑增高的意思。上古時代，三皇五帝紀建名號，舉行封禪，就在泰山之上，積土爲壇，告示天神，在梁甫除地爲墠，以祭地祇，樹立石埤於山岳，所以命名曰「碑」。

周穆王紀錄自己的姓名事迹於弇山之石，用來昭示後世子孫，這也是樹碑的重要意旨。宗廟也有「碑」，立於東西兩廂的廊柱間，他的功用起初只是用來拴繫祭祀的牲口，並不刻勒任何的功勳事績；到了後來，因爲用銘刻事功的鐘鼎彝器逐漸缺乏，於是便改用石碑，來代替鐘鼎，同樣可以將人們生前的盛名流傳不朽。自此以後，「碑」，便由原來宗廟的繫牲，擴大到用於墳墓的刻石記功。石碑，就好像是增土封墓，便有了顯揚賢哲功績的意思了。後漢以來，方形的碑，圓形的碣，風起雲湧，樹立得非常多。在這衆多作品中，求之於作者才華豐贍，筆鋒犀利，沒有人能超過「蔡邕」的。我們看他爲楊賜作的「司空文烈侯楊公碑」，以典謨訓誥爲文章的內容骨幹，來顯示他生前賦性正直，道德行迹，可以風範當世。「陳太丘」「郭有道」二碑，行文造語和生平行誼相符，實在是無懈可擊；至於像「汝南周勰碑」、「太傅胡廣碑」，無不內容確切，精湛允當，恰到好處。他敍述事迹，完備扼要，聯綴情采，典雅豐潤，文辭清新圓轉，餘韻無窮；巧義蘊藉層出，風格卓立。看他行文運筆的才思，全是自然率眞的流露，可說達到碑文的至境了。孔融作的碑文，有些是摹仿蔡邕的，例如「衞尉張儉碑銘」，及「誄陳某文」，說理敏捷，辭采充足，也可以說是僅次於「蔡邕」的大家了。孫綽爲文，專心致志於碑文的寫作，如他作的「溫嶠碑」、「丞相王導碑」、「太宰郗鑒碑」、「太尉庾亮碑」等，辭句大都支離破碎，缺乏條理，只有「桓彝碑」這一篇文章，最是明辨事理，剪裁得當。

撰述碑文，必須具備良史的才識。其記敍事迹，文字要像史乘中的傳狀；其稱揚功德，要像鐘鼎彝器的銘文。標舉盛大的美德，必定要能顯出清高儒雅的風範；表彰嘉言美行，必定明示崇高偉大的功烈，這就是寫作碑文的大致要求啊！「碑」是記載銘文的器物，「銘」是刻於碑上的文辭，所以「碑」是因器物而建立的名稱。它的產生，在「誄文」之前。因此刻文字於石上，用來讚揚生人的豐功偉績時，應列於「銘」的範圍之內；豎立石碑，記述逝者的道德人格時，則又與「誄文」的性質毫無二致了。

總而言之：爲了敍述死者生前的事蹟，和追念其人的功德，便因而創立了「誄」和「碑」的體製。銘刻文字於石上，以發揚其功德，纂錄生前行迹，以表達思慕之情；一切的榮光華彩，可說是完全薈萃於此了。觀文中敍述的風範，使人有面晤其人的感受；聽描述的哀傷文辭，會令人感動得泫然涕下。在石碑上鐫刻的華麗辭藻，更可以供後人墨搨。這樣以來，死者的頹風遺影，便可賴以長存；絕不會因爲時日的久遠，而淹沒不彰啊！

【集　評】

一、紀評：「誄之傳者始於是，故標爲古式。」

二、紀評：「此誄體之始變，然其文出列女傳，未必果眞出柳下婦也。」

三、紀評：「所譏者煩穢，繁緩，所取者倫序、簡要、新切，評文之中，已全見大意。」

四、紀評：「誄湯之說，未詳。」

五、紀評：「此變質而文之始，故別論之。」

六、黃評：「碑非文名，誤始陸平原，孫何糾之，拔俗之識也。」

七、紀評：「東坡文章蓋世，而碑非所長，足驗此言之信。」

【問題討論與練習】

一、彥和云：「碑實銘器，銘實碑文，因器立名，事先於誄」何義？試申其旨。

二、彥和於後漢碑文作家，首推「蔡邕」，何故？能否舉例說明之？

三、試述「誄文」的起源，及其演變情形如何？

四、何謂「誄」？何謂「碑」？「誄碑」二體之異同又如何？

哀弔第十三

【解題】

彥和「哀弔」與後世文家所謂「哀祭」一體，內涵不同，哀弔篇云：「哀者，依也。悲實依心，故曰哀也。以辭遣哀，蓋下流之悼，故不在黃髮，必施夭昏」，由此觀之，「哀辭」乃爲對死者表示傷痛、悲愍、悼念而作的文辭；同時，更以施於未成年的人爲主，所謂「不在黃髮，必施夭昏」者是也。至於「弔」，劉彥和以「至」爲訓，並引詩經小雅天保「神之弔矣」相證，以爲：「君子令終定謚，事極理哀，故賓之慰主，以至到爲言」。故「弔文」是致悼死者，以慰苦主的文辭。對於「壓溺乖道」，不得善終的死者，可以不弔。所以「哀弔」者，僅爲「哀辭」與「弔文」二者的並稱；至於「哀祭」，通常包括「哀、誄、祭、弔」四者爲一類，而文心雕龍將「誄」合於「碑」，設有「誄碑」篇。「祭」附於「祝」，設有「祝盟」篇。彥和之所以將「哀弔」特立一篇的原因：一、是由於前代文體已成定制，理應各從其類，不容隨意分合；二、是由於「哀祭」雖指「凡人之告於鬼神者」，但哀、誄、祭、弔，名目繁多，義用有別。故彥和著文心，囿別區分，各適其宜，而分別列目。

彥和論文，向以「情性」爲本根，以「理道」爲準則。在「哀弔」篇中，此意尤爲顯著。如其論哀辭寫作的大體云：「情主於痛傷，而辭窮乎愛惜。」由於哀辭施於夭昏，對於未成年的喪者，其語言的表達，應有不同的方式。他說：「幼未成德，故譽止於察惠；弱不勝務，故悼加乎膚色。」但最重要的，還在於作者具有眞情實性，所謂「隱心而結文則事愜」；不然，爲作哀辭而揑造感情，必會有「觀文而屬心則體夸」，以「夸體爲辭」，則「雖麗不哀」，就成必然的結果了。所以他最後說，必須使讀者有「情往會悲，文來引泣」的感受，才是一篇上乘的「哀辭」。根據此點，我們看他在「選文定篇」中所作的評述，如引「三良殉秦」，而「黃鳥」賦哀，以爲「詩人之哀辭」。引潘岳「金鹿」「澤蘭」，以爲：「慮贍辭變，情洞悲苦，義直而文婉，體舊而趣新」，說他是「莫之或繼」，成了空谷絕響，逸步難追的作品了。評崔瑗「後漢汝陽王哀辭」，是「怪而不辭」，「仙而不哀」。評蘇順、張升作的哀辭，以爲：「雖發其情華，而未極其心實」，足見彥和論文之根本和準則。

「弔文」既然是「賓之慰主」，所以對寫作方式更應特別講求。他說：「弔雖古義，而華辭末造。華過韻緩，則化而爲賦。」可見弔文以「情至」爲貴，不以「辭麗」爲先。所以彥和云：「宜正義以繩理，昭德而塞違，剖析褒貶，哀而有正，則無奪倫矣。」我們用這個標準，來看他對各家作品的評述：如評賈誼「弔屈原賦」云：「體周而事覈，辭清而理哀」；評司馬相如「弔秦二世文」，說他通篇全是賦體，僅「卒章要切，斷而能悲」；其他則微引桓譚「新論」的看法，以爲：「其言惻愴，讀者嘆息。」評揚雄的「反離騷」，說他「思積功寡，辭韻沈膇。」評班彪、蔡邕兩家之作，以爲他們雖然竭力「影附賈氏」，但卻很難達到並駕齊驅的境界。

彥和之論文，無不從「情性」中來，同時扣緊「內容」與「形式」兩部分，這正印證了他「情采並重」的文學主張。尤以齊、梁時代，文章日競雕華，所謂「五色相宣，八音協暢」，「淫文破典，斐爾爲功」，彥和以拯紛濟溺的態度，作矯訛翻淺的努力，只要會通文心雕龍全書，像他這種「爲文用心」之所在，便灼然可見了。

【正文】

首段援引周書「謚法」，以明「哀」的名義，

賦憲之謚㈠，短折曰哀㈡。哀者，依也㈢。悲實依心，故曰哀也。以辭遣哀，蓋下流之悼㈣，故不在黃髮㈤，必施夭（原作「天」，依唐寫本校改）昏㈥。

與「哀文」的施用對象。

昔三良殉秦⑦，百夫莫贖⑧，事均夭枉⑨，黃鳥賦哀，抑亦⑩詩人之哀辭乎？暨漢武封禪，而霍嬗（原作「光病」，依唐寫本校改）暴亡⑪，帝傷而作詩⑫，亦哀辭之類矣。降及後漢（「降」字原無，依唐寫本校增），汝陽王亡⑬，崔瑗哀辭⑭，始變前式（原作「戒」，形誤，依唐寫本校改）。然「履突鬼門」⑮，怪而不辭；「駕龍乘雲」⑯，仙而不哀〔評一〕；又卒章五言，頗似歌謠，亦彷彿乎漢武也⑰。至於蘇順（原作「愼」，聲誤，依唐寫本校改）⑱張升⑲，並述哀文，雖發其情華，而未極其心實（上句「情」原作「精」，形誤，王惟儉訓故本以爲「精作情」。此句「其」字原脫，玆據李師曰剛斠詮徵晉語五，及唐寫本改補）⑳。建安哀辭，惟偉長差善㉑，行女一篇㉒，時有惻怛㉓。及潘岳繼作㉔，實鍾（原作「踵」，形音俱近致誤，玆依唐寫本校改）其美㉕。觀其慮贍（原作「善」，聲誤，依唐寫本校改）辭變，情洞悲苦，敍事如傳。結言摹詩，促節四言，鮮有緩句；故能義直而文婉，體舊而趣新〔評二〕，金鹿、澤蘭㉖，莫之或繼也。

次段敍「哀文」的起源與流變，並論漢魏各家「哀文」的優劣。

原夫哀辭大體，情主於痛傷，而辭窮乎愛惜。幼未成德，故譽止於察惠㉗；弱不勝務，故悼加乎膚色。隱心而結文則事愜㉘，觀文而屬心則體夸㉙。夸（前後兩「夸」字原皆作「奢」，形誤，據唐寫本改）體爲辭，則雖麗不哀；必使情往會悲，文來引泣，乃其貴耳。

三段論「哀文」寫作的體式及其要領。

四段敍「弔」的名義，及「弔文」施用的事例與範圍。

弔者，至也㉚。詩云：「神之弔矣」㉛。言神至也。君子令終㉜定謚，事極理哀，故賓之慰主，亦以至到爲言也「亦」字原脫，據唐寫本增。壓溺乖道，所以不弔矣㉝。又宋水鄭火㉞，行人奉辭㉟，國災民亡，故同弔也。及晉築虒臺㊱，齊襲燕城㊲，史趙二字原無，依唐寫本校增蘇秦，翻賀爲弔㊳〔評三〕，虐民搆敵㊴，亦亡之道。凡斯之例，弔之所設也。或驕貴以原作「而」，依唐寫本及李師曰剛斠詮徵本句與第二句同用「以」字，正與三四句同用「而」字相對之例校改殞身㊵，或狷忿以乖道㊶，或有志而無時㊷，或行美原作「美才」，依唐寫本校改而兼累㊸，追而慰之，並名爲弔。

五段推「弔文」的原始與流變，並評述各家，作品的優劣。

自賈誼浮湘，發憤弔屈㊹，體周原作「同」，形誤，依唐寫本校改而事覈，辭清而理哀，蓋首出之作也。及相如之弔二世㊺，全爲賦體；桓譚以爲：「其言惻愴㊻，讀者歎息。」及卒原作「平」，形誤，依唐寫本校改章要切，斷而能悲也。揚雄弔屈㊼，思積功寡，意深反騷原作「文略」，形近而誤，依唐寫本校改㊽，故辭韻沈膇㊾。班彪、蔡邕㊿，並敏于致詰原作「語」，形誤，依唐寫本校改(51)。然影附賈氏(52)。難爲並驅耳。胡阮之弔夷齊(53)，褒而無間原作「聞」，形誤，依唐寫本校改(54)，仲宣所制(55)，譏呵實工(56)。然則胡阮嘉其清，王子傷其隘，各其志也「其」字原脫，依唐寫本校增。禰衡之弔平子(57)，縟麗而輕清；陸機之弔魏武(58)，序巧而文繁。降斯以下，未有末段言「弔文」的寫作要領，及應當注意之點。

可稱者矣。

夫弔雖古義，而華辭末（原作「未」、依王利器新書及雜文篇「文章之枝派，暇豫之末造也」詞例相同改）造(五九)；華過韻緩，則化而爲賦〔評四〕。固宜正義以繩理，昭德而塞違，剖（原作「割」，形誤，據唐寫本改）析褒貶，哀而有正，則無奪倫矣(六〇)！

贊曰：辭之所哀（原作「辭定所表」，並形誤，依唐寫本校改），在彼弱弄(六一)。苗而不秀(六二)，自古斯慟。雖有通才，迷方失（原作「告」，草書形近，致誤，依唐寫本校改）控(六三)。千載可傷，寓言以送(六四)。

【註釋】

㊀ **賦憲之謚**：賦，布。憲，法。賦憲，指頒布謚號的大法，相傳謚法是周公旦、太公望制定的。賦憲之謚，即指周公旦頒布人死後賜名封號的謚法。汲冢周書卷六「謚法解」云：「維周公旦、太公望，開嗣王業，建功于牧之野，終將葬，乃制謚，遂敘謚法。」

㊁ **短折曰哀**：短折，夭折。泛指短命而死的人。汲冢周書卷六謚法解：「蚤孤短折曰哀，恭仁短折曰哀。」

㊂ **哀者，依也**：許愼說文解字口部：「哀，閔也，從口衣聲。」彥和以同聲爲訓。依，依憑之意。全句是說，「哀」是依心中的悲情產生的。

㊃ **下流之悼**：下流，指別於尊者的幼輩。全句指對幼輩夭折的哀悼。語出陳壽三國志魏志「閻溫傳」。

㊄ **黃髮**：老人。因老人髮白復黃之故。

㊅ **夭昏**：夭，夭折，短命而死。昏，未老而死。古時三月取名，此指出生未滿三月而死者。

㊆ **三良殉秦**：指秦穆公死時，以子車氏的三個兒子，奄息、仲行、鍼虎殉葬，此三人皆秦國賢良，故時人爲之賦「黃鳥」以諷。事見詩經秦風「黃鳥」篇序，及左傳文公六年文。

㊇ **百夫莫贖**：詩經秦風黃鳥篇：「如可贖兮，人百其身。」意思是說，縱以百人之身，來代三良之死，也無法贖回他們的性命。

㊈ **夭枉**：即「短折枉死」之意。謝靈運廬陵王墓下作詩云：「脆促良可哀，夭枉特兼常。」

⑩ **抑亦**：疑詞，猶「也是」。

⑪ **漢武封禪，而霍嬗暴亡**：霍嬗，霍去病之子，字子侯。全句是說，漢武帝與寵臣霍子侯，同往泰山祭天，回來後，霍子侯即因暴疾身死。史記封禪書：「天子獨與侍中奉車子侯上泰山。」漢書霍去病傳：「去病子嬗，嬗字子侯，上愛之，爲奉車都尉，從封泰山而薨。」

⑫ **帝傷而作詩**：漢武帝傷霍子侯之死，作「傷霍嬗詩」，此詩已散佚。

⑬ **降及後漢，汝陽王亡**：汝陽王生平，今不可考。

⑭ **崔瑗哀辭**：崔瑗，字子玉，東漢安平人，善文辭，曾作「汝陽王哀辭」，文已亡佚。

⑮ **履突鬼門**：履，踐履。突，超越。履突，穿越之意。鬼門，本廣西省北流縣以南的地名，此地多瘴癘，入者鮮能生還，今人用來比喻死者所往的鬼門關。全句是說，腳步已邁入鬼門關。

(十六) **駕龍乘雲**：爲崔瑗「哀辭」中的仙化之辭。

(十七) **彷彿漢武**：彷彿，貌甚相似，又作仿佛、髣髴。此處作模仿解。全句當指崔瑗哀辭的卒章五言，蓋模仿漢武帝作的「傷霍嬗詩」。

(十八) **蘇順**：字孝山，東漢霸陵人，著有賦、論、誄、哀辭、雜文等，凡十六篇，見於後漢書文苑傳「蘇順傳」。其哀辭已佚。

(十九) **張升**：字彥眞，東漢尉氏人。作有賦、誄、頌、碑、書等，凡六十篇，所作「哀辭」已佚，見於後漢書文苑傳「張升傳」。

(二〇) **發其情華，未極心實**：情華，才情華藻。心實，衷心實意。言蘇、張二氏的作品，能發舒其「才情華藻」，但尙未極盡「衷心實意」的悲痛。

(二一) **建安哀辭，偉長差善**：徐幹字偉長，三國魏北海人。建安七子之一。是說建安時期，哀辭之作，唯徐幹較佳。摯虞文章流別論：「建安中，文帝與臨淄侯各失稚子，命徐幹、劉楨等爲之哀辭。」

(二二) **行女一篇**：「行女篇」是徐幹作的哀辭，今已亡佚。

(二三) **惻怛**：悲憂、傷痛之意。

(二四) **潘岳繼作**：潘岳字安仁，晉中牟人。著有金鹿、澤蘭、陽城劉氏妹、京陵女公子王氏等哀辭。他的哀悼詩，最爲傑出。文見清嚴可均「全晉文」卷九十三。

(二五) **實鍾其美**：鍾，聚集。指潘岳哀辭，實兼採前賢的各種優點。

(二六) **金鹿澤蘭**：金鹿，潘岳爲傷其幼子之亡，作的哀辭。澤蘭，潘岳爲任子咸妻，作的「孤女澤蘭哀辭」

潘岳集云：「金鹿哀辭，金鹿，岳之幼子也。又爲任子咸妻，作孤女澤蘭哀辭，澤蘭，子咸之女也。」

㉗ **察惠**：惠與慧通，察惠卽察慧，指聰明敏慧。

㉘ **隱心而結文則事愜**：隱，痛。愜，音（ㄑㄧㄝˋ），切當。心有所悲，則情思彌篤。是說因爲痛心而寫哀辭，則情辭切當動人。

㉙ **觀文而屬心則體夸**：是說爲了寫哀辭而表示痛心，不但文字浮夸，感情也不眞實。

㉚ **弔者，至也**：指弔有「至」的意思，卽至喪家表達慰問同情之意。爾雅釋詁上：「弔，至也。」

㉛ **神之弔矣**：指神靈感應而至。詩經小雅天保篇：「神之弔矣，詒爾多福。」箋云：「神至者，宗廟致敬，鬼神著矣。」

㉜ **令終**：令，善。令終，卽善終。詩經大雅既醉篇：「昭明有融，高朗令終。」

㉝ **壓溺乖道，所以不弔矣**：壓，壓死。溺，溺斃。乖道，乖違天道，死不得禮。禮記檀弓上：「死而不弔者三：畏，壓，溺。」

㉞ **宋水鄭火**：宋水，指魯莊公十一年，宋國發生水災。鄭火，指魯昭公十八年，宋、衞、陳、鄭四國皆發生火災。前者見左傳莊公十一年文，後者見昭公十八年文。

㉟ **行人奉辭**：行人，官名，掌朝覲聘問的事。全句是指宋水鄭火，國家有災，各國皆遣行人之官，向受災的國家，致慰問之意。

㊱ **晉築虒臺**：虒，音（ㄙ）。虒臺，指虒祁宮，在今山西省曲沃縣西。全句是說，晉平公築虒祁宮。事見左傳昭公八年文。

㊲ **齊襲燕城**：指齊宣王乘燕國辦理喪事的時候，攻下燕國十城。事見戰國策「燕策」一。

㊳ **史趙、蘇秦，翻賀爲弔**：左傳昭公八年：「游吉相鄭伯以如晉，亦賀虒祁也，史趙見子太叔曰『甚哉，其相蒙也，可弔也，而又賀之。』」蓋晉築虒臺，乃虐民之事，故史趙以之爲可弔，非可賀之事。戰國策燕策一：「燕易王初立，齊宣王因燕喪攻之，取十城。蘇秦爲燕說齊王，再拜而賀，因仰而弔。」蓋齊襲十城，將結怨秦國，故蘇秦先賀齊得城，再弔以搆敵。按此兩處史實的內容，前者史趙，只說可弔，並沒有眞的去弔；後者蘇秦，是運用游說的手段，和眞的弔唁也不同。

㊴ **虐民搆敵**：虐民，指晉築虒臺。搆敵，指齊襲燕城。

㊵ **驕貴以殞身**：指秦二世胡亥，驕奢無度而喪失身家性命。

㊶ **狷忿以乖道**：指屈原，狷介偏激，而乖違中道，投江自殺。

㊷ **有志而無時**：指張衡，胸懷壯志，而生不逢時。

㊸ **行美而兼累**：指魏武帝曹操，身具奇才，而有失德之累。

㊹ **賈誼浮湘，發憤弔屈**：是說賈誼爲長沙王太傅，因已被謫，渡湘水時，自傷與屈子境遇相類，乃爲賦弔屈原，以發抒憤懣的情懷。事見史記屈賈列傳。這篇賦，體製同於「哀弔文」，所以下文有「首出之作也」句。

㊺ **相如之弔二世**：漢武帝遊經秦二世被害的「宜春宮」，司馬相如有所感，作「弔秦二世文」以奏。內容在哀悼胡亥的行爲失檢。事見史記「司馬相如列傳」。此文全爲賦體，用鋪陳的筆法。

㊻ **桓譚以爲其言惻愴**：桓譚語當在「新論」中，今已亡佚。

㊼ **揚雄弔屈**：揚雄曾模仿屈原「離騷」作「反離騷」，且將其文自湣山投諸江流，以弔屈子。事見漢書「揚雄傳」上。

㊽ **意深反騷**：是說揚雄爲文，往往摭拾離騷之意而反之。

㊾ **辭韻沈膇**：膇，音（ㄓㄨㄟˋ）。沈膇，腳腫，形容文辭板滯不靈動。全句是說，辭藻韻律皆累贅滯重，不夠靈活。

㊿ **班彪蔡邕**：班彪，字叔皮，東漢安陵人，有「悼離騷」文。蔡邕，字伯喈，東漢陳留圉人，有「弔屈原文」。二作均已殘缺，分別見於「藝文類聚」卷四十、卷五十八。

(51) **敏於致詰**：指班、蔡二作，皆善於提問，寫送心聲。

(52) **影附賈氏**：影附卽影從附和，有模仿之意。全句是說模仿賈誼。

(53) **胡阮之弔夷齊**：胡，胡廣，字伯始，東漢人，有「弔夷齊文」。阮，阮瑀，字元瑜，東漢陳留人，有「弔伯夷文」。二文見於「藝文類聚」卷三十七。

(54) **褒而無間**：間，批評。全句是說，胡、阮二子的「弔夷齊文」，皆褒美夷齊的仁德，沒有批評的話語。

(55) **仲宣所制**：王粲，字仲宣，三國魏高平人，作有「弔夷齊文」。

(56) **譏呵實工**：指王粲「弔夷齊文」，有「知養老之可歸，忘除暴之爲念，潔己躬以騁志，愆聖者之大倫」之語。說伯夷叔齊知道文王善養老，便去投奔，卻忘掉武王伐紂，是爲民除暴。知道潔身以保持名節，不食周粟，卻忘掉君臣之大倫。其譏評與呵責，立義正確，用辭工巧。

(57) **禰衡之弔平子**：禰衡，字正平，東漢平原人，有「弔張衡文」。平子，張衡字，文見「太平御覽」

卷五九六。

(五九) **陸機之弔魏武**：陸機，字士衡，晉吳郡人。有「弔魏武帝文」，見「昭明文選」第六十卷。

(六〇) **華辭末造**：末造，衰世，末世之意。全句是說，後世講究華麗的辭藻。

(六一) **則無奪倫**：言無失其倫次。

(六二) **弱弄**：言正當年幼戲玩的年齡。

(六三) **苗而不秀**：以苗不能吐秀揚花，比喻人在幼小的時候夭折。

(六三) **迷方失控**：迷失方向，失去控制。指作者把「哀弔」寫成「辭賦」。

(六四) **寓言以送**：是說作者把內心哀傷的情感，藉着語言文字來寫送傳達。

【語　譯】

根據汲冢周書上的記載，周公頒佈人死後賜名封號的謚法，凡短命而死的叫做「哀」。所謂「哀」，是依據心中悲憫的情懷產生的；因爲悲傷的情懷，必須依內心的感觸，才能表現於外，所以我們稱這一類的文字叫做「哀」。用文辭來排遣哀情，乃是對幼輩夭折者的悼念，故不可用於壽終正寢的老人，必須施用於短命夭折的童子，或是出生未滿三月就死亡的嬰兒。

從前秦伯「任好」死的時候，以子車氏三子奄息、仲行、鍼虎殉葬。這三個人，時人稱爲「三良」，大家認爲縱然以百人之身，來替代三良之死，也無法贖回他們的性命啊！對於這些夭折枉死的事情，秦人特別爲之賦「黃鳥」之詩，以發抒內心的哀悼。也許這就是詩人所作的「哀辭」吧！漢武帝時，曾與寵臣侍從奉車都尉霍子侯，同往泰山祭天，回來後，霍子侯突得暴疾而死，武帝悼念哀痛不已，於是撰「傷霍嬗詩」，來記述他悲哀的情懷，這也可說是屬於「哀辭」一類的作品了。到了東漢，汝陽王逝世，崔瑗作「汝陽王哀辭」，由此開始，才改變了前人寫作的體式。然而文中如「履突鬼門」，意思是說你的腳步已邁入了鬼門關，實在造語怪誕，不成辭采。至於說「駕雲乘龍」，形容死者已化為神仙，飛向極樂一類的比擬，則又毫無哀悼之意。同時又在末章運用了五言句法，使得這篇哀辭，到最後猶如民歌童謠，這也許是模仿漢武帝「傷霍嬗詩」的形式吧？至於蘇順、張升二位，他們都作過哀弔的文章，雖然也能發揮才情，表現華美的辭采，但並未充分吐露內心實際的悲痛。建安時代的作家，只有徐幹的「哀辭」較佳。例如他所作的「行女篇」，字裏行間時有悲惻切怛的流露。到了晉朝潘岳，繼續創作這種文體，兼備前人作品各種的優點。我們詳觀他的作品，可說是思慮豐贍，辭采多變，文情洞徹，悲思淒苦。敍述事蹟，宛如史傳，結尾造語，摹倣詩經；全篇多屬音節短促的四言，很少有聲調緩慢的長句。故能義理質直而文辭委婉；體裁雖因襲舊式，而意趣卻推陳翻新。例如他作的「金鹿哀辭」與「孤女澤蘭哀辭」，已成空谷絕響，後世恐怕沒有人能繼承他的餘音了！

推求哀辭的寫作，其大致要領：是「用情」應以悲痛哀傷為主體，「措辭」要以表達對死者的愛憐惋惜為能事；因為他們年幼無知，尚無德業之可言，所以對他們的稱讚，僅限於聰明敏慧；因為他們身體柔弱，還不足以勝任世務，所以對他們的悼念，只施之於髮膚容色。以悲痛的心情，寫出來的哀辭，文情自能愜當動人。如果為了寫哀辭，故意表示痛心，則文體必然浮誇不實。以浮誇的措辭，作為文章的體式，則辭采雖然華麗，卻沒有哀悼的感情。所以必須使感情的流露，能會合悲悼；文章讀起來，能引人垂泣，才算是可貴的佳作啊！

所謂「弔」，根據爾雅釋詁上的說法：「弔，至也。」這就是人至喪家，表達慰問同情的意思。詩經小雅天保篇說：「神之弔矣。」是說神靈感應而至。在位的君子，壽終正寢以後，要議定謚號，這乃是人事的極致，情理上的至哀，所以賓客前往弔慰喪主，必定要以「至」爲名啊！至於被壓死或溺斃的，都屬乖違天道；死不得禮，可以無需弔喪。如魯莊公十一年，宋國發生水災，魯昭公十八年，宋、衞、陳、鄭四國發生火災，各國都曾經派遣使者，向受災的國家，致慰問之意，這是因爲國家遭受災禍，人民遇難而死，同樣地要前往弔慰。至於晉平公築虒祁宮，本屬勞民傷財的事，而鄭國宰相游吉卻前往道賀。晉太史史趙，乃以此事爲可弔，非可賀之事。又如齊宣王乘燕國辦理喪事的時候，攻下燕國十城，以後蘇秦游說齊王，先賀其取得燕國十城，後弔其將結怨秦國。這種虐待百姓，製造仇敵的做法，也就是亡國之道。大凡這一類的例子，就是弔文設立的來源啊！我們觀察古人，有的是因爲驕奢無度而喪失生命，像秦二世胡亥；有的是狷介忿激而乖違中道，如楚國的屈原；有的是胸懷壯志而生不逢時，如後漢的張衡；有的是身負奇才而有失德之累，如魏武帝曹操。後人爲了追念他們的生平行事之迹，所以大作文章，弔慰他們。凡是這一類的文章，一概稱之爲「弔祭文」。

自從賈誼謫爲長沙王太傅，當他南渡湘水時，作「弔屈原文」，以發抒內心的憤懣。這篇文章可說是結體周密，而敍事賅實，辭采清麗，而說理哀傷，可謂「弔文」中第一篇傑出的作品。及至司馬相如伴武帝遊經秦二世被害的「宜春宮」，心有所感，而作「弔秦二世文」，這篇文章全部是運用漢賦鋪張揚厲的筆法寫的。桓譚認爲此文悲惻悽愴，足令讀者慨嘆不已；尤其篇末結語，更是精要切當，感情遒貞，足以令人引發悲情啊！揚雄作「反離騷」以弔屈原，雖是苦思積慮，然而功效不佳，或許是因爲他立意在反離騷，過分執着，所以辭藻音節都累贅板滯，缺乏活潑靈動的機趣。其他如班彪的「悼離騷文」，蔡邕的「弔屈原文」，這些都是擅於提問，發抒內心感受的作品；然而卻因爲他們都刻意模擬賈誼的寫作技巧，所以也就很難和賈誼並駕齊驅了。至於胡廣、阮瑀兩家的「弔夷齊文」，都是褒獎他們美好的一面，對於他們的行事毫不置評；而王粲作的「弔夷齊文」，對於伯夷、叔齊二人的譏斥呵責，用辭非常工巧。如果我們兩相比較，就可以了解：胡廣、阮瑀主要是贊許伯夷、叔齊的清高，而王仲宣卻哀傷他們胸襟過分狹隘。他們所以有這種不同的看法，主要是彼此的思想觀念不同的緣故啊！至於禰衡的「弔平子文」，辭采繁縟華麗，筆調輕靈朗爽。陸機的「弔魏武帝文」，序言精巧，而辭采繁瑣。自此以下，「弔祭」一類的文章雖多，但已經沒有特別突出，值得稱道的作品了。

我們細加推究「弔祭文」之在古代，其功用僅止於問終弔喪；至於講究華詞麗句，則屬後世人們共同的愛好。辭藻過分華麗，甚而至於韻調緩慢，就自然轉化而成「辭賦」的體式。所以我們應當端正「弔文」的正當義用，作爲寫作的理則，彰明弔文的美德，以杜塞後人不當的手法，剖析入微，褒貶得中，務使「哀弔」的情感合於正道，如此一來，行文措辭就不會喪失倫次了。

總而言之：「哀辭」的運用範圍，在專對短折夭壽的幼輩。因爲他們華年早逝，猶如禾苗，在尙未吐穗揚花的時候，就已經枯萎夭折了；自古以來，令人悲慟的事，可說是莫此爲甚。而博學通達的才士們，由於迷失方向，失卻控制，未能針對「哀弔」的體式，抒寫不朽之作，卽使是在千年以後，亦足以令人惋惜。因此，惟有寄託悲情於「哀弔」之文，才足以安慰那些九泉之下的英靈於萬一啊！

【集　評】

一、紀評：「此後世祭文之通病。」

二、紀評：「四字精妙，凡文皆然。」

三、紀評：「史趙、蘇秦乃一時說辭，不得列之弔類。」

四、紀評：「四語正變分明，而分寸不苟。」。

【問題討論與練習】

一、試述「哀文」之起源及其流變如何？

二、彥和云：「或驕貴以殞身、或狷忿以乖道、或有志而無時、或行美而兼累」，義何所指？試申其說。

三、彥和於「哀辭」，首推潘岳，以為「莫之或繼」，於「弔文」特舉賈誼，以為「首出之作」，何故？能否援例以徵其說？

四、試由「哀」「弔」寫作之要領，說明二體之共同點何在？

雜文第十四

【解題】

彥和「論文敘筆」部分，其囿別區分，共有二十篇，卽文心雕龍卷二到卷三，由「明詩」到「諧讔」，爲論「文」之屬，卷四到卷五，由「史傳」到「書記」，爲敘「筆」之屬。有韻曰「文」，無韻曰「筆」。不過，「雜文」「諧讔」二篇，皆文筆雜用，體式不純，近人范文瀾注文心雕龍，將之列入「文筆雜類」，此與彥和「論文」之旨雖有出入，但就其內容體制言，卻略近乎實。

本篇之於「雜文」，列有三種體裁，一曰對問、二曰七發、三曰連珠。「智術之子，博雅之人，藻溢於辭，辯盈乎氣。苑囿文情，故日新而殊致，」於宋玉造「對問」，枚乘製「七發」，揚雄肇「連珠」，凡此三者，皆「文章之枝派，暇豫之末造也。」

惟古來對這三種文體的緣起，說法頗不一致。如「對問」：彥和以爲「宋玉含才，頗亦負俗，始造對問，以申其志」，現在昭明文選卷四十五錄有「對楚王問」，而吳訥「文章辨體」，徐師曾「文體明辨」，則易「對問」爲「問對」，徐氏且云：「問對者，文人假設之詞也。其名既殊，其實復異，故名實皆問者，屈平天問，江淹邃古篇之類是也。」以爲屈平「天問」爲此體之起源。李師曰剛文心雕龍斠詮於「雜文題述」云：「對問之興，來源最古，尙書、論語，導其先河；漁父、卜居，肇其具體，公、穀以是傳經，莊、列於焉寓言。」又將「對問」之興，提前到尙書、論語的時代。蓋經典宏深，兼備衆體，而其規模，要以宋玉「對楚王問」一文最爲完具也。

「七發」之體，首製於枚乘，此爲自來的通論，所以昭明輯「文選」，於卷三十四首載枚叔「七發」，曹子建「七啓」，其次，是張景陽的「七命」。蓋任何文體之興，必前有所承，決非突如其來。章實齋文史通義詩教上，以爲「孟子梁惠王問齊宣王之大欲，歷舉肥甘、輕煖、采色、便嬖，『七林』之所啓也，而或以爲創自枚乘，忘其祖矣。」孫德謙「六朝麗指」，更逆考其說，認爲「孟子齊宣王章『肥甘不足於口』數語，是此體濫觴，此固探本之談矣。然徵之孟子，猶不若說大人章，益爲符合。」而近世章太炎先生獨以爲係「解散大招、招魂之體而成」。各說皆能推本窮原，持之有故。

「連珠」之體，彥和自「揚雄覃思文閣，業深綜述，碎文瑣語，肇爲「連珠」。明楊愼「丹鉛總錄」引北史李先傳，有「帝召先，讀韓子連珠論二十二篇」，故以爲「韓子，韓非子。韓非書中有連語。先列其目，而後著其解，謂之連珠。據此，則連珠又肇自韓非」。劉永濟「文心雕龍校釋」更推演其說，認爲「韓非儲說爲此體之所始，蓋其結體相同，特子雲加以藻飾之辭耳。」似此，則「連珠」一體，更在韓非書中已兆其端倪了。

至於「對問」「七發」「連珠」三種文體之作法，彥和以爲「對問之設，其主要目的在「發憤以表志」，當身受挫折時，則憑藉正道的修明以自慰；運厲艱困時，則寄託達觀的心情以俟命。然後「淵岳其心，麟鳳其采」，這就是本文立體的大致要領。「七」之爲文，原自乎人的七竅，應該發乎嗜欲，達到「始邪末正」的要求。如果「高談宮館，壯語畋獵」，使「甘意搖骨髓，豔詞動魂識」，最後必然流於「諷一勸百」，那就有悖寫作的正軌了。「連珠」的要求，是「文小易周，思閑可瞻」，一定要使「義明詞淨」，「事圓音澤」，如此「磊磊自轉」，方可稱爲連貫之「珠」耳。

由兩漢以迄齊、梁，雜文末流，名號繁多，所以本篇於「附論」，又列有「典、誥、誓、問」，「覽、略、篇、章」，「曲、操、弄、引」，「吟、諷、謠、詠」等十六種不同的體類。此十六類文體，在彥和看來，都可以「總括其名，並歸雜文之區」；如區以別之，「典」可入「封禪篇」，「誥」可入「詔策篇」，「誓」

可入「祝盟篇」，「問」可入「議對篇」，「曲、操、弄、引、吟、諷、謠、詠」，可入「樂府篇」，「章」可入「章表篇」，「覽、略、篇」，可入「諸子篇」，此卽所謂「甄別其義，各入討論之域」者是也。

今人也有所謂「雜文」者。意思是指「雜感」「隨筆」一類的小品雜文，自與本篇所言者性質不同，此又爲喜好此事的同道諸君，所當留意而不容混爲一談者。

【正　文】

智術之子，博雅之人，藻溢於辭，辯（原作「辭」，形近致誤，從唐寫本改）盈乎氣。苑囿㊀文情，故日新而殊致㊁。宋玉㊂含才，頗亦負俗㊃，始造對問㊄〔評一〕，以申其志，放懷寥廓㊅，氣實使文（原作「之」，行書致誤，茲從唐寫本改）㊆。及枚乘攡豔，首製七發㊇，腴辭雲構㊈，夸麗風駭㊉。蓋七竅所發⑪，發乎嗜欲，始邪末正⑫，所以戒膏粱之子也⑬。揚雄覃思文閣（原作「闊」，茲依王利器新書徵傳校各本校改）⑭，業深綜述⑮，碎文瑣語⑯，肇爲連珠⑰，其辭雖小而明潤矣。凡此三者，文章之枝派，暇豫之末造也⑱。

自對問以後，東方朔效而廣之，名爲客難，託古慰志⑲，疎而有辨。揚雄解嘲⑳，雜以諧謔，廻環自釋㉑，頗亦爲工。班固賓戲㉒，含懿采之華㉓，崔駰達旨㉔，吐典言㉕之式（原作「裁」，從唐寫本校改）；張衡應間，密而兼雅㉖，崔寔（原作「實」，茲據唐寫本改）答譏

首段泛論雜文產生的原因，並舉宋玉「對問」，枚乘「七發」，揚雄「連珠」三體，以爲雜文的濫觴。

次段論自宋玉「對問」後，東方朔、揚雄、班固、崔駰、張衡、崔寔、蔡邕、郭

璞與陳思、庾敳相繼有作。彥和評其得失，並提示寫作要領。

三段論自枚乘「七發」以後，繼起作者有十餘家，大抵皆極聲色淫侈的能事，惟馬融「七厲」義歸儒道，卓爾特出。

「答譏」原作「客譏」，形訛，茲據范文瀾注徵藝文類聚二十五載「答譏文」改，整而微質㉗；蔡邕釋誨，體奧而文炳㉘；郭璞「郭璞」原作「景純」，茲依唐寫本校改客傲，情見而采蔚㉙〔評二〕；雖迭相祖述，然屬篇之高者也。至於陳思客問，辭高而理疏㉚；庾敳原作「凱」，依唐寫本校改客咨，意榮而文悴㉛〔評三〕。斯類甚衆，無所取才原作「裁」，依唐寫本校改矣。原夫茲文之設，迺發憤以表志。身挫憑乎道勝，時屯寄於情泰㉜，莫不淵岳其心㉝，麟鳳其采，此立體原作「本」，依唐寫本校改之大要也。

自七發以下，作者繼踵，觀枚氏首唱，信獨拔而偉麗矣。及傅毅七激㉞，會清要之工㉟；崔駰七依㊱，入博雅之巧；張衡七辨㊲，結采綿靡；崔瑗七蘇原作「厲」，字誤，據黃叔琳注徵崔瑗傳，及李師曰剛斠詮說改㊳，植義純正；陳思七啓㊴，取美於宏壯；仲宣七釋㊵，致辨於事理。自桓麟七說㊶以下，左思七諷㊷以上，枝附影從㊸，十有餘家。或文麗而義暌㊹，或理粹而辭駁㊺。觀其大抵所歸，莫不高談宮館，壯語畋獵㊻。窮瓌奇㊼之服饌㊽，極蠱媚之聲色㊾。甘意搖骨髓原作「體」，形近致誤，依唐寫本校改〔評四〕，豔詞動魂識，雖始之以淫侈，而終之以居正。然諷一勸百，勢不自反㊿。子雲所謂：「猶原作「先」，涉「猶」字俗體相近而誤。茲據王利器新書及李師曰剛斠詮，徵漢書司馬相如傳贊文改騁鄭衛之聲，曲終而奏雅」者也(51)。唯七厲敍賢，歸以儒道，雖文非拔羣，而意實卓爾矣(52)〔評五〕。

四段歷舉「連珠」以下的擬作者，如杜篤、賈逵、劉珍、潘勖等，皆魚目混珠，弄巧成拙；惟士衡能推陳出新，有合乎水準的作品。

自連珠以下，擬者間出。杜篤(53)賈逵(54)之曹，劉珍(55)潘勖(56)之輩，欲穿明珠，多貫魚目(57)。可謂壽陵匍匐，非復邯鄲之步(58)，里醜（原作「配」，依唐寫本校改）捧心，不關西施之嚬矣(59)。唯士衡運思(60)，理新文敏，而裁章置句，廣於舊篇。豈慕朱仲四寸之璫乎(61)！夫文小易周，思閑可贍(62)。足使義明而詞淨，事圓而音澤，磊磊(63)自轉，可稱珠耳。

五段詳列漢來雜文的名號，類聚羣分，不復縷述。

詳夫漢來雜文，名號多品。或典、誥、誓、問(64)，或覽、略、篇、章(65)，或曲、操、弄、引(66)，或吟、諷、謠、詠(67)。總括其名，並歸雜文之區；甄別其義，各入討論之域(68)；類聚有貫，故不曲述也（原無「也」字，依唐寫本校增）。

贊曰：偉矣前修，學堅才（原作「多」，草書形誤，依唐寫本校改）飽，負文餘力(69)，飛靡弄巧。枝辭攢映(70)，嘒若參昴(71)。慕嚬之徒，心焉祇攪（「徒心焉祇」，原誤倒作「心於焉祇」，「徒」「於」又形近致誤，茲依唐寫本改「於」作「徒」，屬上句，「心」屬下句）(72)。

【註釋】

(一) **苑囿**：原指草木禽獸聚養生息之所，此處有文苑薈萃，情致豐茂之意。

(二) **日新而殊致**：言日新又新，使創作富有特殊的風格和情致。

(三) **宋玉**：戰國楚鄢人，屈原弟子，爲楚國大夫，辭賦大家，後世將其與屈子並稱「屈、宋」。

(四) **負俗**：言受世俗的譏評。參閱宋玉「對楚王問」一文，可知世俗不瞭解他，而有所譏議的實情。

(五) **始造對問**：指宋玉首創「對問」之體。昭明文選「對問類」，即首列宋玉「對楚王問」一篇。

(六) **放懷寥廓**：寥廓，空曠高遠之意。全句是說，宋玉於「對楚王問」篇中，以鳳凰翱翔，自比胸襟開闊高遠。

(七) **氣實使文**：言宋玉超然卓特的氣勢，實足以駕馭文采。

(八) **枚乘摛豔，首製七發**：枚乘，字叔，西漢淮陰人。摛，發抒。七發，內容是說楚太子有疾，吳客用七件事啓發他。全句是說，漢景帝時，枚乘爲吳王濞郎中，嘗上書諫，吳王不納，去之梁，梁孝王尊爲上客。恐孝王反，故作「七發」以諫。

(九) **腴辭雲構**：腴辭，腴潤的辭藻。全句是說，文采的盛美，如彩雲般的集聚。

(一〇) **夸麗風駭**：駭，揚起。全句指文章的夸誕綺麗，如飆風般的驚起。

(一一) **七竅所發**：七竅，謂眼、耳、鼻、口之七孔，說見莊子「應帝王」。言七竅所發生的各種官能。

(一二) **發乎嗜欲，始邪末正**：「七發」中，言耳聽音樂，口鼻享受美味，目窮游觀，心領妙道，是始於滿足聲、香、味、色，終於接受妙道，故云「始邪末正」。

(一三) **膏梁之子**：富貴人家的子弟。在此指「七發」中的吳太子。

(一四) **揚雄覃思文閣**：覃思，深思。漢書揚雄傳：「雄校書天祿閣。」

(一五) **業深綜述**：業深，學養淵深。綜述，綜合敍述研究的心得。

(一六) **碎文璅語**：璅，同瑣。全句比喻精巧的麗辭美句。

(一七) **連珠**：文體名，蓋辭句連續，互相發明，若珠之貫串。

(一八) **文章之枝派，暇豫之末造**：枝派，枝條流派。暇豫，閑暇豫樂。末造，本指衰世、季世，在此借用爲細微末節。全句是說，「對問」、「七發」、「連珠」這些雜文，乃文壇詞章的枝條流派，閑暇娛情的雕蟲小技。

(一九) **名爲客難，託古慰志**：謂東方朔仿「對問體」，作「答客難」。假託客人責難他博聞辯智，悉力盡忠，卻官卑職小。他用時勢不同，自我辯解，文章有條理而富辯才。漢書東方朔傳：「朔因著論，設客難己，用位卑以自慰諭。」

(二〇) **揚雄解嘲**：雄爲答辯時人譏諷他，作「太玄」並著「解嘲」。漢書揚雄傳：「哀帝時，丁傅、董賢用事，諸附離之者，或起家至二千石，時雄方草創太玄，有以自守，泊如也。或嘲雄以玄尚白，而雄解之，號曰解嘲。」

(二一) **雜以諧謔，迴環自釋**：指在「解嘲」中，揚雄與客答問，間雜詼諧戲謔之言。如「客徒欲朱丹吾轂，不知一跌將赤吾之族也」，用「朱丹」答「尚白」的嘲笑。列舉許多史例，如文中戰國和漢代比，世亂和世治比，反復說明時勢不同，處境亦異，以自解。

(二二) **班固賓戲**：班固，字孟堅，東漢安陵人。曾作「答賓戲」。班固漢書敍傳：「固，永平中爲郎，典校秘書，專篤志於博學，以著述爲業。或譏以無功，又感東方朔、揚雄自諭，以不遭蘇、張、范蔡之時，曾不折之以正道，明君子之所守，故聊復應焉，其辭曰賓戲。」

㉓ **含懿采之華**：東方朔「客難」，揚雄「解嘲」，均著眼於古今時勢不同，來自我辯解。「答賓戲」著眼於君子應恪守正道，不應追求名利，以自解脫。寫得甚有文采，故曰「含懿采之華」。

㉔ **崔駰達旨**：崔駰，字伯亭，東漢安平人，曾作「達旨」一篇。後漢書崔駰傳：「駰善屬文，少游太學，與班固、傅毅同時齊名，常以典籍爲業，未遑仕進之事，時人或譏其太玄靜，將以後名失實，駰擬揚雄解嘲，作達旨以答焉。」

㉕ **典言**：文辭典雅。

㉖ **張衡應間，密而兼雅**：張衡，字平子，東漢西鄂人，曾作「應間」一篇。後漢書張衡傳：「衡不慕當世，所居之官，輒積年不徙，自去史職，五載而復還，乃設客問，作應間以見其志。」「應間」是回答別人認爲他做官不得志，他答以時運有合不合，難以強求。議論文辭綿密，持理雅正。

㉗ **崔寔答譏，整而微質**：崔寔，字子眞，一名臺，字元始，東漢安平人，曾作「答譏」一文。後漢書崔寔傳：「寔因窮困，以酤釀販鬻爲業，時人多以此譏之。建寧中，病卒，所著碑、論、箴、銘、答、七言、詞文、表記、書，凡十五篇。」崔文的內容在說明爲避禍，及保持高尚節操，甘於貧困。此文敍述工整，內容微帶質樸。

㉘ **蔡邕釋誨，體奧而文炳**：蔡邕，字伯喈，東漢陳留圉人，曾作「釋誨」一篇。後漢書蔡邕傳：「邕閑居翫古，不交當世，感東方朔客難，及揚雄、班固、崔駰之徒，設疑以自通，乃斟酌羣言，韙其是而矯其非，作釋誨以戒厲云爾。」此文構思深奧，辭彩炳耀。

⑲ **郭璞客傲，情見而采蔚**：郭璞，字景純，東晉聞喜人。曾作「客傲」一篇。晉書郭璞傳：「璞既好卜筮，縉紳多笑之，又自以才高位卑，乃著客傲。」「客傲」在言客人譏笑其才高位卑，郭生荅以各人志趣不同。此文情思顯明，辭采炳蔚。

⑳ **陳思客問，辭高而理疏**：陳思，陳思王曹植，所作「客問」，佚而無可考。此文造語高妙，而說理空疏。

㉑ **庾敳客咨，意榮而文悴**：敳，音（ㄞˊ）。庾敳，字子嵩，東晉鄢陵人。所作「客咨」，佚而無可考。此文含意豐富，而文辭枯萎。

㉒ **身挫憑乎道勝，時屯寄於情泰**：言「客難」「解嘲」之作，其內容無非是作者敍述身受挫折，則憑藉修明正道以自慰；運屬艱困，則寄託心情舒泰以俟命。

㉓ **莫不淵岳其心**：言作者敍述情懷時，無不如淵海峻岳，既有深度，又有廣度。

㉔ **傅毅七激**：傅毅字武仲，東漢茂陵人。後漢書傅毅傳：「傅毅以顯宗求賢不篤，士多隱處，作七激以爲諷。」文載「藝文類聚」五十七。

㉕ **會清要之工**：指文辭會合了清麗簡要的工巧。

㉖ **崔駰七依**：崔駰所作「七依」，文殘缺，僅嚴可均「全後漢文」輯得九條。內容是寫客用美味、宴樂、打獵、音樂等來勸說公子，使他振作起來。

㉗ **張衡七辨**：張衡所作「七辨」，文殘缺，僅嚴可均「全後漢文」輯得十條。內容在寫無爲先生隱居修仙，有七個人從宮室、美味、音樂、美女、輿服、游俠、聖學七個不同的角度去勸說他，最後把先生說服。

㊳**崔瑗七蘇**：崔瑗字子玉，東漢安平人。據本傳載，作有「七蘇」文，惟今已佚。嚴可均「全後漢文」止輯得兩句。

㊴**陳思七啓**：曹植曾作「七啓」一篇。昭明文選卷三十四，曹植七啓序：「昔枚乘作七發，傅毅作七激，張衡作七辯，崔駰作七依，辭各美麗，余有慕之焉，遂作七啓，並命王粲作焉。」其內容是說有玄微子者，隱居深山，鏡機子用美食、美服、打獵、宮室、聲色、游俠、朝廷來打動他，最後說服他出來做官。

㊵**仲宣七釋**：仲宣，王粲字，所作「七釋」一篇，文殘缺，嚴可均「全後漢文」輯得十三條。內容是說潛靈丈人避世隱居，有位大夫用七件事開導他。

㊶**桓麟七說**：桓麟，字元鳳，東漢龍亢人，所作「七說」一篇，文殘缺，嚴可均「全後漢文」輯得五條。已不能詳其內容全貌。

㊷**左思七諷**：左思，字太沖，晉臨淄人，所作「七諷」一篇已佚。本書卷八「指瑕」篇，彥和有「左思七諷，說孝而不從，反道若斯，餘不足觀矣」的評論。

㊸**枝附影從**：指以上各家之作，皆相互依附，欽慕仿效，如枝相附，如影相從。

㊹**文麗而義暌**：言文辭華麗，思想違反正道。

㊺**理粹而辭駁**：指論理精粹，而文辭駁雜不純。

㊻**畋獵**：打獵。

㊼**瓌奇**：珍貴特異之意。

(48) **服饌**：服飾飲食之意。

(49) **極蠱媚之聲色**：言極盡妖冶狐媚的淫聲美色。

(50) **甘意搖骨髓以下六句**：是說「七發」以下，各種用「七」標目的作品，均先誇耀美味、服飾、音樂、畋獵等，寫得形象生動，極富誘惑力；最後用正道規諷，卻寫得十分抽象。我們拿勸說享樂，與規諷正道的情形，兩相比較，如百與一之比，勢難使人棄邪反正。

(51) **子雲所謂猶騁鄭衛之聲，曲終而奏雅者也**：指揚雄所說的「靡麗之賦，勸百而諷一，猶騁鄭衛之聲，曲終而奏雅，不已戲乎！」文見漢書「司馬相如傳贊」。

(52) **卓爾**：高遠不凡之意。

(53) **杜篤**：字季雅，東漢京兆杜陵人，後漢書文苑傳：「杜篤所著賦、誄、弔、書、贊、七言，及雜文凡十八篇。」連珠佚，嚴可均「全後漢文」僅輯得「能離光明之顯，長吟永嘯」十字。

(54) **賈逵**：字景伯，東漢平陵人，後漢書賈逵傳：「逵作詩、頌、誄、書、連珠、酒令，凡九篇。」「連珠」文已佚。嚴可均「全後漢文」僅輯得「夫君人者，不飾不美，不足以一民」十三字。

(55) **劉珍**：字秋孫，一名寶，東漢蔡陽人，後漢書文苑傳：「劉珍著誄、頌、連珠，凡七篇。」所作「連珠」已佚。

(56) **潘勖**：字元茂，東漢中牟人。後漢書文苑傳：「潘勖連珠」。藝文類聚五十七載其文。

(57) **欲穿明珠，多貫魚目**：明珠，喻珍寶。魚目，似珠而非珠，喻贗品。全句是說，本想創作如明珠般高貴的連珠體，但卻魚目混珠，寫出極低劣的文章。

(五八) **壽陵匍匐，非復邯鄲之步**：壽陵，燕國城邑。邯鄲，趙國都城。全句是說，燕國壽陵的少年來趙國邯鄲學步，非但沒有學到邯鄲國士之能，反而忘掉自己原來的步法，只好爬行而歸。文見莊子「秋水篇」。

(五九) **里醜捧心，不關西施之嚬**：嚬，同顰，皺眉的樣子。全句是指，西施同里的醜女，故意模仿西施病心蹙眉之美，結果富人見之，閉門而不出，貧人見之，挈妻子而遠走。這與西子蹙眉之美，毫不相干。文見莊子「天運篇」。

(六〇) **士衡運思**：士衡，陸機字，曾作「演連珠」五十首，見昭明文選卷五十五。

(六一) **朱仲四寸之璫**：璫，耳飾的珠。四寸之璫，是大明珠。列仙傳：「朱仲者，會稽人也，常於會稽市上販珠。魯元公主以七百金從仲求珠，仲乃獻四寸珠，遂置於闕卽去。」

(六二) **文小易周，思閑可贍**：言篇幅短小，結構易於周備；思理安閑，內容便可豐贍。

(六三) **磊磊**：圓轉的樣子。

(六四) **典誥誓問**：「典」，常法，經久不變。本指五帝之書爲「五典」，謂五常之道。今記述聖賢常法的文字亦謂之，如東漢班固有「典引」。「誥」，指上命下謂之告誡。尙書有「湯誥」「仲虺之誥」，東漢張衡有「東巡誥。」「誓」，指約束軍隊之文。尙書有「甘誓」「湯誓」。漢郅惲有「誓衆」，苻秦王猛有「渭原誓」。「問」，卽策問，爲詢問諮事之文。漢文帝有「策賢良文學詔」，晉陸機有「爲武帝策秀才文」。

(六五) **覽略篇章**：「覽」，指供人閱覽參考之文。如呂氏春秋有「八覽」，隋書藝文志子類儒家有「要覽」，「正覽」，雜家有「宜覽」、「皇覽」等。「略」，指概陳要法之文。淮南子有「要略」，劉歆有

「七略」。「篇」，論述專題之文。如李斯作「倉頡篇」，司馬相如作「凡將篇」，史游作「急就篇」等。「章」，指敍述情實之文。說詳本書「章表」篇。

(六六) **曲操弄引**：「曲」，指委曲道情的婉轉歌行。宋玉「笛賦」稱晉師曠有「陽春白雪曲」、漢樂府有「鼓吹曲」。「操」，指抒寫情操的琴曲。相傳許由有「箕山操」，周朝伯奇有「履霜操」。「弄」，小曲之意，王褒洞簫有「時奏狡弄」之語。「引」，指歌曲的導引，而長者有如引弓。楚樊姬有「烈女引」，「古今注」引有「箜篌引」。

(六七) **吟諷謠詠**：「吟」，詩歌之名。如卓文君作的「白頭吟」。「諷」，指以微辭託意之文。如韋孟的「諷諫詩」。「謠」，指信口徒歌，不合樂者。如晉夏侯湛的「寒苦謠」。「詠」，指長聲謳唱的歌，如夏侯湛的「離親詠」。

(六八) **甄別其義，各入討論之域**：甄別，審查區分。言以上十六名，雖總稱「雜文」，然「典」可入「封禪」篇；「誥」可入「詔策」篇；「誓」可入「祝盟」篇；「問」可入「議對」篇；「曲」「操」「弄」「引」「吟」「諷」「謠」「詠」，可入「樂府」篇；「章」可入「章表」篇；「覽」「略」「篇」或可入「諸子」篇，此即所謂「各入討論之域」也。

(六九) **負文餘力**：依憑作者研究文學的餘力，去從事雜文寫作。

(七○) **枝辭攢映**：攢，音（ㄘㄨㄢ），集聚。言分枝攢集，映照文壇。

(七一) **嘒若參昴**：嘒，光芒微弱。參、昴皆星名，屬二十八宿。比喻「雜文」若參昴二星，將其微弱光芒，散發天際。

㈦慕顰之徒，心焉祇攪：祇，但、只。攪，亂。全句是說，有些東施效顰之徒，務華棄實，只有攪亂其本心，於文學的提昇又有何補乎！

【語譯】

凡才智駿發，學識豐富的士子，博通萬事，氣宇儒雅的文人，當他屬筆爲文的時候，絢麗的藻采，洋溢於文辭之中；發言辯說之際，脣吻之間，充滿著鋒發的意氣。由於炳煥的文采和飛揚的情感，交相薈萃，所以在文學的領域中日新又新，造成各種特殊的風格與情致。楚國大夫宋玉含藏不世的才華，遺世獨立，頗受世俗的譏評，因此他開始造作「對問」，向楚襄王申明自己孤高不羣的心志，放縱襟懷，開闊視野，岸然以鳳、鯤自比。他那種秉賦卓特的氣度，實足以駕馭瑰奇的文思，達到與衆迴異的境地。到了西漢景帝時，枚乘舒展豔才，首先製作「七發」，其辭藻的豐腴，好像彩雲般的鮮明交錯，思想的誇誕綺麗，猶如飆風似的拔地挺起。大抵說來，人類眼、耳、口、鼻七竅，所發生的視、聽、食、息各種官能，都因個人的嗜好欲念而產生。所以本文始於滿足聲、香、味、色的邪途，終於納入妙道的正軌。其目的就在告誡富貴人家的紈袴子弟啊！揚雄性情沈默而好深湛之思。其在天祿閣校書多時，他以淵博深厚的學養，綜述研究的心得，連綴那些零金碎玉的麗辭美句，始創「連珠」之體。文辭雖然小巧不長，但蘊含的情趣，卻已經明朗溫潤了。以上所說的三種體式，都可以說是文章的分枝流派，專供閒暇的人們，娛情悅性的雕蟲小技啊！

自從宋玉的「對問」以後，東方朔更仿效這種體裁加以推廣，他的作品叫做「答客難」。其內容在假託古人的情懷，以寬慰自己的心志，敍事通暢，析理明辨。揚雄作「解嘲」，間雜著詼諧戲謔的語調，反復解釋人們的譏諷，並說明自己默守太玄的道理。遣辭用事，頗爲工巧。班固的「答賓戲」，蘊藏著華美的文采。崔駰的「達旨」，吐露著典雅的體式。張衡的「應間」，結構緜密而兼含雅正。崔寔的「答譏」，敍述嚴整而微帶質樸，蔡邕的「釋誨」，體旨隱奧而文采炳煥。郭璞的「客傲」，眞情流露而辭采絢麗。綜上以觀，雖然迭相宗奉「對問」的體式，繼續製作許多不同的篇章；然而這些作品，卻都出於名家的手筆啊！至於像陳思王曹植的「客問」，措辭高妙而說理空疏，庾敳的「客咨」，含意豐富而文辭枯燥。諸如此類的作品很多，輾轉模擬，實則沒有什麼可取之處了。詳考「對問體」寫作的要旨，乃在發抒憤慨，表達情志。立身行事遭受挫折時，則憑藉正道的修明以自慰；運屬不濟發生困頓時，則寄託達觀的心情以俟命。其抒發之情懷，莫不如山岳的高曠，海洋的淵深；其潤飾的丹采，無不像鳳羽的鮮明，麟角的奇偉，這就是寫作「對問」的主要法則啊！

自從枚乘的「七發」以後，仿效而作的接踵而起。觀枚氏首先創立的作品，誠然獨樹一幟，瑰瑋壯麗。時至東漢，傅毅的「七激」，頗能會合淸麗簡要的技巧；崔駰的「七依」，進入淹博典雅的妙境；張衡的「七辨」，結構緜密而辭采靡麗；崔瑗的「七蘇」，義旨精純而態度平正；曹植的「七啓」，以宏深雄壯的美辭取勝；王粲的「七釋」，以論說事理的辯才見長。從桓麟的「七說」以後，到左思「七諷」以前，這一個時期的作品，紛紜雜出，如同枝之附幹，影之隨形，前後相繼，不下十有餘家。有的文采綺麗而義旨乖違，有的論理精粹而措辭駁雜。詳觀各家作品的大致趨向，無非是高談宮殿館閣的華麗，放言冶遊狩獵的逸樂；暢敍珍貴特異的美服佳餚，以享盡口體的奉養；描述妖豔狐媚的淫聲美色，以滿足視聽的歡娛。甜情蜜意，足以搖蕩骨髓；香詞豔語，頗能惑亂心魂。這一類的文章，雖然以淫靡誇侈的描寫開始，但最後卻能用警惕諷諫的正道結束。可是畢竟由於諷諫的功能較少，淫奢的作用居多；其情勢的影響，正如江河日下，無法使人棄邪惡而返回正道。誠如揚子雲說的：「先馳騁鄭衞的淫靡之音，等到曲調終了時，再補奏雅頌之樂，聊作點綴」罷了。只有馬融作的「七厲」，敍述賢良，並以儒家仁義之道爲依歸；雖然文辭沒有出類拔萃之處，但揭示的意旨，實在是卓然特立，不同凡響了！

自從揚雄的「連珠」以後，爭相模擬的作者，乘間雜出。如杜篤、賈逵、劉珍、潘勗這一般人，均極力仿效，想創作高貴的作品。但大多都是魚目混珠，寫成低劣的文章。這種情形，正像莊子秋水篇記載的：「一位燕國壽陵的青年，到趙國首都邯鄲學走路，不但沒有學到新的技能，反而忘掉了自己原來的步法」。又如天運篇上所說的：「與西施同里的醜女，故意捧心作態，模仿西施因病心蹙眉之美，而惹人憐愛；事實上，這和西施的顰眉毫不相干啊！」唯有陸士衡運用心思，情致清新，文筆敏捷，在剪裁篇章，安排語句方面，較之於舊有作品，層面更加廣闊；莫非是羨慕朱仲獻給魯元公主四寸的玉璫，有意以長篇巨幅爲美嗎！至於體制短小的文章，結構易於周密緊湊，思緒比較怡然安閑，內容更可豐贍無遺。如此足以使文義明達，詞藻凝練，敍事圓通，聲調潤澤，字字如珠璣般地運轉自然。這樣，才名副其實的可以稱爲「連珠」之體了。

詳考漢代以來的各體雜文，名稱不同，品類繁多，例如有奉爲常法的「典」，用作敕誡的「誥」，約束盟守的「誓」，諮詢言事的「問」。或提供展閱參考的「覽」，簡舉概陳的「略」，論述專題的「篇」，記敍情實的「章」。或委屈道情的「曲」，抒寫志節的「操」，新奏小曲的「弄」，導言本末的

「引」。或發抒憂思的「吟」，論辭隱喻的「諷」，信口徒歌的「謠」，長聲謳唱的「詠」。統括這些名稱，都可以畫歸雜文的範圍；區別各個義蘊，也可以分別納入本書其他相似篇體中去討論。類聚羣分，各有不同的條貫系統。所以本人在此，就勿需詳加贅述了。

總而言之：前代賢哲之士，眞是偉大啊！他們學識堅卓，才情酣暢，運用自己著述研究的餘力，去寫作靡麗的辭采，巧妙的篇章。分枝攢集，映照文壇。這些雜文作品，正像參、昴二星，將其微弱的光芒，散發在廣遠寥廓的空際。文章的本質在抒發心志，自當以誠爲貴，那些豔羨西子的美貌，而矯情效顰的人，卻言與志反，務華棄實。這樣，徒然攪亂自己的本心，於文學內涵的提昇，又有何補呢？

【集評】

一、紀評：「『卜居』『漁父』已先是對問，但未標『對問』之名耳。然宋玉此文載於『新序』，其標曰『對問』，似亦蕭統所題。」

二、黃評：「凡此數子，總難免屋下架屋之譏。『七』體如子厚『晉問』，『對問』則退之『進學解』，體制仍前，而詞義超越矣。」

三、紀評：「詞高理疏，才士之華藻；意榮文悴，老手之頹唐。惟能文者有此病。」又云：「此論入微。」

四、曹評：「骨體亦佳。」

五、紀評：「仍歸重義理一邊，見救弊之本旨。所謂『與其不遜也，寧固。』」

【問題討論與練習】

一、彥和云：「凡此三者，文章之枝派，暇豫之末造」，「三者」所指何事？以為「三者」為文章之枝派，暇豫之末造，又作何說？試分別以對：

二、試由宋玉「對楚王問」一文，論「對問」一體之寫作大要如何？

三、彥和云：「勸一諷百，勢不自反」，義何所指？並舉「七」體方面的作品，印證其說之可信。

四、「漢來雜文」有那些？試由文體分類的觀點，論本篇立說之價值如何？

諧讔第十五

（「讔」原作「隱」，玆據王利器新書徵傳校各本，並依唐寫本訂正）

【解　題】

「諧讔」是文心雕龍文體論中，非常特殊的一種體裁，劉彥和將其列爲「論文」十篇中的最後一篇，尤爲特殊中的特殊。蓋班固志藝文，「小說」列於九流之末。小說之在中國，其發展雖來自稗官野史，淵源甚早，但學術界一直把它看成「猥鄙荒誕，徒亂耳目」；而「小說家」更被那些達官貴人所豢養，視同逗笑尋樂的倡優。西漢司馬遷著「史記」雖列「滑稽」一傳，而清代紀曉嵐作「四庫提要」，卻黜而不載。彥和身當六朝，去今一千五百年前後，其論古今文體時，竟以爲小道可觀，專設「諧讔」，居今而言，實有重大的意義存在。

「諧」之爲「言皆」也，辭淺會俗，皆悅笑也。「讔」者隱也，遯辭以隱意，譎譬以指事也。諧的主旨，意在諷諭，所以譎辭飾說，抑止昏暴，古有其體。如莊子於「逍遙遊」所說的志怪「齊諧」。讔爲廋辭，而齊東野語所謂「古之廋辭，即今之隱語」，而讔語爲用，大者興治濟身，其次弼違曉惑。此二體的性質，不僅相似，即其產生的因素，亦皆由「怨怒之情不一，歡謔之言無方」而來。所以「諧」「讔」二體彼此關聯，皆屬文章的末流。故彥和云：「苟可箴戒，載于禮典，故知諧辭讔言，亦無棄矣」，列爲文體的一格，正見其折衷至當，不屑古今的態度。

諧辭方面，彥和列擧的有淳于髡說「甘酒」，宋玉賦「好色」，優旃諷「漆城」，優孟諫「葬馬」，引文多見史記「滑稽列傳」。認爲他們措辭雖曲折迴環，究其用意，卻不背正道。不過由於諧辭本非雅正之體，後人誤用，自然容易產生流弊。如漢之東方朔，枚臯；魏晉以下，若邯鄲淳的著「笑書」，薛綜的發「嘲調」，潘岳「醜婦」，束晳「賣餅」，前後相繼，枉轡效尤，褻言惡語，不但不登大雅之堂，更有虧人格的完整。

讔語方面，彥和列還無社的「喻眢井」，申叔儀的「歌佩玉」，伍擧以「大鳥刺荆王」，齊客以「海魚譏薛公」，以及「莊姬託龍尾」以諷，臧文「書羊裘」以喻。以爲他們都是意生於權譎，事出於機急，遯辭譎譬，可與諧辭相表裏。

魏代以下，文士們頗非俳優，於是化讔言而爲謎語。謎語者，迴互其辭，使人昏迷的意思。其體制大別有二：一、是離合文字以解義，二、是組合物象以聯想。其語言形式，雖然「纖巧以弄思，淺察以衒辭」，但如違背「義婉而正」，「辭隱而顯」的原則，那就等於「童稚之戲謔」，開玩笑而已！

在「「諧讔」篇裏，又講到「諺語」，所謂「蠶蟹鄙諺，貍首淫哇」，古來這方面的作品很有可觀。例如明代楊愼有「古今諺」二卷，清代杜文瀾有「古謠諺」一百卷。尤其後者，可謂我國謠諺的總彙。有很多趣味雋永，寓意深長的作品。彥和於此不過略擧一例而已。

彥和之爲「諧讔」，最強調的一點，是作品一定要合乎「會義適時，頗益諷誡」的原則，這樣才不至於「詆嫚媟弄」，令人視之如倡優。他這種「實用主義」的文學觀，與孔子所謂「雖小道，必有可觀，致遠恐泥，是以君子弗爲也」的態度，是一致的。

【正文】

首段言諧

芮良夫之詩㈠云：「自有肺腸，俾民卒狂」㈡。夫心險如山㈢，口壅若川㈣，讔發乎怨怒之情，歡謔之言；苟可收箴戒之效，當爲禮典所不棄。

怨怒之情不一，歡謔之言無方。昔華元棄甲，城者發睅目之謳⑤；臧紇喪師，國人造侏儒之歌⑥；並嗤戲形貌，內怨爲俳⑦也。又蠶蟹鄙諺⑧，貍首淫哇⑨，苟可箴戒，載於禮典，故知諧辭讔言，亦無棄矣。

次段釋「諧」的名義，並舉淳于髡、宋玉、優旃、優孟爲例；以爲辭雖傾回，意歸義正。故子長編史，專爲滑稽列傳。

諧之言皆也，辭淺會俗，皆悅笑也。昔齊威酣樂，而淳于說甘酒⑩，楚襄讌集，而宋玉賦好色⑪；意在微諷，有足觀者。及優旃之諷漆城⑫，優孟之諫葬馬⑬，並譎辭⑭飾說，抑止昏暴。是以子長編史，列傳滑稽，以其辭雖傾回⑮，意歸義正也。

三段論諧辭末流之弊，尤其魏晉以後，學者枉轡效尤，無益時用，有虧德音。

但本體不雅⑯，其流易弊〔評一〕。於是東方枚皋⑰，餔糟啜醨⑱，無所匡正，而詆嫚媟弄⑲，故其自稱：「爲賦，迺亦俳也，見視如倡」，亦有悔矣⑳。至魏人因俳說以著笑書（「魏人」原作「魏文」，王利器新書與李師曰剛斠詮，均以爲「魏人」指邯鄲淳，並徵隋書經籍志後漢邯鄲淳「笑林」三卷，小說家之書也。玆據改）㉑。薛綜憑宴會而發嘲調㉒，雖抃笑衽席（「笑」字原脫，「衽」原作「推」，玆並據王利器新書說補改）㉓，而無益時用矣。然而懿文之士，未免枉轡㉔。潘岳醜婦之屬㉕，束皙賣餅之類㉖，尤而效之㉗，蓋以百數。魏晉滑稽，盛相驅扇㉘。遂乃應瑒之鼻，方於盜削卵㉙；張華之形，比乎握舂杵㉚；曾是莠言㉛，有虧德音，豈非溺者之妄笑㉜，胥靡之狂歌歟四段釋「讔」的名義，並舉「眢井」、「佩玉」、「大鳥」、「海魚」，以及「龍尾」、「羊裘」諸讔語之見於紀傳者；以爲大者可興治濟身，其次可以弼違曉惑。

五段敍述「讔」的發展，漢有「隱書」十八篇，自魏以來，化爲謎語。

六段釋「謎」的名義，並析其類別，考其源流，及其寫作原則。末總論「文辭內有諧讔，譬九流中有小說」，雖爲

㉝？

讔者，隱也。遯辭以隱意，譎譬以指事也。昔還社求拯于楚師，「社」原作「楊」「拯」原作「極」，茲據黃叔琳注及李師曰剛斠詮，徵王應麟漢書藝文志八引校改。王利器新書「于」作「於」，以下各「於」字皆然。，喻眢井而稱麥麴㉞；叔儀乞糧于魯人，歌佩玉而呼庚癸㉟；伍舉刺荊王以大鳥㊱；齊客譏薛公以海魚㊲；莊姬託辭于龍尾「姬」原作「姫」，形近致誤。茲據李師曰剛斠詮徵古本列女傳及渚宮舊事引列女傳訂正㊳，臧文謬書于羊裘㊴；隱語之用，被于紀傳，大者與治濟身，其次弼違曉惑。蓋意生于權譎，而事出于機急，與夫諧辭，可相表裏者也。

漢世隱書，十有八篇㊵，歆、固編文，錄之賦原作「歌」，茲依李詳補注當作字校改末㊶。昔楚莊、齊威，性好隱語。至東方曼倩，尤巧辭述㊷。但謬辭詆戲，無益規補。自魏代以來，頗非俳優；而君子喜隱「隱」上原有「嘲」字，茲依楊明照校注拾遺，徵傳校各本，及李師曰剛斠詮之案語校刪，化爲謎語㊸。

謎也者，迴互其辭，使昏迷也。或體目文字㊹，或圖象品物㊺，纖巧以弄思，淺察以衒辭；義欲婉而正，辭欲隱而顯。荀卿蠶賦，已兆其體㊻；至魏文、陳思，約而密之㊼；高貴鄉公，博舉品物㊽；雖有小巧，用乖遠大。觀夫古之爲隱，理周要務，豈爲童稚之戲謔，搏髀而抃笑哉㊾！然文辭之有諧讔，譬九流之

有小說⑳，蓋稗官所采㉑，以廣視聽。若效而不已，則髡、朔之入室（「朔之」原作「祖而」，蓋傳鈔之誤，茲據范文瀾注引紀評疑作字改）㉒，旃、孟之石交乎㉓？

稗官所採，但亦不可效而不已，收束全文作結。

贊曰：古之嘲隱，振危釋憊㉔。雖有絲麻，無棄菅蒯㉕。會義適時，頗益諷誡。空戲滑稽，德音㉖大壞。

【註釋】

㊀ **芮良夫之詩**：芮伯，字良夫，周朝大夫，詩經大雅桑柔序：「桑柔，芮伯刺厲王也。」

㊁ **自有肺腸，俾民卒狂**：言國君如固執私見，爲所欲爲，將使百姓眩惑迷亂，不知所從。文出詩經大雅「桑柔」篇。

㊂ **心險如山**：謂人心險惡，如高山般的峻峭。莊子列禦寇：「凡人心險於山川。」

㊃ **口壅若川**：壅，阻塞。是說民口足畏，言語的流傳，若川流之洶湧，不可壅塞。國語周語：「召公曰：『防民之口，甚於防川，川壅而潰，傷人必多，民亦如之。』」

㊄ **華元棄甲，城者發睅目之謳**：睅，音（ㄏㄢˋ）。謳，音（ㄡ）。睅目，眼大而突出。謳，歌唱。全句是指魯宣公二年，鄭伐宋，宋師敗績，宋大夫華元被俘；以後宋人贖華元於鄭，元得逃歸。宋築城，元負責督功，築城的役夫謳歌說：「睅其目，皤其腹，棄甲而復，于思于思，棄甲復來。」事詳左傳宣公二年文。

（六）**臧紇喪師，國人造侏儒之歌**，臧紇即臧武仲。侏儒：身材矮小。全句指魯襄公四年，冬十月，邾人莒人伐鄫，魯大夫臧武仲，爲救鄫國，而侵犯邾國，後敗於狐駘，國人編侏儒之歌以諷。歌云：「臧之狐裘，敗我於狐駘。我君小子，侏儒是使。侏儒侏儒，使我敗於邾。」事詳左傳襄公四年文。

（七）**內怨爲俳**：俳，音（ㄆㄞˊ），「誹」的假借字。以微言譏諷謂之俳。全句是說，把內心怨怒的情懷，發而爲譏諷的謳歌。

（八）**蠶蟹鄙諺**：指魯國成地人所傳的「蠶績蟹匡」的俗諺。蠶績蟹匡，是說蠶績絲作繭，蟹背殼似筐，蠶則需筐以貯繭，而今無筐，蟹背有筐，筐自著蟹，不是爲蠶作繭用的。此喻事之兩不相關者。文見禮記「檀弓」下。

（九）**貍首淫哇**：淫哇，淫聲豔曲，全句指原壤死母，卻登槨唱道：「貍首之斑然，執女手之卷然」。說槨的斑紋像貍的頭，槨的滑膩，像擦著女孩子的手。如是淫歌豔曲，甚不得體。文見禮記「檀弓」下。

（一〇）**齊威酣樂，而淳于說甘酒**：淳于，淳于髡，戰國時齊之贅婿，博聞強記，滑稽多辯，數使諸侯，未嘗屈辱。全句是說，齊威王淫樂失政，好爲長夜之飲，淳于髡用讔語說甘酒之害。所謂「酒極則亂，樂極則悲，萬事盡然，言不可極，極之而衰。」威王乃止，不復耽於淫樂長飲。事詳史記「滑稽列傳」。

（一一）**楚襄讌集，而宋玉賦好色**：讌集，飲酒聚會。楚襄王好讌樂，宋玉作「登徒子好色賦」，假大夫登徒子對楚王說宋玉好色的事，以諷楚王。王稱善。文見「昭明文選」第十九卷。

（一二）**優旃之諷漆城**：旃，音（ㄓㄢ）。優旃，秦時的侏儒優伶，善爲言笑，而合於大道。全句是說，秦二世立，欲漆其城，優旃以讔語譏諷之，二世因而停止漆城之議。事見史記「滑稽列傳」。

(一三) **優孟之諫葬馬**：優孟，春秋楚莊王時的倡優，多智辯，常寓諷刺於談笑之間。全句是說，楚莊王的愛馬死，欲以大夫之禮葬之，左右以爲不可。王怒，而令諫馬者死罪。優孟乃勸莊王以人君之禮葬之，明其賤人貴馬，王乃止之。事見史記「滑稽列傳」。

(一四) **譎辭**：譎詐之辭，指諷諭。

(一五) **傾回**：指表達言辭的方式，曲折而不直說，有傾側回曲的意思。

(一六) **本體不雅**：體制不雅正。

(一七) **東方枚皋**：東方，指東方朔，字曼倩，漢平原厭次人，與枚皋，郭舍人俱隨侍武帝左右。枚皋，字少孺，漢淮陽人，枚乘子。不通經術，詼笑類俳倡，爲賦頌好嫚戲，以故得與貴幸交游。二事分見漢書「東方朔傳」，「枚皋傳」。

(一八) **餔糟啜醨**：餔，音（ㄅㄨˋ），食意。糟，酒滓。醨，音（ㄌㄧˊ），薄酒。全句是說，食糟粕，飲薄酒，喻拾人牙慧，受人唾棄之意。語出楚辭漁父：「衆人皆醉，何不餔其糟而歠其醨。」

(一九) **詆嫚媟弄**：嫚，音（ㄇㄢˋ），輕侮。媟，音（ㄒㄧㄝˋ），通褻，欺玩。全句是說，詆毀輕慢，恣意玩弄。

(二〇) **自稱爲賦，迺亦俳也，見視如倡，亦有悔矣**：指枚皋自知其賦類似俳體，以至被人視爲與倡優一般。漢書枚皋傳：「爲賦迺俳，見視如倡，自悔類倡也。」

(二一) **魏人因俳說以著笑書**：魏文帝時有邯鄲淳者，相傳撰「笑林」三卷，馬國翰「玉函山房輯佚書」七十六輯得一卷，可備參考。

㉒ **薛綜憑宴會而發嘲調**：薛綜，字敬文，三國吳人。全句指三國時，蜀使者張奉聘吳，薛綜戲之云：「蜀者何也？有犬爲獨，無火爲蜀，橫目苟身，虫入其腹」，張奉欲其論吳，薛綜云：「無口爲天，有口爲吳，君臨萬邦，天子之都。」於是衆坐喜笑，而奉無以對。事見三國志吳志「薛綜傳」。

㉓ **抃笑衽席**：抃笑，拊掌歡笑。衽席，宴席。

㉔ **懿文之士，未免枉轡**：懿文，美文，善於爲文。枉轡，枉道，走彎路。指長於爲文之士，如模仿取笑的作品，等於走冤枉路，浪費寫作生命。

㉕ **潘岳醜婦之屬**：潘岳的「醜婦賦」，已佚，今不可考。

㉖ **束皙賣餅之類**：束皙，字廣微，晉元城人，晉書束皙傳云：「束嘗爲『勸農』及『餅』諸賦，文頗鄙俗，時人薄之。」其『餅賦』有句云：「行人失涎於下風，童僕空嚼而斜眄，擎器者舐脣，立侍者乾咽。」文字於形容中帶有嘲戲。

㉗ **尤而效之**：知道過錯還仿效它。

㉘ **驅扇**：競相鼓動，造成風氣之意。

㉙ **應瑒之鼻，方於盜削卵**：應瑒字德璉，三國魏汝南人，爲建安七子之一。應瑒事，今未詳其說。方，比。削，分半。盜削卵，偸來半個蛋，取笑應瑒的鼻子大。

㉚ **張華之形，比乎握舂杵**：張華字茂先，晉方城人。世說新語排調篇注引張敏集「頭責子羽文」云：「范陽張華，頭如巾齏杵。」意卽張華的頭巾，上小下大，形如舂米搗菜的杵。

㉛ **蒍言**：醜惡的言語。

㉒ **溺者之妄笑**：指溺者不曉滅頂之危，臨死前仍張口妄笑。左傳哀公二十年：「吳王曰：溺人必笑，吾將有問也。」當吳王夫差被越王勾踐圍困，國勢岌岌可危時，對晉使有所詢問，自比是將要溺死的人，無可奈何而笑。因晉當清談，而滑稽風氣尤盛，故彥和以此譏之。語出呂氏春秋「大樂篇」。

㉓ **胥靡之狂歌**：胥靡，囚徒。全句指刑徒之囚，不識坐牢的痛苦，尚強顏狂歌。

㉔ **還社求拯于楚師，喻眢井而稱麥麴**：眢，音（ㄩㄢ）。麴，音（ㄑㄩ）。還社，人名，即還無社。春秋時蕭邑大夫。眢井，乾涸的廢井。麥麴，用來釀酒的材料，叫麴母，可禦濕。全句是說，魯宣公十二年冬，楚國伐蕭，蕭大夫還無社求救於楚大夫申叔展，二人各以「眢井」、「麥麴」爲喻，約定救之，事詳左傳宣公十二年文。

㉕ **叔儀乞糧于魯人，歌佩玉而呼庚癸**：指魯哀公十三年，吳國大夫申叔儀曾向魯國大夫公孫有山氏乞糧，然其時軍中不得出糧，故申叔儀歌「佩玉縈兮，余無所繫之！旨酒一盛兮，余與褐之父睨之」詩，以示窮，而公孫有山呼「庚癸乎」爲答。蓋庚表西方，主穀，癸表北方，主水，暗示欲供應食物和飲水。詳見左傳哀公十三年文。

㉖ **伍舉刺荊王以大鳥**：伍舉，春秋楚大夫，又名椒舉。全句指伍舉以三年不鳴的大鳥，諷楚莊王日夜爲樂，逸身無爲。事詳史記「楚世家」。

㉗ **齊客譏薛公以海魚**：薛公，田嬰，孟嘗君之父，相齊多年，封於薛，號靖郭君。全句指田嬰想在封地薛築城牆，門客有齊人者，以大魚喻田嬰，以水喻齊國，向其言明利害關係，靖郭君方才放棄在薛築城的計劃，事見戰國策「齊策」。

㊳ **莊姪託辭于龍尾**：全句指楚女莊姪，託以「大魚失水，有龍無尾，牆欲內崩，而王不視」的微言，勸戒楚頃襄王，勿圖眼前之樂，而遠離都城；且忽略立太子的事，或將釀成禍亂。見於列女傳辨通傳「楚處莊姪」。

㊴ **臧文謬書於羊裘**：臧文，魯大夫臧孫辰，死後謚文仲，故簡稱「臧文」。全句指臧文仲出使齊國被拘，乃暗中使人致書魯公，以隱喻自己被囚。書云：「斂小器，投諸台，食獵犬，組羊裘，琴之合，甚思之。臧我羊，羊有母。食我以同魚，冠纓不足帶有餘。」文仲之母，見書曉義，衆乃皆知其被拘。詳見列女傳仁智傳「魯臧孫母」。

㊵ **漢世隱書，十有八篇**：漢書藝文志於雜賦十二家，其第十二家爲「隱書」十八篇。

㊶ **歆固編文，錄之賦末**：歆，劉歆。固，班固。歆固編文，是說劉歆編「七略」，班固本之作「漢書藝文志」，以編次文錄。錄隱書於雜賦之末。指漢書藝文志雜賦有十二家，最末者，即爲「隱書」。

㊷ **東方曼倩，尤巧辭述**：東方朔，字曼倩，漢書東方朔傳，載其與郭舍打賭，朔笑之，上以爲詆己，朔巧辭回奏，化險爲夷，故曰「尤巧辭述。」

㊸ **君子喜隱，化爲謎語**：此二句承上文「魏代以來，頗非俳優」來。是說古之君子，常藉隱語來諷諭朝政，自認不是俳優。士大夫間便喜用隱語戲謔，於是隱語便逐漸離開諷諭作用，化成了謎語，又產生一種新的文體。

㊹ **體目文字**：體目，人身上的主要部分，借指謎語的主要部分便是文字。是說將文字加以解析，讓人品味揣度，這是指「打字」的謎語。如世說新語捷悟篇載「黃絹、幼婦、外孫、韲臼」，便是「字

謎」的一例。

(四五) **圖象品物**：把事物的形象加以組合，使人由聯想中，得其蘊意所指。這是「打事物」的謎語。如世說新語捷悟篇，載「魏武使人題門作『活』字」，又簡傲篇，載「呂安題門上作『鳳』字」，均其例。

(四六) **荀卿蠶賦，已兆其體**：荀子第二十六篇有「蠶賦」通篇皆暗示的話：由蠶的形態、生活、功能上描繪，皆隱括之言，可說已是「謎語」的濫觴。

(四七) **魏文陳思，約而密之**：魏文，曹丕。陳思，曹植。其「謎語」已佚，至於「約而密之」的詳情，今不可考。

(四八) **高貴鄉公，博舉品物**：高貴鄉公，指曹髦，字彥士，三國魏文帝孫，正始中封郯縣高貴鄉公。其所作「謎語」已佚，「博舉品物」的情形，已不可考見。

(四九) **搏髀而抃笑**：搏，拍擊。搏髀，拍打兩股以合節拍，形容歡笑狀。李斯諫逐客書：「彈箏搏髀」。

(五〇) **九流之有小說**：漢書藝文志諸子略，分諸子爲儒家者流、道家者流、陰陽家者流、法家者流、名家者流、墨家者流、縱橫家者流、雜家者流、農家者流。小說家者流。又說：「諸子十家，其可觀者九家而已。」故前九家稱「九流」，「小說家」居於「九流」之末。劉彥和列「諧讔」篇於「論文」之末，正如漢書藝文志諸子略故事，列「小說家」於「九流」之末也。由文心雕龍全書篇目的分合與次第，可見彥和學尚本源，論有依據，後人每逞意爲說，自是不考。特於此發之，以爲讀者告。

(五一) **稗官所采**：稗官，指古時採訪民間瑣事的小官。漢書藝文志：「小說家者流，蓋出於稗官，街談巷語，道聽塗說者之所造也。」「諧讔」卽歸入「小說家」。

㉝ 髡、朔之入室：髡，淳于髡。朔，東方朔。入室，喻精通道術。全句指髡、朔二家的學問，造詣極爲精湛。

㉞ 旃、孟之石交：石交，比喻堅不可破的交情。言優旃、優孟乃金石不渝的至交。

㉟ 振危釋憊：拯救危難，解除困厄。

㊱ 雖有絲麻，無棄菅蒯：蒯，音（ㄎㄨㄞˇ）。菅蒯，搓繩用的菅草。全句是說，雖有精美的，也不要忽視粗陋的，也就是說不得喜新厭舊，顧大遺小。意思中含有「諧讔」雖然淺俗，但亦不可拋棄。語出左傳成公九年之引詩。

㊲ 德音：卽令聞，美譽。

【語　譯】

詩經大雅載芮伯良夫刺周厲王的桑柔詩云：「自有肺腸，俾民卒狂。」意思是說，國君固執己見，爲所欲爲，將使百姓眩惑迷亂，不知所從。然而人心惟危，猶如山壑般的險惡，難以捉摸；民口足畏，也像川流般的洶湧，怎可壅塞！怨恨忿怒的表情，旣非同一模式，歡愉戲謔的言辭，自無旣定方法。過去當春秋時代，宋國大夫華元棄甲逃歸，後來負責監督築城的工作，役夫們唱出「睅其目，皤其腹，棄甲而復，于思于思，棄甲復來」的謳歌。魯大夫臧紇率兵救鄫侵邾，喪師敗績，國人造作「臧之狐裘，敗我於狐駘。我君小子，侏儒是使。侏儒侏儒，使我敗於邾」的歌謠。這都是嗤笑其醜形，戲謔其惡貌，把怨憤的情懷，寄託於微言隱語之中啊！又如魯國成地人所傳「蠶績蟹匡」的鄙俚俗諺；原壤所唱「貍首斑然」的淫聲豔曲；若真能發揮箴規勸戒的功用，必會見載於禮記經典。由此可知詼諧的文辭，隱譬的語言，也不被古聖先賢所拋棄的了！

「諧」字的構造爲「言皆」。顧名思義，實含有和洽同樂之義。其文辭淺顯，合於流俗，使聽者皆能會心悅笑。過去齊威王酣飮嗜樂，淳于髡說「甘酒」之害；楚襄王好飮酒冶遊，宋玉作「登徒子好色賦」。他們的用意，都在微言諷諫，詞意殊有可觀啊！到了優旃，諷刺秦二世欲漆城；優孟諫楚莊王欲葬馬，並能運用詭變之辭，巧飾之說，抑止君王的昏政暴行。是故司馬子長編著史記，特立「滑稽」一傳，究其原因，乃在於他們設辭雖屬傾側曲回，而用意卻能合乎義理，入於方正啊！

但是俳諧的體制，如果不合乎雅正之道，其影響所及，後人每易產生弊端。例如東方朔、枚皐等人，食人糟粕，採人牙慧，所言並無匡時正俗之用，而惟詆毀、輕慢、狎玩、戲弄是務。故枚皐自言「所作辭賦，多屬俳體，被人當作倡優看待」，從他對自己的評論看來，也頗有後悔之意了。至於魏人邯鄲淳把俳諧說辭的資料，著成「笑林」一書，吳人薛綜藉宴會行酒的機會，發出「吳、蜀」二字之「嘲調」，在筵席之間，雖足以引人鼓掌發笑，但對於匡濟時用，卻一無助益了！然而善於爲文的才士們，仍不免模體範式，誤入歧途。如潘岳作的「醜婦賦」，束晳的「賣餅歌」等，明知其過而又競相倣效的作家，大約有百人之多。魏晉時期，滑稽之士，競相鼓動，造成風氣。於是有人將應瑒的大鼻子，比成削了一半的鷄蛋；把張華帶著頭巾的形狀，比做握著舂米搗桊的杵，實在是醜言惡狀，虧損口德。這種令人難堪的作風，豈不是如同失水的溺者，臨死還強顏歡笑，不知大禍臨頭；獄中的囚犯，臨刑尚引吭狂歌，不知坐牢的痛苦嗎？

讔者，隱語之謂也；即運用隱遁的言辭，掩飾眞意；用詭譎的譬喻，指陳事理啊。過去楚國伐蕭，蕭大夫還無社求救於楚大夫申叔展，二人各以「智井」「麥麴」爲喻。吳大夫申叔儀乞糧於魯大夫公孫有山，申叔儀歌「佩玉」以示困窮，公孫有山呼「庚癸」作爲應答。伍舉以三年不鳴的大鳥，刺楚莊王日夜逸樂，無所作爲。齊人以失水的海魚，譏靖郭君薛公築城，於實際無補。楚女莊姪用「有龍無尾」的微言，諷頃襄王年已四十未立太子。魯大夫臧孫辰以「獵犬羊裘」的荒謬書信，暗示自己被齊國拘捕，魯國應饗戰士、繕甲兵，以防齊國來襲。隱語的功用，屢被記載於史傳。究其爲用，大者足以振興邦國的治道，匡濟個人的品德；次者可以輔正違失，曉喩迷惑。所以大抵說來，其用意生於權變詭譎，而事情出於機智情急；和滑稽詼諧的嘲調諧辭，可以互相表裏，合爲一體的啊！

漢書藝文志「雜賦」著錄「隱書」十八篇。劉歆、班固編次文錄，將其列於賦體之末。過去楚莊王、齊威王，生性喜好隱語。到東方朔，更能巧妙的編述說辭；但其嘲說諧辭，訛謬詭異，流於詆譭戲謔，殊乏規諫補正的功用。自曹魏以來，很多人抨擊誹優諧戲之談，但是富有才華的君子，卻喜好隱語戲謔，於是「隱語」便逐漸離開諷諭的作用，轉化成「謎語」，又因而產生一種新的文體了。

所謂「謎語」也者，乃環繞一事，廻轉其文辭，使讀者陷於迷惑昏亂的文字遊戲。有的把文字形體加以分解，讓人由揣度中辨識其謎底；有的把事物的形象加以編組，使人由聯想中體會其眞義。其運用心思，往往纖細而精巧，衒露文辭，常常淺近而易察，立意要委婉而平正，措辭需隱諱而明顯。荀卿「蠶賦」之作，通篇皆暗示之言，到文末方才明揭「蠶理」，這種作法，可說是首先具備了「謎語」的體式。到了魏文帝曹丕、陳思王曹植，作品更簡約而細密。高貴鄉公曹髦，又進一步廣泛列舉品物類事，雖擁有小巧的聰明，卻乖違遠大的義用。詳觀古人所作的隱語，持理周正，要切時務，豈只是拿來做童稚戲謔，引人擊股歡笑就算了嗎？然而文辭中有「諧讔」一體，就像九流十家之中，有「小說家」一樣。大抵此類作品，多為稗官采集街頭巷尾之說，藉以增廣見聞而已，如果大家競相倣效，就好比視淳于髡、東方朔為登堂入室的高明作家，而以優旃、優孟為自己金石不渝的至交好友，那就變本加厲，走火入魔了！

總而言之：古來文體變遷無窮，其中嘲謔諧讔之作，也獨樹一幟。它的作用，足以拯救顛危，解除困厄。所以「諧讔」在整個作品中，是不可缺少的一體。正如雖有可以製造布帛的絲麻，但也不可拋棄搓繩的菅蒯。假使善加利用的話，它確能融會義理，適應時事，談言中肯，頗益諷誡。不然，只是為了戲謔滑稽，那麼對於口德令譽，必定會造成很大的破壞啊！

【集　評】

一、紀評：「文家有必不可作之題，且有必不可作之體也，雖高手無所施其巧，抑或愈工而愈入惡趣，皆所謂『本體不雅』者也。」

【問題討論與練習】

一、何謂「諧讔」？試述此體之緣起如何？

二、彥和云：「文辭之有諧讔，譬九流之有小說」，義何所指？並申述之：

三、試述「謎語」之意義及產生過程如何？並將彥和對「謎語」的分類，加以剖析：

四、試列舉實例，說明「隱語」之功用如何？

史傳第十六〔評一〕

【解題】

大抵論「史」的書，其途有二：一曰揚搉利病，一曰闡明義例。揚搉利病者，主於分析演繹；闡明義例者，貴乎綜合歸納。二者相互需濟，未可偏廢。

先言「闡明義例」。彥和以爲：「史肇軒黃，體備周孔」。於周公則云：「姬公定法，紬三正以班歷，貫四時以聯事。諸侯建邦，各有國史，彰善癉惡，樹之風聲。」於孔子則云：「夫子閔王道之缺，傷斯文之墜，靜居以歎鳳，臨衢而泣麟，於是就太師以正雅頌，因魯史以修春秋，擧得失以表黜陟，徵存亡以標勸戒。」從而給編年紀事的史體，奠定了永久不易的地位。特春秋「睿旨幽隱，經文婉約」，丘明與夫子同時，親炙教誨，實得微言，恐弟子各安己意，以失其眞，故論二百四十二年的行事以作傳，明夫子不以空言說經啊。蓋「傳者轉也，轉受經旨，以授於後」。故彥和稱左氏傳爲「聖文之羽翮，記籍之冠冕」。審丘明之作傳，或先經以始事，或後經以終義，言見經文而事詳傳內；或傳無而經有，或經闕而傳存，旣以五十凡釋經，又有書、不書、先書、故書、不言、不稱、書曰七類，以曲暢其義。使興亡的原委，經國的謀略，風教的盛衰，政事的得失，彰往察來，鉅細畢陳。衡諸遷史、班漢、東觀、陳志之作，無不採掇左氏，陶鎔國語，文心之言，良有以也。

爰及西漢，子長繼作。天漢二年，遭李陵之禍，幽禁縲紲之中，身毀不用，故述往事，思來者，卒述陶唐，至於麟止，自黃帝始。彥和稱史記的體例云：「本紀以述皇王，世家以總侯伯，列傳以錄卿士，八書以鋪政體，十表以譜年爵，雖殊古式，而得事序。」為我國紀傳體正史的鼻祖。及班固述漢，因循前業，以為遷史止及漢武，後來史事闕而弗錄，於是上自漢高，下訖王莽，成一家之言。彥和云：「其十志該富，讚序弘麗，儒雅彬彬，信有遺味。」而開紀傳體斷代史的先河。於陳壽三國志則云：「荀、張比之於遷、固，非妄譽也。」於晉書則以為：「陸機肇始而未備，王韶續末而不終，干寶以審正得序，孫盛以約舉為能。」又以為：「春秋經傳，舉例發凡，自史漢以下，莫有準的。至鄧粲晉紀，始立條例。」其對考辨史書義例的嚴正，於此可窺得大略。

至於「揚榷利病」。彥和評史記云：「爾其實錄無隱之旨，博雅宏辯之才，愛奇反經之尤，條例踳落之失，叔皮論之詳矣。」於漢書則云：「至於宗經矩聖之典，端緒豐贍之功，遺親攘美之罪，徵賄鬻筆之愆，公理辨之究矣。」於後漢紀傳則云：「袁、張所製，偏駁不倫，薛、謝之作，疎謬少信，若司馬彪之詳實，華嶠之準當，則其冠也。」於三國志評云：「陽秋、魏略之屬，江表、吳錄之類，或激抗難徵，或疎闊寡要，唯陳壽三志，文質辨洽。」左傳、史、漢為我國史學之名著，載籍之準繩，學覽者之覃奧，摛翰者之華苑，影響後世學術界，至深且鉅。故彥和於此三書又特別加以綜合的比較，其言曰：「觀夫左氏綴事，附經間出，於文為約，而氏族難明。及史遷各傳，人始區分，詳而易覽，述者宗焉。及孝惠委機，呂后攝政，史班立紀，違經失實，何則？庖犧以來，未聞女帝者也，漢運所值，難為後法。牝雞無晨，武王首誓，婦無與國，齊桓著盟；宣后亂秦，呂氏危漢，豈唯政事難假，亦名號宜慎矣。張衡司史，而惑同遷固，元帝王后，欲為立紀，繆亦甚矣。」彥和懲後世女主禍國之烈，故指陳馬班爲呂后立紀，違經失實，張衡欲爲元帝王后立紀，惑同遷固，實在具有卓見。

彥和爲一代奇才，其著述旨趣，閎博深厚，文心雕龍「序志」篇已講得十分詳明了。今讀其全書，絕無一篇架空虛設；而紀氏曉嵐譏其「史事非當行，此篇文句特煩，而約略依稀，無甚高論，特敷衍以足數耳。學者欲析源流，有劉子玄之書在」，實非知言之論。近人范文瀾於此曾加以駁難。略云：「史通專論史學，自必條舉細目，文心上篇總論文體，提挈綱要，體大事繁，自不能如史通之周密。然如史通首列六家篇，特重左傳、漢書二家，文心也詳論左傳、史漢，其同一也。史通推揚二體，言其利弊，文心亦確指其短長，其同二也；至於煩略之故，貴信之論，皆子玄書中精義，而彥和已開其先河，安在其爲敷衍充數乎？」就字數言，雖僅及史通六十分之一，（史通凡二十卷五十二篇，除其闕篇外，凡八萬三千三百五十二字，文心史傳篇連同贊語在內，共一千四百零一字。）但從「內容方面」探討，「史傳」篇言簡意賅，由史例、史評之闡發，旁推交通，論及著述之目的，以及史家具備的條件。由「著述本原」方面觀之，「史傳」篇更能逆溯史學的總綱，提出「立義選言，宜依經以樹則，勸戒與奪，必附聖以居宗」的最高原則，深得史遷著述之遺意。

故「依經」「附聖」，實彥和「史傳」篇的主導思想。全篇言及「依經」「附聖」的話很多。如「言經則尚書、事經則春秋」，「睿旨幽隱，經文婉約」，「轉受經旨，以授於後」，「實聖文之羽翮，記籍之冠冕」，「法孔題經，則文非玄聖」，「愛奇反經之尤」，「宗經矩聖之典」，「左氏綴事，附經間出」，「史班立紀，違經失實」，「春秋經傳，舉例發凡」，「依經以樹則，附聖以居宗」，「尼父之聖旨」，前後凡十二處。且於「文原論」中，專列徵聖、宗經二篇。正因爲彥和著「史傳」先掌握了此一述作的本源，然後才產生其對史學上的卓越貢獻。綜彥和本篇所論，其對史學上的貢獻，有可得而言者，約分以下六事：

一、作者的動機與目的：一部著作必有著者的動機與目的，何況史家行文，其關係之大，影響之久，誠如彥和贊語所云：「世歷斯編，善惡偕總。騰褒裁貶，萬古魂動。」觀此可知歷史家的著述，眞乃千秋盛業，下筆不可不愼。彥和言史家之職責云：「史之爲任，乃彌綸一代，負海內之責，而贏是非之尤，秉筆荷擔，莫此之勞。」又論作史的目的云：「原夫載籍之作也，必貫乎百氏，被之千載，表徵盛衰，殷鑒興廢，使一代之制，共日月而長存，王霸之跡，並天地而久大。」所謂「表徵盛衰，殷鑒興廢」，此八字薪傳，正本乎春秋、史、漢之義，立百代述作之幟，此雖屬於史識，而實關乎史德。規模宏遠，百世不刊，此其可述者一也。

二、學以陳事的強調：史學寓於史著，史著撰自史官史家，而史官史家所賴以撰述史著者爲史料。所謂史料，範圍至廣，舉凡史官記注，官署檔案，州郡計書，文士別錄，金石記載，地下蘊藏，無一不是。漢代天下圖書計籍，上於太史，是爲備采的史料，太史公據此以成史記，是爲勒定的史著。然自現代史家觀之，前人的史著，亦正爲今日的史料。史料爲史著所本，故撰述史著者，又貴乎雋識通才，而彥和懼學者空言才識，不由力學，故於此篇特別強調史學的重要性。他說：「在漢之初，史職爲盛，郡國文計，先集太史之府，欲其詳悉於體國也；閱石室，啓金匱，抽裂帛，檢殘竹，欲其博練於稽古也。」其說雖卑之無高，但平實切當，洵爲雋論。此其可述者二也。

三、史料蒐集的困難：史有二難，不可不知，即綜合史料，融會貫通之難，與權衡輕重，分別部居之難。誠因代久年湮，史有闕文，或事類繁多，傳聞異辭，非參稽互察，不能覈實周至，故有綜合貫通之難也。彥和云：「記傳爲式，編年綴事，文非泛論，按實而書，歲遠則同異難密，事積則起訖易疎，斯固總會之爲難也。」又同爲一事，分篇敍述，正是紀傳體的弱點。於是彥和又說：「或有同歸一事，而數人分功，兩記則失於複重，偏舉則病於不周，此又銓配之未易也。」故張衡司史，條上遷史、班漢所敍與典籍不合者十餘事，傅玄也撰有「論經國九流」及「三史故事」。足徵彥和所謂之二難，實史家所難免，而又不得不同慨的。此其可述者三也。

四、辨眞別僞的問題：彥和評前史之失有二，一爲訛濫之失，二爲枉論之失。所謂「訛濫之失」，即追述古史，穿鑿附會，耀己炫博之意。史家追述古史，因爲書缺簡脫，時代愈遠，譌誤愈多。所以史家著述，略遠而詳近，已成必然的趨勢。孔子因魯史而修春秋，便是採用此法。自宣、成以上，三紀而成一卷；可是至昭、襄以下，數年就佔了一篇。且此書託始乎隱公，意爲高祖以來事，尚可聞問而知也。至若尙書，託始於堯舜，以堯舜爲孔子所祖述的理想人物，故堯舜二典，稱謂尙書。尙書者，上古之書，與夏書、商書、周書之代可實指者，斷然有別。由此可見孔子取材的態度，是如何的審愼了。竹書紀年起於夏禹，雖不盡可信，而言之有物。而司馬遷撰史記，乃又遠推五帝，作「五帝本紀」。張衡欲紀三皇，司馬貞即本其意，以補「三皇本紀」。至於皇甫謐的「帝王世紀」，徐整的「三五歷記」，不僅論及三皇五帝的事，甚而還記了許多盤古時代的神話。宋朝有胡宏者，更撰「皇天大紀」，又復上起盤古。似此則愈後出的史家，其所知也愈多於前人，牽引附會，務欲以古復有古相鳴高，此即史家著述前史所以易於訛濫的由來。彥和云：「公羊高云傳聞異辭，荀況稱錄近略遠，蓋文疑則闕，貴信史也。然俗皆愛奇，莫顧實理，傳聞而欲偉其事，錄遠而欲詳其跡，於是棄同即異，穿鑿傍說，舊史所無，我書則博，此訛濫之本源，而述遠之巨蠹也。」其中尤其「俗皆愛奇，莫顧實理」二語，正中史家耀己炫博之病。彥和信古而不泥古，此其可述者四也。

五、褒貶由己的流弊：此即所謂「枉論之失」者，史家記編同代的歷史，褒貶由己，不尙客觀。或假人之美，藉爲私惠，或誣人之惡，持報己仇。他們權力之大，眞可以說是「生死人而肉白骨」。所以彥和說：「記編同時，時同多詭，雖定、哀微辭，而世情利害。勳勞之家，雖庸夫而盡飾，迍敗之士，雖令德而嗤埋，吹霜煦露，寒暑筆端，此又同時之枉論，可爲嘆息者也。」文中「勳勞之家，雖庸夫而盡飾，迍敗之士，雖令德而嗤埋」句，眞令人爲那些藉藉無名的黃泉忠骨，一洒同情之淚。而「吹霜煦露，寒暑筆端」，更寫盡了史家予取予奪的虛僞面孔，此不僅爲著史者進忠告，也是向天下素心人士道衷曲，是眞能言人之所不能言，或不願言者。彥和早在一千五百年前即能洞察史筆曲直的利害，警惕作家知所規戒，卓識諍言，有功世教人心，此其可述者五也。

六、綜論史法四原則：作史須先立例，尤貴有法。彥和史傳篇綜擧史法，凡分四個原則：如於史料的整理方面，須具「尋繁領雜之術」；於史料選取方面，須守「務信棄奇之要」；於行文敍事方面，須能「明白頭訖之序」；於謀篇布局方面，須知「品酌事例之條」。如此括囊大體，洞曉綱領，雖萬事紛陳，而可衆理一貫，足可看出彥和的識力。然而在這四者之中，「務信棄奇」一條，最爲重要。他在本篇之末，以爲史家的任務，乃彌綸一代，負海內之責，而嬴是非之尤：故「秉筆荷擔，莫此之勞。」但若「任情失正」，高下在心，則史著的編纂，將不足採信，更難期久遠。對「俗皆愛奇，莫顧實理」的當世史學家，反復告誡，不啻一記當頭棒喝。正因爲他立論有宗，故能鑒文如鏡，此其可述者六也。

綜觀彥和的史學思想，史官建置，史著源流，論史途徑，以及二難、兩失、四要等，皆能針對當世史家好奇之弊，與夫春秋經傳，以及馬、班、史、漢的既有成就，由史意、史情，進而激濁揚清，推闡史學的義法，詞簡意賅，縷析條別，爲中國一千五百年來之史學界開創新局面。錢賓四先生論「文心雕龍」與「史通」的優劣時，曾說：「我們平心來看這兩部書。文心雕龍之價值，實還遠在史通之上，我曾講過，史學當有三種工作，卽考史、論史、著史。史通向來列爲一部評史的書，但評史更重要是在評論一時代的歷史。而史通只是在評論史著，不是評論歷史。……回頭來看劉勰的文心雕龍，那就偉大得多了，他講文學便講到文學的本源，學問中爲什麼要有文學，文學對整個學術上應該有什麼樣的貢獻，他能從大處、會通處著眼。他是從經學講到文學，這就是他能見其本原，能見其大。大本大原他已把握住。……因他能注意到學問之大全，他能討論到學術的本源，文學的最後境界應在那裏？這些用心，卻是劉知幾史通所缺乏的。」由此可知彥和史學思想的精深博大。然而人恆知文心雕龍爲文論的名著，反忽視了他在文論中史學方面的造詣。至於會萃史學思想的「史傳篇」，更是史學界考史、論史，空前未有的論著。

首段釋「史傳」的由來，並詮其名義。

【正文】

開闢草昧㊀，歲紀緜邈㊁，居今識古，其載籍乎？軒轅㊂之世，史有蒼頡（「蒼頡」原作「倉頡」，玆據傳校各本，及李師曰剛斠詮案語改㊃），主文之職，其來久矣。曲禮曰：「史載筆」（「筆」下原有「左右」二字，涉下文「執筆左右」衍，玆據傳校各本刪㊄）。史者，使也㊅。執筆左右，使之記也。古者左史記言，右史記事（「左史記言，右史記事」八字，原作「左史記事者，右史記言者」十字。玆據御覽六百三引刪正）。言經則尚書，事經則春秋也（「也」字原無，依御覽補㊆）。唐虞流于典謨㊇，夏商（「夏商」原倒，依王利器新書說乙正㊈）被于誥誓。洎（原作「自」，據王利器新書徵傳校各本改）周命維新⑩，姬公定法，紬三正以班歷⑪，貫四時以聯事⑫，諸侯建邦，各有國史，彰善癉惡，樹之風聲⑬〔評二〕。自平王微弱⑭，政不及雅，憲章散紊，彝倫攸斁⑮。昔者夫子閔王道之缺，傷斯文⑯之墜，靜居以歎鳳⑰，臨衢而泣麟⑱，於是就太師以正雅頌⑲，因魯史以修春秋⑳，舉得失以表黜陟，徵存亡以標勸戒；褒見一字，貴踰軒冕㉑，貶在片言，誅深斧鉞㉒〔評三〕。然睿旨（「睿旨」下原有「存亡」二字，黃叔琳注云：「二字衍」，玆據李師曰剛斠詮徵御覽及史略刪）幽隱，經文婉約，丘明同時，實得微言㉓，乃原始要終，創為傳體㉔。傳者，轉也；轉受經旨，以授於後，實聖文之羽翮㉕，記籍之冠冕也。

及至從橫之世，史職猶存。秦並七王，而戰國有策㉖。蓋錄而弗敍，故卽簡而為名也。漢滅嬴項，武功積年，陸賈稽古，作楚漢春秋㉗。爰及太史談，世惟執簡㉘，子長繼志，甄序帝勣㉙。比堯稱典，則位雜中賢㉚；法孔題經，則文非玄（原作「元」，因避諱誤，玆從王利器新書改）聖㉛。故取式呂覽，通號曰紀㉜。紀綱之號，亦宏稱也。故本紀以述皇王，世家以總侯伯，列傳以錄卿士（「世家」及「以錄卿士」六字，原脫；「列傳」原倒在「以總侯伯」上，玆據范文瀾注改補），八書以鋪政體，十表以譜年爵㉝，雖殊古式㉞，而得事序焉。爾其實錄無隱之旨，博雅弘辯之才，愛奇反經之尤，條例踳落㉟之失，叔皮論之詳矣㊱。及班固

次段敍述自戰國至西漢，其間重要的史籍，為「戰國策」、「楚漢春秋」、「史記」、「漢書」。並評論遷史班書二家史筆的得失。

三段論自後漢以迄晉代，史傳發展的源流及其優劣。其間於後漢推崇司馬彪與華嶠之詳實準當，於三國則許陳壽的

述漢[37]，因循前業[38]，觀史遷〔「史遷」原作「司馬遷」，茲據李師曰剛斠詮引御覽及史略刪正〕之辭，思實過半[39]。其十志該富[40]，讚序弘麗[41]，儒雅彬彬，信有遺味。至於宗經矩聖之典[42]，端緒豐贍之功[43]，遺親攘美之罪[44]，徵賄鬻筆之愆[45]，公理辨之究矣。觀夫左氏綴事，附經間出[46]，於文為約，而氏族難明[47]。及史遷各傳，人始區分〔「分」字原無，茲據劉永濟校釋案語引天啓本補〕，詳而易覽，述者宗焉。及孝惠委機，呂后攝政[48]，史班立紀[49]，違經失實〔評四〕，何則？庖犧以來，未聞女帝者也。漢運所值，難為後法。牝雞無晨，武王首誓[50]，婦無與國，齊桓著盟[51]；宣后亂秦[52]，呂氏危漢[53]，豈唯政事難假[54]，亦名號宜慎矣[55]。張衡司史[56]，而惑同遷固，元帝王后，欲為立紀，謬亦甚矣。尋子弘雖偽[57]，要當孝惠之嗣；孺子誠微[58]，實繼平帝之體；二子可紀，何有於二后哉？

至於後漢紀傳，發源東觀[59]。袁張所製[60]，偏駁不倫。薛謝之作[61]，疎謬少信。若司馬彪之詳實[62]，華嶠之準當[63]，則其冠也。及魏代三雄[64]，記傳互出。陽秋魏略之屬[65]，江表吳錄之類[66]，或激抗難徵[67]，或疎闊寡要。唯陳壽三志[68]，文質辨洽，荀張比之於遷固[69]，非妄譽也。至於晉代之書，繁乎著作。陸機

文質辨治，於晉代則稱干寶、孫盛的審正約舉。對鄧粲的有心典謨，尤加致意。

肇始而未備(七〇)，王韶續末而不終(七一)，干寶述紀(七二)，以審正得序；孫盛陽秋(七三)，以約舉爲能。按春秋經傳，舉例發凡(七四)。自史漢以下，莫有準的。至鄧粲（粲原作「琛」，茲依王利器新書徵御覽玉海改）晉紀，始立條例(七五)。又擺落漢魏，憲章殷周，雖湘州（原作「川」，形誤。案古荊廣二州地，東晉永嘉初分置湘州，治臨湘，即今長沙縣。茲據改。）曲學(七六)，亦有心典謨。及安國立例(七七)，乃鄧氏之規焉。

四段論史籍寫作的目的及困難之所謂「總會」與「銓配之未易」。

原夫載籍之作也，必貫乎百氏，被之千載，表徵盛衰，殷鑒興廢，使一代之制，共日月而長存，王霸之跡，並天地而久大。是以在漢之初，史職爲盛(七八)，郡國文計，先集太史之府，欲其詳悉於體國也（「也」字原無，依玉海四六及古論大觀三五引補。）閱石室，啓金匱(七九)，抽裂帛，檢殘竹(八〇)，欲其博練於稽古也。是以立義選言，宜依經以樹則；勸戒與奪，必附聖以居宗；然後詮評昭整，苛濫不作矣(八一)。然紀傳爲式，編年綴事(八二)，文非泛論，按實而書，歲遠則同異難密，事積則起訖易疎，斯固總會之爲難也(八三)。或有同歸一事，而數人分功，兩記則失於複重，偏舉則病於不周，此又銓配之未易也(八四)〔評五〕。故張衡摘史班之舛濫(八五)，傅玄譏後漢之冗煩（「冗煩」原作「尤煩」，茲據楊明照校注拾遺正）(八六)，皆此類也。

五段言追述遠代與記編

若夫追述遠代，代遠多僞，公羊高云：「傳聞異辭」(八七)；荀況稱：「錄遠略同時的流弊。所以欲析理居正，唯賴素心。

近」(八八)；蓋文疑則闕，貴信史也。然俗皆愛奇，莫顧實理。傳聞而欲偉其事，錄遠而欲詳其跡，於是棄同即異，穿鑿傍說，舊史所無，我書則博（原作「傳」，茲據李師曰剛斠詮徵御覽玉海改），此訛濫之本源，而述遠之巨蠹也(八九)〔評六〕。至於記編同時，時同多詭，雖定哀微辭(九〇)，而世情利害。勳榮之家，雖庸夫而盡飾；迍敗(九一)之士，雖令德而嗤埋（原作「常嗤」，依御覽改。下有「理欲」二字，爲衍文，今刪）(九二)，吹霜煦露，寒暑筆端(九三)，此又同時之枉論（「論」字原脫，茲據御覽補），可爲歎息者也！故述遠則誣矯如彼，記近則回邪(九四)如此，析理居正，唯素心（原作「臣」，茲據王利器新書說改）乎(九五)！

六段提示史傳文的寫作要領，如尊賢隱諱，史事的整理，資料的選擇，行文的敘次，篇章的布局等，皆指出大綱，說明原則。

若乃尊賢隱諱(九六)，固尼父之聖旨，蓋纖瑕不能玷瑾瑜也(九七)，奸慝(九八)懲戒，實良史之直筆，農夫見莠，其必鋤也；若斯之科，亦萬代一準焉(九九)。至於尋繁領雜之術，務信棄奇之要，明白頭訖之序，品酌事例之條(一〇〇)，曉其大綱，則衆理可貫。然史之爲任，乃彌綸一代，負海內之責，而贏是非之尤(一〇一)。秉筆荷擔(一〇二)，莫此之勞。遷固通矣，而歷詆後世。若任情失正，文其殆哉！

贊曰：史肇軒黃，體備周孔。世歷斯編，善惡偕總。騰褒裁貶，萬古魂動。辭宗丘明，直歸南董(一〇三)。

【註　釋】

㈠ **開闢草昧**：草，草創；昧，冥昧。全句指世界尚未開化的時期。

㈡ **歲紀緜邈**：歲紀，年代。緜邈，遙遠。

㈢ **軒轅**：卽黃帝。史記五帝本紀：「黃帝者，少典之子，姓公孫，名曰軒轅。」

㈣ **史有蒼頡**：許愼說文解字序：「黃帝之史蒼頡。」

㈤ **史載筆**：言史官準備筆、簡以記事之意。禮記曲禮上：「史載筆，士載言。」

㈥ **史者，使也**：史，從手執中，中卽簡書。又史，事也。執事者爲吏、爲史。此言史官被君王所驅使。

㈦ **左史記言，右史記事，言經則尚書，事經則春秋也**：言經、事經，記言記事的經書。班固漢書藝文志：「左史記言，右史記事，事爲春秋，言爲尚書」。

㈧ **唐虞流于典謨**：流于，傳自。典謨，書經有堯典、舜典、皐陶謨等。內容記載唐堯、虞舜時候的事。

㈨ **夏商被于誥誓**：被于，及於。誥誓，書經有甘誓、湯誥。內容記載夏、商時候的事。

㈩ **周命維新**：言周雖舊邦，時至文王，除舊布新。詩經大雅文王：「周雖舊邦，其命維新。」

⑾ **紬三正以班歷**：紬，音（ㄔㄡˊ），抽繹，考求，綴集。三正，夏商周三代的歲首各不同，尚書大傳云：「夏建寅，以十三月（卽陰曆正月）爲正，以平旦爲朔。……殷建丑，以十二月（季冬建丑之

月）爲正，以鷄鳴爲朔。……周建子，以十一月（仲冬建子之月）爲正，以夜半爲朔。……」這便是夏、商、周三代的「正朔」，指三代建年的「正月初一」。班，通頒；歷，曆法。全句承上文來，是說周公旦考求前代的曆法，加以研究比較之後，頒布新的曆法。

㉒**貫四時以聯事**：意謂周公的定法、班歷，能够貫通春、夏、秋、冬四時而不紊，並且使各種措施行事，也能和時令配合。

㉓**彰善癉惡，樹之風聲**：癉，音（ㄉㄢˋ）。原意爲「病」，此處作動詞用，指厭惡。全句是說，運用國史，來揚善貶惡，建立良好風氣。

㉔**平王微弱**：言西周都豐鎬（文王都豐，在今陝西鄠縣東。武王都鎬，在今陝西長安西南），犬戎殺幽王，西周亡。周平王遷都洛邑（今河南洛陽），爲東周，國勢微弱不振。

㉕**彝倫攸斁**：彝，音（ㄧˊ），常。彝倫，指倫理綱常。攸，所。斁，音（ㄉㄨˋ），敗壞。全句指倫常敗壞。

㉖**斯文**：詩書六藝之文，借指西周盛世的文化。論語子罕篇：「天之將喪斯文也，後死者不得與於斯文也。」

㉗**歎鳳**：鳳，相傳是一種靈鳥，鳳鳥出現時，天下太平安樂。論語子罕篇：「子曰，鳳鳥不至，河不出圖，吾已矣夫。」

㉘**臨衢而泣麟**：麟，仁獸。有王者在位則至，無則不至。公羊傳哀公十四年：「有以告者曰：有麕而角者。孔子曰：孰爲來哉！孰爲來哉！反袂拭面涕沾袍。孔子曰：吾道窮矣。」孔叢子「記問」篇

第五也載有此事。

⑲ **就太師以正雅頌**：太師，主管音樂之官。是說就敎於魯太師，以訂正雅頌之樂。論語八佾篇：「子語魯太師樂曰：『樂其可知也。始作，翕如也，從之，純如也，皦如也，繹如也，以成。』」又子罕篇：「子曰：『吾自衞反魯，然後樂正，雅頌各得其所。』」

⑳ **因魯史以修春秋**：是說用魯國歷史，以撰修春秋。史記孔子世家：「子曰：『弗乎！弗乎！君子病歿世而名不稱焉，吾道不行矣！吾何以自見於後世哉！乃因史記作春秋。上至隱公，下訖哀公十四年，十二公，據魯親周。』」

㉑ **貴踰軒冕**：軒，車子。冕，冠冕。古時大夫以上始有車可乘，有冕可戴。此處借稱高官顯爵。此承上句說，言尊寵超過高官顯爵的榮耀。

㉒ **誅深斧鉞**：鉞，音（ㄩㄝˋ），大斧，在此借爲刑戮。此亦承上句言，是說汚辱有過於刑戮的處罰。

㉓ **丘明同時，實得微言**：根據史記十二諸侯年表序，是說「魯君子左丘明，懼弟子人人異端，各安其意，失其眞，故因孔子史記具論其語，成左氏春秋。」微言，要旨，即言外之意。

㉔ **創爲傳體**：言創例發凡，以爲左氏記傳之體。杜預春秋經傳集解序：「左丘明受經於仲尼，以爲經者，不刊之書也。故傳或先經以始事，或後經以終義，或依經以辯理，或錯經以合異，隨義而發其例之所重。」

㉕ **羽翮**：翮，音（ㄍㄜˊ），羽莖，又羽翼。在此比喻得力的輔佐。

㉖ **戰國有策**：言戰國游說之士，所爲的謀策。劉向戰國策序：「中書本號，或曰國策，或曰國事，或曰

短長，或曰事語，或曰長書，或曰脩書。臣向以爲戰國時游士輔所用之國，爲之策謀，宜爲戰國策。其事繼春秋以後，訖楚、漢之起，二百四十五年間之事，皆定以殺青。書可繕寫，得三十三篇。」

㉗ **陸賈稽古，作楚漢春秋**：陸賈，秦末楚人，曾追隨漢高祖劉邦定天下，著有「楚漢春秋」九卷，記項羽與高祖初起時的事跡。後漢書班彪傳：「漢興，定天下，太中大夫陸賈，記錄時功，作楚漢春秋九篇。」

㉘ **世惟執簡**：言世代都擔任執簡記事的史官。史記太史公自序：「司馬喜生談，談爲太史公，仕於建元、元封之間，有子曰遷。太史公發憤且卒，執遷手而泣曰：『余先周室之太史也，自上世嘗顯功名於虞夏，典天官事，後世中衰，絕於予乎？汝復爲太史，則續吾祖矣。』」

㉙ **子長繼志，甄序帝勣**：司馬遷字子長，司馬談的兒子。在司馬談死後三年，便繼承父職，任太史令，後來甄選史料，敍述帝王治世用道的功績，作史記一百三十篇，五十二萬六千五百言。

㉚ **比堯稱典，則位雜中賢**：言史記敍述帝王，原欲比照書經「堯典」稱爲「典」，但後世帝王，多非賢聖之君，不好稱「典」。

㉛ **法孔題經，則文非玄聖**：玄聖，孔子。言欲效法孔子的春秋，稱爲「經」，則史記的文字，又不是出於孔子之手。不好稱「經」。

㉜ **取式呂覽，通號曰紀**：呂氏春秋內容，分爲十二紀、八覽、六論。太史公寫帝王之事，「本紀」即取法「呂氏春秋」十二紀。

㉝ **故本紀以述皇王以下五句**：史記全書一百三十篇，分本紀十二，世家三十，列傳七十，書八，表

十。本紀記帝王之事。世家記侯國，列傳記人物，八書記典章制度，十表記年月大事。

㉞**雖殊古式**：言史記用各種體裁，來概括事件、人物、典章、制度，雖不合古籍著述的法式。

㉟**踳落**：踳，音（ㄔㄨㄣˇ），或（ㄔㄨㄢˇ）。踳落，乖舛錯雜。

㊱**叔皮論之詳矣**：班彪，字叔皮，東漢扶風安陵（今陝西咸陽縣東）人，曾有「史記論」一篇，將史記得失加以評論，即上文所謂「實錄無隱之旨，博雅弘辯之才，愛奇反經之尤，條例踳落之失」等。現記載在後漢書「班彪傳」內。

㊲**班固述漢**：漢書敍傳下云：「探篹前記，綴輯所聞，以述漢書。」此處稱「述」不稱「作」，表示謙遜。

㊳**因循前業**：言遵循前人的著作。大抵漢書在武帝太初以前多本「史記」，太初以後，又多本其父班彪的「後傳」數十篇。

㊴**思實過半**：言觀司馬遷「史記」上的文辭，比對「漢書」的內容，其作品的眞象，便可得到有力的證明。

㊵**十志該富**：漢書有律歷志、禮樂志、刑法志、食貨志、郊祀志、天文志、五行志、地理志、溝洫志、藝文志。該，今多作「賅」；該富，完備充實的意思。

㊶**讚序弘麗**：漢書的本紀、志、列傳末有「贊」，八表的開頭有「序」，又全書之末有「敍傳」，其論贊序例，弘肆典麗。

㊷**宗經矩聖之典**：祖述五經，取法聖文的典雅。班固漢書敍傳：「旁貫五經，上下洽通。」

㊸ **端緒豐贍之功**：言條理井然，有內容豐富的功效。漢書敍傳：「凡漢書，敍帝皇，窮人理，該萬方，緯六經，綴道綱，總百氏，贊篇章。」

㊹ **遺親攘美之罪**：班固作漢書，多引用「史記」及其父親班彪「後傳」的資料，但在敍傳中敍述班彪時，不講他著「後傳」數十篇，也不言漢書是據「後傳」寫的，只稱「探篹前記」而已，故有「遺親攘美」的指摘。

㊺ **徵賄鬻筆之愆**，**公理辨之究矣**：指收受他人賄賂，出賣史筆的罪過。北周書柳虬傳，載柳虬上疏。曾云：「班固致受金之名，陳壽有求米之論。」上說皆依據仲長統「昌言」，惟其書久佚，已不能辨析事實的眞相了。公理：仲長統字。仲長統東漢山陽高平（今山西高平縣）人，曾著「昌言」，評究當世得失。

㊻ **附經間出**：間出，迭出。言春秋左氏傳比附經義，往往迭出於字裏行間。「左氏傳」與「春秋經」本來分行，至晉杜預作「春秋經傳集解」，將二書合併，左氏才「附經間出」。

㊼ **氏族難明**：左傳乃編年體的史書，長於敍事，不在傳人，故於氏系間的關係，人物籍貫均不加說明，致後人難以明白。

㊽ **孝惠委機**，**呂后攝政**：漢惠帝劉盈在位時，因太后呂氏害趙王如意及戚夫人的事，憂憤得病，便心灰意懶，委棄天下萬機而不顧；死後，雖立少帝恭即位，但少帝年幼，終於由呂后臨朝聽政，掌握大權。事見漢書「外戚傳」。

㊾ **史班立紀**：司馬遷史記立「呂后本紀」，以惠帝事附入。班固漢書則於呂后前立「惠帝本紀」，此

乃其體制較史記分明之處。但二氏罔顧惠帝死後，「少帝」及恒山王「弘」相繼稱帝的事實，皆立呂后，故彥和譏爲「違經失實」。蓋古帝王承繼，向無女主故。

(五〇) **牝鷄無晨，武王首誓**：牝，音（ㄆㄧㄣˋ），雌鳥母獸叫做牝。牝鷄無晨，是說母鷄不能司晨，比喻女子不能干涉政治。書經牧誓篇記載武王伐紂時，申討紂的罪狀，曾言「古人有言曰：『牝鷄無晨，牝鷄之晨，惟家之索。』」

(五一) **婦無與國，齊桓著盟**：穀梁傳僖公九年云：「諸侯盟於葵丘。曰：『毋雍泉，毋訖糴；毋易樹子，毋以妾爲妻，毋使婦人與國事。』」全句是說，此次齊桓公與諸侯會於葵丘，特別將「婦無與國」載在盟約。

(五二) **宣后亂秦**：言宣太后與匈奴義渠戎王私通，使秦國陷於混亂。史記匈奴列傳：「秦昭王時，義渠戎王與宣太后亂，有二子。」

(五三) **呂氏危漢**：言呂后廢帝更立，使漢室岌岌可危。史記呂后本紀：「諸呂擅廢帝更立，又比殺三趙王，滅梁、趙、燕以王諸呂，分齊爲四。」

(五四) **政事難假**：言政權難以假借，不該讓婦女執政。

(五五) **名號宜慎**：言「本紀」的稱號，應審慎應用，不當爲婦人立「紀」。

(五六) **張衡司史**：後漢書張衡傳：「衡上疏請得專事東觀，收檢遺文，畢力補綴。又條上司馬遷、班固所敍與典籍不合者十餘事。又以爲王莽本傳但應載篡事而已。至於編年月，紀災祥，宜爲元后本紀。」

(五七) **子弘雖僞**：子弘，劉弘，封常山王，呂后廢少帝，立弘爲帝。史記呂后本紀：「屬大臣相與陰謀曰：少帝及梁、淮陽、常山王，皆非眞孝惠子也。呂后以計詐名他人子，殺其母，養後宮，令孝惠子之，立以爲後」所以此處有「子弘雖僞」說。

(五八) **孺子誠微**：漢書王莽傳上：「平帝崩……立宣帝玄孫嬰爲皇太子，號曰孺子。」孺子是繼承平帝的。綜上二句，知彥和認爲當立「子弘」和「孺子」二本紀。

(五九) **後漢紀傳，發源東觀**：東觀，漢宮中藏書及著述處。據後漢書安帝紀，知全句是說，後漢書之帝紀史傳，皆本源於「東觀漢記」。隋書經籍志載「東觀漢記一百四十三卷，起光武記注至靈帝。長水校尉劉珍等撰，」

(六〇) **袁張所製**：袁，袁山松，晋秘書監。張，張瑩，晋江州從事。袁山松撰「後漢書」一百一卷，又錄一卷，今存姚氏輯本一卷。張瑩撰「後漢南記」五十八卷。

(六一) **薛謝之作**：薛，薛瑩，晋散騎常侍。謝，謝承，吳武陵太守。薛瑩撰有「後漢記」一百卷。謝承撰有「後漢書」一百三十卷，無帝紀。

(六二) **司馬彪之詳實**：詳實，詳贍眞實。晋書司馬彪傳：「彪討論衆書，綴其所聞，起於世祖，終於孝獻，爲紀、志、傳，凡八十篇，號曰續漢書。」

(六三) **華嶠之準當**：華嶠，晋高唐人，字叔駿，官少府卿，曾編著「漢後書」九十七卷。晋書華嶠傳：「嶠以皇后配天作合，前史作外戚傳以繼末編，非其義也。故易爲皇后紀，以次帝紀。又改志爲典，以有堯典故也。而改名漢後書，奏之。詔朝臣會議。時中書監荀勗、令和嶠、太常張華、侍中王濟，咸以嶠文質事核，有遷、固之規，實錄之風，藏之秘府。」準當，準確精當。

(64) **魏代三雄**：指魏、蜀、吳三國鼎立時期的史實。

(65) **陽秋魏略之屬**：晉人孫盛撰「魏氏春秋」二十卷。當時因避晉簡文帝太后（阿春）之諱，而改稱「魏陽秋」。又魏京兆人魚豢撰「魏略」三十八卷。

(66) **江表吳錄之類**：晉虞溥著「江表傳」五卷，記江左名人事跡。書已亡佚。裴松之注多有引用。又晉張勃著「吳錄」三十卷，書已佚。

(67) **激抗難徵**：言偏激抗直的言論，難以取信讀者。

(68) **陳壽三志**：陳壽字承祚，晉時安漢（今四川南充縣）人，撰魏、蜀、吳三國志六十五篇。時人稱其善敍事，有良史之才。

(69) **荀張比之於遷固**：荀，荀勗。張，張華。華陽國志後賢志：「吳平後，陳壽乃鳩合三國史，著魏、吳、蜀三書六十五篇，號三國志。中書監荀勗，令張華深愛之，以班固、史遷不足方也。」

(70) **陸機肇始而未備**：陸機曾有「晉紀」四卷，開晉史撰述的先河。此書只寫了晉初三帝，故云「未備」。

(71) **王韶續末而不終**：王韶，南朝宋人，爲吳興太守。曾撰「晉紀」十卷，敍述晉末的事，訖義熙九年止，有續而不終，故云「續末而不終」。

(72) **干寶述紀**：言干寶作晉紀。晉書干寶傳：「寶字令升，著晉紀，自宣帝訖於愍帝五十三年，凡二十卷，其書簡略，直而能婉，咸稱良史。」

㉓孫盛陽秋：盛字安國，除「魏陽秋」外，又有「晉陽秋」二十二卷。詞直而理正，咸稱良史。

㉔春秋經傳，舉例發凡：杜預春秋經傳集解序：「其發凡以言例，皆經國之常制，周公之垂法，史書之舊章，仲尼從而修之，以成一經之通體。」又云：「故發傳之體有三，而爲例之情有五。」三者：正例、變例、非例是也。五者：「一曰微而顯」，「二曰志而晦」，「三曰婉而成章」，「四曰盡而不汙」，「五曰懲惡而勸善」。

㉕鄧粲晉紀，始立條例：言至鄧粲撰晉紀，才開始創立條例。晉書鄧粲傳：「鄧粲，長沙人，以父騫有忠信言，而世無知者，乃著元明紀十篇」。「元明紀」，紀東晉元帝至明帝二朝事。此書有著作凡例，不摹仿兩漢三國史書，取法殷周尚書的典謨。

㉖湘州曲學：鄧粲，長沙人，永嘉初，於此置湘州，治臨湘，故以「湘州」稱之。曲學，指所學偏曲。全句是說，鄧粲並非博學通儒。鄧書已亡，其條例已不可見。

㉗安國立例：孫盛，字安國。著「晉陽秋」二十二卷，建立史書的條例。

㉘在漢之初，史職爲盛：言自三代以來，以向重視史官，秦漢承之，史官職司，特爲隆盛。然自武宣以後，逐漸式微。史記「太史公自序」集解引如淳云：「漢儀注：『太史公，武帝置，位在丞相上。天下計書，先上太史公，副上丞相，序事如古春秋。遷死後，宣帝以其官爲令，行太史公文書而已。』」

㉙閱石室，啓金匱：言閱覽石室資料，開啓金匱的藏書。史記自序：「遷爲太史令，紬史記石室金匱之書。」索隱：「案石室金匱，皆國家藏書之處。」

(八〇) **抽裂帛，撿殘竹**：抽，通紬，讀的意思。帛，繒，竹，簡册，都是古代書籍。由於時代久遠，資料殘缺不全，故云「裂帛殘竹」。全句是說，讀縑帛的記載，查簡册的文獻。

(八一) **是以立義選言以下六句**：此明言作史的標準，所謂「宜依經以樹則，附聖以居宗」，義正詞嚴，幾爲史家秉筆的千秋典範，史通「論贊篇」可與此說互證。

(八二) **紀傳爲式，編年綴事**：是說作史的體裁，用「紀」以編年，用「傳」以綴事。史通「煩省篇」卽本此說發揮。

(八三) **歲遠則同異難密，事積則起訖易疏，斯固總會之爲難也**：言年代久遠，史有缺文，事類繁多，傳說紛紜；此二者史家皆不易處理，故彥和於此特發「融會貫通」之難。

(八四) **兩記則失於複重，偏舉則病於不周，此又銓配之未易也**：言如一事而兩處記載，則有重複之失。如一方單舉，則又有敍述欠周之病。彥和於此認爲有「銓衡配合」之難。

(八五) **張衡摘史班之舛濫**：摘，指摘。張衡曾指摘史記、漢書舛濫不合典籍之處十多條。見後漢書「張衡傳」。

(八六) **傳玄譏後漢之冗煩**：冗煩，冗贅煩瑣。晉書傅玄傳：「玄少時避難於河內，專心誦學，後雖顯貴，而著述不廢。撰論經國九流及三史故事，評斷得失，各爲區例，名爲傅子。」書已佚，其評斷「後漢書」的內容得失，今已不可考。

(八七) **公羊高云傳聞異辭**：公羊高，春秋公羊傳的作者，齊人，姓公羊名高。傳聞異辭，意謂年代久遠的事，傳聞之史實，其辭不一。其說見春秋公平傳隱公元年，桓公二年，以及哀公十九年。如云：「

何以不日？遠也。所見異辭，所傳聞異辭。」

(八八) **荀況稱錄遠略近**：觀荀子原文，是說記錄遠史，只能舉其大略，撮其要點；對近代史實，論述應當力求詳細。此處文義似和荀子的說法不合。荀子非相篇：「傳者久則論略，近則論詳，略則舉大，詳則舉小。」又見「韓詩外傳」卷三

(八九) **巨蠹**：稱罪惡重大的巨姦盜魁叫巨蠹，這裏泛指巨大的賊害。

(九〇) **定哀微辭**：微辭，非明言而隱以見意之辭叫「微辭」。孔子和定公、哀公同時，所以著「春秋」時，對他們不便明顯褒貶，多用隱微的言辭暗示。公羊傳定公元年便有「定、哀多微辭」的說法。

(九一) **迍敗**：迍，音（ㄓㄨㄣ）。迍敗，謂困頓失敗。

(九二) **令德嗤埋**：美好的德行，受到譏笑或埋沒。

(九三) **吹霜煦露**，**寒暑筆端**：兩句皆指不依據事實眞相，任意褒貶。如同吹寒氣可凝成酷霜，呵暖氣可降爲甘露。

(九四) **回邪**：即枉邪，指邪曲不正。

(九五) **素心**：謂心地潔白純正，毫無偏私。本書養氣篇：「聖賢之素心」。

(九六) **尊賢隱諱**：是說尊崇賢能，不言其闕失。公羊傳閔公元年：「春秋爲尊者諱，爲親者諱，爲賢者諱。」史通「曲筆篇」正申述彥和此論。

(九七) **纖瑕不能玷瑾瑜**：纖瑕，指尊者、親者的小缺點。玷瑾瑜，言玷辱尊者、親者的美德。

(九八) **奸慝懲戒**：慝，音（ㄊㄜˋ），邪惡。奸慝，姦邪。言懲奸宄，戒邪惡。

㊈ **萬代一準**：一準，唯一標準。此指以上所舉寫作史書的科條，實爲史學家永久不變的準繩。

⑽ **尋繁領雜之術以下四句**：此爲彥和明言著述史書的基本原則。「尋繁領雜之術」，爲駕馭史料的方法；「務信棄奇之要」，爲選擇史料的要領；「明白頭訖之序」，爲行文敍事的程序；「品酌事例之條」，爲發凡起例的原則。劉子玄「史通」全書，都在推闡此四句之義。足見彥和史識。

⑾ **贏是非之尤**：贏，招致。言容易招致是非的責難。

⑿ **秉筆荷擔**：荷擔，負責。言史家爲文，負有記言記事的重責大任。

⒀ **直歸南董**：南，齊國的南史氏。董，晉國的董狐。二人皆左傳上記載的鯁直史臣，守正不阿。全句是說，在史筆的耿直上，要以「南史」和「董狐」爲依歸。

【語　譯】

自從洪荒初開，宇宙草創以來，年代經歷久遠。我們居處今日，想要知道古人的事蹟，恐怕只有靠著史書的記載了吧！相傳黃帝時代，就有史官蒼頡，掌理文書記事的職務。由此看來，史官的沿革，由來已經很久了。禮記曲禮云：「史官始執筆以記事。」所謂「史官」者，是受君王的差遣。執筆隨侍左右，以記錄國君的言行啊。上古時代的制度，左史專門記言，右史專司記事。記言的經典就是尚書，記事的經典就是春秋啊。唐虞史蹟，流傳到今天的，計有尚書中的堯典、舜典、大禹謨、臯陶謨等，夏商史實，被覆到後代的，計有尚書中的甘誓、湯誓、仲虺之誥、湯誥等。自從周文王除舊布新，建立國家以來，周公制禮作樂，考求夏、商、周三代的正朔，以頒布曆法，貫通春、夏、秋、冬四時的節令，以配合人事，而諸侯建邦立國，各有自己的史官，從事表彰善良，批判邪惡，以樹立善良的風氣。但是自從周平王東遷以後，國勢衰弱不振，沒有能力推行禮樂教化，以至法紀散亂，綱常敗壞。當時孔子擔心王道的缺失，感傷禮樂的沈墜，平時閒居，歎「鳳鳥不至」，到五父之衢，悲麒麟之出現，不得其時，自傷才士之不爲朝廷所用。於是孔子就教於魯國的太師，訂正雅頌之樂；依照魯國史記，撰修春秋；列舉政治的得失，來表示褒揚與貶抑之意；徵驗各國的興亡事迹，以標明勸善與懲惡之旨。如果有人蒙受孔子一字的褒獎，其榮寵超過高官厚祿的贈與；受到片言的貶抑，其恥辱有甚於斧鉞刑罰的誅戮。然而，聖人之言，義旨深遠，幽隱含蓄。春秋經的措辭，委婉曲折，要言不煩，幸左丘明與仲尼同時，深得聖人設教立說的微言大義；於是推本窮原，追末尋終，考求史實的來龍去脈，創例發凡，制定了紀傳的體例。所謂「傳」者，輾轉傳遞的意思。將經文的意旨，以傳示後學。所以春秋左氏傳，實在是聖文的輔翼，史籍中的翹楚啊！

到了合縱連橫的戰國時代，雖王綱解體，兵連禍結，但史官職司尙還存在。秦始皇吞併六國，統一天下後，繼孔子春秋經，而有戰國策。此書，主要是戰國游說之士所爲的謀略。乃記載當世的實錄，無評述之筆，所以劉向校書，就其內容特質，管它叫「戰國策」啊。漢高帝劉邦起義入關，滅了嬴秦、項羽，武功彪炳，歷有年所。太中大夫陸賈，稽考往古，敍述時事，作「楚漢春秋」九篇。到了太史公司馬談，其家世代擔任執簡記事的史官；子長繼承父志，才分別記述歷代帝王的功績，寫成「史記」一書。司馬遷本想比擬書經上的堯、舜典謨來命名的，但他覺得書中所載的歷代帝王，不全是賢聖之君；想仿效孔子以春秋題經之法爲書名，又自覺文章非出於聖人的手筆。所以退而求其次，採取「呂氏春秋」的體式，列敍天子的行事，通號曰「紀」，「紀」者，綱紀庶品，統領萬物之意，用此定名，也算得上是宏大俊偉了。故「本紀」用以記述歷代帝王的行事，「世家」用以總論侯伯的世代，「列傳」用以記錄卿士的行狀，「八書」用以鋪敍政治的體制，「十表」用以列舉諸侯的世系封爵。如此雖然不合古代史籍著述的法式，但卻深得記事的要領啊！至於實事實錄，毫無隱諱的義旨；廣博雅健，弘通辯捷的才華；崇尙黃老，輕薄五經的過失。條例乖舛，錯雜踳駁的缺點。班彪在他的「史記論」裏，已批評得很詳細了。到後來班固撰述「漢書」，遵循前人的緒業，尤其太初以前的史事，在行文敍事方面多本「史記」，如果拿太史公司馬遷的「史記」加以對照，其眞象便可以得到有力的證明了。漢書「十志」的內容，周備宏富，論讚序例，弘肆典麗，柔和溫雅，文質得中。誠然具有古代典誥的遺風和韻味！至於稟承五經，取法聖文的典雅；條理井然，內容豐贍的功效；掠其父述作之美，而言不及親的過錯；收受他人賄賂，出賣史筆的罪尤。仲長統在「昌言」裏，已辨析得很精詳了。試觀春秋左氏傳的綴述行事，比附經義的論說，往往出於字裏行間，因爲措辭簡約，而於人物氏族難免交待不清。到了司馬遷撰史記，才將皇王、侯伯、卿士分別記傳，於是人物世系，乃開始區分；敍事詳明，便於閱覽。後來撰述史書者，因而奉爲寫作的龜鑑啊！及至孝惠帝，因寵愛戚夫人，每日沉湎淫樂，委棄國家機務於不顧，以致英年早逝，於是呂后臨朝稱制，司馬遷「史記」班固「漢書」裏，都特別立了「高后紀」，這實在是違反經義，不合史實。爲什麼這樣說呢？因爲我國自庖犧氏以來，從來沒聽說過女人稱帝的事啊！呂后干政，這雖是漢代國運的不幸，更難爲後世永久的典範。書經牧誓曾云：「牝鷄無晨」，是說女人不能干預外事。此武王伐紂，牧野誓師的重要誓詞。穀梁傳僖公九年謂：「婦無與國」，言婦女不得參與國家大事。這是齊桓公「葵丘會盟」，所立下的禁約。何況秦時，昭王的母親宣太后，由於和匈奴義渠戎王私通，使秦國陷於紊亂。漢高帝之后呂氏，因爲擅自廢帝更立，危害漢室的根基。由這些事件證明，豈僅是政治事權難以假借於婦人，就是名位稱號的安排，也應謹愼小心啊！張衡職司「東觀」，掌理史筆，曾條陳史遷、班固所敍史蹟和典籍不合的有十餘件之多，但他對寫作體例的不清楚，正和司馬遷、班固相同。他認爲應該爲「元帝王皇后」立紀，此說更是荒謬至極。推究常山王弘雖僞稱張后之子，但畢竟他是孝惠皇帝的後嗣；孺子嬰誠然幼弱，但確實是平帝的繼承人，單憑這些條件，爲二帝立紀已有足够的理由了，至於「呂」「王」二后，又何立「紀」之有哉！

至於後漢的帝紀史傳，發源於劉珍等人撰述的「東觀漢記」。其中袁山松的「後漢書」，張瑩的「後漢南記」，內容偏頗駁雜，毫無倫次。還有薛瑩的「後漢記」，謝承的「後漢書」，辭義疏漏錯謬，缺乏眞實性。像司馬彪「續漢書」的詳贍眞實，華嶠「漢後書」的準確精當，拿他與後漢各史家的著述相較，他們兩位可以稱得上是後漢紀傳的冠冕了。到了曹魏三國鼎立時代，記志史傳，層出不窮。像孫盛「魏陽秋」，魚豢「魏略」這些著述，元帝時代，虞溥「江表傳」，張勃「吳錄」此類作品，有的偏激直言，難以客觀置信；有的組織鬆散，缺乏要領。只有陳壽的「三國志」，文辭博辯，內容洽適，荀勗、張華把他媲美司馬遷、班固，相信這絕非妄加稱譽啊！

到了晉代，史書的撰述，十分繁富。約略算來，有十八家之多！陸機首先作「晉紀」四卷，惜其體例尙未完備。王韶撰「續晉紀」十卷，只寫到義熙九年，也未能終竟其事。干寶作「晉紀」二十卷，此書持理正大，能掌握序事的體要。孫盛著「晉陽秋二十二卷」，詞直義暢，以簡約爲能事。按驗春秋經傳的作法；無論是敍事、褒貶，發凡起例，都有它一定的寫作準繩。可是自「史記」「漢書」以下，史家著述，可以說都沒有客觀的標準爲依據。到了鄧粲撰「晉紀」，才開始創立條例，擺脫漢魏史書的現象，效法尙書、春秋的成規，雖然這位長沙人鄧粲，並非博學通儒，只是那鄉間一曲之才，可是他留心古聖先賢的著作體制，也足令後人取法了。等到孫盛著「晉陽秋」二十二卷，所建立的史書體例，就是承繼鄧氏遺留的規模啊。

推原史籍的寫作原則，必須具有貫穿百王，流被千載的知識程度，才能作國家盛衰的表徵，後世興廢的殷鑒。使一代的典章制度，明並日月而不朽；與王建覇的事蹟，永同天地而長存。所以在漢代初年，史官的職司，特別受到尊重，當時凡郡縣封國的文書簿籍，首先要彙集到太史官署，其目的是希望他們能詳細體察國事啊！同時史官也要閱覽國家收藏的資料，開啓庫存的書籍，詳讀縑帛上的記載，檢查簡册中的文獻，其用意是要他們能廣博熟練稽考古蹟啊。所以史傳之作，設立義例，選取言辭，應該遵照經傳來樹立準則；勸善戒惡，取與裁奪，必須依附先聖的言論爲宗旨。而後在詮釋評騭的時候，自然而然能做到事理明白，有條不紊，苛刻浮濫的筆調，就不會產生了。然而「紀」「傳」爲撰寫史書的體例，「紀」用以編年，「傳」用以綴事，行文措辭不能作浮泛之論，必須按照史實記載；但如年代久遠的，資料殘缺不全，則記述的同異，很難與事實密合；如果傳說紛紜，資料繁多，則敍述時從頭到尾，又極易疏略掛漏。由此可知，綜合史料，融會事理，實爲史家引爲困難之事。有的同爲一事，必須分屬數人加以說明，才能畢其事功。但是如一事分做兩處記載，有重複的毛病，若一方單舉，有不够周全的缺憾，這又是詮衡輕重，相互配合的一大困難啊！故張衡指摘「史記」「漢書」的錯誤不精，傅玄譏訐

「後漢書」的冗贅煩瑣，可以說都是受到這些因素的拖累啊！

至於追述遠代的史實，年代愈遠，僞訛愈多，公羊高曾經說過：「傳聞的史實，往往說法不一。」荀況也說：「遠略近詳」，意思是指遠代傳說不一，只能記載簡略；近代史實可知，記錄自須詳細。所以史料有疑問時，應該懸闕，以待後賢證實，不可妄下判斷，這就是崇尙信史的精神啊！然而一般史學家多喜歡奇詭不經，甚而不顧事理的眞象，對於傳說不一的史蹟，往往單憑一己的構思，鋪張揚厲，誇大其內容。記述遠代的歷史，常常用依託的方式，捨棄同乎史實的記載，遷就傳聞的異辭，任意牽合，附會衆說，自以爲舊史向無記載，只有我作的書內容廣博，這實在是史傳僞訛浮濫的根源，記述古史的巨大蠹害啊！至於記編當代史實的，因爲時處同代，記載多訛詭不經。如孔子修「春秋」，在和他同代的「定」、「哀」二公之間，措辭每多隱晦不明，這完全是顧慮到世俗常情，權衡當時利害，不得不然的。對於那些功勳卓著的世家巨室，卽令是才具平庸的人，也會盡量誇飾；對那些困頓失意的寒士，縱有高操的德行，也常遭受譏笑埋沒。史家行文，全憑一己的私意褒貶，不尙客觀，其影響之大，如同吹寒氣可凝酷霜，呵暖氣就降甘露，如此冷熱無常，全決定於下筆時的一念之間，這又是撰述同代史事，亂發謬論的過失，眞令人扼腕歎息啊！故敍述遠古的歷史，則誣妄不實如彼；記錄同代的事蹟，又邪曲不正如此。所以要想達到剖析事理，守正不阿的理想，只有心存公正的人士才能做到吧？

對尊長賢能的人，隱諱他們的缺失，這本是孔子撰修「春秋」的意旨之一。因爲孔子認爲細微的瑕疵，是不能玷辱美玉的質地的。而懲罰奸兇，告戒邪惡，才是良史的正直筆法。優良史家的寫作，要抱定像農夫見到莠草，必須一一拔除的心理。此一寫作的科條，也正是史家萬代不變的準繩啊！至於對史料尋繹繁複，統領駁雜的方法；務求信實，摒棄奇詭謬傳的要領；行文敍事，注意起訖明暢的程序；博收約取，斟酌發凡起例的條件。如果史學家能通曉寫作的大綱要領，縱然萬事紛紜，也可以貫串一致了。講到史官的任務，他是負有綜合整理一代的史實，澄清天下的言責，但也容易招來一些是非怨尤。史家執筆爲文，自然擔負著撰言記事的重責大任，和易招怨尤的威脅，再也沒有什麼事，能比他更辛勞的了。像史遷、班固一代博學通達的良史，尙且受到後世很多學者的批評。假使私人任憑自己的好惡，失去公正的立場，而高下在心，是非筆端；那麼，史傳的價值，豈不岌岌可危，不足信賴了嗎！

總而言之：史傳之文興起於軒轅黃帝的時代，其著述體例，到周公、孔子始漸臻完備。歷代世事的變革，都薈集於簡册，人間的是非善惡，皆總括於史籍。歷史上有人因爲受到史筆的褒揚，聲名流傳千古；也有人因爲受到貶斥，身價全失，遺臭萬年。史家秉筆，消息萬古，其力量之大，足以令人驚心動魄。所以史傳的文辭，要以春秋左氏傳爲宗祖；至於公正不阿的態度，應以齊國的南史氏，晉國的董狐氏爲準繩。

【集 評】

一、曹評：「論史處，彥和正而子玄偏。」

紀評：「彥和妙解文理，而史事非其當行。此篇文句特煩，而約略依稀，無甚高論，特敷衍以足數耳。學者欲析源流，有劉子玄之書在。」

二、曹評：「此卽『春秋』之始。」

三、紀評：「敍『春秋』一段，其文太繁。」
四、紀評：「獨抽此條，未免挂漏。」
五、黄評：「蕭茂挺所以欲復編年體也。」
六、黄評：「古史之失。」

【問題討論與練習】

一、試述史傳之由來及其意義如何？
二、春秋經與左氏傳之關係如何？並申言其在我國史籍上的價值：
三、試述史記、漢書二史的內容，並評其得失如何？
四、「呂氏春秋」、「東觀漢記」、鄧粲「晉記」三書在史傳上的價值如何？試分別作答。
五、彥和評馬遷「史記」、班固「漢書」優劣互見，可道其詳否？
六、何謂史傳文寫作之最高原則？並條析「二難」之真象：
七、彥和論史傳文之寫作原則，除「依經附聖」外，並條舉「二難」、「兩失」、「四要」。其中所謂「兩失」所指何事？請依彥和之說以對。
八、孔子因魯史以修春秋之動機何在？其內容體例與影響又若何？

諸子第十七〔評二〕

【解　題】

「諸子」云者，蓋以先秦學者，爭鳴天下，自六經以外，立說者，皆屬子書。合言之，則爲諸子，析言之，則曰某子。子者，本男子的通稱，以後引申而爲尊稱或自稱。如稱有爵位者，公羊傳宣公六年云：「子，大夫也。」穀梁傳宣公十年云：「其曰子，尊之也。」於各國卿大夫舉其謚者，皆曰某子，如春秋稱韓宣子、季康子等。對有道德學問的人，也稱之曰某子，如孔子、老子。也有弟子單用「子」字以尊其師者，如論語中孔門弟子之於孔子。又有於姓氏之上再加「子」字者，如公羊傳中之子沈子、子北宮子。同輩互稱，有時也用子，如孔子稱蘧伯玉爲公叔文子。以上皆屬「尊稱」一類。至於「自稱」者，如巷伯自稱「孟子」是也。學者著述，有時也以子題名，如老子、莊子、墨子、孟子等。迨後史家著錄，因子書衆多，匯爲一編，而有劉歆「諸子略」，班固的「九流十家」，隋書「經籍志」承王儉「七志」、阮孝緒「七錄」而立「子部」，於是諸子始正式成爲部勒古籍的專門名稱了。

彥和推原諸子創始的由來時，他說「太上立德，其次立言，百姓之羣居，苦紛雜而莫顯，君子之處世，疾名德之不章，唯英才特達，則炳曜垂文，騰其姓氏，懸諸日月」。彼等深究古聖先王，經世濟民的大體，因應時代的需求而改制變術，衒己求售，取悅世主，惜遭時不遇，不得已，乃藉空文以見志；其中或佚而不傳，或傳而後莫爲繼。彥和推文學至上之理，申百氏炳文之義，可謂辭近寓遠，體大慮周了。

彥和論諸子學術的演進，除了兼備各家分類之長外，更具有三點卓見：一、源流區分，以戰國爲斷限；

二、興衰變遷，以兩漢爲轉捩點；三、純駁總雜，以五經爲要歸。玆分別闡明如次：

古人簡質，不尚空言，是以春秋以前無專門著作，今漢書藝文志所列諸子八十九家，四千三百二十四篇，殆統集結於戰國之後，傳其學者之手。彥和述諸子學術流派，不僅逆溯其源，且兼直窮其流；而「源流區分，復以戰國爲斷限」。戰國以前是「聖賢並世」，戰國以後乃「俊乂蠭起」。聖賢並世可謂「子學」的萌芽。諸子學術之於此期，如蘖之始生，水之濫觴，其間所傳者有風后、力牧、伊尹、鬻熊諸家作品爲代表。及「伯陽識禮，而仲尼訪問，爰序道德，以冠百氏」，然而「鬻惟文友，李實孔師」，故彥和稱此期爲「聖賢並世，經子異流」的時期。戰國力政，風、雅不作，周衰文敝，六藝道息，亦卽處士橫議，百家競鳴的時代。彥和綜其尤著者，於九流十家，各擧其一，他說：「孟軻膺儒以磬折，莊周述道以翺翔，墨翟執儉确之教，尹文課名實之符，野老治國於地利，騶子養政於天文，申、商刀鋸以制理，鬼谷脣吻以策勳，尸佼兼總於雜術，靑史曲綴於街談。」其他「承流而枝附者」，爲數甚夥。逮漢成留思，搜求遺書，詔光祿大夫劉向校經傳諸子詩賦，於是「七略芬菲，九流鱗萃」。然而經漢歷唐，以迄乎今，書經數厄，因而胡應麟有「四部正譌」之作，胡適有「審定史料」之法，梁啓超撰「鑑別僞書」之公例，高本漢著「中國古籍辨僞方法」，對先秦古籍之流傳於今者，以客觀的徵實態度，皆欲一擧而廓淸之。自此，我國之羣經衆史，諸子百家，幾無書不僞，無僞不攉，從而兩千多年來，以儒家爲中心思想的學術主流，至此發生了根本上的動搖。惜勇於疑古者，破壞有餘，建設不足，致中國目前思想界未蒙其利，先受其害。反觀彥和辨眞別僞的態度，於諸子篇論及風后、力牧、伊尹的作品時，他說：「篇述者，蓋上古遺語，而戰代所記者也。」又論鬻子：「鬻熊知道，而文王諮詢，餘文遺事，錄爲鬻子。」明言各家著述，雖爲戰國學者所依託，但上古遺語遺事存焉，未容偏廢，故其書雖僞，仍應錄而存之。他這種不預存成見，不別具用心，方之王充「問孔」、「刺孟」，劉知幾「惑經」、「申左」，以及近代撰述「古史辨」的諸公，徒逞驚世駭俗的快意，無視民族自信心的喪失者，眞有天壤之別。此其一。

其次，彥和論「子學的變遷，以兩漢爲一大斷代」。謂「自六國以前，去聖未遠，故能越世高談，自開戶牖；兩漢以後，體勢浸弱，雖明乎坦途，而類多依採，此遠近之漸變也。」此雖未明言原因，但認定子學的興衰，以兩漢爲其轉捩點，實屬創見。且又揭出先秦學術蛻變的眞象，尤具慧眼。蓋有特殊的情形，必有特殊的原因。春秋以後，由於周室東遷，政不及雅，列國角力，官失其守，是以在經濟結構，政治制度多方面造成大解放、大動亂的非常時代。非常的時代，必有非常的人，有非常的人，始能建非常事功，孔子係貴族降而爲平民者，以多禮博學名世，一車兩馬，周遊列國，所遇多不合；晚年退而與游、夏之徒，講學於洙、泗之上。六藝之教，因而大明，從此私家著述之事啓，自由講學之風開，宜乎章學誠所以讚夫子功過堯、舜者，不謂無因。加以時君世主，多以甄拔人才相尙，以致諸子爭鳴，俊乂蠭起，而有志之士，以積極救世的熱忱，發而爲革命性的言論。尋其論旨，於舊制度竭力擁護者有之，反對批評者有之，修正補綴者有之，甚而託古改制者亦有之。皆能持之有故，言之成理，這便是彥和所謂「越世高談，自開戶牖」者也。此一大解放、大混亂局面，到了西漢初葉，由於五百餘年的兵連禍結，人皆引領思治，若大旱之望雲霓；於是黃老無爲之術，申商刑名之教，縱橫修短之說，尙不時間作，足證秦嬴焚坑，諸子之學並未稍歇，故彥和云：「暴秦烈火，勢炎崑岡，而煙燎之毒，不及諸子。」武帝於衆說叢脞的時候，思學術言論之必須有所統一，乃採董仲舒的對策，罷黜百家，表章六經。從此以利祿之道，倡導儒學，致天下羣英，盡入彀中。則春秋以來醞釀而成的言論思想自由之空氣亡，諸子百家之學衰，此彥和所謂「兩漢以後，體勢浸弱，雖明乎坦途，而類多依採」者也。以後，迄至魏晉，雖作者間出，而皆譾言瑣語，充箱照軫，視乎先秦以前的「七略芬菲」、「九流鱗萃」的盛況，實不能同日而語。可見彥和肯定兩漢爲子學變遷的斷代，誠一針見血之論。此其二。

凡「學皆有源流，由流可以溯源」。然源有近有遠，知近而不溯遠，亦未能得學術的眞象也。莊子「天下篇」，荀子「非十二子」，淮南子「要略」，以及太史公「論六家要旨」，班固復據劉歆七略著「漢書藝文志」，都是研究諸子學術源流的重要文獻。彥和總論諸子的本體，採莊、班的英華，確認其「述道言治，枝條五經」，並由「純粹入矩」、「踳駁出規」兩方面分說，兼引實例加以證明。如云：「禮記月令，取乎呂氏之紀，三年問喪，寫乎荀子之書，此純粹之類也。若乃湯之問棘，云蚊睫有雷霆之聲；惠施對梁王，云蝸角有伏尸之戰；列子有移山跨海之談；淮南有傾天折地之說：此踳駁之類也。」以彥和之說，方之莊、班，雖非創解，而持論的綿密，擧證的確鑿，尤有過之。至於時值齊梁，釋老並興，儒學式微之際，彥和能變通今古，反宗經誥，不惜與詖辭邪說相抗衡，亦足見其膽識之卓絕。此其三。

此外彥和曾將法家的商、韓，名家的公孫龍子，單獨提出批判。於商、韓兩家，曾云：「六蝨五蠹，棄孝廢仁，轘藥之禍，非虛至也。」於公孫龍子云：「白馬孤犢，辭巧理拙，魏牟比之井鼃，非妄貶也。」按法家信賞必罰，及刻者爲之，言今而不言古，言人而不言天，言刑法而不言仁義，言功利而不言教化，盡擧舊有道德而廢之，殘害至親，傷恩薄厚，商君「六蝨」，韓非「五蠹」，取合時世，逞意雌黃，結果商君車裂，韓非仰藥。後李斯、姚賈之徒，變其本而加厲，終至六經泥燔，百家飇駭。至於名家公孫龍子，好分析詭異之言，爲堅白同異之論；辭窮衆口，知困百家。如「卵有毛」，「鷄三足」之類，違經背實，淆亂視聽，故魏公子牟比之埳井鼃、東海鼈；莊子亦斥其能勝人之口，不能服人之心。擧目斯世，愛奇尙詭之說，標新立異之行，其傷風敗俗，較戰國、六朝之世，尤過之而無不及。彥和擧名、法二家爲例，以哀古欒今，期永爲後世所炯戒，用心可謂良苦矣。

彥和評諸子文辭云：「孟、荀所述，理懿而辭雅；管、晏屬篇，事覈而言練；列御寇之書，氣偉而采奇；鄒子之說，心奢而辭壯；墨翟、隨巢，意顯而語質；尸佼、尉繚，術通而文鈍；鶡冠綿綿，亟發深言；鬼谷眇眇，每環奧義；情辨以澤，文子擅其能；辭約而精，尹文得其要；愼到析密理之巧；韓非著博喻之富；呂氏鑒遠而體周。淮南採汎而文麗。」辭采爲構成文學創作的重要環節。誠以諸子爲我國散文大宗，就其所述，無論是形式的發展，或內容上的表現，均臻於藝術上的至高境界，爲我國散文裁成完美的藝術形態，則彥和之列諸子爲文體之一，實理所當然。方諸魏文「典論」，陸機「文賦」，李充「翰林」，昭明文選之論「古今文體」與「選文標準」，尤覺其文筆無間的見地，不僅戛戛獨造，即千古論文者皆出其下。

至於彥和謂諸子「述道言治，枝條五經」，前文雖有論及，但意猶未盡，玆特舉清代章實齋「文史通義」之說以徵之。該書詩教上云：「周衰文弊，六藝道息，而諸子爭鳴。蓋至戰國而文章之變盡，至戰國而著述之事專，至戰國而後世之文體備。故論文於戰國，而升降盛衰之故可知也。……戰國之文，其源皆出於六藝，何謂也？曰：道體無不該，六藝足以盡之。諸子之爲書，其持之有故而言之成理者，必有得於道之一端，而後乃能恣肆其說，以成一家之言也。所謂一端者，無非六藝之所該，故推之而皆得其所本，非謂諸子果能服六藝之教，而出辭必衷於是也。老子說本陰陽，莊、列寓言假象，易教也；鄒衍侈言天地，關尹推衍五行，書教也；管、商法制，義存政典，禮教也；申、韓刑名，皆歸賞罰，春秋教也；其他楊、墨、尹文之言，蘇、張、孫、吳之術，辨其源委，挹其旨趣，九流之所分部，七錄之所敍論，皆於物曲人官得其一致，而不自知爲六典之遺也。」兩相印證，彥和發凡，章氏踵述。雖有符采相濟之美，而彥和實得風氣之先。

總結上論，彥和之述此篇，於諸子的定義，秦漢學術的演進，辨眞別僞的態度，綜子合流的思想，以及論文兼及子學，無「文」「筆」門戶之見，自是承先啓後的傑構。紀曉嵐評其「泛述成篇，不見發明。」案：紀氏似未顧及論文的立場，但就諸子學術之觀點，遽下此語，信非天下的公論。柳子厚謂：「參之孟荀以暢其支，參之老莊以肆其端」，彥和論文，又安可不及諸子乎！

首段言諸子爲入道見志的書。唯英才特達，始能炳曜垂文，懸諸日月。

次段申述聖賢並世，經子異流，繼而歷擧戰代各家思想的概貌，兼敍秦火不及諸子，魏晉作者間出的盛況。

【正　文】

諸子者㊀，入道見志之書。太上立德，其次立言㊁。百姓之羣居，苦紛雜而莫顯㊂；君子之處世，疾名德之不章㊃。唯英才特達，則炳曜垂文，騰其姓氏，懸諸日月焉。

昔風后㊄、力牧㊅、伊尹㊆，咸其流也。篇述者㊇，蓋上古遺語，而戰代（原作「伐」，形誤。據王利器新書徵傳校各本改正）所記者也。至鬻熊知道㊈，而文王諮詢，餘文遺事，錄爲鬻子㊉。子自肇始，莫先於茲。及伯陽識禮，而仲尼訪問⑪，爰序道德⑫，以冠百氏。然則鬻惟文友，李實孔師，聖賢並世，而經子異流矣。逮及七國力政⑬，俊乂蠭起。孟軻膺儒以磬折⑭，莊周述道以翺翔⑮，墨翟執儉确之教⑯，尹文課名實之符⑰，野老治國於地利⑱，騶子養政於天文⑲，申商刀鋸以制理⑳，鬼谷脣吻以策勳㉑，尸佼兼總於雜術㉒，青史曲綴於（原作「以」，茲據玉海三七引，並依李師曰剛斠詮徵上下文的詞性訂正）街談㉓，承流而枝附者，不可勝算。並飛辯以馳術，饜祿而餘榮矣㉔。暨於暴秦烈火㉕，勢炎崐岡㉖，而煙燎之毒，不及諸子㉗。逮漢成留思㉘，子政讎校㉙，於是七略三段總論諸子本體，分純粹和踳駁兩類。並提示後人研究諸子的態度，必本覽華食實，棄邪採正，方爲學家的壯觀。

芬菲㉚，九流鱗萃㉛，殺青㉜所編，百有八十餘家矣㉝。迄至魏晉，作者間出，讕言兼存㉞，璅語必錄㉟，類聚而求，亦充箱照軫矣㊱。然繁辭雖積，而本體易總㊲，述道言治，枝條五經。其純粹者入矩，踳駁（原作「駮」，茲據楊明照校注拾遺徵傳校各本及許慎說文「駁」「駮」字義不同改）者㊳出規〔評二〕。禮記月令，取乎呂氏之紀㊴。三年問喪，寫乎荀子之書㊵，此純粹之類也。若乃湯之問棘，云蚊睫有雷霆之聲㊶；惠施對梁王，云蝸角有伏尸之戰㊷；列子有移山跨海之談㊸，淮南有傾天折地之說㊹，此踳駁（原作「駮」，茲據楊明照校注拾遺徵傳校各本，及許慎說文「駁」「駮」字義不同改）之類也㊺。是以世疾諸子，鴻洞虛誕（上句中「子」字原脫，據范文瀾注及王利器新書徵讀書引補。「鴻」原作「混」，「洞」原作「同」，審文義並據范文瀾注改）㊻。按歸藏之經㊼，大明迂怪㊽，乃稱羿斃（「斃」原作「弊」，形誤。據玉海五三引，及李師曰剛斠詮徵傳校各本校改）十日，嫦娥奔月。殷易（原作「湯」，茲據黃叔琳注及范文瀾說改）如茲，況諸子乎！至如商韓㊾之（「韓」下「之」字原脫，茲據王利器新書徵「古論大觀」，並審下句「公孫之白馬孤犢」之文例補）六蝨五蠹㊿，棄孝廢仁（五一），轘藥之禍（五二），非虛至也。公孫之白馬孤犢（五三），辭巧理拙，魏牟比之井鼃（「井鼃」原作「鴟鳥」，茲據黃叔琳注引「列子仲尼篇」，及王利器新書說改）（五四），非妄貶也。昔東平求諸子史記，而漢朝不與。蓋以史記多兵謀，而諸子雜詭術也（五五）。然洽聞之士，宜撮綱要，覽華而食實，棄邪而採正，極睇參差（五六），亦學家之壯觀也。

四段舉孟荀以下十八家文章的特色；兼論陸賈等八家的作品，皆博明萬事，應入諸子之流。

研夫孟荀所述(五七)，理懿而辭雅(五八)；管晏屬篇(五九)，事覈而言練(六〇)；列御寇之書，氣偉而采奇(六一)；鄒子之說，心奢而辭壯(六二)；墨翟隨巢(六三)，意顯而語質；尸佼尉繚，術通而文鈍(六四)；鶡冠緜緜，亟發深言(六五)；鬼谷眇眇，每環奧義(六六)；情辨以澤，文子擅其能(六七)；辭約而精，尹文得其要(六八)；慎到析密理之巧(六九)，韓非著博喻之富(七〇)；呂氏鑒遠而體周(七一)，淮南採汎（「採汎」二字，原倒，茲據楊明照校注拾遺說乙正）而文麗(七二)，斯則得百氏之華采，而辭氣之大略也（「辭氣」下原有「文」字，茲據范文瀾注及王利器新書說，徵本書各例句刪正）。若夫陸賈新（原作「典」，依孫詒讓先生札迻說改）語(七三)，賈誼新書(七四)，揚雄法言(七五)，劉向說苑(七六)，王符潛夫(七七)，崔寔政論(七八)，仲長昌言(七九)，杜夷幽求(八〇)，或（原作「咸」，形誤。茲據黃叔琳注「一作」改）敍經典，或明政術，雖標論名，歸乎諸子。何者？博明萬事爲子，適辨一理爲論，彼皆蔓延雜說，故入諸子之流。

末段申言六國以前，兩漢以後，諸子文章演變大勢，並寄慨於時舛道申。惟標心萬古，送懷千載，始能永垂不朽，

夫自六國以前(八一)，去聖未遠，故能越世高談，自開戶牖(八二)。兩漢以後，體勢浸（「浸」原作「漫」，茲據王利器新書徵傳校各本改）弱，雖明乎坦途，而類多依採(八三)。此遠近之漸變也。嗟夫！身與時舛(八四)，志共道申，標心於萬古之上，而送懷於千載之下，金石靡矣，聲其銷乎〔評三〕！

照應首段作結。

贊曰：丈（原作「大」，形誤。茲據李師曰剛斠詮徵傳校各本改）夫處世，懷寶挺秀(八五)。辯（原作「辨」，形誤。茲據楊明照校注拾遺引莊子天道篇文改）雕萬物，智周宇宙。立德何隱，含道必授。條流殊述，若有區囿。

【註釋】

(一) **諸子**：漢劉歆作「諸子略」，述諸子百家的指要。班固「漢書藝文志」根據他的分類，在諸子部分著錄儒家、道家、陰陽家、法家、名家、墨家、縱橫家、雜家、農家、小說家等十家的著作。彥和在本篇中說：「博明萬事爲子，適辨一理爲論」。他認爲「子」是一種特殊的文體，唐柳宗元「答韋中立論師道書」云：「參之孟荀以暢其支，參之莊老以肆其端」，彥和論文，又安可不及諸子乎？

(二) **太上立德，其次立言**：太上，指稟賦最高者。立德，謂建立德業，恩澤普及萬世。立言，謂提出合理的言論，有益世道人心。左傳襄公二十四年：「太上有立德，其次有立功，其次有立言。」

(三) **百姓之羣居，苦紛雜而莫顯**：莫顯，不明。言一般人羣聚而居，忙於俗務紛雜，而不能顯揚。

(四) **君子之處世，疾名德之不章**：疾，憎惡；不章，不顯著，此彥和化用論語「衞靈公」篇文。

(五) **風后**：人名，黃帝臣，後代依託其名而有「風后」十三篇，漢書藝文志列入「兵陰陽家」。班固自注：「圖二卷，黃帝臣，依託也。」

(六) **力牧**：人名，黃帝臣，後代依託其名，有兩部書都名爲「力牧」：一部十五篇，漢書藝文志列入「兵陰陽家」，班固自注：「黃帝臣，依託也。」另一部有二十二篇，漢書藝文志列入「道家」，班固自注：「六國時所作，託之力牧。力牧，黃帝相。」

⑦ **伊尹**：人名，商湯賢相，後世依託其名有兩部名爲「伊尹」的書：一部五十一篇，漢書藝文志列入「道家」；另一部二十七篇，漢書藝文志列入「小說家」。班固自注：「其語淺薄，似依託也。」

⑧ **篇述**：篇章著述，指以上「風后」「力牧」「伊尹」各篇所述內容言。

⑨ **鬻熊知道**：鬻，音（ㄩˋ）。鬻熊，周人，季連之後。年九十，因通曉人生道理，文王尊之爲師，封於楚。事見漢書卷三十。

⑩ **鬻子**：漢書藝文志道家：「鬻子二十二篇，名熊，爲周師，自文王以下問焉，周封爲楚祖。」又小說家：「鬻子說十九篇，後人所加。」後世流傳的「鬻子」一卷，共十四篇，四庫提要疑是唐以來好事之流依仿賈誼所引，撰爲贋本。

⑪ **伯陽識禮，而仲尼訪問**：伯陽，老子。史記老莊申韓列傳云：「老子者，姓李氏，名耳，字伯陽，諡曰聃。」同書孔子世家云：「孔子適周，將問禮於老子。」又禮記曾子問中，記曾子問禮時，孔子曾三引「老聃曰」，可見老子識禮。

⑫ **爰序道德**：爰，於是。史記老莊申韓列傳云：「老子修道德，其學以自隱無名爲務。居周久之，見周之衰，迺遂去。至關，關令尹喜曰：『子將隱矣，彊爲我著書？』於是老子迺著書上下篇，言道德之意，五千餘言而去，莫知其所終。」

⑬ **七國力政**：七國，指戰國七雄，即齊、楚、燕、趙、韓、魏、秦。力政，即力征，是說用武力相征伐。

⑭ **孟軻膺儒以磬折**：孟軻，鄒人，受業於子思的門人，述唐、虞、三代之德，是以所如皆不合，退而與萬章之徒，序詩、書，述仲尼之意，作孟子七篇。膺儒，服膺儒術。磬折：如磬的折角，猶鞠躬，表示恭敬謹慎的態度。全句是說，孟軻服膺儒家思想，以恭謹的態度行事。參閱史記「孟荀列傳」。

⑮ **莊周述道以翺翔**：莊子，名周，其學歸本於老子。述道，闡述道家哲理。漢志道家有「莊子」五十二篇。今郭象注本僅三十三篇。翺翔，本飛翔遨遊的意思。這裏指他的精神能與大道相契，逍遙自適。全句是說，莊周闡述道家思想，以達觀物化，逍遙自適。參閱史記「老莊申韓列傳」。

⑯ **墨翟執儉确之教**：墨子，名翟，宋國大夫，在孔子後。漢書藝文志有「墨子」七十一篇，今存五十三篇。執，持。确，音（ㄑㄩㄝˋ），磽薄。墨子主薄葬故曰「儉」，主非樂故曰「确」。全句言墨子力行「節儉」「非樂」的教化。參閱莊子「天下篇」論墨家部分的評語。

⑰ **尹文課名實之符**：尹文，戰國時齊人。齊宣王時，與宋鈃論學於稷下。漢書藝文志名家有「尹文子」一篇。課，考核。名實之符，名實相符。如尹文大道上篇云：「今萬物具存，不以名正之則亂；萬名具列，不以形應之則乖。」

⑱ **野老治國於地利**：野老，姓名不詳，六國時人，居住齊楚之間，年老隱居田野，著書論農家的道理，因而號稱「野老」。漢書藝文志農家有「野老」十七篇。治國於地利，言野老相民耕種，以地利裕民，爲治國之道。

⑲ **騶子養政於天文**：騶子，騶衍，騶亦作「鄒」，戰國時齊人，曾爲燕昭王師，也曾在齊國稷下論學，

以陰陽之道論天理人事，因而號稱「談天衍」。漢書藝文志陰陽家有「鄒子」四十九篇。天文，指自然界陰陽變化。養政於天文，是說以陰陽五行變化之道，爲施政的根本。

⑳ **申商刀鋸以制理**：申，申不害，戰國鄭人，曾相韓昭侯，主張「循名責實，尊君卑臣，崇上抑下。」是法家「重術派」的代表。史記「老莊申韓列傳」說他著書兩篇，漢書藝文志法家有「申子」六篇，今玉函山房有輯佚本。商，商君，戰國時衛國的庶公子，姓公孫，名鞅。後來相秦孝公，封於商，所以號稱「商君」。公孫鞅相秦時，厲行法治，是法家「重法派」的代表。後人輯他的法令言論成「商君書」，漢書藝文志有「商君」二十九篇，兵權謀有「公孫鞅」二十七篇。刀鋸，刑具，喩重法。制理，制定法理。申商皆法家，主張嚴刑峻法的法治，所以說「刀鋸以制理」。

㉑ **鬼谷脣吻以策勳**：鬼谷，鬼谷子，戰國人，鄉里族姓名字不詳，隱居於鬼谷，故號稱「鬼谷子」。史記「蘇秦列傳」有記載。脣吻，口才。策勳，在簡策上寫下功勳。全句是說，鬼谷子以口舌辯給之能，立功勳於簡策。

㉒ **尸佼兼總於雜術**：尸佼，人名，戰國魯人，商鞅之師。漢書藝文志雜家有「尸子」二十篇，宋時全書已亡佚。兼總雜術，爲雜家特色，所謂「兼儒墨，合名法」。全句是說，尸佼兼包各家治國的方術。

㉓ **青史曲綴於街談**：青史，青史子，古代史官。漢書藝文志小說家有「青史子」五十七篇。曲綴，委曲聯綴。街談，街談巷語的故事。全句指青史子委曲聯綴，街頭巷尾的游談。

㉔ **饜祿而餘榮**：饜祿，饜足俸祿。餘榮，留下光榮的聲譽。全句承上文來，言如此既可滿足豐厚的待

遇，又享有光榮的聲譽。

㉕ **暴秦烈火**：此指秦王政三十四年，丞相李斯奏請史官非秦紀皆燒之，非博士官所職，天下敢有藏詩書百家語者，悉詣守尉雜燒之。所不去者，惟醫藥卜筮種樹之書，若欲有學法令，以吏爲師。焚書坑儒，燬滅文化，勢如烈火，故云「暴秦烈火」，參閱史記「秦始皇本紀」。

㉖ **勢炎崐岡**：崐岡，崐崙山，產玉。勢炎崐岡，寶玉被焚，比喻經書被暴秦焚燬。

㉗ **不及諸子**：據史記始皇本紀的記載，百家的言論，也在燒毀之列。大概是由於諸子書不像六經那樣繁重，人民容易藏匿在山巖屋壁，所以到漢代求書，諸子比較完備。因此漢人有暴秦不焚諸子的說法。如王充論衡書解篇：「秦雖無道，不燔諸子，諸子尺書，文篇具在。」趙岐在「孟子章句題辭中」，也有類似的說法。

㉘ **漢成留思**：漢成，漢成帝。留思，留心天下遺書。漢書藝文志總敍：「至成帝時以書頗散亡，使謁者陳農求遺書於天下，詔光祿大夫劉向校經傳諸子詩賦，步兵校尉任宏校兵書，太史令尹咸校數術（占卜之書），侍醫李柱國校方技（醫藥之書），每一書已，向輒條其篇目，撮其指意，錄而奏之。」

㉙ **子政讎校**：子政，劉向字。讎校，一人讀書，校其上下，得謬誤，爲校；一人持本，一人讀書，若怨家相對，爲讎。

㉚ **七略芬菲**：七略，劉歆所著的羣書分類目錄。漢書藝文志：「會向卒，哀帝復使向子侍中奉車都尉歆，卒父業，歆於是總羣書而奏七略，故有輯略，有六藝略、有諸子略、有詩賦略、有兵書略，有

數術略、有方技略。」芬菲，芳美的意思。

(二一) **九流鱗萃**：九流，九種學術流派。漢書藝文志：「儒家者流，蓋出於司徒之官」，「法家者流，蓋出於史官」，「陰陽家者流，蓋出於羲和之官」，「法家者流，蓋出於理官」，「名家者流，蓋出於禮官」，「墨家者流，蓋出於清廟之守」，「縱橫家者流，蓋出於行人之官」，「雜家者流，蓋出於議官」，「農家者流，蓋出於農稷之官」，「小說家者流，蓋出於稗官」，共十家。除小說家，謂之九流。鱗萃，如魚鱗般的羣集。

(二二) **殺青**：用火炙簡，令汗，取其青，便於書寫，又不生蠹。今人以整理完稿謂之「殺青」。參見太平御覽六百引風俗通，及范曄後漢書「吳祐傳」注。

(二三) **百有八十餘家**：漢書藝文志統計凡諸子百八十九家、四千三百二十四篇。

(二四) **讕言兼存**：讕，音（ㄌㄢˊ）。讕言，指無可查攷，難以證實的言辭。兼存，兼收並存。

(二五) **璅語必錄**：璅，音（ㄙㄨㄛˇ）。璅語，瑣屑無聊之語。必錄，必加收錄。

(二六) **充箱照軫**：充滿車箱，比寓很多；照軫，照耀車子，比寓文采很盛。指作品豐富，已到車不勝載的地步了。韓詩外傳五：「成王之時，有三苗貫桑而生，同爲一秀，大幾滿車，長幾充箱。」

(二七) **本體易總**：本體，指諸子述道言治的根本思想。易總，容易綜合掌握。指以「五經」爲衡量標準，合者爲「純粹」，不合者爲「乖舛」。

(二八) **蹖駁**：蹖，音（ㄔㄨㄢˇ），與舛同。蹖駁，乖舛不調，錯雜不純。

(二九) **禮記月令，取乎呂氏之紀**：言禮記「月令」，本於「呂氏春秋十二月紀」的首章。禮記月令第六，孔穎達正義：「鄭目錄云：『名曰月令者，以其紀十二月政之所行也。』」呂不韋集諸儒所著，爲十二月紀，合十餘萬言，名爲「呂氏春秋」，篇首皆有月令，與此篇同。

(四〇) **三年問喪，寫乎荀子之書**：言禮記「三年問」，是根據「荀子禮論」後半部「三年之喪」中的一段寫成的。

(四一) **湯之問棘，云蚊睫有雷霆之聲**：棘，音（ㄐㄧˊ），古與「革」同。莊子逍遙遊作「棘」，列子湯問篇作「湯問於夏革」。湯，商朝的開國君主，名履，在位三十年。棘，指湯的臣子夏革。蚊睫，蚊蟲的眼睫毛。列子湯問篇云：「殷湯問於夏革曰，古初無物，今惡得物。……江浦之間生麼蟲，其名曰焦螟，羣飛而集於蚊睫，弗相觸也；栖宿去來，蚊弗覺也；離朱、子羽方晝拭眥，揚眉而望之，弗見其形；觚俞、師曠方夜擿耳，俛首而聽之，弗聞其聲；唯黃帝與容成子居空峒之上，同齋三月，心死形廢，徐以神視，塊然見之，若嵩山之阿，徐以氣聽，砰然聞之，若雷霆之聲。」

(四二) **惠施對梁王，云蝸角有伏尸之戰**：惠施，戰國宋人。莊子則陽篇云：「惠子聞之，而見戴晉人，戴晉人曰：『有所謂蝸者，君知之乎？』曰：『然。』『有國於蝸之左角者曰觸氏，有國於蝸之右角者曰蠻氏，時相與爭地而戰，伏尸數萬，逐北旬有五日而後返。』」根據此段記載，蝸角的蠻觸之戰，乃戴晉人對梁惠王說，而非惠施，或彥和誤記。

(四三) **列子有移山跨海之談**：「移山」「跨海」二事，皆見於列子「湯問篇」。移山的故事，大意是說：北山的愚公，率領子孫搬移太行、王屋二山，後得天帝之助，終於成功。跨海的故事，大意是說：龍伯國的大人舉足可以跨越渤海，到達東方的岱輿、員嶠、方壺、瀛州、蓬萊五山。

㊹ **淮南有傾天折地之說**：淮南子「天文」篇中載有：「共工與顓頊爭爲帝，怒而觸不周之山，天柱折，地維絕。」

㊺ **此譎駁之類也**：此句總結「湯之問棘」以下各事，蓋列子、淮南之說，也類似莊子的寓言，流於荒誕，雜而不純，脫離經典的常規，故歸於譎駁之類。

㊻ **世疾諸子，鴻洞虛誕**：鴻洞，廣漠無涯。虛誕，虛幻荒誕。全句是說，世人多厭棄諸子的書，以爲內容多屬荒唐無稽，虛誕不經之論。

㊼ **歸藏之經**：相傳乃殷商時代的易經。周禮太卜掌三易之法：一曰連山，二曰歸藏，三曰周易。鄭注：「夏曰連山，殷曰歸藏。」

㊽ **大明迂怪**：大明，指日月。迂怪，是說不切合情理。按：嚴可均「全上古三代文」輯得「歸藏」，其中載有「羿斃十日」、「嫦娥奔月」的故事。

㊾ **商韓**：商，商鞅。韓，韓非。

㊿ **六蝨五蠹**：是商鞅、韓非認爲可使國家貧弱的一些事物。如六蝨：曰禮樂、曰詩書、曰修善、曰孝弟、曰誠信、曰貞廉、曰仁義、曰非兵、曰羞戰。見於商君書「靳令篇」。五蠹：指學者，言古者，帶劍者，近御者，及商工之民，此五者乃邦之蠹。見韓非子「五蠹篇」。

(51) **棄孝廢仁**：此承上句「至如商韓六蝨五蠹」言，彥和以爲「六蝨五蠹」之說，是拋棄孝弟，破壞仁義，違背傳統文化。

(52) **轘藥之禍**：轘，以車裂人。商君受車裂之刑，韓非飲藥而死。事詳史記「商君傳」及「老莊申韓列傳」。

(五三)**公孫之白馬孤犢**：公孫，公孫龍，戰國時趙人。著有「公孫龍子」，今本共六篇。白馬孤犢，指公孫龍「白馬非馬，孤犢未嘗有母」的主張。見公孫龍子「白馬論」，及列子「仲尼篇」。

(五四)**魏牟比之井鼃**：鼃同蛙。魏牟，魏國賢公子牟。比之井鼃，是說把他比作井中之蛙。喻公孫龍子識見淺短，如井中之蛙。

(五五)**東平求諸子史記以下四句**：東平思王，劉宇，宣帝子，來朝，上疏求「諸子」及「太史公書」。上以問大將軍王鳳。鳳以「諸子書或反經術，非聖人，或明鬼神，信物怪，太史公書有戰國縱橫權譎之謀。漢興之初，謀臣奇策，天官災異，地形阸塞，皆不宜在諸侯王，不可予。」事詳漢書「宣元六王傳」。

(五六)**極睇參差**：睇，目小邪視，在此作「注視」解。全句是說，注視諸子百家學說的不同。

(五七)**孟荀所述**：孟子講仁義、說道德。荀子崇禮、勸學。全句是說，他們二位的著述。

(五八)**理懿而辭雅**：言理論華美，文辭雅正。

(五九)**管晏屬篇**：管，管仲。晏，晏嬰。漢志道家有管子八十六篇，今本僅存七十六篇。劉向上奏云：「凡管子書，務富國安民，道約言要，可以曉合經義。」又儒家晏子八篇，劉向上奏云：「其書六篇，皆忠諫其君，文章可觀，義理可法，皆合六經之義。」

(六〇)**事覈而言練**：覈，音（ㄏㄜˊ），實。全句是說，事理確切而言辭精練。

(六一)**列御寇之書，氣偉而采奇**：「列子」多神話和寓言，文字奇詭，故云「氣勢雄偉而辭采新奇」。

(六二) **心奢而辭壯**：此承上句說，言鄒衍學說誇誕，文辭汪洋恣肆，故曰：「思想誇大，而措辭壯盛」。

(六三) **墨翟隨巢**：墨子語言質樸，不尚文彩。隨巢，墨翟弟子。漢書藝文志有「隨巢子」六篇，馬國翰玉函山房輯佚有「隨巢子」一卷，內容闡發墨子「明鬼」之說。

(六四) **尸佼尉繚，術通而文鈍**：尸佼，戰國楚人，秦相商鞅的門客。鞅被害後，逃入四川，著「尸子」二十篇，漢志列入雜家，見史記卷七十四。尉，音（ㄩˋ）。尉繚，戰國時尉氏（今河南尉氏縣）人，漢志雜家有「尉繚子」二十九篇，兵家又有「尉繚子」三十一篇，後世所傳的是兵家尉繚子。術通，雜家之學兼採百氏，故曰「術通」。文鈍，文彩不顯，故曰「文鈍」。

(六五) **鶡冠緜緜，亟發深言**：鶡，音（ㄏㄜˋ）。鶡冠，楚國隱士，居深山，愛以鶡羽作冠，漢書藝文志道家有「鶡冠子」一篇。緜緜，意味深長。亟發深言，是說常能抒發深奧言論。

(六六) **鬼谷眇眇，每環奧義**：眇眇，深遠，言「鬼谷子」深遠難測，每於行文之間，迴環至理名言。

(六七) **情辨以澤，文子擅其能**：文子，老子弟子，與孔子同時，漢書藝文志道家有「文子」九篇。書中推衍老子學說，情理明辨，文辭潤澤，唯「文子」獨擅其才能。

(六八) **辭約而精，尹文得其要**：漢書藝文志名家，有「尹文子」一篇。全句是說，措辭簡約，而持理精當，「尹文」得其要領。

(六九) **慎到析密理之巧**：慎到，戰國趙人，學黃老道德之術，主法治而貴權勢，是法家重勢派的代表，史記「孟荀列傳」說他著十二論。漢書藝文志法家，有「慎子」四十二篇。今「慎子」是明人所存的殘本。由於慎到講法治，剖析細密，故云「分析事理，深得綿密的巧思。」

(七〇) **韓非著博喻之富**：韓非喜刑名法術之學，而其歸本於黃老，作孤憤、五蠹、內外儲說、說林、說難，十餘萬言。書中多舉事例爲喻，故云「韓非著述，有博譬善喻的宏富。」

(七一) **呂氏鑒遠而體周**：漢書藝文志雜家有「呂氏春秋」二十六篇。此書大抵以儒家爲主，而參以道家、墨家，故多引孔子、曾子之言。其他如論音樂則引「樂記」，論鑄劍則引「考工記」。雖不著篇名，而其文可案。所引莊、列之言，皆不取其放誕恣肆者。墨翟之言，不取其非儒、明鬼者。而縱橫之術，刑名之說，一無所及。全書由十二紀、八覽、六論組成，體例嚴密，所以彥和說它「識見深遠，而體式周備。」

(七二) **淮南採汎而文麗**：淮南，淮南子，漢書藝文志雜家有「淮南內」二十一篇，「淮南外」三十三篇。內篇論道，外篇雜說。又有「中篇」八卷，多言神仙黃白之術。書中博採衆說，文辭奇麗。

(七三) **陸賈新語**：陸賈，漢時楚人，著「新語」十二篇。史記陸賈傳云：「高帝謂陸生曰：『試爲我著秦所以失天下，吾所以得天下者何，及古成敗之國。』陸生乃粗述存亡之徵，凡著十二篇，每奏一篇，高帝未嘗不稱善，左右呼萬歲，號其書曰新語。」「新語」內容：貴仁義，歸本於修身任賢，持論純正。

(七四) **賈誼新書**：賈誼，漢時雒陽人。漢書藝文志儒家有「賈誼」五十八篇。今本稱「新書」，實存五十五篇。賈誼政論最具遠見，如「過秦論」、「治安策」等可爲代表。

(七五) **揚雄法言**：揚雄字子雲，漢時成都人，著有「法言」十三卷。參見漢書「揚雄傳」。

(七六) **劉向說苑**：說苑，劉向著，凡二十篇。書中多錄遺文逸事，以資法戒。參見漢書「劉向傳」。

(七七) **王符潛夫**：王符，字節信，東漢臨涇人，志意蘊憤，乃隱居著書，成「潛夫論」三十餘篇。以議當世得失，不欲章顯其名，故號曰「潛夫論」。參見范曄後漢書「王符傳」。

(七八) **崔寔政論**：崔寔，字子眞，東漢人。著「政論」五卷，隨書經籍志列入法家。書中指切時要，言辯而確。參考范曄後漢書「崔寔傳」，及嚴可均「鐵橋漫稿」五「崔氏政論敍」。

(七九) **仲長昌言**：仲長，卽仲長統，字公理，東漢高平人。著「昌言」十二卷，錄一卷，隋書經籍志列入雜家。書中陳說善道，指斥時弊，極爲剴切。參考范曄後漢書「仲長統傳」，及嚴可均「鐵橋漫稿」五「昌言敍」。

(八〇) **杜夷幽求**：杜夷，字引齊，廬江人。西晉懷帝時，舉方正，著「幽求子」二十篇行世。書中所論蓋由儒家入道家。參考晉書「杜夷傳」，及黃以周「儆季雜著」中「幽求子敍」。

(八一) **六國以前**：指「六國」，非謂六國以前的「春秋時代」。

(八二) **越世高談，自開戶牖**：言先秦諸子眼光超越當世，高談闊論，創發獨到思想，不受傳統所囿，而自立門戶，各成開山之局。

(八三) **類多依採**：言兩漢以後，由於漢武帝罷黜百家，獨尊儒術，學者立言，多依傍儒家，採摭陳言，理論漸趨衰退。

(八四) **身與時舛**：舛，音(ㄔㄨㄢˇ)，違逆不合。全句是說，自己的主張，不適合時代的需要。

(八五) **懷寶挺秀**：懷寶，指持有美好的德性，高明的見解。挺秀，是說表現俊秀的才華。語出論語「陽貨篇」。

【語譯】

諸子的作品。乃是探究思想，展現抱負的著述啊！左傳上曾說：「至高無上的聖人，能創立德業，衣被萬世，其次，賢能之士，則建立言論。流傳不朽。」一般人羣聚而居，常忙於紛雜的世事，以無法顯耀名聲爲苦。才智高尙的君子，居處於社會，也惟恐自己的令德美名，不能彰顯於後來。只有英才出衆，見識特達的人，纔能以他的學術思想，垂範來葉。其聲譽的飛騰，如日月懸掛空中，永遠被後人瞻仰。

研究往昔著作，如「風后」十三篇，「力牧」二十二篇，「伊尹」五十一篇，都是屬於「諸子」一類的作品啊！這些篇章，其內容所述，大多都是上古賢哲的遺訓，經由戰國時代的學者追記而成的。到周初鬻熊，通曉清淨無爲之道，於是文王便奉以爲師，而執禮問學。其所留下的文辭事迹，被後人追錄，成「鬻子」二十二篇。所以我們要追究「子書」肇始的開端，沒有比「鬻子」再早的著作了。到了同代後期的李伯陽，他曾任周室「守藏史」，深研禮制，孔子曾拜訪請益，於是老子在退隱之前，序次生平思想，作「道德經」上下篇，爲百家的冠冕。由此可知，鬻熊只是文王的至友，李伯陽實乃孔子的老師。聖賢才智並生於同一時代，承先啟後，推行敎化，而羣經諸子的系統，就同源異流，分道揚鑣了。

到了戰國七雄的時代，以武力相征伐，豪傑之士紛紛興起。孟軻服膺儒家思想，以恭謹的態度行事。莊周闡揚道家理論，以達觀的心情逍遙自適。墨翟力行勤儉非樂的敎化。尹文考求刑名事實的是否相符。野老相民耕種，以地利裕民爲治國要道。騶子深究天文，以陰陽五行爲施政張本。申不害和商鞅以嚴刑重法制事理民。鬼谷逞口舌辯論建立功勳。尸佼綜合各家治國的方術。青史委曲編寫街巷的游談。此外，其他承繼百家源流，附麗耀采的作家，爲數不可勝計。而且都能高談宏辯，來馳騁他們的學術思想，旣滿足了高官厚祿的慾望，又留下了永遠不可磨滅的榮譽。

到了暴秦統一天下後，焚書坑儒。火勢所及，玉石俱燬。所幸那煙燻火燎的毒害，尙未波及諸子百家之書。到了漢成帝，他留心天下遺書，敎劉向等人讐校經傳諸子詩賦，於是總羣書而奏七略，經傳詩賦因而吐露芬芳，九流十家也如魚鱗萃聚而光耀後世。經過整理定稿，其所編輯在目的，根據漢書藝文志的記載，共有一百八十多家。時至魏晉兩代，作者層出不窮，凡墜聞佚事，無不兼收併存，街談巷語，也必加以記錄。如果把這些子書類聚羣分，加以搜求的話，其著述的豐富，一定可以塞滿箱籠，車不勝載了。然而諸子的文辭，雖然積累增多，但對其述道言治的根本思想，卻容易綜合掌握。因爲他們無論是闡述思理，或談論治術，可以說都是五經的枝葉條幹。其本質純粹的作品，可以納入五經的範圍；錯亂駁雜的，便溢出經典的常規。像禮記「月令」，乃取法「呂氏春秋」十二紀的首章。禮記「三年問」喪，係依照荀子「禮論」後半部的文義寫成。此卽純正精粹，合乎經典之類的例子啊！像列子「湯問」篇，載商湯問棘，說停在蚊子睫毛邊上的焦螟，發出雷霆般的聲音。莊子「則陽」篇，言惠施對梁王說，在蝸牛上有觸、蠻二國，因爭地而有伏尸數萬的戰爭。列子「湯問」篇又有「愚公移山」和「大人跨海」的怪談。淮南子「天文」篇載有共工和顓頊爭帝，怒觸不周山，造成天坍地陷的神話。此卽駁雜不純，脫離經典常規的作品啊！

因此，世人多厭惡諸子的著作，以爲其中皆屬荒唐無稽，虛妄不經之論。不過，我們按驗殷商時代的易經「歸藏」上記載，有關日月方面迂濶怪異之談，居然說后羿射十個太陽，九個被擊落。嫦娥偸食不死之藥，奔入月宮。殷商時代的「易經」尙且如此荒誕不經，更何況諸子百家的書呢？至於像商鞅、韓非，倡六蝨五蠹之說，摒棄孝弟，廢除仁義。最後商鞅遭車裂而身死，韓非服毒藥而自殺。他們兩位之所以慘遭殺身之禍者，究其原因，並不是沒有理由啊！公孫龍子誑騙魏王說：「白馬非馬，孤犢無母。」措辭雖然巧辯，但理論卻笨拙不通。魏公子牟把他的巧辯比作淺井之蛙，毫無見識，這種批評，不是虛妄而無根據的啊！

從前東平思王劉宇上書漢成帝，求諸子及太史公書，而朝廷不許可。因爲太史公書多記戰爭謀略，諸子之書，摻雜詭譎不正之說啊！然而博學多聞之士，對於諸子的看法，應當掌握綱領要旨，不僅鑑賞其文章英華，同時更要品味其眞情實義，拋棄無稽的邪說，採取正當的言論。放開眼界，充分觀察諸子百家參差不同的識見。這也可說是從事學術研究者，應有的偉大胸襟和風度啊！

研讀「孟子」「荀子」的著述，知道他們說理華美而辭藻典雅；「管仲」「晏嬰」的作品，論事覈實而言詞洗練。「列御寇」的書，氣勢宏偉而辭采新奇。「鄒衍」的學說，思想誇張而辭致壯麗。「墨翟」「隨巢」，文意明顯而造語質樸。「尸佼」「尉繚」，貫通治術而文辭鈍拙。「鶡冠子」意旨遙深，最能抒發奇言奧義。「鬼谷子」微妙難測，字裏行間每環至理名言。情理辨析，富有動人光澤，此乃「文子」專擅的才能。措辭簡約，持理精當有力，此爲「尹文」獨得的要領。「愼到」分析法理，深含綿密的巧思。「韓非」的著作，有博譬善喩的宏富。「呂不韋」的呂氏春秋，見識深遠而體制周備。「淮南王」的淮南子，泛採各家而文辭華麗。總覽諸子著述，流派雖多，以上十八家，信能得到先秦百氏的思想精華，及其文辭華采的大概情形了。

其他，像漢高帝時，陸賈的「新語」，賈誼的「新書」，揚雄的「法言」，劉向的「說苑」，王符的「潛夫論」，崔寔的「政論」，仲長統的「昌言」，杜夷的「幽求子」等，有的闡述聖賢經典的至理，有的發明政治的方術。雖然標舉「論說」之名，但究其內容，仍應歸於「諸子」一類。這是什麼原因呢？大抵來說，廣泛闡明各種事理的稱爲「子」，專門辨析一種學問的叫做「論」。以上各家著作，都是枝節旁伸，學說駁雜，爲此之故，所以也把它們列入了諸子的流派。

自六國時代而言，當時因爲距離聖賢之世不遠，所以先秦諸子能夠超越當世，高談濶論，創發獨到的思想，各爲一代開山之局。兩漢以後，由於漢武帝採納董仲舒罷黜百家，學歸一尊的建議，各家著作的內容體勢，漸次貧乏衰弱，雖然能昌明學術的大道，但大多數都是依傍儒家，雜採陳說，缺乏獨到的見地。這就是諸子之學由上古到近代，漸次演變的經過情形啊。噫！各家的命運與前途，因爲時代混亂，而多遭坎坷；可是思想抱負，卻隨著聖道的流布，得以伸張。標舉衷心的仰望，於萬古以上的聖哲，寄託祈盼的情懷，於千年以下的後人。堅固的金石，或經久而糜爛；但先秦諸子的美名令譽，難道會煙消雲散嗎！

總而言之：智能之士居處於社會，懷抱崇高品德和挺拔特出的才華。巧言博辯，以雕飾萬物的形象，智慮深遠，遍及宇宙的景物。樹立美好的德業，何須隱藏不露，懷有精湛的道術，一定要傳授後學。諸子們的學術思想，雖然枝條流派，紛紜複雜；但囿別區分，似又脈絡分明，各具特色啊。

【集評】

一、紀評：「此亦泛述成篇，不見發明。蓋子書之文，又各自一家。在此書原爲闌入，故不能有所發揮。」

二、曹評：「諸子亦當辨其純駁。」

三、紀評：「隱然自寓。」

【問題討論與練習】

一、諸子篇論文，係由「經學」論及「文學」，再由「文學」範圍「子學」；而秦漢諸子之文辭究竟如何？試舉彥和之評述以觀。

二、諸子「繁辭雖積，而本體易總」，述道言治，於「枝條五經」之外，大別分「純粹」、「踳駁」二類，請就此二類，提出例證。

三、試述先秦諸子文章的特色如何？

四、彥和論子學的變遷，以兩漢為斷代，何故？

五、彥和云：「標心於萬古之上，送懷於千載之下」，所指何事？

論說第十八

【解　題】

本篇內容有六個重點：一、論說文的起源，二、論文的體類，三、論文的作法，四、論文的評價，五、論與說的關係，六、說的要領，就此六點，以下分別析明之。

先言「論說文的起源」：宗經篇云：「論說辭序，則易統其首」，本篇也說：「聖哲彝訓曰經，述經敍理曰論。論者，倫也；倫理無爽，則聖意不墜。」並徵古人以「論」爲名的著作，實以「論語」爲最早。所以他說：「昔仲尼微言，門人追記，故抑其經目，稱爲『論語』，蓋羣論立名，始於玆矣。」可見「易經」不僅是「論」「說」兩種文體的源頭，而「論」又必須「述經敍理」，方合乎要求。同時「論語」更是以「論」名書的第一部著作。由此觀之，彥和著此篇，置基於「徵聖」「宗經」的立場，甚爲明顯。

次言「論文的體類」：彥和嘗分「論文」的流品爲八類，每類均有體用。他說：「詳觀論體，條流多品：陳政，則與議說合契；釋經，則與傳注參體；辨史，則與贊評齊行；銓文，則與敍引共紀。」其中所謂「議說」「傳注」「贊評」「敍引」，雖不以「論」名，但在「陳政」「釋經」「辨史」「銓文」之時，常與論文之爲用有「合契」「參體」「齊行」「共紀」的情形。故有「八名區分，一揆宗論」的結語。至於八體的定義，由於用途不同，意亦各別。如云：「議者宜言，說者說語，傳者轉師，注者主解，贊者明意，評者平理，序者次事，引者胤辭」。不過時至後代，文體多變，以簡約繁，勢所必然。清代姚鼐「古文辭類纂」，以爲「議說」所以言政理，相當於「論辨」；「贊評」所以敍史事，「序引」所以注文辭，相當於「序跋」；「傳注」所以解經義。近人蔣伯潛「文體論纂要」，則獨立成爲一類曰「注流」。故彥和之「論說」篇，雖區分爲四流八品，時至近代，大可以用「論辨」「序跋」「注疏」三類加以概括。

至於「論文的作法」：究應如何始稱得體，彥和於此頗有精闢的提示。如云：「論也者，彌綸羣言、研精一理者也。」又說：「原夫論之爲體，所以辨正然否；窮於有數，追於無形，鑽堅求通，鉤深取極；乃百慮之筌蹄，萬事之權衡也。故其義貴圓通，辭忌枝碎，必使心與理合，彌縫莫見其隙；辭共心密，敵人不知所乘；斯其要也。」他又說：「論如析薪，貴能破理，斤利者，越理而橫斷；辭辨者，反義而取通；覽文雖巧，而檢迹知妄。唯君子能通天下之志，安可以曲論哉！」綜觀上文，彥和首先給「論文」下一個定義，是「彌論羣言」爲「研精一理」的先決條件。蓋不能「彌綸羣言」，即無以「研精一理」，也惟有「研精一理」，方合乎「論文」的要求。其次，他講「論文」之爲用，有的人「窮於有數，追於無形」，有的人「鑽堅求通，鉤深取極」，究其爲用，在於「辨正」事理的「然否」。所以「論文」乃成爲「百慮之筌蹄，萬事之權衡」，其重要性不言可喻。至於寫作的要領：他從「內容思想」和「行文措辭」兩方面來說明。在內容思想方面，要「義貴圓通」，要「心與理合，彌縫莫見其隙」；在行文措辭方面，要「辭忌枝碎」，要「辭共心密，敵人不知所乘」。如此「內容」與「文辭」密切配合，才能樹立自己的理論，使敵對者無可乘之隙，所以彥和說：「此其要也」。最後，他又舉一篇成功的「論文」爲例，說它所發生的效果，就像一把「析薪」的「利斧」，可以說無往不利，所謂「越理而橫斷」是也。「論文」寫作卽是如此重要，影響又如此重大，因此彥和繼而勗勉才德兼備的君子，要通達天下人的情志，怎可歪曲事實，妄寫荒誕不經的言論呢！

彥和對歷代論文作品，運用各種角度加以評價。例如他從「宗經的觀點」，來看「石渠論藝」，「白虎講聚」，以為他們「述聖通經」，是「論家的正體」。從「筆法的觀點」，來看班彪「王命論」，嚴尤「三將論」，以為「敷述昭情」，可說是史論中的佳作。從「內容的觀點」，來看傅嘏、王粲的論文，以為他們校練於形名、理則之學，兼有「名法」二家之長。從「同代作家比較的觀點」，來看傅蘭石的「才性論」，王仲宣的「去伐論」，嵇叔夜的「辨聲無哀樂論」，夏侯太初的「本無論」，王輔嗣的「易略例上下篇」，何平叔的「無為、無名論」，以為他們各師成心，獨抒己見，筆鋒特出，思理精密，都是論辨文的英傑啊！從「後代作家與前代作家比較的觀點」，來看李康「運命論」與王充「論衡」，陸機「辨亡論」與賈誼「過秦論」，前者是意同，而辭采繁富過之，後者是本欲取法，而文字顯有不及。從「作品特色獨具的觀點」，來看宋岱、郭象之作，是總思於精微神妙的境界；王夷甫、裴頠之作，是交辨於本體有無之領域。雖然這些作品能獨步當時，流聲後代，但多逞一偏之見，忽視正確的道理，如能「動極神源」，方可稱之謂「般若之絕境」啊！又從「作品的缺點上」，來看張衡的「譏世論」，以為「頗似俳說」；孔融的「孝廉論」，以為「但談嘲戲」；曹植的「辨道論」，以為「體同書抄」。所以他說，如果一個作家才華不能持論的話，寧可擱筆不作，也不必丟人現眼，給讀者留下譏彈的話柄。

本文將「論」與「說」合為一篇，證明兩者在某方面有一致的關係。可是他又把「論」和「說」分別處理，證明兩者又必有某種程度的不同。一致，是指「說」離不開「論」，如「伊尹以論味隆殷，太公以辨釣興周」既是「說」，又是「論辨」。不同的，是「論」重在「研精一理」，而「說」要「言資悅懌」；「論」重在「建立理論」，「說」重在「說服他人」。「論」要權衡事理，建立準則；「說」要解決問題，隨機應變。所以此處的「說」，不是今人所謂「說明文」的「說」，而是指戰國時代縱橫家通行的「書說」。如本篇提到的「伊尹以論味隆殷，太公以辨釣興周」，「燭武行而紓鄭，端木出而存魯」。又云：「戰國爭雄，辨士雲湧，從橫參謀，長短角勢，轉丸騁其巧辭，飛鉗伏其精術。一人之辨，重於九鼎之寶，三寸之舌，強於百萬之師。」兩漢以後，天下一統，辨士遊說的風習，大不同於往昔，如「酈君既斃於齊鑊，蒯子幾入乎漢鼎。」又說：「范睢之言疑事，李斯之止逐客。」以爲功成計合，爲上書之善說。至於「鄒陽之說吳梁，敬通之說鮑鄧，」以爲事緊文緩，故歷次奔波，皆不能遇合。所以彥和之言「說」，其義與「說明文」不同的地方，於此大略可知矣。

本文的「說」，既是指「書說」，那麼「說」的要領又如何乎？彥和對這方面，也有具體的提示。他說：「凡說之樞要，必使時利而義貞；進有契於成務，退無阻於榮身。自非譎敵，則唯忠與信。披肝膽以獻主，飛文敏以濟辭，此說之本也。」可見「說」之爲務，一定要針對具體情況，切合機宜，研究方法，或擒、或縱、或開、或合、或抑、或揚，只要掌握「時利」「義貞」兩個原則，心存「進有契於成務，退無阻於榮身」的打算，抱定如非敵人，自當披肝瀝膽，以忠信相待，如此，必能博得人主的愛戴，達到「說資悅懌」的目的。至於文賦講的「說煒曄而譎誑」，是針對戰國策士說的，好像和「書說」沒有太大關係。

【正　文】

首段釋「論」的名義、淵源，並溯及羣論立名的原始。

聖哲彝訓㊀曰經，述經敍理曰論。論者，倫也㊁；倫理無爽㊂，則聖意不墜。昔仲尼微言㊃，門人追記，故抑（原誤作「仰」，玆依范文瀾注當作字，及劉永濟校釋徵御覽五九二引訂正。）其經目㊄，稱爲論語；蓋羣論立名，始於玆矣。自論語已前，經無論字㊅〔評一〕；六韜二論㊆，後人追題乎！

次段綜述「

詳觀論體，條流多品㊇：陳政，則與「議說」合契；釋經，則與「傳注」參論」體的範疇，凡分四流八品。

三段言「論」文的主旨，歷舉各代名家論文的特色，並評其得失。

體；辨史，則與「贊評」齊行；銓文，則與「敘引」共紀⑨。故「議」者宜言⑩；「說」者說語⑪；「傳」者轉師⑫；「注」者主解⑬；「贊」者明意⑭；「評」者平理⑮；「序者」次事⑯；「引」者胤辭⑰；八名區分，一揆宗論⑱。

論也者，彌綸羣言，而研精一理者也。是以莊周齊物，以論爲名⑲〔評二〕；不韋春秋，六論昭列⑳，至如石渠論藝㉑，白虎講聚㉒；述聖通經（以上十四字，原作「至石渠論藝白虎通講，聚述聖言通經」十五字，脫「如」字，而衍「通」「言」二字，茲據楊明照校注拾遺徵宋本御覽五九五引補刪，及王利器新書說正。），論家之正體也。及班彪王命㉓，嚴尤三將㉔，敷述昭情㉕，善入史體。魏之初霸，術兼名法㉖；傅嘏㉗、王粲㉘，校練名理㉙。迄至正始，務（原作「無」字，茲據郭晉稀譯注疑爲「務」，及楊明照校注拾遺說改正。）欲守文㉚；何晏之徒，始盛玄論。於是聃、周當路㉛，與尼父爭塗矣㉜。詳觀蘭石之才性㉝，仲宣之去伐（原作「代」，形誤。依楊明照校注拾遺徵宋本御覽五九五、玉海六二引，並參郭晉稀譯注徵明抄本訂正。）㉞，叔夜之辨聲㉟，太初之本無（原作「玄」，茲依孫詒讓「札迻」引列子仲尼篇注、並徵三國志魏志夏侯玄傳注引魏氏春秋語訂正。）㊱，輔嗣之兩例㊲，平叔之二論㊳，並師心獨見㊴，鋒穎㊵精密，蓋論（「論」原作「人倫」，茲依御覽五九五，及玉海六二引刪改）之英也。至如李康運命，同論衡而過之㊶；陸機辨亡，效過秦而不及㊷；然亦其美矣。次及宋岱、郭象㊸，銳思於幾神之區；夷甫，裴頠㊹，交辨於有無之域；並獨步當時，流聲後代。然滯有者㊺，全繫於形用；貴無者，專守於寂寥；徒銳偏解，莫詣㊻正理；動極神源㊼，其般若之絕境乎㊽。逮江左羣談，惟玄是務；雖有日新，而多抽前緒㊾矣。至如張衡譏世㊿，頗（原作「韻」，形誤。依楊明照校注拾遺說改）似俳說；孔融孝廉(51)，但談嘲戲；曹植辨道，體同書抄(52)，才不持論，寧如其已（以上八字，原作「言不持正，論如其已」，依楊明照校注拾遺徵傳校各本，及漢書東方朔傳贊、嚴助傳，文選魏文帝典論論文之文句改）。

四段指陳「論」的寫作要領，並申述注解文詞，應要約明暢，始合體式。

原夫論之為體，所以辨正然否；窮於有數，追於無形(53)，鑽（原作「跡」，茲據王利器新書徵傳校各本；及楊明照校注拾遺徵御覽五九五引改）堅求通，鉤深取極；乃百慮之筌蹄(54)，萬事之權衡也。故其義貴圓通，辭忌枝碎，必使心與理合，彌縫莫見其隙；辭共心密，敵人不知所乘；斯其要也。是以論如析薪(55)，貴能破理。斤利者，越理而橫斷(56)；辭辨者，反義而取通(57)〔評三〕；覽文雖巧，而檢跡知（原作「如」，形誤。據楊明照校注拾遺徵御覽五九五引，並王利器新書說校改）妄。唯君子能通天下之志，安可以曲論哉。若夫注釋為詞，解散論體(58)，離（原作「雜」，茲依郭晉稀譯註徵文心聲律篇文校改）文雖異(59)，總會是同(60)。若秦延君之注堯典，十餘萬字(61)；朱公文（「公文」原作「普」，按上文「秦延君」稱字，七字為句，此處也應稱字，七字成句，茲依郭晉稀譯注說校改）之解尚書，四（原作「三」，依范文瀾注徵後漢書桓郁傳校改）十萬言(62)；所以通人惡煩，羞學章句(63)。若毛公之訓詩，安國之傳書，鄭君之釋禮，王弼之解五段釋「說」的名義。並歷敍由上古以迄兩漢，前人爲「說」的優劣和流變。

易(64)，要約明暢，可爲式矣〔評四〕。

說者，悅也；兌爲口舌(65)，故言資（原作「咨」，依日人鈴木校勘記說校改）悅懌；過悅必僞，故舜驚讒說(66)。說之善者：伊尹以論味隆殷(67)；太公以辨釣興周(68)；及燭武行而紓鄭(69)；端木出而存魯(70)；亦其美也。暨戰國爭雄，辨士雲湧（原作「踊」，據王利器新書徵史通言語篇文改）；從橫參謀(71)，長短角勢(72)；轉丸騁其巧辭，飛鉗伏其精術(73)；一人之辨，重於九鼎之寶，三寸之舌，強於百萬之師(74)；六印磊落以佩(75)，五都隱賑而封(76)。至漢定秦楚，辨士弭節(77)；酈君既斃於齊鑊(78)，蒯子幾入乎漢鼎(79)；雖復陸賈籍甚(80)，張釋傅會(81)，杜欽文辨(82)，樓護脣舌(83)，頡頏萬乘之階(84)，詆戲（原作「抵噓」，形近致誤。茲依范文瀾注校改）公卿之席(85)，並順風以託勢(86)，莫能逆波而泝洄(87)矣。

末段揭示爲「說」的要領。苟非譎敵，當以忠信爲本，並指陸機文賦釋「說」的錯誤。

夫說貴撫會(88)，弛張相隨，不專緩頰(89)，亦在刀筆(90)。范雎之言疑（原無「疑」字，據郭晉稀譯注徵戰國策秦策，及史記范雎傳引上秦昭王書「豈敢以疑事嘗試於王手」句校增）事(91)，李斯之止逐客(92)，並順（原作「煩」，依范文瀾注引日人鈴木校勘記校改）情入機(93)，動言中務(94)，雖批逆鱗(95)，而功成計合，此上書之善說也。至於鄒陽之說吳、梁(96)，喻巧而理至，故雖危而無咎矣。敬通之說鮑、鄧(97)，事緩而文繁，所以歷騁而罕遇也。凡說之樞要：必使時利而義貞(98)，進有契於成務，退無阻於榮身；自非譎敵，則唯忠與信。披肝膽以獻主，飛文敏以濟辭，此說之本也〔許五〕；而陸氏直稱：「說煒曄以譎誑」㊈，何哉？

贊曰：理形於言，敍理成論。詞深人天，致遠方寸。陰陽莫貣（原作「貳」，形近致誤。茲據李師曰剛斠詮，徵荀子「天論」及王念孫「讀書雜志」校改），鬼神靡遯。說爾飛鉗，呼吸沮勸。

【註　釋】

㊀ **彝訓**：常敎。指永久不變的訓誨。

㊁ **論者，倫也**：論，與「倫」同聲，倫，有「次序」、「條理」的意思。

㊂ **爽**：差失。

㊃ **微言**：精微要妙之言。漢書藝文志：「仲尼沒而微言絕。」

㊄ **抑其經目**：抑，貶抑。經目，經的名稱。全句是說，不用「經」這個名稱叫它。卽「論語」編者自謙不敢稱「經」。

㊅ **經無論字**：是說經典中沒有用「論」爲書名或篇名的，不是說經書中行文不用「論」字；

㊆ **六韜二論**：後漢書何進傳章懷注：「太公『六韜篇』，第一『霸典文論』，第二『文師武論』」。今本「文師」在「文韜」爲第一篇，與章懷所舉不合，也無「文論」、「武論」之目，蓋又非唐本之舊了。

(八) **品**：在此有「種類」的意思。

(九) **陳政則與議說合契以下四句**：彥和將「述經敘理曰論」分爲四類：一是論政治，二是論經典，三是論史，四是論文。

(一〇) **議者宜言**：議，與「誼」通用。議者宜言，指「議」乃「言得其宜」的意思。

(一一) **說者說語**：說，與「悅」通用。有喜悅的意思。說者說語，指說話動聽，使對方說服。

(一二) **傳者轉師**：傳，與「轉」同聲。所以「傳」是把從前人聽到的轉授給後人。傳者轉師，指「傳」是轉述師說的意思。

(一三) **注者主解**：注，與「主」同聲。注者主解，就是說注以解釋爲主。

(一四) **贊者明意**：贊，與「讚」通用。贊者明意，是說贊是說明意旨。

(一五) **評者平理**：評，平。評者平理，是說評是平允的說理。

(一六) **序者次事**：次，次第的意思。序者次事，是說序是用來敘次事義。

(一七) **引者胤辭**：胤，音（ㄧㄣˋ），有繼續之意，引申爲牽引。引者胤辭，是說引是概括全篇文辭的。

(一八) **一揆宗論**：一揆，總括。一揆宗論，承上句「八名區分」來，是說總而言之，「議說」是政論，「傳注」是經論，「贊評」是史論，「序引」是文論，「八名」皆以論爲宗本，故曰：「一揆宗論。」

(一九) **莊周齊物，以論爲名**：莊子，莊周著，其中第二篇爲「齊物論」。

(二〇) **不韋春秋，六論昭列**：呂氏春秋，呂不韋著，有「開春」、「愼行」、「貴直」、「不苟」、「似順」、「士容」六論等凡三十六篇，皆敘理之論。

㉑ **石渠論藝**：石渠，閣名，在未央殿北，藏秘書之所。藝，指六藝，即易、書、詩、禮、樂、春秋等六經；漢宣帝甘露三年，詔諸儒講五經同異於石渠閣，太子太傅蕭望之等平奏其議，上親稱制臨決。事見漢書「宣帝紀」、「瑕邱江公傳」、「劉向傳」、「韋玄成傳」等篇。

㉒ **白虎講聚**：後漢書章帝紀：「建初四年冬十一月，下太常將大夫、博士、議郎、郎官及諸生諸儒，會白虎觀，講議五經同異，使五官中郎將魏應承制問，侍中淳于恭奏，帝親稱制臨決，如孝宣甘露石渠故事。」事見後漢書「儒林傳」、「班固傳」。

㉓ **班彪王命**：班彪，東漢人，字叔皮，班固的父親，因傷時感事，作「王命論」。文載「昭明文選」第五十二卷。

㉔ **嚴尤三將**：嚴尤，東漢人，本姓莊，名尤，字伯石，避漢明帝諱，改稱嚴尤，著有「三將論」，言古名將樂毅、白起不用之意，及言邊事，凡三篇、奏以諷諫莽。清嚴可均「全漢文」六十一輯得兩條。

㉕ **敷述昭情**：言鋪陳事義，昭明情理的意思。

㉖ **魏之初霸，術兼名法**：三國志魏志武帝紀評曰：「太祖攬申、商之法術，該韓、白之奇策」。所以這裏說：「魏之初霸，術兼名法」。

㉗ **傅嘏**：字蘭石，嘗論才性四異，今已不傳。參見三國志魏志「傅嘏傳」，及劉義慶世說新語文學篇「劉孝標注」。

㉘ **王粲**：字仲宣，三國魏高平人，爲建安七子之一，著有「難鍾荀太平論」，「爵論」，參見清嚴可均「全後漢文」九十一。

⑲ **校練明理**：校練，校覈熟練的意思。因王粲本法家說提倡刑賞，傅嘏本法家循名責實來立論，所以說「校練名理。」

⑳ **無欲守文**：守文，拘守前代成法。無欲守文，是說沒有人願意拘守成規。

㉑ **聃周當路**：聃，老子名聃；周，莊子名周，故以聃、周代表老、莊。因當時老、莊學說得勢，故曰「當路」。

㉒ **尼父爭塗**：孔子名丘字仲尼，這裏稱「尼父」是尊重的意思。是說當時老、莊學說大行，和儒家孔子爭勝。參考晉書范寧傳所載的「王弼何晏論。」

㉓ **蘭石之才性**：傅嘏論才性同，文佚。

㉔ **仲宣之去伐**：去伐，指除去矜伐。隋書經籍志儒家類有「去伐論集」三卷，王粲撰，今已不傳。

㉕ **叔夜之辨聲**：叔夜，嵇康字。辨聲，嵇康有「聲無哀樂論」，全文五千六百五十五字，載於晉書「嵇康傳」。

㉖ **太初之本無**：太初，夏侯玄字，三國魏人。著有「本無論」，今已不傳。見三國志魏志「夏侯玄傳」注引「魏氏春秋」說。

㉗ **輔嗣之兩例**：王弼，字輔嗣；元人李治「敬齋古今黈」云：「王弼既注『易』，又作略例上下兩篇」隋書經籍志有「王弼易略例」一卷。

㉘ **平叔之二論**：何晏，字平叔，好老、莊言。隋書經籍志有「老子道德論」二卷，何晏撰。孫詒讓札迻以爲「道德論」爲總名，分開則爲「無名」、「無爲」二論。佚文見列子「仲尼篇」注引。

㊴ **師心獨見**：指各師成心，獨抒己見。

㊵ **鋒穎**：穎，在這裏是「鋒芒」的意思。指立論筆鋒穎通。

㊶ **李康運命，同論衡而過之**：李康，字蕭遠，三國魏中山人，性介立，不能和俗，著有「運命論」。他運用史實證明「治亂」運也，「窮達」命也，「貴賤」時也。認爲社會的治亂，個人的窮達貴賤，皆由命定，非人力可得勉強。文載「昭明文選」第五十三卷。王充，字仲任，東漢初年人，著「論衡」。所以說「運命論同於論衡」者，指「論衡」中有「逢遇」「累害」等十多篇，皆在宣傳命定論的思想，「運命論」取義與之相近。過之，指其多用排偶，文采氣勢，不可剪裁，故勝過「論衡」。

㊷ **陸機辨亡，效過秦而不及**：陸機有「辨亡論」上下篇，論吳國之所以亡。文載「昭明文選」第五十三卷。此論擬賈誼「過秦論」而作。上篇講吳武烈（孫權）的奮發圖強，蓋仿「過秦論」秦孝公席卷天下一段；又列敍吳國人物，仿「過秦論」列敍六國人物；魏氏嘗借戰勝之威一段，仿「過秦論」嘗以十倍之地攻秦；結尾因無人才而亡，仿「過秦論」不行仁義而亡。「辨亡論」模仿痕迹太露，立論不高，故曰「效過秦而不及。」

㊸ **宋岱郭象**：隋書經籍志有晉荆州刺史宋岱「周易論」一卷，今已不傳。郭象，字子玄，晉人，少有才理，好老、莊，能清言，有「莊子注」。見世說新語文學篇劉孝標注引「文士傳」說。

㊹ **夷甫裴頠**：王衍，字夷甫，晉人，以爲「天地萬物皆以無爲爲本」，見晉書王衍傳。頠，音（ㄨㄟˇ）裴頠，字逸民，晉人，反對王衍以「無爲爲本」之說，著「崇有論」，以解其蔽，見晉書裴頠傳。

㊺ **滯有**：執着於有。因爲「崇有論」認爲「至無者，無以能生；故始生者，自生也。自生而必體有，

則有遺而生虧矣」。所以要「崇有」。

(四六) **詣**：到達，在此作「體認」解。

(四七) **動極神源**：神源，指思想的根源。動極神源，是說動用心思，深入探求思想的本源。

(四八) **般若之絕境**：般若，梵語，「智慧」的意思。絕境，絕妙的境界。全句是說「智慧的絕妙境界」。彥和以爲「崇有」與「貴無」之論，皆在探索人類思想的究竟，故借梵語「般若」，讚其立說思旨微妙，亦如佛家所謂「般若之絕境」。

(四九) **多抽前緒**：大意是說「多引伸前人的說法」。世說新語文學篇：「王丞相過江，止道聲無哀樂、養生、言盡意三理而已，然宛轉關生，無所不入。」，可見大多引伸前人之說。

(五〇) **張衡譏世**：衡，字平子，東漢西鄂人，所作「譏世論」，今已不傳。

(五一) **孔融孝廉**：孔融，字文舉，東漢魯國人，所作「孝廉論」，今已不傳。

(五二) **曹植辨道，體同書抄**：曹植「辨道論」，內容指斥方士神仙不死之說爲虛妄，羅列許多事實，故云「體同書抄」。文見孫星衍「續古文苑」。

(五三) **窮於有數，追於無形**：有數，具體的事物。無形，抽象的意義。全句是說，對具體的事物，應推求其本末；於抽象的意義，應追究其道理。

(五四) **筌蹄**：筌，捕魚器。蹄，捕兎器。筌蹄，引伸爲工具之意。

(五五) **析薪**：破木。詩經齊風南山：「析薪如之何，匪斧不克。」

(五六) **越理橫斷**：指利斧可不順着木柴的紋理，從橫截面把它砍斷。

(五七) **反義取通**：指言辭巧辯者，卽令違反道義，也能講得通情達理。

(五八) **解散論體**：言注釋中的議論，分散於各條，故云「解散論體」。

(五九) **離文雖異**：意思是指「注釋」，分別夾注在經文之下，雖然與成篇的「論文」不同。

(六〇) **總會是同**：意思是指，如把各條「注釋」綜合起來看，卻與論文沒有甚麼兩樣。

(六一) **秦延君之注堯典，十餘萬字**：秦恭，字延君，注釋「堯典」篇目兩字，用了十餘萬字。事詳漢書「儒林傳」及桓譚「新論」。

(六二) **朱公文之解尚書，四十萬言**：朱普，字公文，講解「尚書」用了四十萬言，事詳漢書「儒林傳」及後漢書「桓郁傳」。

(六三) **通人惡煩，羞學章句**：通人，指揚雄、班固等這些博古通今的學者；漢書揚雄傳：「雄少而好學，不爲章句，訓詁通而已」；後漢書班固傳：「不爲章句，舉大義而已」。

(六四) **毛公之訓詩，安國之傳書，鄭君之釋禮，王弼之解易**：魯人大毛公爲「詩」作訓詁傳；孔安國爲「尚書」作傳，但彥和所見書經孔安國傳，卽梅頤的古文尚書已爲僞作。鄭玄字康成，注「三禮」；王弼注「周易」。請分別參考鄭玄「詩譜」，漢書藝文志「六藝略」，後漢書「鄭玄傳」，孔穎達「周易正義序」。

(六五) **說者，兌也，兌爲口舌**：說，就是「說辭」，「說辭」在於使人悅服，所以說：「說者，悅也」。易經說卦云：「兌……爲口舌」。孔穎達疏：「取口舌爲言語之具也」。這裏引「說卦」文，主要在說明「說」字從「兌」的意思。

(66) **舜驚讒說**：事出「舜典」，「帝曰：龍，朕堲（憎疾之意）讒說殄行，震驚朕師，命汝作納言，夙夜出納朕命，惟允」。

(67) **伊尹以論味隆殷**：伊尹說殷事，見呂氏春秋「本味篇」。孟子也有「伊尹以割烹要湯」之說。

(68) **太公以辨釣興周**：太公，呂尚。用釣有三術說文王，事見史記「齊太公世家」及六韜「文韜文師篇」，載太公辨釣語。

(69) **燭武行而紓鄭**：紓，寬解、解除的意思。燭之武為鄭伯退秦師，見左傳僖公三十年文。

(70) **端木出而存魯**：端木，子貢姓端木名賜。子貢存魯事，見史記「仲尼弟子列傳」。又孔子家語「屈節解」及越絕書內傳「陳成恆篇」也載有此事。

(71) **從橫參謀**：言戰國時蘇秦、張儀主張「合縱連橫」，參與國家大計。

(72) **長短角勢**：角，比較。長短，猶優劣。言戰國策士，游說列國，較長論短，角逐個人的權勢。

(73) **轉丸騁其巧辭，飛鉗伏其精術**：轉丸、飛鉗，爲「鬼谷子」書中的篇名，轉丸篇文佚。但在這裏是用「轉丸」形容辯辭的流利，用「飛鉗」形容辯辭的厲害。本句是說，巧辯的言辭，就像彈丸走盤，而精練的辯術，如飛鉗之扱人。

(74) **一人之辨，重於九鼎之寶，三寸之舌，強於百萬之師**：史記平原君列傳：「毛先生（遂）一至楚，而使趙重於九鼎大呂。毛先生以三寸之舌，強於百萬之師」。在這裏借毛遂，泛指一切的辯士。

(75) **六印磊落以佩**：磊落，衆多。全句指蘇秦佩六國相印，事見史記「蘇秦列傳」。

(七六) **五都隱賑而封**：隱賑，就是「殷賑」，富有的意思。全句指燕惠王封張儀殷富的五都采邑，事見史記「張儀列傳」。

(七七) **辨士弭節**：弭，停止；節，符節，古人出使外國所持的「印信」。全句是說，辨說之士，停止了出使持節的活動。

(七八) **酈君既斃於齊鑊**：酈，音(ㄌㄧˋ)。酈君，酈食(ㄧˋ)其。酈食其爲劉邦說齊，被烹而死，事詳史記「酈食其列傳」。

(七九) **蒯子幾入乎漢鼎**：蒯，音(ㄎㄨㄞˇ)。蒯子，蒯通。蒯通說韓信反漢，韓信不從。高祖捕蒯通，欲烹之。故云「蒯子幾入於漢鼎。」事見史記「淮陰侯列傳」。

(八〇) **陸賈籍甚**：陸賈，西漢初年人，游說公卿間，名聲甚著。籍甚，聲名昭著。事詳史記「陸賈列傳」。

(八一) **張釋傅會**：張釋，卽張釋之。彥和引人名，有省略末字，以便對文成采者，此其一例。傅會，在此有牽強湊合之意。關於張釋之說漢文帝事，見史記「張釋之列傳」。

(八二) **杜欽文辨**：杜欽，漢成帝時人。其文辭辨析事，見漢書「杜欽傳贊」。

(八三) **樓護脣舌**：樓護，字君卿。漢哀帝前後人。其口齒伶俐事，見漢書「游俠列傳」，本書知音篇也稱「君卿脣舌」。

(八四) **頡頏萬乘之階**：頡頏，音(ㄐㄧㄝˊ ㄏㄤˊ)，本是形容鳥上下飛舞狀，在此作複詞偏義，單取「頏」字作「倨傲」解；指酈食其、蒯通、張釋之在帝王面前上下議論的情形。

(八五) **詆戲公卿之席**：詆戲，謂嘲戲取悅之意。指陸賈、杜欽在公卿席上的辯論情形。

（八六）**順風以託勢**：順風，順着風勢，在此指迎合帝王的「臉色」「表情」。全句是說看著帝王的臉色，說些鬪趣的話，以寄託他們的聲勢。

（八七）**逆波而泝洄**：逆波，迎著水流趨勢。泝，同溯。泝洄，逆流而上。全句是說，抗顏違旨，堅持正道。

（八八）**撫會**：符合機宜的意思。

（八九）**不專緩頰**：緩頰，指用口舌委婉解釋。此句結束上文，指蘇秦、張儀等人而言。范文瀾注：「『並順勢以託風，莫能逆波而泝洄』，二語精絕，漢代學術文章，皆可作如此觀。」

（九〇）**亦在刀筆**：古人用刀刻字，所以刀就是「筆」的意思。「亦在刀筆」在此有承上起下的作用，指范睢、李斯等人而言。是說「不僅憑口舌的婉轉說明，也在於筆札文書」。

（九一）**范睢之言疑事**：睢，音（ㄙㄨㄟ）。范睢上書秦昭王事，見史記「范睢列傳」。

（九二）**李斯之止逐客**：客，客卿，也就是「外地來秦國做官的人」。逐客，指秦始皇要趕走外地來秦國做官的人。李斯上書秦始皇諫逐客，事見史記「李斯列傳」；昭明文選第三十九卷有「李斯上秦始皇諫逐客書」。

（九三）**順情入機**：順著情勢，以投所好。

（九四）**動言中務**：發爲言論，切中時務。

（九五）**批逆鱗**：批，觸犯。相傳龍的頸下有尺來長倒長的鱗，人們不可觸犯它，觸犯了要被龍殺害，古人以龍比帝王，對帝王說話不投機，叫做「觸犯逆鱗」，語出韓非子「說難」。

㊈㊅ **鄒陽之說吳梁**：鄒陽奏書諫吳王濞和梁孝王事，見漢書「鄒陽傳」。

㊈㊆ **敬通之說鮑鄧**，馮衍，字敬通，說鮑永事，見後漢書「馮衍傳」；說鄧禹事，見「東觀漢記」。

㊈㊇ **時利而義貞**：時利，對時勢有利。義貞，持理正大。

㊀〇〇 **說煒曄以譎誑**：煒燁，有文彩。譎誑，指游說的權詐變化。彥和以爲譎誑是有條件的，所以他說「自非譎敵，則唯忠與信」，足見其對陸機釋「說」的不滿。

【語譯】

古聖先哲垂示後人，永久不變的訓誨，叫做經；闡述經義，說明道理的，叫做「論」。所謂「論」，可解作倫理的「倫」，含有道理、次序的意思。人之立言，如果能够合乎「倫序」理則，毫無差錯的話，那麼古聖先哲的微言大義，才得發揚光大，不至於偏頗失墜。從前孔子應答弟子與時人，所談及的精微要妙的言論，由門人事後追記整理而成書，他們推崇老師的謙德，不敢尊爲經典，而稱此書爲「論語」。大體說來，許多以「論」命名的著述，當以「論語」爲開端了！在論語以前，經典性的作品，沒有拿「論」字作爲書名或篇名的。至於太公「六韜」篇中以「論」標名的「霸典文論」、「文師武論」這兩篇文章，想必是後人追加的篇題吧！

仔細觀察「論」的體裁，枝條流變，品類很多：陳述政事時，和「議」、「說」互相契合；解釋經義時，和「傳」、「注」參互成體；辨正史實時，和「贊」、「評」並駕齊驅；銓衡文章時，和「敍」、「引」同一法式。所以「議」就是言得其宜；「說」就是使人悅服；「傳」就是轉述師說；「注」就是專主解釋；「贊」就是說明意旨；「評」就是平允說理；「序」就是敍次事義；「引」就是引導文辭。這八種文體的名目，雖然分門別類，各不相同，但歸納起來，卻都以「論」爲宗本。

所謂「論」，就是綜合各家的思想主張，加以研覈精校，所求得的正確道理啊！是以莊周的「齊物論」，用論作篇名。呂不韋的「呂氏春秋」，有開春、愼行、貴直、不苟、似順、士容六論，也明白地標列「論題」。至於像漢宣帝召集羣儒，於石渠閣討論六藝，漢章帝會聚諸生，在白虎觀講議五經；闡述聖人的情志，疏通經典的大義，這些作品，才是論辯文的正常體製啊！到了班彪，爲勸止隗囂擁衆割據而作的「王命論」，嚴尤爲諫阻王莽攻伐四夷而作的「三將論」，都鋪敍事義，昭明情理，可以說是史論體中的佳作。魏武帝曹操稱霸之初，治國兼用名、法兩家的方術。傅嘏、王粲等人，都考校精練於形名、理則之學。一直到了正始年間，學者多不願拘守成規。何晏等人，才開始盛行玄虛的論述。一時之間，老聃、莊周的思想，佔據了當時學術界的要衝，幾乎和尼山孔子的學說，望路爭驅了！細觀傅蘭石的「才性論」，王仲宣的「去伐論」，嵇叔夜的「聲無哀樂論」，夏侯太初的「本無論」，王輔嗣的「易略例」上下篇，何平叔的「無爲」、「無名」二論，內容神明變化，有獨到的見解，將精審周密的智慧，流露於字裏行間，所以大抵說來，這些都可以說是論辯文中的英華了。至於像李康的「運命論」，意旨雖然與王充的「論衡」類似，但辭采的繁富，卻有過之而無不及。陸機的「辨亡論」，本想模仿賈誼「過秦論」，來譏諷東吳孫皓所以亡國的，可是他行文冗繁，顯然不及「過秦論」簡練。然而這些作品，也都可以稱得上是論辯文中優美的佳作了。其次，像宋岱、郭象，他們敏銳的思考力，幾乎近於神妙的境地。王衍、裴頠，交相辯難於本體有無的範疇，並特立獨行於當時，流傳聲譽於後代。然而拘泥於「有」的人，完全膠着於外在形體的實用以立論；強調於「無」的人，又一味堅持從清靜空虛的內在中來觀照。這兩種人的主張，祇不過是逞快、偏激的見解，不能算是體認了眞正的道理。如果能够動用心思，深入探究自然的本源，那麼，智慧的發展，將可登峯造極，達到最高境界了！到了晉室南渡，偏安江左，羣士清談。他們所講求的儘是些虛玄的哲理；雖然言談的機鋒，日加新穎，但究其內容，大多抽繹前人的餘緒，並沒有什麼創見。至於像張衡的「譏世論」，韻調很像俳優諢說；孔融的「孝廉論」，文字止於嘲笑戲謔；曹植的「辨道論」，體制如同抄書。由此看來，假若一個人的才華，不善於論辯的話，那麼與其勉強從事，還不如擱筆不作的好！

推求「論辯文」的體式，是用來辨明或確定事理的是非正誤的。從事物的具體方面，來推求其本末究竟；從事物的抽象方面，去追究道理的妙諦。堅實難懂的，鑽研以求通暢；深遠要眇的，鈎考以窮極致。它是表達各種思想的工具，衡量一切事理的標準啊！所以在「文義方面」，貴在圓融通達；「語辭方面」，切忌支離破碎；必定要使內在思想和外界物理相互契合，圓融周密，毫無漏洞；使文辭的章法結構，與思想緊密相接，使敵對者的反駁，無乘虛而入的機會；這就是寫作論辯文的要領啊！所以論辯文的寫作，好比劈斫木柴，首先要能剖析紋理。斧斤鋒利的，不須順沿着紋理，即可橫截其斷面；言辭辨捷的，卽使違反道義，也能講得通情達理。乍覽這類文章，雖覺安排巧妙，但審視其穿鑿的痕跡，就知道他寫作的誣妄了。只有才德兼備的君子，才能辨明大道眞理，通達天下人的情志，豈可心存阿私，歪曲事實，寫作誣妄的言論呢？此外像一些注釋的文字，乃是解散論辯的體制，離析文辭，使成若干片斷，分別繫於各章各句之下；這雖然與整篇的文章不同，但如會聚而觀，卻和論辯文毫無區別。不過，如秦延君注釋「堯典」篇目，高達十餘萬字；朱公文講解「尚書」章句，多到四十萬言。長篇大論，著實冗繁；因此，博學通人如揚雄、班固等，都厭惡煩複瑣碎的浮詞，恥於學習分章斷句的注解。然而像大毛公的訓「詩經」，孔安國的解「尚書」，鄭康成的釋「三禮」，王弼的解「周易」；行文精要簡約，明白暢曉，足爲後世學者從事注釋的法式了。

「說」的目的，在於使人心悅誠服，所以說服的「說」，又通作喜悅的「悅」。周易說卦：「兌爲口舌。」就是取口舌爲言語的工具的意思。而「說」的偏旁「兌」字，事實上就是「悅」的本字，象笑口分開的形狀。所以言語出口，就是給人喜悅信服的，但是過分地討人喜悅信服，他的情感必定含有虛僞的成分，所以虞舜深怕讒言悅語的行爲。善於說辭的人：如伊尹論調和美味，譬喻治道，來邀結成湯，結果而興隆了商朝。太公望辨釣魚技術，比況時事，以干求西伯，結果興旺了周室。鄭國被秦、晉圍困，燭之武一出，說服秦伯，解除了鄭國的危難。魯國遭齊國攻打，端木賜出見田常，保存了邦國的安全。這都是說辭中的美事啊！到了戰國時代，七強爭雄，游說的辨士，一時風起雲湧，獻合從連橫的策略，參與軍國的大計，較長短於口舌，角逐個人的權勢；他們巧辯的言辭，好像彈丸走盤；精明的辨術，如同飛鉗之扨人。當時一個人的辯說，比九座寶鼎還要貴重；三寸不爛之舌，比百萬雄師還要強大，所以蘇秦佩帶六國相印，張儀獲封殷實的采邑。直到漢高祖平定秦、楚以後，辯說之士方才停止到處游說的工作，酈食其游說齊王田廣，而被烹死於湯鑊之中；蒯通游說漢王劉邦，也幾乎投入沸鼎之內；雖然那時還有陸賈藉游說而聲名雀起，張釋之的善於傅會時事，杜欽的文辭辨捷，樓護的口齒伶俐，都能以說辭議論於帝王宮廷之上，嘲讔於公卿席位之間；其實，他們都祇是順著帝王的臉色，說些鬥趣的話，以寄託一己的聲勢而已，再也沒有人挽狂瀾於既倒，轉大道於正途了！

「說辭」的要領，貴在投合機緣，然後或縱或擒，隨著實際情勢，而定其緩急；不能專靠口舌去婉轉勸解；有時也須用筆墨來詳細表達。像范睢上書秦昭王，論述疑事；李斯奏書秦始皇，諫止逐客；無一不是順沿情勢，把握契機，故一旦發爲言論，都能切中事務。雖然當時觸犯了君主的尊嚴，但卻能迎合計謀，成就偉大的事功，這就是在上書方面，善於「說辭」的例子。至於像鄒陽上書諫說吳王濞、梁王武，比喻精巧，持理周至；所以他雖身遭坐牢的危險，卻終於被開釋無罪了。後漢更始年間，馮敬通勸說鮑永、鄧禹，言事迂緩，措辭冗繁，所以他雖在官場上歷經奔波，卻很少得到遇合的良機啊。

大別說來，立說的主要關鍵，在於取得有利的時機，堅定正確的立場。假使獲得人主的接納，進言說辭，就能一拍卽合，大功告成；卽使不幸遭到拒絕，退而歸隱，也不妨礙自身的榮譽。但是除了詐騙敵人以外，一切的說辭，應當一本忠誠信實的態度，披肝瀝膽，開誠布公的去奉獻人主；並馳騁文筆，竭盡才思，來輔助言辭的不足，這才是進言游說的基本原則啊！但是陸機文賦竟然說：「游說必須以光采動人的言辭，去行其譎詐誑騙的技巧」，這顯然與理不合，到底他的用意何在呢？

總而言之：事理必須透過語言，才能表達於外，語言經過適當的安排，才能構成論辯的體裁。造語精深的，可以網羅人道天理。只要是發自內心，無論是多麼深遠的理論，沒有不可以探討的。陰陽變化的微妙，既不可隱匿；鬼神離奇的形迹，也無所遁逃。衹要運用鬼谷子的飛鉗技術，發揮說辭的巧妙；那麼，當你論辯的當兒，卽使是在呼吸的短短一瞬之間，也必定能使對方產生忽而沮喪，忽而振奮，悲喜隨之的效果啊！

【集評】

一、楊評：「按書云：『論道經邦，』已有『論』字矣。」

紀評：「觀此，知『古文尚書』梁時尚不行於世，故不引『論道經邦』之文。然『周禮』卻有『論』字。」

二、紀評：「『物論』二字相連，以此爲論名，似誤。同年錢辛楣云。」

三、紀評：「彥和論文多主理，故其書歷久獨存。」

四、紀評：「訓詁依文敷義，究與論不同科，此段可刪。」

五、紀評：「樹義甚偉。」

【問題討論與練習】

一、試述「經」「論」之別，以及「論語」何以不予稱經之故？

二、「八名區分，一揆宗論」，「八名」所指何事？又為何皆以「論」為宗本？

三、彥和以為「論」之為用，可以「陳政」「釋經」「辨史」「銓文」，能否依據「論說」篇文，加以印證？

四、論魏、晉談玄，對當世思想界之影響如何？

五、文心雕龍之所謂「論說」，與時下之「論說文」，有無不同？試言其詳：

六、分言「論」「説」二體之不同？及其作法如何？

七、古人「游説」之風，至漢定秦楚，為一大轉關，其故何在？

八、彥和對陸機文賦釋「説」，頗有微辭，試扼要評述之。

詔策第十九

【解　題】

「詔策」是古代帝王告語臣下的應用文，卽後世之所謂的「令」或「訓令」「指令」「命令」等。其在三代用於封爵的稱「命」。如書經記周成王封微子於宋，作「微子之命」；用於布達政令的叫「誥」，如書經記商湯告諸侯，作「湯誥」；用於誓師的稱「誓」，如書經記夏啓攻打有扈氏，作「甘誓」。戰國稱「命」稱「令」。如國語吳語，記吳王夫差與晉定公午會於黃池，吳王對之曰：「天子有命」。又戰國策秦策二，載太后病，將死，「出令」曰：「爲我葬，必以魏子爲殉」。秦始皇稱「制」稱「詔」，如史記秦始皇本紀二十六年云：「命爲制，令爲詔」。究其用意，蓋頒布法令時稱「命」，君告臣下時稱「詔」。漢朝「命」分四品，一、曰策書，分封王侯；二、曰制書，施行赦命；三、曰詔書，事告百官，四、曰戒敕，訓勉州部。惟其中「戒敕」的用法，又各有不同。如帝王告戒稱「敕」，他人告戒稱「戒」。東方朔「戒子書」，馬援「戒兄子儼敦書」，鄭玄「戒子益恩書」等，至今流傳，是爲明證。時至後代，又有所謂「教」「命」之體者，雖然也是下行文，但「教」多用於長官告屬下，師長告後學，如庾翼「與僚屬教」，王陽明「教條示龍場諸生」。「命」也不限於國君對臣僚。

彥和對各代「詔策」作品的評述，由於「本經典以立名目」的「宗經」觀點，所以他認爲西漢文、景以前，「詔」體浮雜。武帝崇儒，選言弘奧。今觀武帝時，同日俱拜三子爲王，於是作策申戒，其文如「策封齊王閎文」「策封燕王旦文」、「策封廣陵王胥文」，文同訓典，勸戒淵雅，足以垂範後代。東漢光武中興，留意斯文，而造次喜怒，往往不能恰如其分，如當時關中未定，司徒鄧禹久不進兵，帝下敕曰：「司徒堯也，亡賊桀也，長安吏人，遑遑無所依歸，宜以時進討。」又疑「黃霸」爲姦，賜璽書曰：「崇山幽都何可偶，黃鉞一下無處所，欲以身試法耶？將殺身以成仁耶？」彥和以爲「若斯之類，實乖憲章」；而清代紀文達竟稱：「此書體例主於論文，若兼論所詔之是非，正恐累幅不盡。」按：就文辭而論，一、則許「禹」爲唐堯，一、則惆「霸」以黃鉞，固未見莊重溫雅，亦失人君風度。彥和少其「造次喜怒，時或偏濫」，自是中肯之言。故不問「兼論是非」或「主於論文」，皆爲不可或闕的制斷。

論建安末年之作，舉潘勖「九錫」，衞覬「禪誥」。以爲典雅逸羣，符采炳耀，均登峯造極，無以復加。又魏、晉在詔策方面，由於職在中書，受到君王的重視，一時才士並出。如魏文帝下詔，辭義多偉，明帝崇才，而溫嶠文清。所以他說：「自斯以後，體憲風流矣。」紀文達對此曾有不同的看法，他認爲：「彥和之意，似以魏晉爲盛軌，蓋習於當時之所尚，觀『自斯以後』二語，其自可知」，此語魏晉文風之漸靡則可，如謹就詔策之盛況來說，似又失之不審。蓋彥和所謂「自斯以後，體憲風流」二語，明指齊、梁，徒以評隲當代，易滋是非，故大概言之爾，此等情形，文心脈龍全書五十篇俯拾卽是，無需舉證。紀氏之「其自可知」，於彥和之截斷衆流，不知其將何辭以對？至於魏、晉以下，詔策獨盛之故，近人劉永濟「校釋」，曾從兩漢而後尚書中書之變置、地位以及職務的輕重，作過深切著明的分析。於此不容煩贅。

詔策的寫作要領，由於體多事雜，必須依類相從，是以不可能有固定不易的寫作方法。譬如「授官選賢」時，要「義炳重離之輝」；「優文封策」時，要「氣含風雨之潤」；「敕戒恆誥」時，要「筆吐星漢之華」；「治戎燮伐」時，要「聲存洊雷之威」；「眚災肆赦」時，要「文有春露之滋」；「明罰敕法」時，要「辭有秋霜之烈」。其中所謂的「義」「氣」「筆」「聲」「文」「辭」，有的指立論、有的指氣勢、有的指筆法、有的指運思、有的指文情、有的指藻采，應分別去看，方知其各體寫作的重點。彥和生於講究繁文縟采的六朝，對於應用文的寫作，能提出此等切實的要求，不跟著浮華雕豔的風氣走，這實在是難能可貴的識見！

時至後世，凡下行文均可歸入「詔策」。古代詔策，多用散體行文，故能深厚爾雅。六朝以下，文尚駢儷，而「詔策」亦用之。中唐以後，散體逐漸抬頭，惟德宗年間，詔策之作，多出陸宣公之手，雖亦用駢體，但懇切明白，感人肺腑。史家稱其詔書所到，即令是驕將悍卒，也爲之感動涕零，聲淚俱下。兩宋詔策，四六專行，惟蘇軾「擬黜呂吉甫詔」，一時傳誦。可見駢體公牘，也未嘗沒有可讀的佳作啊。

【正文】

首段先言詔策的重要，次溯自黃帝以迄秦漢詔策的起源與變遷，並分述其名義。

皇帝御寓㈠，其言也神㈡。淵嘿㈢黼扆㈣，而響盈四表㈤，其唯詔策乎（句首「其」字原脫，玆據宋本、御覽五九三引補）！昔軒轅唐虞，同稱爲「命」㈥。命之爲義，制姓（原作「性」，形音俱誤，據范文瀾注徵左傳「因生賜姓」，及國語周語「命姓受祀」語改）之本也㈦〔評一〕。其在三代，事兼誥誓㈧。誓以訓戎㈨，誥以敷政㈩，命喻自天(十一)，故授官錫胤(十二)。易之姤象(十三)：「后以施命誥四方」。誥命動民，若天下之有風矣！降及七國，並稱曰命。命者（「命命」原作「令令」，王利器新書云「命原作令，何允中本，日本活字本、淩本、梅六次本，鍾本、梁本，清謹軒本，岡本、崇文本作命，御覽亦作命，按作命與下文合。」玆從新書說改），使也。秦并天下，改命曰制(十四)。

次段言虞周的設官分職，兩漢各帝重視詔策，和魏晉之時，人材濟濟，詔策之作，體憲風流的情況。

漢初定儀，則有四品「則」字原重，茲依楊明照校注拾遺引御覽五九三及本書章表篇「漢初定制，則有四品」之文例删定⑮：一曰策書，二曰制書，三曰詔書，四曰戒敕。敕戒州郡原作「部」，形誤，茲依御覽五九三引及李師曰剛斠詮說改，詔誥百官，制施赦命，策封王侯。策者，簡也。制者，裁也。詔者，告也。敕者，正也。詩云：「畏此簡書」⑯。易稱：「君子以制數度」原作「度數」，依王利器新書徵傳校各本，並依顧校乙正⑰。禮稱：「明神之詔」「神」原作「君」，涉上句「易稱君子」而誤，茲依范文瀾注引陳伯弢先生說改正⑱。書稱：「敕天之命」⑲。並本經典以立名目。遠詔近命⑳，習秦制也。

記稱絲綸㉑，所以應接羣后。虞重納言㉒，周貴喉舌㉓。故兩漢詔誥，職在尚書。王言之大，動入史策㉔，其出如綍㉕，不反若汗㉖。是以淮南有英才，武帝使相如視草㉗；隴右多文士，光武加意於書辭㉘；豈直㉙取美當時，亦以敬慎來葉矣「亦」下「以」字原脫，茲依李師曰剛斠詮說，並據謝校亦作字增㉚。觀文景以前，詔體浮雜原作「新」，依王利器新書引御覽說校改〔評二〕；武帝崇儒，選言弘奧㉛。策封三王，文同訓典㉜；勸戒淵雅，垂範後代；及制詔嚴助「詔」原作「誥」，范文瀾注徵漢書嚴助傳所載武帝賜嚴助書原文，謂作「詔」是，茲據改，卽云：「厭承明廬」㉝。蓋寵才之恩也。孝宣璽書，「僨博于「僨博于」原作「賜大守」，茲依王利器新書說，並審漢書游俠傳，及范文瀾注校改陳遂」㉞，亦故舊之厚也。逮光武撥亂㉟，留意斯文，而造次喜怒，時或偏濫㊱。詔賜鄧禹，稱：

「司徒爲堯」[37]；敕責侯霸，稱：「黃鉞一下」[38]。若斯之類，實乖憲章[39]〔評三〕。暨明章原作「帝」，形誤，茲依御覽五九三引改崇學，雅詔間出[40]。和安政弛「和安」二字原倒，按漢和帝，章帝子，在位十七年；安帝，章帝孫，在位十九年，和安之間尚有和帝子隆，是爲殤帝。茲據史實及御覽引乙正，禮閣[41]鮮才，每爲詔敕，假手外請[42]。建安之末，文理代興，潘勖九錫，典雅逸羣[43]。衛覬禪誥[44]，符采炳耀「符采」原作「符命」，茲據王利器新書說徵御覽五九三引改及楊明照校注拾遺之，弗可加已〔評四〕。自魏晉誥策，職在中書[45]，劉放[46]張華[47]，並管斯任原作「互」，形誤，茲依范文瀾注引魏志「劉放傳評」說改，施令原作「命」，依御覽五九三引，及王利器新書說校改發號，洋洋盈耳。魏文帝下詔，辭義多偉，至於作威作福[48]，其萬慮之一弊乎！晉氏中興，唯明帝崇才，以溫嶠文清[49]，故引入中書。自斯以後，體憲原作「慮」，依王利器新書說改風流矣[50]〔評五〕。

夫王言崇祕原作「秘」，字俗，依御覽五九三引，及楊明照校注拾遺當作字校改[51]，大觀在上[52]，所以百辟其刑[53]，萬邦作孚[54]。故授官選賢，則義炳重離之輝[55]；優文封策[56]，則氣含風雨之潤；敕戒恆誥[57]，則筆吐星漢之華；治戎燮伐[58]，則聲存原作「有」，依王利器新書徵御覽五九三引改洊雷之威[59]；眚災肆赦[60]，則文有春露之滋；明罰敕法[61]，則辭有秋霜之烈；此詔策之大略也。

「戒敕」爲文，實詔之切者，周穆命郊父受敕憲[62]，此其事也。魏武稱：「

三段分述詔策之爲用，依施用對象的不同，有各種不同的風格與特色。

四段附論「

「戒」「敕」「教」「命」各體，與「詔」「策」的關係、性質、用途、和寫作要領。

作敕戒，當指事而語(六三)，勿得依違」(六四)，曉治要矣。及晉武敕戒，備告百官；敕都督以兵要，戒州牧以董司，警郡守以恤隱(六五)，勒牙門(六六)以禦衞，有訓典焉〔評六〕。「戒」者，愼也，禹稱；「戒之用休」(六七)。君父至尊，在三同〔原作「罔」，據楊明照校注拾遺徵傳校各本，及國語晉語一「民生於三，事之如一」之意改〕極(六八)。漢高祖之敕太子(六九)，東方朔之戒子(七〇)，亦顧命之作也(七一)。及馬援(七二)已下，各貽家戒。班姬女戒(七三)，足稱母師矣〔原作「也」，涉上下文諸「也」字誤，據御覽五九三引改〕。「教」者，效也，出言而民效也。契敷五教(七四)，故王侯稱教。昔鄭弘之守南陽，條教爲後所述(七五)，乃事緒明也(七六)。孔融之守北海(七七)，文教麗而罕施〔「罕施」原作「罕於理」，依王利器新書說改刪〕(七八)，乃治體乖也。若諸葛孔明之詳約(七九)，庾稚恭之明斷(八〇)，並理得而辭中，教之善也。自「教」以下，則又有「命」。詩云：「有命自天」(八一)。明命〔「自」原作「在」，「命」字原脫，茲依王利器新書說增〕爲重也。周禮曰：「師氏詔王」(八二)。明詔爲輕也〔「明詔」二字原脫，「也」字原作「命」，茲依王利器新書說增〕今詔重而命輕者，古今之變也。

贊曰：皇王施令，寅嚴(八三)宗誥(八四)。我有絲言(八五)，兆民伊〔原作「尹」，茲依楊明照校注拾遺徵圖書集成一三七引，並當作字改〕好(八六)。輝音峻舉(八七)，鴻風遠蹈(八八)。騰義飛辭，渙其大號(八九)。

【註釋】

㈠ **御寓**：同御宇，卽統治天下之意。許愼說文解字：「宇，籀文宇，從禹，作寓」。

㈡ **神**：有威靈之意。

㈢ **淵嘿**：嘿，同默。淵嘿，卽沈默寡言。漢書成帝紀贊：「瑞朝淵嘿，尊嚴若神」。

㈣ **黼扆**：黼，音（ㄈㄨˇ）。黑白相間的花紋。扆，音（ㄧˇ），屏風。黼扆，指繡有斧紋的屏風，置於天子座後，南面以對諸侯。辭出書經「顧命」。

㈤ **響盈四表**：四表，四方之外。是說天子不語，他的聲音能傳遍遠方者，就是靠著「詔策」的力量。

㈥ **同稱爲命**：史記五帝本紀：「蚩尤作亂，不用帝命。」書經堯典：「乃命羲和」。又舜典：「命汝典樂」。這就是本文指軒轅黃帝，唐堯，虞舜「同稱爲命」的依據。

㈦ **制姓之本**：賜姓，命姓之意。古時凡命姓者，必授之以官，故「百姓」卽「百官」。禪讓之際，更必須稱天而命之。論語堯曰篇：「堯曰，咨，爾舜！天之歷數在爾躬，允執厥中，四海困窮，天祿永終。舜亦以命禹。」彥和之意，以爲「命」的本義，由於「制姓」的關係。

㈧ **其在三代，事兼誥誓**：言夏、商、周三代的命令，還兼有誥誓的作用。

㈨ **誓以訓戎**：「誓」是用來訓誡軍中將士的。所以書經中夏有甘誓，商有湯誓，周有泰誓、牧誓、費誓、秦誓。

㈩ **誥以敷政**：誥是用來頒佈政教，傳達政令的。所以書經於商有湯誥、仲虺之誥；於周有大誥、康誥、酒誥、召誥、洛誥、康王之誥。

⑪**命喻自天**：言「命」之爲用，得自上天。

⑫**授官錫胤**：授官，此承上句說，謂如唐、虞三代的命官。錫，賜。胤，許愼說文解字：「子孫相承續也。」錫胤，賜姓給子孫。

⑬**易之姤象**：姤，音（ㄍㄡˋ）。易經姤卦象傳：「天下有風，姤，后以施命誥四方。」言天下有風，草遇風而倒，象人君頒布命令告誡四方，人民望風順服。故下文有「誥命動民，若天下之有風矣。」

⑭**秦幷天下，改命曰制**：指秦始皇統一天下，改「命」爲「制」，「令」爲「詔」。見史記「秦始皇本紀」二十六年文。

⑮**漢初定儀，則有四品**：言漢初制定朝儀，分王命爲四品。事出蔡邕「獨斷。」

⑯**畏此簡書**：簡書，戒命。言敬畏君王的戒命。文見詩經小雅「出車。」

⑰**君子以制數度**：數度，禮數等差，尊卑有度。此指君子宜效法「節卦」，制定尊卑有別的禮儀法度。易經節卦象傳：「澤上有水，節，君子以制數度，議德行。」

⑱**明神之詔**：言宣讀詔令，以告神明。周禮秋官司盟：「北面詔明神。」

⑲**敕天之命**：敕同勑，敬謹、遵奉之意。言敬奉天命，以臨萬民。書經益稷：「勑天之命，惟時惟幾。」

⑳**遠詔近命**：書於簡策，布告遠方叫「遠詔」；面命於朝廷，宣諭近事，叫「近命。」

㉑ **記稱絲綸**：綸，靑絲編成的帶子。禮記緇衣：「王言如絲，其出如綸。」是說帝王的言詞，出之於口，雖如絲一般的細，及其發爲詔策，卻如綸綬般的宏大。喻君王的話，傳出去影響很大。

㉒ **虞重納言**：納言，古代出納王命的官員。書經舜典：「命龍作納言。」

㉓ **周貴喉舌**：喉舌，言語必經的器官，榮辱得失的樞紐，此處借喻國家的重臣。詩經大雅烝民：「出納王命，王之喉舌。」

㉔ **王言之大，動入史策**：言帝王言詞，關係重大，即令是片言隻字，動輒收入史冊。

㉕ **其出如綍**：綍，音(ㄈㄨˊ)，同紼。大繩索。指王命之出，如大綱巨索，不可移易。禮記緇衣：「王言如綸，其出如綍。」

㉖ **不反若汗**：指君王發號施令，如同汗水發散，出而不返。語出漢書「楚元王傳」載「劉向封事」，引易經「渙卦」九五爻辭。

㉗ **淮南有英才，武帝使相如視草**：言淮南王劉安經綸滿腹，才華英異，漢武帝爲報書或賜詔時，常令司馬相如審閱草稿，而後發出。事見漢書「淮南王傳。」

㉘ **隴右多文士，光武加意於書辭**：隴右，泛指隴山以西地。新莽末年，隗囂據此。根據後漢書「隗囂傳」，囂賓客屬員，多文學之士，每有上奏，當世士大夫皆諷誦之。故光武答書，特別留意修辭。

㉙ **豈直**：豈特、豈但。

㉚ **來葉**：來世。

㉛ **武帝崇儒，選言弘奧**：弘奧，廣博深奧。是說漢武帝崇儒術，「詔」「敕」之選言措辭，皆弘大深

輿。事見史記「儒林傳」。

㉒ **策封三王，文同訓典**：史記「三王世家」載有漢武帝「策封三王文」。元狩六年封皇子閎爲齊王、旦爲燕王，胥爲廣陵王。其「三策文」如同經典訓誥，十分高古。

㉓ **制詔嚴助，卽云厭承明廬**：嚴助，漢吳人，武帝時舉賢良，擢爲大中大夫，後遷會稽太守。承明廬，在「石渠閣」外，宮內直宿處，在此借指朝廷。言制詔中大夫嚴助，厭承明之廬，勞侍從之事，懷念故土，於是命其出爲會稽太守。事見漢書「嚴助傳」。

㉔ **孝宣璽書，責博于陳遂**：孝宣，漢宣帝。璽書，天子詔敕的別名。陳遂，杜陵人，字長子。全句是說，宣帝微時，與陳遂有故，相隨游戲博奕，數負於遂。及宣帝卽位，稍見進用，擢爲太原太守，乃賜遂璽書，說太守官尊祿厚，可以抵償從前欠你的賭債了。此事分別見於漢書「游俠傳」，及荀悅漢紀「孝宣皇帝紀」第十八。

㉕ **撥亂**：撥亂返治。指消滅王莽，中興漢室。

㉖ **偏濫**：偏頗浮濫，指措辭失當。

㉗ **詔賜鄧禹，稱司徒爲堯**：鄧禹，字仲華，東漢新野人，深沈有大度。幼游學長安，與光武親善，後佐光武起兵，屢建大功，光武卽位，拜大司徒。根據後漢書「鄧禹傳」，是說帝以關中未定，而禹又久不進兵，所以詔鄧禹云：「司徒堯也，亡賊桀也。」

㉘ **敕責侯霸，稱黃鉞一下**：侯霸，字君房，東漢密人，矜嚴有威儀，光武初，封尚書令，後爲大司徒，封關內侯。黃鉞，金斧，帝王所用。後漢書「馮勤傳」載賜侯霸璽書云：「崇山幽都何可偶，

黃鉞一下無處所；欲以身試法耶？將殺身以成仁耶？」

㊴ **若斯之類，實乖憲章**：憲章，法典。此總結上文二事，稱司徒爲堯，吹捧過甚；稱侯霸薦人不當，也不該用死罪恫嚇。故云：「造次喜怒，時或偏濫」，有違朝廷的法令典章。

㊵ **明章崇學，雅詔間出**：言時至東漢明、章二帝，由於崇尚儒術，講求文學，於是典雅的詔敕，層出不窮。明、章二帝詔書，見後漢書「明帝紀」、「章帝紀」。

㊶ **禮閣**：卽禮闈，漢時「尙書省」的簡稱。負起草詔書的職務。

㊷ **假手外請**：指和、安二帝之際，詔書敕命，都由太后和外戚，假借外臣手筆，奏請宣布。事見後漢書「竇憲傳」、「周榮傳」。

㊸ **潘勗九錫，典雅逸羣**：潘勖，字元茂，東漢中牟人。漢獻帝時嘗爲尙書郎，建安中，曾爲曹操作「册魏公九錫文」。九錫，依韓詩外傳八的記載：「諸侯之有德，天子錫之：一錫車馬，再錫衣服，三錫虎賁，四錫樂器，五錫納陛，六錫朱戶，七錫弓矢，八錫鈇鉞，九錫秬鬯。」「九錫文」見於昭明文選第三十五卷，三國志魏志武帝紀也載有此文。此文規模，遠學書經，近法張竦草奏。先列舉曹操功績，再言加九錫，文字典實雅贍，無有及之者。

㊹ **衞覬禪誥**：衞覬，字伯儒，三國魏安邑人。少以才學著稱，漢末爲司空掾，累遷尙書，魏國旣建，拜侍中，明帝卽位，進封閿鄉侯，受詔典著作，所作獻帝諸禪誥，見於三國志魏志「文帝紀」注。禪誥，禪位詔書。

㊺ **魏晉誥策，職在中書**：中書，官名，掌詔令。言自魏晉起，詔誥策命的草擬，均由中書負責。事見

晉書「職官志」。

㊻ **劉放**：字子棄，三國魏涿郡人。放善爲書檄，三祖詔命，幾乎都出於劉放的手筆。事見三國志魏志「劉放傳」。

㊼ **張華**：字茂先，晉方城人，在魏爲中書郎，晉武帝時担任度支尙書。當時詔誥，多經草定，惠帝時爲中書監。事見晉書「張華傳」。

㊽ **作威作福**：指魏文帝詔征南將軍夏侯尙，說：「卿腹心重將，特當任使，恩施足死，惠愛可懷，作威作福，殺人活人。」作威作福，誇武將威武。事見三國志魏志「蔣濟傳」。

㊾ **溫嶠文清**：溫嶠，字太眞，晉祁人。文清，文辭清麗。藝文類聚四十八引檀道鸞「晉陽秋」載明帝詔溫嶠爲中書令云：「卿既以令望，忠允之懷，著於周旋；且文清而旨遠，宜居機密。今欲以卿爲中書令，朝論亦咸以爲宜。」

㊿ **體憲風流**：體憲，體式法度。風流，風雅流麗。言詔策的體式法度，風雅流麗，韻味十足。

(51) **王言崇祕**：指帝王的言詞崇高神祕。

(52) **大觀在上**：指君主言行，爲臣下所仰望。語出易經觀卦彖辭。

(53) **百辟其刑**：辟，君。刑，通型，效法之意。全句是說，百國諸侯都奉天子爲圭臬。詩經周頌烈文：「不顯惟德，百辟其刑之。」

(54) **萬邦作孚**：孚，信服。全句指萬國臣民皆信服他。詩經大雅文王：「儀刑文王，萬邦作孚。」

(55) **義炳重離之輝**：義炳，指詔策辭義炳煥。重離，易經離卦䷝，內外卦皆爲「離」，故曰「重離」。

離，麗，離爲火，火喩光明；重離之輝，如日月光明，照耀四方。

（七六）**優文封策**：優文，優渥寵文。封策，封賞策命，指褒獎類的詔策。

（七七）**敕戒恆誥**：敕戒，敕書敎戒。恆誥，可作常道的詔誥。

（七八）**治戎燮伐**：治戎，整治軍隊。燮伐，協和征伐。詩經大雅大明：「燮伐大商。」

（七九）**聲存洊雷之威**：洊，相仍，重複之意。洊雷，連響的震雷。威，威靈。全句是說，軍令森嚴，猶如連響震雷般的威靈。易經震卦象辭：「洊雷震，君子以恐懼修省。」

（八〇）**眚災肆赦**：眚，音（ㄕㄥˇ），過錯。災，哉之假借，有始意。肆，故。全句指過錯初犯，故赦免之。語出書經「舜典」。

（八一）**明罰敕法**：明罰，彰明刑罰。敕法，整飭法紀。語出易經「噬嗑卦」象辭。

（八二）**周穆命郊父受敕憲**：憲，敎令。全句是說，周穆王曾命郊父接受敕誡敎令。穆天子傳卷一：「丙寅，天子屬官效器，乃命正公郊父，受敕憲。」

（八三）**指事而語**：直指本事，語皆切當。

（八四）**依違**：反覆不定，模稜兩可的意思。以上爲魏武帝語，范文瀾云：「魏武語無考。」

（八五）**恤隱**：體恤人民疾苦。

（八六）**勒牙門**：勒，統御。牙門，古行軍有牙旗，置營則立牙旗爲軍門，謂之「牙門」，今訛作「衙門」。

（八七）**戒之用休**：休，美。全句是說，當警惕戒愼，推行善政。文出書經「大禹謨」。

（六八）**在三同極**：三，指君、親、師。同極，同爲至極。全句是說，君、親、師三者的恩澤，浩渺無邊，同爲極至，無以爲報。國語晉語一：「欒共子曰：民生於三，事之如一。父生之，師教之，君食之，非父不生，非食不長，非敎不知，生之族也，故壹事之。」

（六九）**漢高祖之敕太子**：漢高祖曾作「手敕太子文」，內容在勉勵太子（惠帝）讀書作文，敬老尊賢。文見「古文苑」十。

（七〇）**東方朔之戒子**：東方朔曾作「戒子詩」，內容在戒子要學伯夷、叔齊、柳下惠，作官守正不阿，因時制宜。詩見漢書「東方朔傳贊」。

（七一）**亦顧命之作也**：顧命，臨終的遺命。書經周書有「顧命篇」，記周武王臨終的話。借指上文，說漢高祖之「敕太子」，東方朔之「戒子」，皆臨終時眷顧後嗣所作的遺命啊。

（七二）**馬援**：字文淵，東漢茂陵人，曾作「戒兄子嚴敦書」，聞名於世。原文見後漢書「馬援傳」。

（七三）**班姬女誡**：班昭，字惠班，一名姬，東漢安陵人，班彪之女，博學高才，曾作「女誡」七篇，有助內訓：卑弱第一、夫婦第二、敬愼第三、婦行第四、專心第五、曲從第六，和叔妹第七。內容詳見後漢書列女傳「班昭傳」。

（七四）**契敷五教**：五敎，五常之敎，卽父義、母慈、兄友、弟恭、子孝。書經舜典：「帝曰：契！百姓不親，五品不遜，汝作司徒，敬敷五敎。」

（七五）**鄭弘之守南陽，條教爲後所述**：鄭弘，字穉卿，泰山剛人，明經，通法律政事，爲南陽太守，治績卓著，「條敎」法度，爲後人所述。事見漢書「鄭弘傳」。

(七六) **事緒明**：「條教」的頭緒清楚明白。

(七七) **孔融之守北海**：孔融，字文舉，東漢魯人，曾爲北海相。北海，郡名，在今山東省益都縣以東至掖縣一帶。

(七八) **文教麗而罕施**：言融的「敎令」，辭氣溫雅，可玩可誦，但論事考實，難可施行。後漢書鄭玄傳，載有融「告高密縣立鄭公鄉敎」文。

(七九) **諸葛孔明之詳約**：指孔明敎屬下曹椽，或怪其文采不豔，指示周詳。事見三國志蜀志諸葛亮傳陳壽「上諸葛氏集表」。

(八〇) **庾稚恭之明斷**：庾翼，字稚恭，條弟人，蓋東晉有爲之士。明斷，言其敎導僚屬參軍，戎政嚴明，語氣果斷。見晉書「庾翼傳」。御覽七五四引翼「與僚屬敎」。

(八一) **有命自天**：言命由天來，命彰天意。借指君王告臣民之命，如從天而降，應當重視。詩經大雅大明：「有命自天，命此文王。」

(八二) **師氏詔王**：師氏，周禮地官司徒有師氏之官，掌以前世美善之道，詔告君王。以臣下身分，詔告君王，由下位而上達，正說明古代「詔」輕之理。

(八三) **寅嚴**：敬畏的意思。

(八四) **宗誥**：宗奉制誥。

(八五) **絲言**：王言，詳本篇注釋第㊂。

(八六) **伊好**：伊，語助詞。伊好，愛好。

㊃ **輝音峻舉**：輝音，光輝的玉音。峻舉，高高揚起。

㊄ **鴻風遠蹈**：鴻風，宏大的德行。遠蹈，向遠處傳播。

㊅ **渙其大號**：指號令之發，洽合民心，渙然廣被，如人身出汗，浹於四體。易經渙卦九五爻辭：「渙汗其大號。」

【語　譯】

皇帝統治天下寰宇，所言威若神明。天子背靠繡著斧紋的屛風，南面而王，以對諸侯。雖沈默寡言，但政令卻能達於四方八表，究其所以致此的原因，則昭告天下，敕命公侯的「詔策」，恐怕是唯一的因素吧！在黃帝、唐堯、虞舜的時候，王言通稱爲「命」。「命」的意思，是對立功有德的臣子，制定姓氏的根本。到夏、商、周三代，「命」始兼有「誥」「誓」的作用。「誓」用來訓戒軍旅，「誥」用來頒佈政敎。「命」之爲用，得自上天，故能任命官爵，賜姓傳代，降福子孫。易經姤卦象辭說：「天下有風，姤，后以施命誥四方。」意思是說：天子效法姤卦之象，頒布詔命，誥戒四方；其震撼人心的力量，猶如大地狂風，拂動草木一般，使萬民景從。時至戰國，各國諸侯都叫做「命」。「命」，就是使令之義。秦王兼并天下，把「命」改爲「制」。漢朝初年，制定朝儀，又把「命」區分爲四個品類：一是「策書」，二是「制書」，三是「詔書」，四是「戒敕」。「戒敕」之爲用，在告戒州牧刺史；「詔書」之爲用，在昭告文武百官；「制書」之爲用，在頒佈赦令，「策書」之爲用，在册封王侯。策謂「簡册」，制謂「裁決」，詔謂「昭告」，敕謂「糾正」。詩經小雅出車篇云：「畏此簡書」，是說要敬畏君王的戒命。易經節卦象辭云：「君子以制數度」，是說君子效法節卦，制定尊卑有差的禮儀法度。周禮秋官司盟說：「明神之詔」，意思是宣讀詔令，以敬告神明。書經益稷稱：「敕天之命」，意思是遵奉天命，以臨萬民。這些都是根據經典，以建立的專有名目。或書於簡策，佈告遠方，或當面曉諭，宣達近臣，無一不是因襲秦代的制度啊！

禮記緇衣篇有：「王言如絲，其出如綸」的話，意思是指帝王的言詞，雖像絲縷般的微細，但他發而爲詔策，用來應接羣后，卻宏大如綸。虞舜很重視出納王命的官職，周宣王也很推崇出納王命的職事，尊其爲帝王喉舌。所以兩漢的詔誥，均屬尙書職掌。帝王言詞，關係極爲重大，故其言談舉動，都要收入史册。其發號施令，猶如大綱巨索，不可移易，令出必行，如同汗水發散，出而不返。是以由於淮南王劉安才華英異，漢武帝在報書或賜詔時，常令司馬相如審閱草稿後發布。隴西一帶，地靈人傑，文士輩出，他們所上的奏章封事，當朝士大夫樂於諷誦；所以光武答書，特別留意於辭句的修辭。其所以如此謹愼，並非只在博取時人的稱美，同時也是希望謹言愼行，流傳後世啊！觀西漢文、景二帝以前，詔策的內容虛浮駁雜。漢武帝崇尙儒術，詔敕之選言命辭，弘偉深奧。如元狩二年，封皇子閎爲齊王，且爲燕王，胥爲廣陵王時的三篇策文，縟辭美藻同乎經典訓誥，勸勉告戒，尤加淵深雅正，足以流傳後世，垂範百代。及至武帝任命大中大夫嚴助爲會稽太守時，詔書上說：「你既然厭倦了侍承明廬的生活，懷念故土，就命你擔任會稽郡的太守吧」！此乃武帝寵愛才士的恩典啊。孝宣帝出身寒微，卽位以後，擢升老友陳遂爲太原太守，璽書云：「此職官高祿重，足可償還以前欠你的賭債了」，這也是體念故舊知己的厚恩啊！時至光武，撥亂反治，締造中興，留意詔策文書；但在兵荒馬亂，喜怒不定之時，所下的詔書，間或有偏失浮濫的現象。如詔司徒鄧禹進兵西京討亂的書中，竟尊他爲唐堯。又如下詔斥責侯霸的姦謀時，把他比做崇山幽都，要用金斧砍他，以示警告。像這一類的詔敕，實在有違朝廷的法制。到了明、章二帝，崇尚儒學，典雅的詔敕，經常頒發。和帝、安帝時，政事鬆弛，尚書省裏缺乏能文之士，每下詔敕，都由外戚和太后，假借外臣的手筆，而行專擅發布之私。獻帝建安末年，文重義理的風氣興起，潘勖「册魏公九錫文」，典贍雅潔，超邁羣倫。衞覬「册魏王受禪誥」，內容辭采，相得益彰，文章之美可說無以復加了。自魏晉以後，詔誥策命的草擬，改由中書省職掌。曹魏時中書監劉放，晉武帝時中書令張華，都曾經先後主管過這個職務。發號施令，華辭麗句，充滿朝野。魏文帝頒佈的詔策，辭采義理，頗多宏偉，至於頒給征南將軍夏侯尙的詔敕中，用「作威作福」之語，誇耀其武將的威武，恐怕是萬慮一失吧！元帝渡江，晉室中興，唯有明帝崇尙文才，曾因溫嶠的文詞淸麗，義旨深遠，召爲中書令。從此以後，詔誥策命的體式法度，就更是風雅流麗，韻味十足了。

帝王的訓言、詔令，崇高機密。其偉大的德行，爲臣下所仰望，所以百國諸侯奉爲典型，萬邦臣民信爲儀法。因此分官授職，選賢任能，發揚明君的政績，義有照耀四方的明輝；封賞策命，優渥寵遇，傳達皇上的德澤，氣如惠風時雨的溫潤；敕書敎戒，視爲典誥，則筆墨擎玉，必如星河銀漢之吐放光華；整治兵戎，協和征伐，則君命同連響震雷般的威靈；過惡初犯，加以赦免，詔文如春日甘露似的滋潤；彰明刑罰，整飭法紀，策辭如九秋寒霜的凛冽。這些都是詔策文字，寫作時的大略情形啊！

用於告誡申飭性的「戒敕」，實在是詔誥中最急切嚴峻的一種文體。周穆王曾命令郊父接受敕憲，這就是戒敕的事例。魏武帝說：「作戒敕性的文章，應當針對事情的本身下筆，切忌反覆無常，依違兩可」，這確實是洞曉治事的要領了。到晉武帝時，戒敕之爲用，完全在告示文武百官；敕訓都督，則以軍事機要爲主；告誡州牧，則以督導有司爲要；警飭郡守，則以體恤民隱爲先；統御兵衙，則以防禦盜賊爲本。凡此種種，均有訓誡的典範可循啊！

「戒」，有戒愼之意。尚書大禹謨云：「戒之用休。」是說應當自我戒愼，推行善道，使民慕義行善。君王父母，皆人之至尊，父母生我，君王養我，師長教我，無邊恩澤，昊天罔極。如漢高祖的「敕太子文」，東方朔的「戒子詩」，都是臨終遺命，眷顧後嗣的作品。到東漢馬援作「戒兄子嚴敦書」以後，名臣碩儒，均留有「家誡」文字。其中班昭「女誡」七篇，足以稱爲婦道中的賢母良師了。

「教」，有效法之意。在上位的人，口出教言，而民衆羣起仿效，身體力行。虞舜時，契爲司徒，推行人倫五常之教，所以帝王諸侯的訓示統稱爲「教」。從前東漢鄭弘爲南陽太守，教條法度，警切嚴明，爲後世稱述，就是因爲他的「條教」，頭緒清楚明白啊！孔融爲北海相，其教人的文字，辭氣雅麗，而少切事理，難以施行，這就違背了治事的要領啊！其他如諸葛亮的訓教屬下，敍事周詳，文采簡約；庾稚恭的治軍訓令，戎政嚴明，語氣果斷，都能深得事理，文辭中肯，算是「教戒」文中的佳作了。

「教」文以下，又有以上告下的「命」體。詩經大雅大明篇云：「有命自天。」是說命由天來，命彰天意，這說明了「命」是多麼重要啊！周禮地官司徒云：「師氏詔王。」是說師氏以臣下的身分，詔告於君主，這指明了「詔」的重要性，遠不如「命」。現今「詔」頒自帝王，而「命」發於諸侯，這種「詔」重而「命」輕的現象，是古今文體因時代的不同，而發生的變異啊！

總而言之：帝王發號施令，統馭萬邦，臣下應恭承敬順，奉行誥誡。我王出言，縱使細如絲綸，而億兆人民，也應忠心擁戴。詔言，就像悠揚悅耳的音樂，高舉雲天；偉大的風範，遠播四方。使正義飛騰，美辭流布，號令發出，洽合民心，渙然廣被，如人身出汗，浹於四體。

【集　評】

一、紀評：「『制性之本』句，似精奧而實附會。」
二、紀評：「『浮雜』之評，似乎未確。」
三、紀評：「此書體例主於論文，若兼論所詔之是非，正恐累幅不盡。」
四、紀評：「標舉二文，以文論耳。」
五、紀評：「彥和之意，似以魏晉爲盛軌，蓋習於當時之所尙，觀『自斯以後』二語，其自可知」
六、紀評：「以下連類而附之。」

【問題討論與練習】

一、試述「詔策」體的淵源與流變如何？
二、彥和評武帝分封三王策「選言弘奧」，評潘勗錫魏文「典雅逸羣」，何故？
三、試述詔策的寫作要領如何？
四、清紀文達以為：「彥和之言詔策，似以魏晉為盛軌，蓋習於當時之所尚」，此說然否？試舉證以明之。

檄移第二十

【解　題】

彥和於文體分類，將「詔策」、「檄移」、「封禪」三篇列爲一組，「章表」、「奏啓」、「議對」列爲另一組，蓋前者屬「王者之言」，後者皆「臣子之作」。詔策篇云：「治戎燮伐，則聲存洊雷之威，」指的就是「檄文」。所以「檄移」就從「震雷始於曜電，出師先乎威聲」講起。

「檄」文的起源，根據彥和「暨乎戰國，始稱爲檄」的說法，則張儀檄告楚相：「始吾從若飲，我不盜而璧，若笞我。若善守汝國，我顧且盜而城。」可以說是「檄」文的開始。蓋戰國以前，三代時有「誓」，如書經的甘誓、湯誓，不過此乃誓師戒下，不用於告敵。故云：「有虞始戒於國，夏后初誓於軍，殷誓軍門之外，周將交刃而誓之，故知帝世戒兵，三王誓師，宣訓我衆，未及敵人。」到周穆王西征犬戎，令祭公謀父爲威讓之辭，以責狄人之情。春秋時代，齊桓公征楚，詰菁苞之闕。晉厲公伐秦，責箕郜之焚。當時管仲呂相，奉辭先路，詳其意義，均和檄文相同，只是還沒有檄文的名稱。

「檄」又稱「露布」。露布者，「板露不封，播諸視聽也」。然則「露布」本爲顯露宣布的通官文書，非將相獻捷所專用，與「檄」之起於「威讓之令，文告之辭」，義用固有出入，而彥和所以連類及之者，其名實究竟異同何在乎？孫梅四六叢話，於此曾詳乎言之。他說：「檄與露布，六朝不甚區別，故彥和合而爲一，唐宋以來，則『檄文』在啓行之先，『露布』當克敵之後，此古今之異也」。讀者是於此又不可不辨。

「檄」文之爲用，既在「致果爲毅，厲辭爲武」，所以它必須先聲奪人，如疾風之衝擊萬物；氣勢弘偉，如彗星之橫掃天際，顯露惡人的罪狀，震慴奸人的肝膽；以達安撫民心，顚墜敵軍的目的。以此來衡論彥和所舉的代表作家和作品：一、是隗囂「移檄告郡國文」，二、是陳琳「爲袁紹檄豫州文」，三、是鍾會「移檄蜀將吏士民文」，四、是桓溫「檄胡文」。其評隗作云：「布其三逆，文不雕飾，意切事明」。評陳文，說它「壯有骨鯁，抗辭書釁，皦然暴露」。評鍾文，是「徵驗甚明」。評桓文，爲「觀釁尤切」。所謂「意切事明」「抗辭書釁」「徵驗甚明」「觀釁尤切」，皆能達成「非唯致果爲毅，亦且厲辭爲武」的目的。

至於「檄文」與「露布」的寫作要領，彥和云：「凡檄之大體，或述此休明，或敍彼苛虐，指天時，審人事，算彊弱，角權勢，標蓍龜於前驗，懸鞶鑑於已然」。在內容與形式的配合上，更應「植義颺辭，務在剛健。插羽以示迅，不可使辭緩，露板以宣衆，不可使義隱。必事昭而理辨，氣盛而辭斷，此其要也。」因爲事昭才能宣露，所以不可使義隱；氣盛才能剛健，所以不可使辭緩。且兵不厭詐，所以更須指天時，審人事，算彊弱，角權勢，「雖本國信，實參兵詐」。這種情形，只要拿彥和於本文所舉的「呂相絕秦」，「張儀檄楚」；以及陳琳「爲袁紹檄豫州」，鍾會「檄蜀」，與桓溫「檄胡」，就可以得到具體的證明。不過彥和也同時提出「檄文」寫作的避忌，他說：「若曲趣密巧，無所取材矣」。所謂「曲趣」，適違犯「事昭而理辨」的原則，所謂「密巧」，乃不合「氣盛而辭斷」的原則。既然與原則背道而馳，便不能達成「厲辭爲武」，先聲奪人的效果了。

「移」是勸喻的文字。所以彥和說：「移者，易也，移風易俗，令往而民隨者也。」譬如相如的「難蜀父老」，劉歆的「移太常博士」，陸機的「移百官」，有的是文曉喻博，有的是辭剛義辨，有的更是言約事顯。可說是各具特色，樹立了移文的風範。「移」之爲用，分「文移」「武移」兩種。用於文事者曰「文移」，用於軍事者曰「武移」。

「移」與「檄」體用參伍，論者自性質對象分，「檄」屬軍用文書，多爲下行或平行。「移」爲官家文書，多爲平行，也間或有下行者。因爲時代變遷，「檄」「移」之體，其施用範圍與名目，已有顯著的不同，明徐師曾「文體明辨」一書，於此區分綦詳，讀者自參，於此恕不詳贅云。

【正文】

首段「原始以表末」，先言檄有聲威之用，次溯檄的本源，末言時至戰國，始稱爲「檄」。

雷震始於曜電，出師先乎威聲㈠；故觀電而懼雷壯，聽聲而懼兵威，兵先乎聲㈡，其來已久。昔有虞始戒於國㈢，夏后初誓於軍㈣，殷誓軍門之外，周將交刃而誓之；故知帝世戒兵，三王誓師，宣訓我衆，未及敵人也㈤。至周穆西征，祭公謀父稱：「古有威讓之令，有文告之辭」㈥，卽檄之本源也。及春秋征伐，自諸侯出，懼敵弗服，故兵出須名，振此威風，暴彼昏亂，劉獻公之所謂：「告之以文辭，董之以武師」者也㈦。齊桓征楚，詰菁（「菁」原作「苞」，玆據傳校各本，及楊明照校注拾遺引穀梁傳僖公四年文校改）茅之闕㈧；晉厲伐秦，責箕郜之焚㈨；管仲、呂相，奉辭先路。詳其意義，卽今之檄文。暨乎戰國，始稱爲檄。

次段「釋名

檄者，皦也㈩。宣布（原作「露」，依御覽五九七引，及楊明照校注拾遺按語校改）於外，皦然明白也。張儀檄楚(十一)，以章義」，強調檄文的功用，非惟致果爲毅，亦可摧敵墜城。

三段「選文以定篇」；文中列舉隗囂之檄亡新，陳琳之檄豫州，鍾會檄蜀，桓溫檄胡，以爲此皆當時壯筆。

四段「敷理

書以尺二，明白之文，或稱露布㊁。露布者，蓋露板不封原無「露布者，蓋露板不封」八字，茲據王利器新書徵御覽五九七，玉海二百三引補。，布諸「布諸」原作「播諸」，茲據王利器新書徵御覽五九七，玉海二百三引改視聽也。夫兵以定亂，莫敢自專，天子親戎，則稱：「恭行天罰」㊂；諸侯御師，則云：「肅將王誅」㊃。故分閫推轂㊄，奉辭伐罪，非唯致果爲毅㊅，亦且厲辭爲武㊆；使聲如衝風㊇所擊，氣似欃槍所掃㊈，奮其武怒㊉，總其罪人⑪，徵原作「懲」，依王利器新書徵御覽改其惡稔之時⑫，顯其貫盈之數⑬，搖奸宄⑭之膽，訂信順原作「愼」，據楊明照校注拾遺，及御覽五九七引改之心，使百尺之衝⑮，摧折於咫書⑯；萬雉之城⑰，顚墜於一檄者也。

觀隗囂之檄亡新，布其三逆⑱，文不雕飾，而意原作「辭」，茲據劉永濟校釋徵宋本御覽改切事明；隴右文士，得檄之體矣！陳琳之檄豫州⑲，壯有骨鯁⑳；雖奸閹攜養，章實原作「密」，依劉永濟校釋徵宋本御覽，並從王利器新書徵梅六次本，張松孫本校改太甚㉑，發丘原作「邱」，清避孔夫子諱改，茲據宋本御覽覆正摸金，誣過其虐㉒，然抗辭書釁，皦原作「固」，茲依王利器新書及劉永濟校釋一作字校改。然暴露敢矣！「敢矣」二字原倒，日人鈴木虎雄校勘記云：「矣敢當作敢矣」，茲據改指曹公之鋒，幸哉！免袁黨之戮也。鍾會檄蜀㉓，徵驗甚明；桓溫「溫」原作「公」，徵上句「鍾會檄蜀」對文，並從宋本御覽改檄胡㉔，觀釁尤切，並壯筆也。

凡檄之大體，或述此休明㉕，或敍彼苛虐㉖，指天時，審人事，算彊弱，角權以舉統」，提示檄文寫作要領。同時指出當時州郡徵吏亦稱為「檄」者，蓋取其明舉之義。

勢，標著龜於前驗㊲，懸鞶鑑於已然㊳；雖本國信㊴，實參兵詐，譎詭以馳旨，煒曄以騰說。凡此衆條，莫之或違者也（「莫之或違者也」，原作「莫或違之者也」，茲依楊明照校注拾遺引本書哀弔篇「莫之或繼也」句法與此相同，並徵宋本御覽，及鮑本、喜多本校改）〔評一〕。故其植義颺辭，務在剛健；插羽以示迅㊵，不可使辭緩；露板以宣衆，不可使義隱；必事昭而理辨，氣盛而辭斷〔評二〕，此其要也。若曲趣密巧，無所取材（原作「才」，茲據日人鈴木虎雄校勘記當作字，並徵論語公冶長篇「無所取材」句訂正）矣㊶！又州郡徵吏，亦稱為檄㊷，固明舉之義也㊸。

五段釋「移」的名義及其施用對象。並舉相如難蜀老，劉歆移太常，陸機移百官為例。

移者，易也㊹。移風易俗，令往而民隨者也。相如之難蜀老㊺，文曉而喻博，有移檄之骨焉。及劉歆之移太常㊻。辭剛而義辨，文移之首也；陸機之移百官㊼，言約而事顯，武移之要者也。

末段較論「檄」「移」的區別，謂其意用小異，而體義大同，以明同篇合論的原因。

故檄移為用，事兼文武；其在金革，則逆黨用檄，順命資移㊽；所以洗濯民心，堅同（原作「用」，依王利器新書徵御覽五九七引訂正）符契。意用小異，而體義大同，與檄參伍，故不重論也。

贊曰：三驅弛網（原作「剛」，茲依孫詒讓先生「札迻」十二當作字改）㊾，九伐先話㊿。鞶鑑吉凶，著龜成敗。摧（原作「惟」，依孫詒讓先生「札迻」十二說，並楊明照校注拾遺徵傳校各本正）壓鯨鯢(51)，抵落蜂蠆(52)。移風（原作「寶」，依黃叔琳校注一作字改）易俗，草偃風邁㉓。

【註　釋】

㈠ **出師先乎威聲**：是說師旅出征討伐之前，先要有威嚴的號令。

㈡ **兵先乎聲**：謂用兵以聲威爲先，即今先發布討伐宣言，再行出兵之意。

㈢ **有虞始戒於國**：有虞，指舜。戒，命、告之意。全句是說，虞舜治國，始以「戒命」告示全國民衆。語出司馬法「天子之義」第二。

㈣ **夏后初誓於軍**：夏后，指禹。誓，約束之意。全句是說，夏禹警戒將士，必須聽其約束。語出司馬法「天子之義」第二。

㈤ **帝世戒兵，三王誓師，宣訓我衆，未及敵人也**：帝世，指有虞。三王，指夏、商、周，此總結上文，言有虞氏戒兵，三王誓師，當時均以「誓詞」告誡自己的軍隊，不對敵人發布宣言。

㈥ **古有威讓之令，有文告之辭**：威讓，威脅責備。是說古代仁君出征，必先有嚇阻敵人的威令，和責備敵人的文告。語出國語「周語」上。

㈦ **告之以文辭，董之以武師**：董，督責。是說先以文辭指斥敵人的罪狀，再用武力討伐敵國。語出左傳昭公十三年「晉侯使叔向告劉獻公」文。

㈧ **齊桓征楚，詰菁茅之闕**：菁茅，茅，古代用來濾去酒渣的一種草。全句是說，齊桓公征伐楚國，責備其不向王室進貢菁茅，以致在祭祀時無法濾酒。事見左傳僖公四年文。

⑨ **晉厲伐秦，責箕郜之焚**：晉厲，晉厲公，春秋時晉景公之子，名壽曼，在位八年。箕、郜，晉國兩邑名。箕在今山西蒲縣，郜在山西祁縣。全句是說，晉厲公征伐秦國，責備其侵略河曲，焚掠箕、郜兩地。事見左傳成公十三年「晉侯使呂相絕秦」文。

⑩ **檄者，皦也**：皦，音（ㄐㄧㄠˇ），明白。言「檄」之爲文，寫在板上，明白宣露，所以謂之「皦」。

⑪ **張儀檄楚**：張儀，戰國魏人，秦惠王宰相，遊說六國，使背蘇秦縱約，連橫事秦。張儀檄楚，事見史記張儀列傳：「張儀既相秦，爲文檄告楚相曰：『始吾從若飲，我不盜而璧，若笞我，若善守汝國，我顧且盜而城。』」

⑫ **露布**：文字顯露於板上，不加封緘，用以傳布給大衆觀看。

⑬ **天子親戎，則稱恭行天罰**：親戎，親自領兵。言天子親自指揮作戰，宣稱自己是恭謹的代天行罰。語出書經「甘誓」。

⑭ **諸侯御師，則云肅將王誅**：諸侯統率軍隊伐敵，宣稱自己是遵奉王命，誅伐有罪。語出書經「甘誓」及僞「泰誓上」。

⑮ **分閫推轂**：閫，門限，在此引申爲城門。分閫，是將京城以內和京城以外的職責分開。轂，車軸。推轂，原指車子前進，此處喻薦舉賢才。全句是說，古代帝王遣將領兵時，均親自薦舉說：京城內的政事，由寡人治理，京城外的軍機，由將軍節制。語出漢書「馮唐傳」。

⑯ **致果爲毅**：殺敵爲果，致此果敢曰毅。全句是說，堅定將士殺敵的信心。語出左傳宣公二年文。

⑰ **厲辭爲武**：厲辭，嚴厲的文辭。謂嚴肅號令，將士莫敢違逆，叫做「威武」。

(一八) **衝風**：疾風。史記韓安國傳：「衝風之末，力不能漂鴻毛，非初不動，末力衰也」。

(一九) **欃槍所掃**：彗星。形如掃帚，故曰「欃槍所掃」。爾雅釋天：「彗星爲欃槍」。

(二〇) **奮其武怒**：振奮武士們的怒氣。語出左傳昭公五年文。

(二一) **總其罪人**：總，率領，有聚束意。總其罪人，卽綜合敵人的罪過，加以淸算。

(二二) **徵其惡稔之時**：徵，證明。稔，穀熟。言證明敵人已至罪惡成熟之時。

(二三) **顯其貫盈之數**：謂揭露敵人已達惡貫滿盈之數。語出韓非子「說林」下。

(二四) **奸宄**：宄，音（ㄍㄨㄟˇ）。泛指作奸犯科的賊寇。

(二五) **百尺之衝**：衝，衝鋒車，卽戰車。百尺，是形容陣容壯大，有百尺之長。語出戰國策「齊策」五。

(二六) **咫書**：咫，古長度名。八寸曰咫。咫尺之書，指「檄文」。

(二七) **萬雉之城**：雉，古長度名，長三丈，高一丈曰雉。萬雉，是形容城牆有萬丈之高。

(二八) **隗囂之檄亡新，布其三逆**：隗囂，字季孟，東漢成紀人。新，王莽篡漢後的國號。三逆，指隗囂責備王莽所犯的逆天、逆地、逆人三大罪狀。全句是說，隗囂在討伐王莽的檄文中，公佈了王莽的逆天、逆地、逆人三大罪狀。事見後漢書隗囂傳「移檄告郡國文」。

(二九) **陳琳之檄豫州**：陳琳，字孔璋，東漢末廣陵人，曾爲袁紹作「檄豫州文」，以告劉備，言曹操失德，不堪依附。袁紹敗後，歸順曹操，深受賞識。全句是說，陳琳爲袁紹檄告豫州牧劉備，共謀討伐曹操。文見昭明文選第四十四卷，三國志魏志「王粲傳」。

(三〇) **壯有骨鯁**：骨鯁，骨力。言檄文措辭雄壯而有骨力。

㉛ **奸閹攜養，章實太甚**　奸閹，指宦官曹騰等人。全句是說，陳琳「檄豫州文」中，說曹操是「父嵩乞丐攜養」和「贅閹遺醜」的話，揭發他人隱私，未免太過分。

㉜ **發丘摸金，誣過其虐**：謂陳琳「檄豫州文」中，說曹操帥將士，挖掘梁孝王先帝母昆的陵寢，掠取金寶，且設置發丘中郎將，摸金校尉，所過破壞，無骸不露。其文誣蔑暴虐，不無過分誇大。檢後漢書、三國志的「袁紹傳」，無論正文或注裏，都引用「發丘」「摸金」之事，信非虛誣。

㉝ **鍾會檄蜀**：鍾會，字士季，三國魏潁川人。曾作「檄蜀將吏士民文」。見三國志魏志「鍾會傳」。

㉞ **桓溫檄胡**：桓溫，字元子，東晉龍亢人。曾作「檄胡文」檄討石勒。文見「藝文類聚」五十八，及晉書「桓溫傳」。

㉟ **述此休明**：休明，休美明盛。全句是說，陳述己方的美善盛明。

㊱ **敍彼苛虐**：敍說對方的苛暴酷虐。

㊲ **標蓍龜於前驗**：蓍用以筮，龜用以卜，都是占卜吉凶的神物。言舉蓍龜占卜的結果，已經應驗於事前。

㊳ **懸鞶鑑於已然**：鞶鑑，大帶上的鏡子，借作鑑戒之意。言懸鞶鑑所告戒的吉凶，早就徵驗於往事。

㊴ **國信**：國家的威信。

㊵ **插羽以示迅**：是說檄文插上鳥羽，用來表示疾速傳遞之意。文出漢書「高帝紀」。

㊶ **若曲趣密巧，無所取材矣**：言行文若迂曲風趣，細密纖巧的話，即一無可取之處了。

㊷ **州郡徵吏，亦稱爲檄**：是說各州郡徵召官吏時，所用的公文書，也叫做「檄」。

〔四三〕**固明舉之義也**：言「檄」既可用於徵召，自是公開舉薦之義啊！

〔四四〕**移者，易也**：移，文體的一種，用在官府之間，或官告民時。易，改易、轉變的意思。

〔四五〕**相如之難蜀老**：相如，司馬相如，字長卿，西漢成都人。曾作「難蜀父老文」。文見漢書「司馬相如傳」，及昭明文選第四十四卷。

〔四六〕**劉歆之移太常**：劉歆，字子駿，漢沛郡人。曾作「移太常博士書」。漢書劉歆傳：「及歆親近，欲建立左氏春秋及毛詩、逸禮、古文尚書皆列於學官。哀帝令歆與五經博士講論其義，諸博士或不肯置對，歆因移書太常博士責讓之。」

〔四七〕**陸機之移百官**：陸機，字士衡，晉吳郡人，曾作「移百官文」。此文後代失傳，又稱「武移」，當指移書論軍事而言。

〔四八〕**逆黨用檄，順命資移**：言對付叛逆的賊黨，用「檄」聲討；告諭順命的民衆，用「移」說明。

〔四九〕**三驅弛網**：三驅，言仁者狩獵，爲使野獸提高警覺以避弓矢，必須經過三度驅逐後，才肯放箭。辭出周易比卦九五：「三驅失前禽」。弛網，言商湯解網，圍其三面，舍一面，使禽獸可逃。辭出呂氏春秋「異用篇」。此處兼用二典，意思是說，古之聖王先德教而後征伐。

〔五〇〕**九伐先話**：先話，先發檄文，聲討其罪。周禮大司馬掌九伐之法，在征伐前，必先聲討敵人的罪過。

〔五一〕**摧壓鯨鯢**：鯨鯢，大魚名。因常吞食小魚，故用來比喻不義的人。全句是說，摧折制服不義的人。

〔五二〕**抵落蜂蠆**：蠆，音（ㄔㄞˋ），屬蝎子一類的毒蟲，尾較長，因其常暗中傷人，故用來比喻狠毒的人，全句是說，撲滅狠毒的害蟲。

㉓ **草偃風邁**：偃，倒下。風邁，風聲遠播。全句指政令的推行如同風行草偃，使大衆感服，無遠弗屆。

【語　譯】

震雷發動以前，通常是先有閃電的光耀；出師征伐之先，也必然要先有威嚴的號令。所以看見光耀的閃電，便會驚怕雷聲的壯大；聽到威嚴的號令，便會畏懼軍隊的威勢。用兵以聲威爲先，自古以來，便是如此啊！從前有虞氏以「戒命」告示全國，使人民體會奉行；夏后氏以「誓命」警誡將士，使軍隊聽其約束；商王「誓師」於軍門之外，使人民先有心理上的準備，而後開始作戰；周王「誓師」於兩軍交戰之前，以激勵將士殺敵的決心。由上可知，五帝時代訓誡士兵，三代君王誓師征伐，都祇在宣達軍令聲威，告誡自己的軍隊而已，不對敵人發佈宣言啊！及至周穆王西征犬戎，祭公謀父進諫道：「既要出師西征，我方除了具有攻擊敵軍的部隊，征討的裝備以外，還要有嚇阻敵人的威令，和責備敵人的文告。」由此看來，這就是檄文的本源了。到了春秋時代，周室式微，天下無道，征伐的號令，由稱霸的諸侯發布。他們惟恐敵人不肯悅服，所以在出兵攻伐前，必須先有冠冕堂皇的藉口，振作自己的威風，揭露對方的昏亂。正如周王卿士劉獻公說的：「以文辭斥責罪狀，以武力討伐敵國。」就是這個意思了。齊桓公發動諸侯軍隊，征伐楚國，管仲便以其「不向王室進貢祭祀縮酒用的菁茅」爲名，興師問罪。晉厲公派呂相與秦絕交，且出兵討伐，便以其侵略河曲，焚掠箕、郜兩地爲理由。管仲、呂相都先以文辭譴責對方。詳細推求其內容意義，正是今日所謂的「檄文」啊！直到戰國時代，才正式有「檄」的名稱。

檄，「明白」的意思，亦卽對外界公開宣布出兵的理由，使人明白事實眞相啊。張儀爲報復楚相鞭笞之仇，作「檄楚文」，便是寫在一尺二寸長的木簡上。有時爲了快速明白起見，或稱作「露布」。露布就是文辭顯露於木板，不加封緘，廣爲傳布，使大衆都能夠耳接目視的意思啊！大凡軍隊作戰的目的，都在於平定暴亂，所以沒有人敢以私意，擅自用兵。若由天子親掌戎機，就宣稱是「謹愼行事，代天征討」；若是諸侯統御軍隊，便說「敬遵王命，討伐有罪」。所以古代帝王遣將領兵時，均親自薦舉說：「京城以內的政事，由寡人治理，京城以外的軍機，由將軍節制。」如此奉承辭命，以伐有罪之國，則不僅堅定了將士們殺敵的決心，同時更能收到以嚴厲的措辭，壯大軍威的效果啊！使那檄文的聲威，像疾風衝擊萬物，氣勢如彗星橫掃天際，振奮武士們的盛怒，捕獲那些罪魁禍首，當敵人罪惡成熟的時候，加以懲罰，以顯露其惡貫滿盈之數，震駭內奸外盜的賊膽，安撫忠臣順民的信心；使那陣容壯大的戰車，摧折於尺把長的文告之前；使那高達萬丈的城牆，毀墜在一篇檄文之下啊！

試讀隗囂「罪責王莽的檄文」，既揭露他逆天、逆地、逆人的三大罪狀；其文句雖不加雕飾，但卻措辭懇切，事理分明。這位隴右的能文之士，可算是深得檄文的體制了！漢末陳琳「爲袁紹檄豫州文」，氣勢壯盛；雖然文中指責曹操爲奸閹曹嵩攜養，揭露他人的隱私，著實過分；又言操親率將士，挖掘梁孝王先帝母昆陵寢，掠取金銀財寶，設置發丘中郞將，摸金校尉，其誣蔑程度，實超過曹操的暴虐行爲；但是他能以抗直的言辭，寫他人的嫌隙，明白露骨，不稍掩隱；先是勇敢的冒犯曹操的鋒芒，最後；卻又能在黨附袁紹的罪名下，免遭殺戮，也夠幸運的了！鍾會「檄蜀將吏士民文」，所舉因果應驗的事實，甚爲明白。桓溫「檄胡人石勒文」，觀其嫌隙，指其缺失，尤爲貼切。以上各家的作品，都可以說是氣勢豪壯的文字啊！

大抵說來，檄文的體制，或敍述我方的政治清明，或說明對方的苛酷暴虐，指稱天假時機，審察人心事態，估計敵我強弱，較量雙方權勢，在事實未被證實之前，先標明蓍草龜甲所預卜的吉凶徵兆，對已經發生的情況，指出歷史的教訓，引爲鑑戒；雖然措辭設理，要本著國家的威信，而實際內容，卻參用了兵略的詐術。以詭譎變詐的宣言，來達成我方的意旨；以光采璀璨的文辭，來傳揚我方的主張。以上所列的各種條目要點，實乃寫作檄文不可違背的原則啊！所以檄文在建立義旨，抒布文辭方面，務必要求剛正雄健。既然檄文插上羽毛，表示行文快速，故不應使語調弛緩。又露板不封，表示公開宣示，故不可使文義隱晦。務必要敍事明白，說理清晰，氣勢盛壯，文辭果斷，這便是寫作檄文的要點了。不然，如果行文委曲風趣，密致纖巧，對於檄文而言，便一無可取了。還有各州郡縣於徵召官吏時，所使用的公文書，也叫做「檄」，當然這就含有「公開舉薦」的意思了！

「移」就是「改易」、「轉變」。亦卽轉移風氣，變化習俗，訓令一出，人民卽隨之有所改變的意思！司馬相如的「難蜀父老文」，辭義曉暢，譬喻博洽，使民衆都能仰體天子的恩德，實具備了檄移文字的風骨了。及至劉歆的「移太常博士書」，文辭剛健，義理明辨，可說是用於文事方面的最佳作品啊。陸機的「移百官文」，文辭簡要，敍事顯明，可說是用於武事方面最得體要的移文啊。

故「檄」「移」一類的公文書，在運用上，不僅適用於文事，也可兼用於武備。在軍事方面，對征討叛逆的賊黨，則用「檄文」，勸導民衆歸服，適用「移文」；「檄」「移」的作用，均在於淸醒民智，轉化人心，化阻力爲助力，猶如符契般的堅固。故兩者的意旨用途雖小有差異，但體制內容卻又大致相同。因爲「移」的體制與「檄文」互相參用，分別不大，所以其寫作要領，就不再重複論列了。

總而言之：狩獵時以三路圍攻，而網開一面，留給野獸一條生路，這是商湯的德意；統領軍機的大司馬，掌九伐之重任，在征討之前，必先聲明敵人的罪過。不僅藉聲鑑的古訓，明察事情的吉凶；並且還靠著蓍草龜甲，來占卜未來的成敗。一方面摧毀那些鯨吞蠶食的不義之國，撲滅那些毒蜂惡蟲的兇狠敵人。一方面推動實務，變化風俗，使得政令如風，人民似草，風行草偃，這就達到了「檄」「移」之文的效果了。

【集　評】

一、紀評：「此一段語扼要領。」

二、紀評：「四語尤精。」

【問題討論與練習】

一、試述「檄」「移」二體之起源、名義？

二、「檄移」二體寫作方法如何？試舉其要領，分別說明之。

三、「檄」又名「露布」，何故？能否舉例以明其異同？

四、彥和云：「劉歆之移太常，辭剛而義辨」，並推為「文移之首」。試就劉文分析，以徵彥和評論之可信。

封禪第二十一〔評一〕

【解題】

「封禪」爲秦漢時代的大典，所謂：「黃帝神靈，勒功喬岳。大舜巡岳，顯乎虞典。成康封禪，聞之樂緯。」而秦皇銘岱，文出李斯。史記太史公自序，講到元封元年，漢武帝到泰山封禪事，當時太史公司馬談留守洛陽，其子司馬遷出使西南歸來，太史公執遷手而垂泣，以爲：「今天子接千歲之統，封泰山，而余不得從行，是命也夫！命也夫！」遂憂憤而死。可見漢人對封禪的重視，故司馬遷著史記，明述封禪。彥和云：「固禋祀之殊禮，銘號之祕祝，天下之壯觀」，信爲實錄。

昭明文選以「符命類」包括「封禪」，而文心雕龍特立「封禪」一篇，以討論古代帝王功成治定，崇德報功而告祭於天地的文類。其體用蓋近乎「祝盟」，所謂「告祭以祈福也」；而儀式則爲王者封泰山，禪梁父，戒愼以崇其德，至德以凝其化。及齊桓稱霸，欲窺王迹，管夷吾託以怪物，加以諫阻。所以彥和云：「空談非徵，勳德而已」，已預見後之王者惟緯書之是信，不知折衷於聖人，而登山琢石，夸大功德。或有用祕祝以祈不死者，更足以取笑當代，貽譏後來。

考之於載籍，歷代帝王中，以黃帝的封禪爲最早。而封禪之有文，當推始皇爲帝，神器在握，爲欲銘岱勒勳，李斯刻石，以宣英聲爲最先。然後西漢孝武帝，因爲疆場無事，四海昇平，乃因司馬相如的「封禪書」而巡岳勒碑。迨光武帝滅莽中興，天下攸同，張純乃作「封禪文」，以紀武功、述文德、引鈎讖、敍離亂。

其後揚雄、班固承流而作，事雖與勒石不同，但體與封禪無別。觀二家作品，雖取式前賢，相襲而作，可是文采雅懿，能執厥中，自可媲美相如，凌駕張純了。至於邯鄲淳的「受命述」，陳思王的「魏德論」，雖然攀響前聲，假論客主，但卻問答迂緩，缺乏飛動之勢。

「封禪」之文，和國運的隆替有關。所以究其爲用，實乃一代的盛典，非一般應用文書可比。故清朝紀曉嵐云：「自唐以前，不知封禪之非，故封禪爲大典禮，而封禪文爲大著作，特出一門，蓋鄭重之。」這種說法，甚得彥和設篇的旨意。

至於封禪文的作法，彥和云：「構位之始，宜明大體。樹骨於訓典之區，選言於宏富之路，使意古而不晦於深，文今而不墜於淺，義吐光芒，辭成廉鍔，則爲偉矣。」這裏有兩點必須加以注意：一、在內容方面，他所說的「樹骨訓典，意古而不晦」，以及「義吐光芒」。旨在說明封禪文的取材，必須從經典訓詁中採擷資源，並取精用弘，加以消化，而推陳出新。二、在形式方面，就是他說的「選言宏富」，「文今而不淺」，以及「辭成廉鍔」。是說表達思想的文辭，必須宏偉豐贍，深淺適度，使文字犀利，而不流於粗俗。如此內容、形式兩者配合得當，則封禪之文，方如龍如虬，飛舞騰踴，成就不朽的傑作。

關於「封禪」文的意義、由來，以及爲文的體要，大略已如上述。惟就事論事，「封禪」原爲古代帝王易姓告成，祭祀皇天后土，崇德報功而設，用義原本無可厚非；不過時至後代，常被好大喜功的野心家，阿諛諂媚的小儒所利用，相信妖言妄說，從事淫祀祕祝，蘄求非分之想，肆其夸侈之欲，就太過分了。

【正文】

首段「釋名以章義」。言天子御宇，以至德化

夫正位北辰㊀，嚮明南面㊁，所以運天樞㊂，毓黎獻者㊃，何嘗不經道緯德㊄，以勒皇蹟㊅者哉？綠圖（「綠」原作「錄」，日人鈴木虎雄校勘記云：「嘉靖本作綠」，紀評及楊明照校注拾遺皆從其說，茲據正）㊆曰：「潬

民，而後封禪勒蹟，崇德報功，並資戒慎。

潬噋噋（八），棼棼雉雉（九），萬物盡化」，言至德所被也。丹書（一〇）曰：「義勝欲則從，欲勝義則凶」，戒慎之至也。則戒慎以崇其德，至德以凝其化，七十有二君（一一），所以封禪矣。

次段「原始以表末」。敍古帝王行封禪，及齊桓欲窺王迹，爲管仲諫阻。史遷八書，所以明述封禪的原因。

昔黃帝神靈，克膺鴻瑞（一二），勒功喬岳（一三），鑄鼎荆山（一四），大舜巡岳（一五），顯乎虞典，成康封禪，聞之樂緯（一六）。及齊桓之霸，爰窺王跡（一七），夷吾譎諫原作「陳」，形近致誤。茲據楊明照校注拾遺說改（一八），距以怪物（一九）；固知玉牒金鏤（二〇），專在帝皇也（二一）。然則西鶼東鰈（二二），南茅北黍（二三），空談非徵（二四），勳德而已。是以史遷八書，明述封禪者（二五），固禋祀（二六）之殊禮，銘號（二七）之祕祝原脫，茲依王利器新書說校增（二八），天下之壯觀矣句首「天」上有「祀」字、乃「祝」字之誤，當屬上句。「天」下又脫「下」字。茲據日人斯波六郎「范注補正」說訂補〔評二〕。

三段「選文以定篇」。歷敍秦皇以迄曹魏，有關封禪的作品。其中稱李斯「泰山刻石」爲絕采，相如「封禪」爲維新之作，張純「泰山石刻」文爲華

秦皇銘岱（二九），文自李斯（三〇），法家辭氣，體乏弘潤；然疏而能壯，亦彼時之絕采也。鋪觀兩漢隆盛，孝武禪號於肅然（三一），光武巡封於梁父（三二），誦德銘勳，乃鴻筆耳。觀相如封禪（三三），蔚爲唱首（三四）；爾其表權輿（三五），序皇王，炳玄符「玄」原作「元」，清人避清聖祖諱改，茲據楊明照校注拾遺徵傳校各本覆正（三六），鏡鴻業（三七）；驅前古於當今之下，騰休明於列聖之上（三八），歌之以禎瑞，讚之以介丘原作「邱」，避孔夫子諱改，茲徵司馬相如「封禪文」正（三九），絕筆茲文（四〇），固維新之作也（四一）。

不足而實有餘。揚雄「劇秦」爲影寫長卿，班固「典引」爲雅有懿采，至於邯鄲「受命」，陳思「魏德」，皆屬風末力衰，勞深勣寡之作，聊備一格而已。

末段「敷理以擧統」。提示封禪文寫作要領，宜意古而不晦於深，文今而不墜於淺，並須日新其采；如此，必有超

及光武勒碑(四二)，則文自張純(四三)，首胤典謨(四四)，末同祝辭(四五)；引鉤讖(四六)，敍離亂，計武功，述文德；事覈理擧，華不足而實有餘矣(四七)！凡此二家，並岱宗實跡也(四八)〔評三〕。及揚雄劇秦(四九)，班固典引(五〇)，事非鐫石，而體因紀禪。觀劇秦爲文，影寫(五一)長卿，詭言遯辭，故兼包神怪(五二)；然體製「體製」原作「骨掣」；茲依王利器新書說校改靡密(五三)，辭貫圓通，自稱極思，無遺力矣(五四)。典引所敍，雅有懿采原作「乎」，依楊明照校注拾遺，引紀評，並徵班固「答賓戲」訂正歷鑒前作，能執厥中，其致義會文，斐然餘巧(五五)。故稱：「封禪靡原作「麗」，據楊明照校注拾遺徵「典引」及本書「明詩篇」文校改而不典，劇秦典而不實」，豈非追觀易爲明，循勢易爲力歟(五六)？至於邯鄲受命(五七)，攀響前聲，風末力衰原作「寡」，蓋涉下文「勣寡」致誤，據李師曰剛斠詮，徵本書「通變篇」文用字法改(五八)，輯韻成頌；雖文理順序；而不能奮飛。陳思魏德(五九)，假論客主，問答迂緩，且已千言，勞深勣寡(六〇)，飇燄缺焉(六一)。

茲文爲用，蓋一代之典章也(六二)。構原作「搆」，俗字。茲據兩京遺編本改位之始(六三)，宜明大體，樹骨於訓典之區，選言於宏富之路；使意古而不晦於深，文今而不墜於淺；義吐光芒，辭成廉鍔(六四)〔評四〕，則爲偉矣。雖復道極數彈(六五)，終然相襲；而日新其采者，必超前轍焉〔評五〕。

越前人的成就。

贊曰：封勒帝勣(六六)，對越天休(六七)。逖聽高岳(六八)，英聲（「英聲」二字原倒，玆依楊明照校注拾遺當乙說，及引司馬相如封禪文「蜚英聲」文例乙正）克彪(六九)。樹石九旻(七〇)，泥金八幽(七一)，鴻律蟠采(七二)，如龍如虬。

【註釋】

(一) **正位北辰**：北辰，北極星，後世用以喻萬民擁戴的帝王。全句是說，天子端坐明堂之上，宛如衆星環拱的北極星。論語爲政：「爲政以德，譬如北辰，居其所而衆星拱之。」

(二) **嚮明南面**：嚮同向。向明，天將明。意卽天將明，南面而坐，治理天下。語出易經「說卦」。

(三) **運天樞**：天樞，北斗七星之一。運天樞，指帝王運用政權，推行國事。

(四) **毓黎獻**：毓或作育，化育之意。黎，衆民。獻，賢能。是說下撫黎民，化育賢能。

(五) **經道緯德**：言以王道爲經，仁德爲緯。

(六) **勒皇蹟**：勒，刻石記功。是說永垂皇王御宇的功績。

(七) **綠圖**：河圖，蓋古代記錄預言的書，如同後世的讖緯。本書正緯篇：「堯造綠圖，昌制丹書。」

(八) **潬潬噅噅**：潬，通嘽，音（ㄔㄢˇ）。嘽嘽，宛轉狀，有安舒喜樂之意。噅，音（ㄏㄨㄟ），噅噅，糅雜狀，有作樂高興之意。

(九) **棼棼雉雉**：棼棼，卽紛紛，紛亂的樣子。雉雉，雜亂的樣子。全句指萬物在化育中，所呈現的那種繁雜交錯的情狀。

⑩ **丹書**：上古時代記載政道的書，大戴禮武王踐阼：「武王召尙父問曰：『黃帝顓頊之道存乎？』尙父曰：『在丹書。』」據史記周本紀正義引尙書帝命驗，有「赤雀銜丹書，止於昌戶」的事。

⑪ **七十有二君**：古代曾有七十二位國君行封禪大典。管子封禪篇：「古者封泰山，禪梁甫者七十二家，而夷吾所記者十有二焉。」

⑫ **克膺鴻瑞**：膺，承受。此承上句爲說，指黃帝能治平天下，足以承受上天所降的偉大祥瑞。

⑬ **勒功喬岳**：喬岳，高山，指泰山。全句是說，黃帝在泰山祭天，刻石記功。管子封禪篇：「黃帝封泰山，禪亭亭。」又史記「封禪書」也有類似記載。

⑭ **鑄鼎荆山**：荆山，在今河南省閿鄉縣南。史記封禪書：「黃帝采首山銅，鑄鼎於荆山下，鼎既成，有龍垂胡髯，下迎黃帝。」

⑮ **大舜巡岳**：指虞舜曾巡守泰山，祭祀南岳、西岳、北岳。事見書經「舜典」。

⑯ **成康封禪，聞之樂緯**：樂緯，與樂經有關的緯書。隋書經籍志載樂緯三卷，已佚，玉函山房輯佚書，輯有動聲儀、稽曜嘉、叶圖徵三篇。據後漢書張純傳，引樂緯動聲儀：「成康之間，郊配封禪」語，則此處之樂緯，應指「動聲儀」而言。

⑰ **齊桓之霸，爰窺王跡**：齊桓，春秋五霸之首，名小白，即位後，以管仲爲相，九合諸侯，一匡天下。爰，於是。王跡，帝王事跡，此處指封禪。全句是說，齊桓公稱霸，就想上窺古代帝王的封禪事迹。事見管子「封禪篇」。

⑱ **夷吾諂諫**：管夷吾，字仲，春秋潁上人，爲齊桓公相，桓公尊爲仲父。諂諫，指管仲以詭譎的話，勸諫桓公勿行封禪。事見管子「封禪篇」。

⑲ **距以怪物**：距，通拒。是說管仲以怪異的事物，來勸阻桓公。

⑳ **玉牒金鏤**：玉牒，封禪時，刻文於玉石，故稱之。牒厚五寸，長尺三寸，廣五寸。金鏤，指封緘玉牒用的金線。後漢書祭祀志，載封禪所施云：「用玉牒書，藏方石。」又說：「檢用金鏤五，周以水銀，和金以爲泥。」

㉑ **專在帝皇**：言惟有皇帝才能封禪，暗指齊桓公不可行封禪大典。

㉒ **西鶼東鰈**：西鶼，西海的比翼鳥。東鰈，東海的比目魚。事見管子「封禪篇」。

㉓ **南茅北黍**：南茅，指江淮間生長的三脊靈茅。北黍，鄗上的瑞黍，北里的嘉禾。事見管子「封禪篇」。

㉔ **空談非徵**：言管仲所說的「西鶼」「東鰈」「南茅」「北黍」四物，皆屬空談，不是封禪所要的徵驗。

㉕ **史遷八書，明述封禪**：指司馬遷史記中的八書，卽禮書、樂書、律書、曆書、天官書、封禪書、河渠書、平準書。其中「封禪書」，就專在說明祭祀天地的禮儀。

㉖ **禋祀**：古代吉禮之一，爲祭祀天神的專稱。見於周禮春官「大宗伯」。

㉗ **銘號**：刻石記功的意思。

㉘ **祕祝**：指封禪的刻石上，載有帝王的祕密祝辭。

㉙ **秦皇銘岱**：秦始皇在泰山封禪，刻石記功。事見史記「秦始皇本紀」。

⑳ **文自李斯**：李斯，秦時上蔡人，曾受學於荀卿，始皇定天下，斯爲丞相，秦二世時，被趙高誣害，腰斬咸陽。李斯有泰山刻石，文見史記「秦始皇本紀」。

㉑ **孝武禪號於肅然**：孝武，漢武帝名轍，景帝子，在位五十四年。禪號，禪告名號，與下文「巡封」互文。肅然，山名，在梁父。全句是說，漢孝武帝曾在元封元年夏四月癸卯登泰山祭天，到梁父的肅然祭地，事見漢書「武帝紀」。

㉒ **光武巡封於梁父**：光武，漢光武帝，名秀，高祖九世孫，新莽末起兵，卒能中興漢室，卽帝位，在位三十三年。巡封，巡祭神祇。全句是說，漢光武帝在中元元年，春二月辛卯曾登泰山，禪梁父。事見後漢書「光武紀」。

㉓ **相如封禪**：司馬相如，字長卿，西漢四川成都人。曾作「封禪文」。事詳史記「司馬相如列傳」。

㉔ **蔚爲唱首**：蔚，喻文采之盛。唱首，謂相如首先創作「封禪文」。

㉕ **表權輿**：權輿，開始。全句指表明天地開創的情況。

㉖ **炳玄符**：指顯耀上天的符瑞。

㉗ **鏡鴻業**：言考鏡聖主偉大的德業。

㉘ **騰休明於列聖之上**：休，美善。明，英明。休明，指帝王的美德。意思是說，稱頌帝王的美德，超出於歷代聖王之上。

㉙ **讚之以介丘**：介，大。丘，山。介丘，指登泰山封禪的事。意思是說，以泰山的封禪，讚揚武帝的聖明。

（四〇）**絕筆茲文**：茲文，指「封禪文」，是說此文爲司馬相如生前遺著。

（四一）**固維新之作也**：維新，創新。此句與上文啣接，言實本創新的作品啊。

（四二）**光武勒碑**：指漢光武帝於建武三十二年二月曾封禪於泰山，刻石記功。事見後漢書「祭祀志」。

（四三）**文自張純**：張純，字伯仁，東漢京兆杜陵人，於漢光武帝封禪泰山時，曾獻「泰山刻石文」。事見後漢書「張純傳」。「刻石文」見後漢書「祭祀志」，及「通典」五十四。

（四四）**首胤典謨**：胤，繼承。典謨，指書經中堯典、舜典、大禹謨。全句是說，張純「泰山刻石文」開端部分，完全模仿書經典謨的體式。

（四五）**末同祝辭**：祝辭，祭祀時祝禱的頌辭。指張純「泰山刻石文」末尾部分，頗似祭祀祝禱的頌辭。

（四六）**引鉤讖**：鉤，孝經鉤命決，屬於緯書。讖，讖語，爲預言吉凶的隱語。全句指張純「泰山刻石文」內，多引河圖赤伏符、會昌符、孝經鉤命決等書，蓋光武崇尚緯學故。

（四七）**華不足而實有餘**：言其文采不足，樸實有餘。較司馬相如「封禪文」，略有遜色。

（四八）**岱宗實跡**：岱宗，泰山，爲四岳所宗。言以上二家作品，有泰山封禪的史實遺跡。

（四九）**揚雄劇秦**：揚雄，字子雲，西漢四川成都人，曾仿司馬相如「封禪文」，作「劇秦美新」。劇秦，指責秦朝的過惡；美新，贊美新莽的功德。

（五〇）**班固典引**：班固，字孟堅，東漢扶風安陵人，曾作「典引」一篇。典，堯典。引，承繼的意思，猶言堯典的引申，爲「論文」的一種。全句是說，班固作「典引」，以漢承堯後，故述漢德以續堯典。

（五一）**影寫**：摹仿、效法。

㊿ **兼包神怪**：指「劇秦美新」文中，雜有「玄符靈契，黃瑞涌出」，神奇怪誕的事物。

㊼ **體製靡密**：體製，文章的規模。靡密，綿密有致。是說文章的規模綿密有致。

㊽ **自稱極思，無遺力矣**：言揚雄自稱「劇秦美新」，乃其竭盡心思，不遺餘力的作品。語見「劇秦美新」序。

㊾ **致義會文，斐然餘巧**：致義，表達義理。會文，結合辭采。餘巧，富有巧思。全句是說，班固「典引」於表達義理，結合文辭方面，斐然成章，饒富巧思。

㊿ **追觀易爲明，循勢易爲力**：言追觀前人的著作易於明瞭，順着陳編去發展，容易得心應手。

㊼ **邯鄲受命**：邯鄲，邯鄲淳，字子叔，一名竺，三國魏潁川人，博學有才，曾作「受命述」，講魏國封禪。文見「藝文類聚」十，及清嚴可均「全魏文」。

㊽ **風末力衰**：風末，文字平庸，感染力不強。力衰，氣勢衰竭。

㊾ **陳思魏德**：陳思，陳思王曹植，曾作「魏德論」一篇，假借客主問答的方式，鋪敍魏德足以封禪之理。

㊿ **勞深勣寡**：勣，同績，功績的意思。全句是說，用力多而收效少。

㊀ **飈飈缺焉**：飈，音(ㄅㄧㄠ)，暴風。飈，火飈。全句是指，文章狂飈烈飈的雄壯氣勢，已付之缺如了。

㊁ **一代之典章**：言一代文物制度之所繫。

㊂ **構位之始**：構位，構思布局。全句是說，爲文構思布局之初。

㊃ **辭成廉鍔**：廉鍔，棱角鋒芒。是說文辭犀利，而不落入俗套。

(六五)**道極數殫**：殫，盡。全句是說，封禪文體已發展到極點，作法已盡，難以推陳出新。語本揚雄「劇秦美新」文。

(六六)**封勒帝勳**：言封禪泰山，刻石以記帝王的功績。

(六七)**對越天休**：對，報答。越，通於。天休，上天的恩德。言報答上天的恩德。語本書經「說命」下。

(六八)**逖聽高岳**：逖，音（ㄊㄧˋ），遠。逖聽，即遠聽。高岳，高峻的山岳。

(六九)**英聲克彪**：指司馬相如「封禪文」，辭采聲華，足以彪炳當世。

(七〇)**樹石九旻**：樹石，立碑。旻，古時稱上天爲旻天，九旻，指九重之天，天的極高處。指樹立石碑於山上極高處。

(七一)**泥金八幽**：泥金，封禪文書「玉牒」，用金屑調水銀封簽，故稱「泥金」。八幽，八荒般的幽深，地的極深處。指玉牒金鏤埋在地下。

(七二)**鴻律蟠采**：鴻律，偉大的格律。蟠采，蟠結文采。

【語　譯】

天子端坐正位於明堂，就像衆星環拱的北極星一樣。天將黎明時，南面而坐，治理天下，運用政權，推動國事，下撫衆民，化育賢能，種種措施，那一樣不是以王道爲經，仁德爲緯，來垂示皇上御宇的不朽治績呢？綠圖上說：「一片喜樂笑謔的景象，熙來攘往，紛亂雜陳，天地萬物都蒙受政府的德澤化育。」這就是說明人民廣被德政的情形啊！丹書也說：「道義勝過私慾，則能使民衆順從，私慾勝過道義，就容易遭凶受禍。」此乃強調警戒謹愼的至理名言啊！以戒懼謹愼來崇尚其品德，以至高的德行來形成其化育的功效。這就是自古以來，有七十二位國君，所以舉行祭告天地的原因了。

古時，黃帝神明睿智，足能承受上天所降的偉大祥瑞，所以銘刻功績於泰山之上，鑄造銅鼎於荆山之下。虞舜巡狩泰山，祭祀南岳、西岳、北岳的事，很淸楚地記載在「書經」舜典。周成王和康王，舉行告祭天地的封禪大典，也聞之於「樂緯」一書。到了齊桓公稱霸諸侯，竟想上窺古代聖王的封禪事跡，管夷吾用詭譎的辯辭進諫，以怪誕的事物，阻止了他的意圖。由此可知，封禪用以告天的玉牒金鏤，乃帝皇專有的物品。然而管仲說的西海比翼鳥，東海比目魚，南方江淮生長的三脊靈茅，鄗上的瑞黍，北里出產的嘉禾等，這些空言虛語，毫無徵驗；其實封禪所憑藉的事物，只是帝皇的功勳德業而已。因此司馬遷史記八書中有「封禪」之篇，明白記述有關「封禪」的事。誠因其爲受命祭天的特殊典禮，刻石記功的祕密祝辭，是普天之下，祭祀天神中最壯觀的場面了。

秦始皇東巡泰山，當時刻石頌德的銘文，出自丞相李斯的手筆，一派法家辭氣，雖然體式缺乏宏大、溫潤的規模；但是疏闊中兼帶豪壯之語，也可以說是當時出類拔萃的絕好作品了！通觀兩漢隆盛的時代，孝武帝於元封元年，登泰山，到肅然，舉行封禪大典。漢光武帝於中元元年巡狩泰山，封禪梁父。當時那些稱頌功德，銘刻勳績的文章，都出於偉大作家的手筆啊！試觀司馬相如遺留的「封禪文」，文采茂盛，爲這類文體，首先樹立了創作的典範。究其內容，是追溯上古，表明天地開創時的情況；按照史實，說明歷代皇王的仁德治道；顯耀上天的符瑞，考察偉大的勳業，把往古聖王的政績，比擬於當今治績之下，頌揚君主的偉大英明，超出歷代聖王之上；用吉祥符瑞的文辭，歌頌大漢功德，以泰山封禪典禮，讚揚漢武帝的聖明，這雖是相如絕筆之言，實爲創新的作品啊！到了東漢光武帝建武三十二年，刻石勒碑，封禪泰山，碑文出自張純的手筆。觀其內容，開頭完全模仿書經典謨的筆法，結尾頗似祭祀祝禱的頌辭，文中引用河圖「赤伏符」，孝經「鈎命決」等書的讖語，敍述王莽篡位後的流離混亂的情勢，計數光武帝中興復國的功業，闡述整理舊典的文敎德業；敍事詳實，條理分明；雖然文采不足，但卻樸實有餘啊！上列二家的封禪文字，都是君主封禪泰山的史實遺跡啊。到了揚雄的「劇秦美新」，班固的「典引」，雖然事不爲刻石勒碑而設，但它的體裁，卻全部仿效紀功封禪的規模。試觀「劇秦美新」之爲文，乃摹仿司馬長卿的筆法寫成。其中雜有詭譎的言論，及隱晦的文辭；同時又兼敍許多神奇怪誕的事物。然而它的體製結構，綿密有致，文辭藻采，條貫圓通，自稱是竭盡心思，不遺餘力的佳篇。至於「典引」的內容，敍述雅正而富文采。正因作者能徧讀前人封禪之作，所以才能把握寫作的要道，闡揚義理，結合文辭，斐然成章，別具匠心巧思。所以說：「司馬相如的『封禪文』辭采華麗，但內容尚欠典雅；揚雄的『劇秦美新』事義典麗，但敍述不够樸實。」其所以如此者，難道不是由於追觀前人的著作，容易明瞭，順著文章發展的情勢鋪寫，易於得心應手的緣故嗎？至於像邯鄲淳的「魏受命述」，摹倣前代作家的格調，文字平庸，氣勢衰竭，欲振乏力；僅能堆砌辭藻，輯成有韻可歌的頌讚而已；雖然脈絡順序，很有條理，但卻缺乏宏偉之氣，不能振奮飛揚，超越羣倫。陳思王曹植的「魏德論」，假借客主問答的方式，鋪敍魏德足以封禪的理論；可是問答的辭迂言腐遲緩，不切實際，更何況連篇累牘，辭費千言；用力雖深，收效甚寡，同時更缺乏一股類似狂飈烈燄的雄健氣勢啊！

封禪文的效用，實在爲一代典章制度的所繫啊。當開始構思布局的時候，首先應明瞭通篇的大體規模；然後在內容方面，樹立思想於訓誥典謨的範疇；在形式方面，選取宏偉富麗的詞采；務期文章意趣高古，而不流於隱晦深奧，文辭採用當時的語言，而不陷於膚淺乏味；義理正大，吐露動人的光芒；文辭犀利，不落世俗的窠臼。如此，可算是偉大的作品了。雖然時至今日，封禪文體已漸趨式微，難以推陳出新；但後代作家，仍宜因襲前人的舊制，使文章藻采，日漸創新。這樣必定會超越前賢，有突破性的成就啊！

總而言之，封禪泰山，刻石以記帝王的功績，目的在用來報答上天的恩德。人們遙聞高山封禪的消息，使帝王之聲威美德，足以彪炳天下，光耀寰宇。在高聳入雲的山上，樹立記功的石碑；把銘刻的玉牒金鏤，埋在幽深的地下。其偉大的格律，錯綜的辭采，眞有如龍似虬之勢，飛騰有致，共萬民瞻仰。

【集　評】

一、曹評：「封禪，緯之流也。然天人兼焉，古今雜焉。故必樹骨於訓典，而不流聲於虛妄。」

紀評：「自唐以前，不知封禪之非，故封禪爲大典禮，而封禪文爲大著作，特出一門，蓋鄭重之。」

二、黃評：「確正。」

三、紀評：「以下以符命連類及之，」

四、黃評：「能如此，自無格不美，豈惟封禪！文固可不作也。」

五、紀評：「數語敎人以自爲，亦凡文類然。」

【問題討論與練習】

一、何謂「封禪」？「封禪」為祀天之壯觀，「封禪文」為一代之典章，又是何故？

二、秦皇銘岱，文自李斯。彥和評曰：「法家辭氣，體乏弘潤」，又曰：「疏而能壯，亦彼時之絕采」，義何所指？

三、彥和評「邯鄲受命」「陳思魏德」，乃「風末力衰」，「勞深勣寡」之作，能否就一已所見，印證此說之可信？

四、論「封禪文」寫作的體要若何？

章表第二十二

【解　題】

「章表」是臣下的上書，屬上行文中的兩種文體。「章」以謝恩，「表」以陳請。昭明文選裏有「表」而無「章」。本篇提到的「伯始謁陵之章」，「琳瑀章表」，均已失傳，居今已無可考見。所以單從文章的角度來看，在此只有「表」可供討論。

「章表」的源流變遷，春秋以前，臣之於君，獻可替否，只靠辭令而已。上書陳事，起自戰國。秦初定制，改書曰「奏」，漢定禮儀，又分此類文字爲四品，所謂「章、奏、表、議」，用各不同。而彥和衡論，約爲以下三種：一曰章表，二曰奏啓，三曰議對。本篇兼論「章」「表」二品，因陳謝同類之故是也。下兩篇，各一品，而以「啓」附於「奏」者，蓋因奏事之末，或云「謹啓」，故與「奏」合論。以「對」附於「議」者，因對策之文，與陳政獻說之義相同，故合而論之。正見彥和的「文體論」二十篇，分合之際，自有主從。

「表」之爲用，也有多種方面，就以本篇所提到的幾種情形來說：有用於薦舉的，如孔融「薦禰衡表」；有用於陳情的，如李密「陳情表」；有用於謝恩的，如陸機「謝平原內史表」；有用於讓爵勸進的，如劉琨「勸進表」、庾亮「讓中書令表」等。所以有「表體多包，情位屢遷」之說。雖然有這樣許多不同的內容，但都可以用「表以陳請」的意義來概括。

就「選文定篇」而言，彥和認爲：「前漢表謝，遺篇寡存」，而「後漢察舉，必試章奏。」所以於東漢，推左雄、胡廣二家，爲當時的傑筆。於三國，推孔融的「薦禰衡表」是「氣揚采飛」，諸葛亮的「出師表」是「志盡文壯」。而陳思的表，更是「獨冠羣才」。究其特點，在於「體瞻而律調，辭清而志顯，應物製巧，隨變生趣」。故能於臨文之際，從容不迫，優柔有餘，緩急適中，應合節度了。於晉，有張華的「三讓公封表」，羊祜的「讓開府表」，庾亮的「讓中書監表」，劉琨的「勸進表」，以及張駿的「請討石虎李期表」。彥和皆加以推崇，以爲是「陳事之美表也」。

惟後世學者，認爲古今傳誦的「章表」，不宜推曹植爲羣才之冠，例如孔融的「薦禰衡表」，和諸葛亮的「出師表」，二家的作品，華實異旨，可說是表中的菁英。劉永濟校釋曾經說：「舍人論表，以文舉薦禰，與孔明出師相比，而並許爲玆體之英製，今觀『薦禰衡表』，稱美正平之詞，有云：『以衡準之，誠不足怪』；又國勢危急，說：『使衡立朝，必有可觀』，再說：『若衡等輩，不可多得』，文字跌蕩可喜，故曰『氣揚采飛。』『出師表』首言使後主自知負荷之重，中間痛恨桓靈，以爲傾頹之鑒；後復喻令自謀，以警其昏庸。情眞詞摯，故曰『志盡文壯』。二家之作，雖華實不同，但皆風力遒上，古意未漓，故並擧之，以爲楷式也。蓋古人絕大事業，恒以精心敬愼出之；以區區蜀漢一隅，而欲出師關中，北伐曹魏，其志願的宏大，事勢的艱危，誠古今所罕見；而諸葛亮卻不言艱鉅，但言志氣恢宏，刑賞平允。其識見之遠，度量之濶，實非常人可及。所以『出師一表眞名世，千載誰堪伯仲間』，古今傳誦，良有以也。」

「章表」二體之爲用，皆以「對揚王庭，昭明心曲，旣其身文，且亦國華」。所以「循名課實」，莫不以文辭爲本。談到他們的作法，彥和以爲：「章以造闕，風矩應明。」「表以致策，骨采宜耀」。又說：「章式炳賁，志在典謨，使要而非略，明而不淺。表體多包，情位屢遷，必雅義以扇其風，淸文以馳其麗」。綜觀所言，其中又可分兩層來說：一、是「懇惻者辭爲心使」；二、是「浮侈者情爲文屈」，二者各有偏勝。

因爲懇惻者是情實有餘，而華采不足；浮侈者是情實不足，而華采有餘。所以彥和特別要求作者，務必達到「繁約得正，華實相勝」，使脣吻不滯，斐然成采。如此，方合乎「言必貞明，義則弘偉」的要求。

【正文】

首段敘章表之由來及其流變。

夫設官分職㊀，高卑聯事㊁。天子垂珠以聽㊂，諸侯鳴玉以朝㊃。「敷奏以言，明試以功」㊄。故堯咨四岳㊅，舜命八元㊆，固辭再讓之請㊇，俞往欽哉之授㊈，並陳辭帝庭，匪假書翰㊉。然則「敷奏以言」，則章表之義也；「明試以功」，即授爵之典也。至太甲既立，伊尹書誡⑪，思庸歸亳⑫，又作書以讚⑬。文翰獻替⑭，事斯見矣。

次段言章表之名義。及章表奏議，未錄入七略、藝文之由。

周監二代，文理彌盛⑮，再拜稽首⑯，對揚休命⑰，承文受冊，敢當丕顯⑱，雖言筆未分，而陳謝可見⑲。降及七國，未變古式，言事於王（原作「主」，茲依范文瀾注當作字，及王應麟漢書藝文志考證引文心此篇改）皆稱上書⑳。秦初定制，改書曰奏㉑。漢定禮儀，則有四品㉒，一曰章，二曰奏，三曰表，四曰議。章以謝恩，奏以按劾，表以陳請，議以執異。章者，明也。詩云：「爲章於天」㉓，謂文明也。其在文物，赤白曰章㉔。表者，標也㉕。禮有表記，謂德見於儀㉖，其在器式，揆景曰表㉗。章表之目，蓋三段「選文以定篇」。於漢推左雄、胡廣爲傑筆。於三國推文舉薦禰衡、孔明表後主，爲辭英。於晉稱羊公辭開府、庾公讓中書、劉琨勸進、張駿自序，都是陳事的美表。

取諸此也。按七略藝文㉘，謠詠必錄㉙；章表奏議，經國之樞機，然闕而不纂者，乃各有故事，而布（「布」字原脫，今依御覽補正）在職司也㉚。

前漢表謝，遺篇寡存。及後漢察舉，必試章奏㉛。左雄表（原作「奏」，今據御覽改）議，臺閣爲式㉜；胡廣章奏，天下第一㉝；並當時之傑筆也。觀伯始謁陵之章㉞，足見其典文之美焉㉟。昔晉文受策，（原作「册」，據御覽五九四引，並徵左傳僖公二十八年文改）三辭從命㊱。是以漢末讓表，以三爲斷㊲。曹公稱：「爲表不必三讓」，又「勿得浮華」㊳。所以魏初章表（「章表」二字原倒，茲據御覽乙正）指事造實，求其靡麗，則未足美矣。至如（原作「於」，茲據御覽改）文舉之薦禰衡㊴，氣揚采飛；孔明之辭後主㊵，志盡文壯（原作「暢」，據御覽引，並依李師曰剛斠詮審出師表辭情改）；雖華實異旨，並表之英也。琳瑀章表㊶，有譽當時；孔璋稱健，則其標也。陳思之表㊷，獨冠羣才。觀其體贍而律調，辭淸而志顯，應物製（「製」原作「掣」，茲據御覽及李師曰剛斠詮徵傳校各本改）巧，隨變生趣㊸，執轡有餘，故能緩急應節矣。逮晉初筆札㊹，則張華爲儁㊺。其三讓公封，理周辭要，引義比事㊻，必得其偶㊼，世珍鷦鷯，莫顧章表㊽。及羊公之辭開府㊾，有譽於前談；庾公之讓中書㊿，信美於往載。序志聯（原作「顯」，今據楊明照校注拾遺徵御覽五九四引改）類，有文雅焉。劉琨勸進(51)，張駿自序(52)，文致耿介(53)，並陳事之末段總收上文，並提示「章表」之體用，及其寫作要領。

美表也。

原夫章表之爲用也，所以對揚王庭（五四），昭明心曲（五五）。既其身文，且亦國華（五六）。章以造闕（五七），風矩應明（五八），表以致策〔原作「禁」，御覽作「策」，今據改〕（五九），骨采宜耀（六〇）。循名課實（六一），以文〔原作「章」，玆依御覽及王利器新書說改〕爲本者也〔評一〕。是以章式炳賁（六二），志在典謨（六三）；使要而非略，明而不淺。表體多包（六四），情位〔原作「僞」，四部叢刊嘉靖本同，玆據御覽引改〕屢遷（六五），必雅義以扇其風，淸文以馳其麗。然懇惻者辭爲心使（六六），浮侈者情爲文屈，必使繁約得正〔二句原作「情爲文使，繁約得正」，涉上文「辭爲心使」，而誤奪「屈必」二字，玆依王利器新書說補正〕，華實相勝，脣吻不滯，則中律矣。子貢云：「心以制之，言以結之」，蓋一辭意也（六七）。荀卿以爲：「觀人美辭，麗於黼黻文章」（六八），亦可以喻於斯乎？

贊曰：敷表絳闕（六九），獻替黼扆（七〇）。言必貞明，義則弘偉。肅恭節文，條理首尾。君子秉文，辭令有斐（七一）。

【註　釋】

（一）**設官分職**：言國家設置衆官，分掌各職。周禮天官冢宰：「惟王建國辨方正位，體國經野，設官分職，以爲民極。」

㈡ **高卑聯事**：謂不分官職大小，位置高低，互相佐助，聯合辦理國家大事。參見周禮天官「太宰職」與「小宰職」。

㈢ **天子垂珠以聽**：垂珠，天子冕旒。古時天子冠冕，前後用彩色絲繩，系白玉珠於其端，共有十二串。叫做十二旒。聽，聽政。全句是說，天子冕旒垂珠以處理政事。參見禮記「玉藻」，蔡邕「獨斷」。

㈣ **諸侯鳴玉以朝**：言諸侯袞服佩玉以朝覲天子。參見禮記「玉藻」。君臣朝見，無不佩玉，此云「諸侯鳴玉」，正和上句「天子垂珠」，對文成采。

㈤ **敷奏以言，明試以功**：敷，陳。奏，進。明試以功，是說明試其言，以要其功。全句指臣下敷陳言論，以進奏君上；君上再明察辨理的功效，以考核臣下。語出書經「舜典」。

㈥ **堯咨四岳**：咨，咨詢。四岳，四方諸侯之長。言唐堯咨詢四方侯伯，推行國政。事見書經「堯典」。

㈦ **舜命八元**：命，任命。元，善。八元，指八位有才德的人。春秋左傳文公十八年：「舜臣堯，舉八元，使布五教於四方」。

㈧ **固辭再讓之請**：言臣下堅決辭謝，一再謙讓的請求。

㈨ **俞往欽哉之授**：俞，應諾的語氣詞，猶言「然」。欽，敬。言君上俞允推薦，敕往敬事的授命。語本書經「堯典」。

㈩ **匪假書翰**：假，借。書翰，文墨書札。此與上句承接，謂當時臣下向君上多直接陳言，不必假手文墨書札。

(十一)**太甲既立，伊尹書誡**：言成湯既薨，太甲卽位，伊尹作「伊訓」告誡之。太甲，商湯王的孫子，初立，不明，伊尹放之於桐；後太甲悔過，伊尹再請他到亳京復位，在位三十三年。此事分別見於書經「伊訓序」和「太甲序」。

(十二)**思庸歸亳**：庸，常道。思庸，體念常道的意思。言太甲居桐三年，體念常道的意義，自責反悔，歸亳京復位。

(十三)**作書以讚**：指伊尹作「太甲訓」三篇，來讚美太甲的改過向善。

(十四)**文翰獻替**：獻，進。替，廢。獻替，獻可替否，獻善替惡的意思。全句是說，利用文章翰墨，來獻可替否。

(十五)**周監二代，文理彌盛**：監，視，有比較之意。二代，夏、商。言以周朝的禮法文章，比之於夏、商二代，條理節文，益加盛美。論語八佾：「周監於二代，郁郁乎文哉，吾從周。」

(十六)**再拜稽首**：稽首，跪拜禮中最敬重的禮節。此處是彥和引周之召虎接受王命策書的事。詩經大雅江漢：「虎拜稽首，天子萬年。」箋云：「拜稽首者，受王命策書也，臣受恩無可以報謝者，稱言使君壽考而已。」

(十七)**對揚休命**：對，答。揚，發揚，順遂發揚。休命，美好的命令。言答謝稱揚天子的聖德美命。

(十八)**承文受册，敢當丕顯**：謂繼承先祖文德，接受天子的册命。實不敢擔當如此偉大的榮耀。此處彥和暗用周襄王命尹氏，及王子虎，內史叔興父，策命晉侯重耳爲侯伯的故事。事見春秋左傳僖公二十八年文。

(一九) **雖言筆未分，而陳謝可見**：言，口頭陳辭。筆，文辭。陳謝，陳述答謝。是說雖然當時皆受命口謝，未若後世有書面謝章，爲言筆尙未分途的時代；但他們陳述答謝之意，已顯然可見。

(二〇) **降及七國，未變古式，言事於王，皆稱上書**：是說戰國以前，言筆未分，戰國以後，皆稱上書，文體之名稱始具。如史記李斯列傳，吏議逐客，李斯亦在逐中，斯乃「上書」，即爲顯例。

(二一) **秦初定制，改書曰奏**：言秦朝初年，改臣子上書爲「奏」。如漢書藝文志「春秋家」有「奏事」二十篇。自注：「秦時大臣奏事及刻石名山文也」，可證。至於改定時間，可能在始皇二十六年李斯與博士議改命令爲制詔時。

(二二) **漢定禮儀，則有四品**：品，品類。言漢代制定朝廷禮儀，則分爲四種品類，見蔡邕「獨斷」。

(二三) **爲章於天**：章與彰通，明的意思。是說文采彰明，譬如雲漢之在天。語出詩經大雅「棫樸」。

(二四) **赤白曰章**：是說赤白相襯叫做章。周禮冬官考工記：「赤與白謂之章」。

(二五) **表者，標也**：所謂「表」者，有標示的意思。語出許愼說文解字衣部「表」字條。

(二六) **禮有表記，謂德見於儀**：表記，禮記篇名。指禮記有「表記」之篇，說明君子的德行，顯見於儀表。正義引鄭目錄云：「名曰表記者，以記其君子之德，見於儀表。」

(二七) **揆景曰表**：揆，音（ㄎㄨㄟˊ），度量。景，音（ㄧㄥˇ），與影通，指日影。全句是說，度量日影以計時的日晷，叫做「表」。

(二八) **七略藝文**：七略，西漢成帝時劉歆編定，內有輯略、六藝略、諸子略、詩賦略、兵書略、數術略、方技略。原書已佚，清馬國翰有輯佚本，收入「玉函山房佚書」中。藝文，指班固漢書藝文志，著錄當時國家祕府藏書。此志據劉歆「七略」刪削而成，分類與「七略」同。

㉙ **謠詠必錄**：「七略」「漢志」均有「詩賦略」，著錄各家「辭賦」及「歌詩」，故曰「謠詠必錄」。

㉚ **各有故事，而布在職司**：故事，舊事，指可以作爲依據的事例。職司，官職所司。在職司，猶言在官。全句在解釋上文「七略」、「藝文志」「闕而不纂」的原因，所以下段首句卽言「前漢表謝，遺篇寡存」。

㉛ **後漢察舉，必試章奏**：言後漢察舉孝廉，必以「章奏」爲考試的科目。後漢書順帝紀：「陽嘉元年，初令郡國舉孝廉，限年四十以上，諸生通章句，文吏能牋奏，乃得應選。」

㉜ **左雄表議，臺閣爲式**：左雄，後漢涅陽人，字伯豪。安帝時舉孝廉，遷冀州刺史，永建初拜議郎，順帝立，雄數言事，其辭深切，遷尚書令。臺閣，尚書。式，法式。是說左雄的章、表、奏、議，尚書臺閣均作爲擬作的法式。事詳後漢書「左雄傳」。

㉝ **胡廣章奏，天下第一**：胡廣字伯始，南郡華容人，少孤貧，及長，入郡爲散吏，後舉孝廉，既到京師，試以章奏，安帝以廣爲天下第一。事見後漢書「胡廣傳」。

㉞ **伯始謁陵之章**：伯始，胡廣字。後漢書胡廣傳載廣著「百官箴」凡四十八篇，及「諸解詁」凡二十二篇，「謁陵」之章，文佚，今無可考。

㉟ **足見其典文之美**：典文，典章文辭。此承上句說，言觀其「謁陵」之章，足見胡廣典章文辭的優美。

㊱ **晉文受策，三辭從命**：事詳本文注⑱。

㊲ **漢末讓表，以三爲斷**：斷，絕，止。言漢末辭讓的「表」，皆以三上爲止。

㊳ **曹公稱，爲表不必三讓，又勿得浮華**：言魏公曹操稱，爲表辭謝，不必要三讓；同時，詞藻又不可浮泛華麗，不切實際。曹操語見「藝文類聚」五十一。

㊴ **文舉之薦禰衡**：文舉，孔融字。禰衡，字正平。昭明文選卷三十七有「薦禰衡表」。

㊵ **孔明之辭後主**：孔明，諸葛亮字。三國蜀漢瑯琊人。三國志諸葛「亮傳」和「昭明文選」都錄有他的「出師表」。後主，指劉備的兒子劉禪。

㊶ **琳瑀章表**：琳，陳琳，字孔璋，廣陵人。瑀，阮瑀，字元瑜，陳留人。曹丕典論論文：「琳瑀之章表書記，今之儁也。」又與朝歌令吳質書：「孔璋章表殊健，微爲繁富。……元瑜書記翩翩，致足樂也。」

㊷ **陳思之表**：魏曹植封陳王，卒謚思，故世稱陳思王。三國志魏志陳思王傳載植上疏四篇，其中「求自試表」，「求通親親表」兩篇，採入「昭明文選」卷五十七。

㊸ **體贍而律調以下四句**：言陳思之表，內容豐富，而音律諧調；文辭淸麗，而情志明顯；順應事物的情形，裁製巧妙的篇章；依隨文勢的曲折變化，產生無限的情趣。

㊹ **晉初筆札**：筆札，本謂書寫的工具，猶今紙筆，在此借作書劄，指章表。全句是說，晉初的章表作品。

㊺ **張華爲儁**：張華，字茂先，初未知名，著「鷦鷯賦」以自寄。阮籍見之，歎爲王佐之才，由是聲名始著。久之，進封壯武郡公。儁，絕異特出，張華有「三讓公封表」，已亡佚，今不可考。

㊻ **引義比事**：引義，援引義理。比事，比輯事類。

㊼ **必得其偶**：偶，類，引申爲恰當，相合的意思。全句是說，必求兩相偶合。

(四八) **世珍鷦鷯，莫顧章表**：鷦鷯，鳴禽類小鳥。張華有「鷦鷯賦」，爲寄志之作。言世俗之士，但珍視他的「鷦鷯賦」，而忽略了他在章表方面的成就。

(四九) **羊公之辭開府**：羊公卽羊祜，字叔子，晉泰山南城人。博學能文，公車徵拜爲中書侍郎，遷給事中，武帝受禪，進號中軍將軍，加散騎常侍，改封郡公，後加車騎將軍開府儀同三司。祜上表固讓。其「讓開府表」，見晉書本傳及「昭明文選」卷三十七。

(五〇) **庾公之讓中書**：庾公卽庾亮，字元規，明帝卽位，以爲中書監。亮上書辭讓。其「讓中書監表」，見晉書本傳及「昭明文選」卷三十八。

(五一) **劉琨勸進**：琨字越石，中山魏昌人。西都不守，元帝稱制江左，琨乃令長史溫嶠勸進。其「勸進表」，見晉書元帝紀和「昭明文選」卷三十七。

(五二) **張駿自序**：張駿，字公庭，其先安定烏氏人。幼而奇偉，晉書本傳載有他的「請討石虎李期表」，文中有自序平夷復晉之語，詳見晉書卷八十六「張駿傳」。

(五三) **文致耿介**：耿介，光明正大，守正不阿的意思。全句是說，文章的情致，極盡耿介不阿，忠義無私的感情。

(五四) **對揚王庭**：對揚，答謝稱揚。王庭，王者朝庭之上。言稱揚王休於朝庭之上。語出書經「說命」下。

(五五) **昭明心曲**：心曲，心中委曲。言表明自己委曲的心意。

(五六) **既其身文，且亦國華**：身文，自身的文采。國華，國家的榮華。言章表之爲用，既爲個人自身的文采，也是國家德業的榮華。

(五七) **章以造闕**：造，至。闕，朝庭。言「章」是用來晉謁朝庭用的。意在回應本文次段「章以謝恩」句。

(五八) **風矩應明**：風矩，風格法式。此承上句言，是說「章」既是用來晉謁朝庭，所以作者應當明白其風格法式。

(五九) **表以致策**：致，送。策，策略。言「表」是用來提出某種策略的。意在回應本文次段「表以陳請」句。

(六〇) **骨采宜耀**：言內容辭采均應配合得當，動人心弦。

(六一) **循名課實**：課，責，求。是說按照其名，去考求實效。意指名實相符。

(六二) **章式炳賁**：炳賁，光明文飾。是說「章」的規模法式，必須明朗富有文采。

(六三) **志在典謨**：志，情志，指內容。典謨，經典訓誥，泛指古代聖賢的訓誡。言內容須以古代聖賢的訓誥爲依據。

(六四) **表體多包**：是說「表」用來陳事，而事情內容各有不同，所以包括多種體式。

(六五) **情位屢遷**：言設情位理，變化多端。此承上句說。

(六六) **懇惻者，辭爲心使**：指懇切惻怛的人，文辭容易被心意所驅使。

(六七) **心以制之，言以結之，蓋一辭意也**：根據春秋左傳哀公十二年文，知道前二句是子貢對吳國使者太宰嚭說的話，彥和斷章取義。指人之爲文，須以「心」控制事義，以「辭」表達感情。所以下文云：「蓋一辭意也」，意思是說文辭與意旨是體系一貫，不可有輕重軒輊之別。

(六八) **黼黻文章**：黼，音（ㄈㄨˇ），黻，音（ㄈㄨˊ），黼黻，古代禮服上繡飾的斧形，及兩己相背形的花紋，在此比喻文章必須有華麗的藻采。

(六九) **絳闕**：絳，朱紅色。古代宮殿稱絳宮。絳闕，就是宮闕。猶言紫宸、丹墀之類。

(七〇) **黼扆**：扆，音（一ˇ）黼扆，繡有斧文的屏風。古代天子座後設有黼扆，所以此處用做天子的代稱。

(七一) **辭令有斐**：斐，有文采的樣子。全句指辭令斐然可觀。

【語　譯】

設置官吏，分任各職，高者御下，卑者承上；凡事不分權位高下，允宜互相協助，聯合治理。天子冠冕垂珠，以聽政事，諸侯袞服佩玉，以朝天子，書經堯典云：「臣下用言辭敷陳奏進於君上，君上明察事功，以考核臣下」。所以唐堯推行政事，首先請教四岳侯伯，虞舜布施教化，任命八位才德兼備的賢士。諸侯大臣受命後，堅決辭謝，一再謙讓的請求，俞允推薦，敕往敬事的授命；當時皆以言辭陳述意見於朝廷，不假藉書札翰墨來表達。然則所謂「臣下用言辭敷陳奏進於君上」，這就是上章拜表的意義啊。「明察事功，以考核臣下」，這就是授官封爵的典制啊。到商朝太甲即位，由於他暴虐亂德，伊尹上書訓誡；並放逐於桐宮；後來太甲能體念常道，悔過遷善，回亳京復位，伊尹又作「太甲訓」三篇來讚美他。用文字來敷陳奏進，作勸善去惡的憑藉，其事便由此產生了。

周朝的禮樂制度，比起夏、商兩代，條理節文，益加美盛。如召虎接受宣王策命，行再拜稽首的禮貌，答謝稱揚天子的盛德美命。晉公子重耳，繼承祖先德業，受襄王策封爲侯伯，稱謝不敢擔當天子頒賜的盛大榮耀。雖然，當時是個「言」「筆」未分的時代，但是他們陳述答謝之意，已明白可見了。以後到了七國分爭，沒有改變古代的法式，凡向君王進言陳事，都稱「上書」。秦朝初年，創立制度，改臣子的「上書」爲「奏章」。漢代制訂朝廷禮儀，又把「奏章」分爲四種品類：一是「章」，二是「奏」，三是「表」，四是「議」。「章」用來答謝君恩，「奏」用來按察彈劾，「表」用來陳請事情，「議」用來說明異議。所謂「章」，彰明的意思。詩經大雅棫樸云：「文采彰明，如同天上的星河一般」。這就表示文采顯明啊。拿這個意念，用到文物上，按照周禮考工記上的說法，「赤」與「白」相間叫做「章」。所謂「表」，標示的意思，禮記中有「表記」一篇，是說君子的德行，應顯見於儀表。拿這個意念，用到器物上，度量日影以計時的日晷叫做「表」。「章」「表」的名稱，大概是取之於此吧！按驗劉歆「七略」和漢書「藝文志」，在這兩部目錄學的專著中，凡屬民間歌謠，士子吟詠的作品，必加採錄。「章」「表」「奏」「議」，可說是經略國家的重要文字，但卻付之缺如，不加纂輯。究其原因，可能因爲各有成規定例，散布在職司其事的各主管官署之故罷！

前漢的謝恩書表，留傳下來的很少。到了後漢，察舉孝廉，必以「章奏」爲考試的科目。如左雄的表議，朝廷大臣都把它引爲寫作的範式。胡廣的章奏，安帝許爲天下第一。這兩位作者可說都是當時傑出的手筆啊。觀伯始的「謁陵」奏章，足可考見其文辭典雅的盛美了。從前晉文公受周天子册封時，再三辭讓，然後才接受命令。所以漢末辭讓之「表」，皆以三上爲準。曹操認爲「讓『表』不必一定要三上，同時，也不可堆砌浮泛的辭藻」。因此魏初章表，大多直陳事情，造語樸實，如果專門講求綺靡絢麗，那就不能說是盡善盡美了。至於像孔融「薦禰衡表」，氣勢激揚，詞采飄逸；諸葛孔明的「出師表」，志慮周詳，文辭悲壯；雖然一重華麗，一尙樸實，旨趣不同，但都是「章表」中的精英啊。陳琳、阮瑀的章表，有美譽於當時；孔璋的作品，尤稱遒健有力；這些也可以說是才華高標了。陳思王曹植的「

表」，冠絕羣才，無出其右者。詳觀他的作品，內容豐贍而聲律諧調；文辭清麗而情志明顯。順應事物的情況，裁制巧妙的篇章，隨着文情的變化，產生無限的旨趣。所以在臨文之時，如同駕車執轡，只要從容不迫，自能緩急適中，應合節度了。

晉初「章」「表」類的作品，以張華最爲傑出。他的「三讓公封表」，說理周詳，屬辭精要，援引義理，比屬事類，必求配合得當，恰到好處；但是一般世俗之士，只珍視他的「鷦鷯賦」，卻忽略了他在「章表」方面的成就。至於羊祜的「讓開府表」，前人談論時，無不交口稱譽；庾亮的「讓中書監表」，於往昔載籍裏，也都贊歎其既信且美。這些作品，都能抒發心志，聯屬事類，達到溫文雅正的程度了。劉琨的「勸進表」，張駿的「自序」，文章情致，耿介不阿，忠義無私，也可以說是敷陳軍國大事的優美「章表」啊。

推究「章」「表」的功用，本來是用作答謝顯揚朝廷的恩賜，表明一己的委曲心意；既可彰顯個人自身的文采，也可表達國家德業的榮華。「章」是晉謁朝廷用的，所以其風格法式均應明白曉暢；「表」是提出某種策略用的，所以其內容辭采應配合得宜，動人心弦。因爲依循其名，去考求實效，莫不以斐然的文辭，作爲治事的根本啊！所以「章」的體式規模，必須明朗而富有文采，其內容意旨須以古代聖王的典謨訓詁爲依據。務期陳述精要而不簡略，說理明暢而不膚淺。「表」之爲用，在於陳事，而事的內容不同，所以包括各種體式，自然設情位理，變化多端，因而必須用雅正的義理，以鼓動其風格，用清新的文詞，以馳騁其藻麗。然而懇切惻怛的，文辭容易被心意所驅使；虛浮誇侈的，情感常被辭藻所屈伏。因此，「章」「表」之作，一定要使繁縟簡約，各得其宜，華采實情，互相配合。使人讀來，脣吻之間，詞暢意流，通順無阻；這樣，便合乎「章表」寫作的規律了。子貢曾說：「人之爲文，必須以心志控制事義，以辭采結合感情」，究其爲用，就是說明文辭與心志體系一貫，不可有軒輊之分啊！荀卿認爲：「閱讀他人美好的文辭，勝過看色彩華麗的錦繡」，細審其言，也可以借來比況「章表」寫作的「義法」了！

總而言之：敷陳表章於宮廷，獻替興革意見於天子。措辭要正確明達，立說要恢宏雄偉。謹慎處理其中的禮節文飾，結構要條理貫串，首尾圓合。如此，則才德兼備的君子，一旦執筆爲文，其辭令華采，自然斐然可觀了。

【集評】

一、紀評：「此一段無甚發明。」

【問題討論與練習】

一、何謂「章表」？「章表」之起源與流變又如何？

二、漢初定儀，分為「章」、「奏」、「表」、「議」四品，而彥和論文體，約為「章表」「奏啓」「議對」三類，分合顯然不同，何故？

三、試述「七略」、「藝文」不錄「章表奏議」的原因？

四、彥和以為「陳思之表，獨冠羣才」，能否援例以徵此說之可信？

五、「章表」之體用及其寫作要領如何？

奏啓第二十三

【解　題】

「奏」之爲體，按照劉彥和的說法，是「言敷于下，情進于上」，故爲羣臣言事於君上時，所用的上行文。彥和於文體論中，列有上行文者。凡三篇，卽「章表」、「奏啓」、「議對」。章表篇云：「章以謝恩，奏以按劾，表以陳請，議以執異」，昭明文選卷三十七「表」下，李善注云：「謝恩曰章，陳事曰表，劾驗政事曰奏，推覆平論，有異事進之曰駁」，可見這三篇在言事陳情的關係上十分密切。本篇則以「奏」爲主體，而以「啓」附之。蓋「啓」之於陳政言事，爲「奏」之「異條」故也。

「奏」的功用，略有四端：卽「陳政事，獻典儀，上急變，劾愆謬」。析以別之，又可分爲兩類：一、是陳事的「奏」，「陳政事，獻典儀，上急變」屬之，其性質和陳請之「表」似近而實異。所謂似近者，皆爲言事的緣故。所謂實異者，蓋所言的事有大小之分，「表」之所言，多屬臣下的私心，「奏」之所上，乃爲經國的公事。二、是按劾的「奏」。卽李善所謂之「劾驗政事」，章表篇所謂「奏以按劾」者是也。「劾愆謬」屬之。不過，此體之爲用，也因對象的不同而有所區別。如對君上，則謂之「諫諍」，像谷永的「諫仙」是也。於臣下同僚則謂之「按劾」，像孔光的「奏董賢」是也。後世又有「彈事」之名，以其彈劾過謬，術在糾惡。「啓」到晉代以後始盛，用之於君，則爲「啓沃教導」，行之於臣，則爲「開誠布公」。「奏」專用於獻上，「啓」可用於平行。體雖稍異，而義有同歸。

關於「奏」的代表作家和作品，彥和首推王綰的「奏勳德」，李斯的「奏驪山」，以爲這兩件作品「辭質而義近」，「事略而意誣」，足見「法家少文」的情形。但其間亦有不然者，例如李斯「諫逐客書」，先以秦國的往事作證，藉客卿成功的往例以動之。接手又不引他國之事，則將秦所寶愛的各種物品，無一不由他國出產，但在用人方面就大不以爲然，來駁斥逐客之謬；其次，又以上古帝王能廣收衆益，而秦卻不如此，以形容其施政乖悖；再以客卿如被諸侯所用，足以妨害秦國的富強，來恐怖其心理；利害鑿鑿，無可置疑，到此就是不必請除其令，而令自然解除，不必諫止其逐，而逐自會停止。細玩其行文措辭之法，忽正說，忽反說，忽倒說，忽復說，莫可端倪；令讀者不知其爲正、爲順、爲倒、爲連、爲斷、爲續、爲喩、爲整、爲散，筆墨之痕俱化，自來推爲先秦第一等文字。似此，又豈得謂之「法家少文」乎？

於前漢出「賈誼務農，鼂錯述兵，王吉勸禮，溫舒緩獄，匡衡定郊，谷永諫仙」。以爲六家的作品「理旣切至，辭亦通辨」，可謂識奏書的體要了。於後漢，列楊秉的「陳災異」，陳蕃的「諫濫賞」，張衡的「指摘史漢缺失」，蔡邕的「主張整飭朝綱」。說他們得其骨鯁，明其博雅。然而，衡諸兩漢奏書，當首推賈誼「陳政事疏」。由其痛哭、流涕、長太息，似已預見漢朝政治上的潛在危機，在於同姓諸侯的叛亂，建議運用強幹弱枝的方法，以削弱他們的力量，防止叛亂於未萌。曾國藩「鳴原堂論文」，譽此篇「爲漢人奏疏的極軌，氣勢最盛，事理最顯，千古奏議，推爲絕唱」。而彥和僅出其「務農」，實難稱爲確論。如果我們以此類推，文中所述魏、晉以下的作品，恐怕也都有値得商量的地方。

至於「奏」「啓」寫作的要領，彥和曾分別論述。如「陳事之奏」，以敘明事理爲主，故當「以明允篤誠爲本，辨析疏通爲首。強志足以成務，博見足以窮理，酌古御今，治繁總要，此其體也」。按「明允篤誠」者，奏書的精神，「辨析疏通」者，運詞的要領，「強志」、「博見」者，修養的功夫，「酌古御今」、「治繁總要」者，敘事的法則。此彥和不易之確論；較之陸機文賦所云：「奏平徹以閑雅」，可謂「干將」

之與「鉛刀」，相懸何啻千里！

其次，對於「按劾之奏」的作法，他以為既然在「明憲清國」，「肅清風禁」，故應「位在鷙擊，砥礪其氣，必使筆端振風，簡上凝霜」，使奸邪為之膽寒，小人望而卻步。然而一般人的常情，是「愛之欲其生，惡之欲其死」，如「詩刺讒人，投畀豺虎」，「禮疾無禮，方之鸚猩」，墨翟非儒，目以羊彘，孟軻譏墨，比諸禽獸，是以世人為文，交相詆訶，甚而吹毛求疵，有背折中。所以彥和提出指正說：「若能闢禮門以懸規，標義路以植矩，然後踰垣者折肱，捷徑者滅趾，何必躁言醜句，詬病為切哉！」故為文之要，首先掌握寫作的原則，必使「理有典刑，辭有風軌，總法家之式，秉儒家之文」。因為「理有典刑」，足以糾明過惡，不至「次骨為戾」，有「復似善罵」之嫌。「辭有風軌」，足以雅潔允當，不至「吹毛求疵」，有「失乎折中」之病。至於「總法家之式」，則可「無縱詭隨，聲動簡外」。「秉儒家之文」，則可「不畏彊禦，氣流墨中」。清代紀曉嵐對此評述，以為是「酌中之論」，信非虛譽。

「啓」體作法，由於時人崇尚隸事徵典，所以篇體短促，長者不過百數言。故齊、梁文士，競為纖巧，以夸雅切。彥和云：「必斂徹入規，促其音節，辨要輕清，文而不侈」，這就是寫作「啓」體的大致原則了。

【正文】

首段「釋名以章義」。並言「奏」之形成，由唐虞之敷言，嬗變而為秦漢的「上書」。

昔唐虞之臣，敷奏以言㈠；秦漢之輔，上書稱奏㈡。陳政事㈢，獻典儀㈣，上急變㈤，劾愆謬㈥，總謂之奏。奏者，進也。言敷于下，情進于上也㈦。

秦始立奏，而法家少文㈧。觀王綰之奏勳德㈨，辭質而義近㈩；李斯之奏驪次段「原始以表末」。，說明奏的流變，略舉秦、兩漢、魏、晉各代奏書的特色。並選出代表作家與作品相印證。

山(十一)，事略而意誣（原作「逕」，今依王利器新書徵御覽五九四引及顏氏家訓書證篇之文例改）(十二)；政無膏潤(十三)，形於篇章矣。自漢以來，奏事或稱「上疏」。儒雅繼踵(十四)，殊采可觀。若夫賈誼之務農(十五)，鼂錯之逑兵（「逑兵」舊本誤倒作「兵卒」，王利器新書從徐𤈻校作「兵術」，與御覽同。李師曰剛斠詮從上下文例，並參酌書記篇「申憲逑兵」一語之用詞，以爲當作「逑兵」，其說甚是。今據訂正）(十六)，王吉之勸（原作「觀」，依御覽五九四引改）禮(十七)，溫舒之緩獄(十八)，匡衡之定郊（此句原倒在「王吉之勸禮」句上，依時代順序，應與「谷永之諫仙」相聯，茲據李師曰剛斠詮說乙正）(十九)谷永之諫仙(二十)，理既切至，辭亦通辨（原作「暢」，今據御覽五九四引改），可謂識大體矣。後漢羣賢，嘉言罔伏(二一)。楊秉耿介於災異(二二)，陳蕃憤懣於尺一(二三)，骨鯁得焉(二四)；張衡指摘於史職（原作「職」，形誤，茲據楊明照校注拾遺說，及御覽五九四引改）(二五)，蔡邕銓列於朝儀(二六)，博雅明焉(二七)。魏代名臣，文理迭興。若高堂天文(二八)，黃觀（「黃」原作「王」，依御覽五九四及李詳補注引御覽九四六說改）教學(二九)，王朗節省(三十)，甄毅考課(三一)，亦盡節而知治矣(三二)。晉氏多難。災屯流移(三三)。劉頌殷勤於時務(三四)，溫嶠懇惻於費役(三五)，並體國之忠規矣。

三段「敷理以擧統」。言奏書寫作的體要。以明允篤誠爲本，辨析疏通爲首。

夫奏之爲筆，固以明允篤誠爲本(三六)，辨析疏通爲首〔評一〕。強志足以成務(三七)，博見足以窮理，酌古御今(三八)，治繁總要(三九)，此其體也。若乃按劾(四十)之奏，所以明憲清國。昔周之太僕(四一)，繩愆糾謬(四二)，秦有（原作「之」，茲依御覽五九四引改）御史(四三)，職主文法(四四)；漢置中丞，總司按劾；故位在鷙擊(四五)，砥礪其氣，必使筆端振風，簡上凝霜者四段評後世彈奏之文，競於詆訶，多失折中。並言作者宜立範運衡，明其體要。

也。觀孔光之奏董賢（四六），則實其奸回（四七），路粹之奏孔融（四八），則誣其釁惡（四九）。名儒之與險士，固殊心焉。若夫傅咸果勁（「果勁」原作「勁直」，據御覽五九四引改）（五〇），而按辭堅深（五一）；劉隗切正（五二），而劾文闊略（五三）；各其志也。

後之彈事（五四），迭相斟酌，雖（原作「惟」，形誤，依王利器新書徵論說篇「雖有日新」語改）新日用，而舊準弗差。然函人欲全（五五），矢人欲傷（五六），術在糾惡，勢入剛峭（「入剛」二字原作「必深」，今依劉永濟校釋徵御覽五九四引改）。詩刺讒人，投畀豺虎（五七）；禮疾無禮，方之鸚猩（五八），墨翟非儒，目以羊（原作「豕」，依御覽五九四引改）彘（五九）；孟軻譏墨，比諸禽獸（六〇）；詩禮儒墨，既其如茲，奏劾嚴文，孰云能免。是以近世為文（「近世」原作「世人」，據御覽五九四引改），競於詆訶（六一），吹毛取瑕（六二），次骨為戾（六三），復似善罵，多失折衷（六四）。若能闢禮門以懸規，標義路以植矩（六五），然後踰垣者折肱（六六），捷徑者滅趾（六七），何必躁言醜句，詬病為切哉！是以立範運衡（六八），宜明體要。必使理有典刑（六九），辭有風軌（七〇），總法家之式，秉儒家之文（評二），不畏彊禦（七一），氣流墨中，無縱詭隨（七二），聲動簡外，乃稱絕席之雄（七三），直方之舉耳（七四）。

五段釋啓的意義與由來，及其和表奏二體的關係。

啓者，開也。高宗云：「啓乃心，沃朕心」（七五），蓋其義也（「蓋」原作「取」，依劉永濟校釋徵御覽五九九引改）。孝景諱啓，故兩漢無稱。至魏國箋記，始云啓聞（七六）。奏事之末，或云謹啓。自晉來盛啓，用兼表奏(七七)。陳政言事，既奏之異條；讓爵謝恩，亦表之別幹。必斂徹原作「飭」，今依傳校各本及古今圖書集成文學典一四九卷引訂正入規(七八)，促其音節(七九)，辨要輕清(八〇)，文而不侈〔評三〕，亦啓之大略也。

末段承上文未盡之意，說明「表奏」又號「讜言」、「封事」、「便宜」。異名事同，故無待泛說，以收束上文作結。

又表奏确切(八一)。號爲讜言(八二)。讜者，無偏也「偏」上「無」字原缺，今依楊明照校注拾遺徵書經洪範「無偏無黨，王道蕩蕩」文例補。王道有偏，乖乎蕩蕩(八三)。其言無偏「言無」二字原脫，依楊明照校注拾遺審上下文意補，故曰讜言也。孝成稱班伯之讜言(八四)，貴直也。自漢置八能「能」原作「儀」，茲據范文瀾注徵後漢書禮樂志中「八能士，各言事」之文改(八五)，密奏陰陽(八六)；皁囊封板(八七)，故曰封事(八八)。鼂錯受書，還，上便宜(八九)。後代便宜，多附封事，愼機密也。夫王臣匪躬(九〇)，必吐謇諤(九一)，事舉人存(九二)，故無待泛說也〔評四〕。

贊曰：皁飾原作「飭」，形誤，茲依劉永濟校釋說改司直(九三)，肅清風禁。筆銳干將(九四)，墨含淳酖(九五)。雖有次骨，無或膚浸(九六)。獻政陳宜，事必勝任。

【註　釋】

㈠ **敷奏以言**：敷，陳述。奏，進上之語。是說古之人臣，有意見向國君陳述時，皆用言語直接表達。

㈡ **秦漢之輔，上書稱奏**：言嬴秦、炎漢時的輔佐大臣，每假手文字，上書朝廷，稱之謂「奏」。

㈢ **陳政事**：言陳述政治情事，如漢書賈誼傳有「陳政事書」，以及本文所謂的「賈誼之務農」。

㈣**獻典儀**：謂貢獻典制禮儀，如本文所云：「匡衡之定郊」。

㈤**上急變**：言上報朝廷突然發生的緊急事故。如漢書車千秋傳：「上急變訟太子寃」。

㈥**劾愆謬**：言驗劾愆失謬誤的事。如本文所云：「谷永之諫仙」，「孔光之奏董賢」。

㈦**言敷于下，情進于上**：謂意見鋪陳於臣下，實情進奏於君上。

㈧**法家少文**：文，辭采。謂法家之文，很少注重辭采。

㈨**王綰之奏勳德**：綰，音（ㄨㄢˇ）。言王綰進奏秦皇勳業功德之文。事見史記「秦始皇本紀」。

㈩**辭直而義近**：文辭直樸，而義理淺近。

㈡**李斯之奏驪山**：言李斯「治驪山陵上書」。李斯上書事，見於蔡質「漢儀」。

㈢**事略而意誣**：謂敍事簡略，而造意虛誕。

㈢**政無膏潤**：膏潤，恩澤。言政治刻薄寡恩，一旦形之於篇章，就缺乏文采了。

㈣**儒雅繼踵**：儒雅，氣度雍容，學問湛深之意。踵，脚後跟。繼踵，相繼產生。言其間溫文爾雅的儒臣，接踵而起。

㈤**賈誼之務農**：賈誼有上文帝的「務農疏」，陳述致力農業的重要，勸其務農積貯。事見漢書「食貨志」。

㈥**鼂錯之述兵**：鼂錯，西漢穎川人。言鼂錯，上書言兵事，以爲安邊立功，在於良將。事見漢書「鼂錯傳」。

㈦**王吉之勸禮**：王吉，漢之皐虞人，字子陽。言宣帝時，王吉爲諫大夫，上書請講明禮制。其上書請行舊禮事，見漢書「王吉傳」。

⑱ **溫舒之緩獄**：溫舒，字長君，漢鉅鹿人。宣帝初卽位，曾上書言事。謂路溫舒上書，言宜尙德緩刑。事詳漢書「路溫舒傳」。

⑲ **匡衡之定郊**：匡衡字稚圭，漢東海承人。淹貫經義，尤善說詩。宣帝時，學者多上書薦其經明，當世少雙，令爲文學，就官京師。元帝時，累官太子少傅，爲丞相，封安樂侯，朝廷有政議，衡輒引經以對。成帝時，匡衡有定郊祀禮儀的奏議。此處卽言匡衡奏定南北郊祀的禮儀。事見漢書「郊祀志」下。

⑳ **谷永之諫仙**：谷永，字子雲，長安人。成帝於末年，迷信神仙之說，谷永因此上書勸諫。此言谷永諫上，宜拒絕奸人左道。事見漢書「郊祀志」下。

㉑ **嘉言罔伏**：罔，無。伏，隱藏。是說美好的言辭，毫無隱藏的發之於外。語出書經「大禹謨」。

㉒ **楊秉耿介於災異**：楊秉，字叔節，東漢人。桓帝時微行，遇暴風拔樹，白晝如昏，楊秉直言勸諫，以爲天雖不語，往往以災異譴告。耿介，守正不阿，有不隨俗浮沉之義。事見後漢書「楊秉傳」。

㉓ **陳蕃憤懣於尺一**：懣，音（ㄇㄣˋ）。陳蕃，字仲舉，東漢汝南平輿人。憤懣，不平。尺一，詔書，謂板長尺一，以寫詔書。陳蕃因桓帝賞罰不當，踰越禮制，而作憤懣不平的諫正。事見後漢書「陳蕃傳」。

㉔ **骨鯁得焉**：骨鯁，喻剛直耿介。言鯁直不阿，得以留名青史。

㉕ **張衡指摘於史職**：張衡，字平子，東漢南陽西鄂人。張衡曾指摘司馬遷與班固所述史事十餘事與典

籍不合。事見後漢書「張衡傳」。

㉖ **蔡邕銓列於朝儀**：蔡邕，字伯喈，東漢陳留圉人。銓列，考核列敍。朝儀，朝廷禮儀。靈帝時，天災人禍，民力疲弊，因此蔡邕上奏，評列朝廷的儀法綱紀，因爲是分條陳奏，所以說「銓列於朝儀」。事見後漢書「蔡邕傳」。

㉗ **博雅明焉**：言張、蔡二家淵博典雅，顯然可見。

㉘ **高堂天文**：高堂，複姓，名隆，字升平，三國魏泰山平陽人，高堂生之後。明帝青龍年間，有彗星入侵大辰星座，以爲災異，高堂隆上疏諫諍，以爲宮室華飾過前，違反禮度。事見三國志魏志「高堂隆傳」。

㉙ **黃觀教學**：魏黃觀的「教學疏」已散佚，御覽卷九四六引「魏名臣奏」，有郎中黃觀上疏，但內容似與「教學」無關，或別有他疏，也未可知。

㉚ **王朗節省**：王朗，字景興，三國魏東海郯人。有「宜節省奏」，三國志魏志王朗傳注引「魏名臣奏」中載有此文。

㉛ **甄毅考課**：甄毅，魏文德甄皇后從兄子，曾爲駙馬都尉。有「請尚書郎奏事處當疏」文。參見御覽卷二一四引「魏名臣奏」，及三國志魏志卷五「文德甄皇后傳」。

㉜ **盡節知治**：謂克盡臣節，通曉治體。

㉝ **災屯流移**：屯，難。災屯，災難。流移，流離遷移。

㉞ **劉頌殷勤於時務**：劉頌，字子雅，晉廣陵人，除淮南相，曾在郡上疏。全句是說，劉頌非常關切當

時的封國制度。事見晉書「劉頌傳」。

㉟ **溫嶠懇惻於費役**：溫嶠，字太眞，東晉元帝卽位，遷太子中庶子，曾上疏言事。懇惻，至誠。費役，耗費勞役。全句是說，溫嶠誠懇感傷太子起西池樓觀的耗費勞役。事見晉書「溫嶠傳」。

㊱ **明允篤誠爲本**：謂明察事理，立論允當，用心篤學，誠實不欺爲本。語出左傳文公十八年文。

㊲ **強志足以成務**：強志，猶言強記，強識。成務，成就事務。言堅強記誦，足以成就任務。

㊳ **酌古御今**：言參酌往古的典制，統御當今的機宜。

㊴ **治繁總要**：治理紛繁的端緒，總攬主要的綱領。

㊵ **按劾**：按察彈劾。

㊶ **周之太僕**：太僕，官名，主管國王的服位，出納王命，秦漢時，列爲九卿之一。見周禮夏官太僕。

㊷ **繩愆糾謬**：繩，直。愆，過失。糾，正。謬，謬誤。全句指糾正過失的意思。

㊸ **秦有御史**：御史，官名。漢書百官公卿表云：「御史大夫，秦官，位上卿。」

㊹ **職主文法**：言主管文書法令。

㊺ **位在鷙擊**：鷙，一種凶猛的鳥，如鷹、鵰、鶚之類。全句是說，職位在於彈劾糾舉，像鷙鳥搏擊食物一般。

㊻ **孔光之奏董賢**：孔光，字子夏，漢人，孔子第十四世孫。董賢，字聖卿，漢雲陽人，哀帝的幸臣。哀帝死後，因被王莽彈劾自殺。當董賢自殺後，王莽又授意孔光，揭發董賢的罪名。事見漢書「佞幸傳」。

㊼ **實其奸回**：言證實他的奸邪。

㊽ **路粹之奏孔融**：路粹，字文蔚，後漢陳留人。孔融，字文舉，後漢魯國人。曹操曾指使路粹彈劾孔融。事見後漢書「孔融傳」。

㊾ **誣其釁惡**：釁惡，瑕疵，此處引申爲過錯，壞處。全句是說，誣陷他的罪惡。

㊿ **傅咸果勁**：傅咸，字長虞，剛簡有大節。果勁，忠果勁直。

(51) **按辭堅深**：指按舉察劾的言辭，皆證據確鑿，不可動搖。

(52) **劉隗切正**：隗，音（ㄨㄟˇ）。劉隗，字大連，晉彭城人。晉書劉隗傳說他彈奏時不畏彊禦。切正，急切嚴正。

(53) **劾文闊略**：是說劾奏的文字疏闊簡略，不够具體。

(54) **後之彈事**：彈，批彈，糾彈。六朝御史中丞劾奏叫「彈事」；昭明文選有「彈事類」。此言晉以後的彈劾奏章。

(55) **函人欲全**：函人，製作甲冑的工匠。言造甲的工匠，欲鎧甲堅韌，以保全人身。

(56) **矢人欲傷**：矢人，造箭的人。言造箭的人，卻欲矢簇鋒利，能殺傷人身。

(57) **詩刺讒人，投畀豺虎**：詩，指詩經小雅巷伯篇。刺，諷刺。讒人，讒佞小人。畀，給。豺，狼類。言詩經小雅巷伯之篇，諷刺讒佞小人，說應當把他們投給豺狼虎豹吃掉。

(58) **禮疾無禮，方之鸚猩**：禮，指禮記曲禮上。方，比擬。言禮記曲禮痛恨人之無禮，把他比成能言而不離禽獸的鸚鵡、猩猩。

(五九) **墨翟非儒，目以羊彘**：言墨子非議儒者，視之爲好吃懶作的羊猪，說見墨子「非儒」下。

(六〇) **孟軻譏墨，比諸禽獸**：言孟軻譏評墨氏，比之爲無父無君的禽獸。說見孟子「滕文公」下。

(六一) **詆訶**：詆毀訶責。

(六二) **吹毛取瑕**：瑕，與疵同意。全句是說，極力索求別人的過失。語本韓非子卷八「大體篇」。

(六三) **次骨爲戾**：次，至。次骨，深刻至骨，戾，乖戾。比喻用法苛酷，詞語乖戾，深入骨髓。

(六四) **多失折衷**：折衷，得當，無過或不及。此言大多違背中庸之道。

(六五) **闢禮門以懸規，標義路以植矩**：謂開闢禮法以爲規章，標舉義理以爲矩式。孟子萬章下：「夫義，路也；禮，門也。惟君子能由是路，出入是門也。」彥和造語本此。

(六六) **踰垣者折肱**：踰垣，跳牆，喻違犯禮法。肱，手臂。語出國語「吳語」。

(六七) **捷徑者滅趾**：捷徑，邪路，邪徑。比喻違犯禮法的大道。滅趾，指受法律制裁。

(六八) **立範運衡**：立範，建立規範，制定標準。運衡，運用權衡。

(六九) **理有典刑**：典刑，常典故法。言必使所引據的道理，合乎常典故法。

(七〇) **辭有風軌**：風軌，風標軌範。言撰述的文辭，必須有風格軌範。

(七一) **不畏彊禦**：彊禦，即強橫的人。謂不懼怕彊梁禦善的惡霸。語出詩經大雅「蒸民」。

(七二) **無縱詭隨**：詭隨，譎詐謾欺的人。謂不放縱譎詐謾欺的鄉愿。語出詩經大雅「民勞」。

(七三) **絕席之雄**：絕席，不同席，比喻特殊座位。謂獨居於特殊地位的雄才。語出後漢書「王常傳」。

(七四) **直方之舉**：謂內直以敬，外方以義的魁首，彥和造語本易經「坤文言」。

（七五）**啓乃心，沃朕心**：啓，開。沃，灌溉。言打開你內心之所有，以灌溉我心之所未知。此殷高宗武丁對大臣傅說的話，見書經「說命」上。

（七六）**魏國箋記，始云啓聞**：言自曹魏上奏的文書，開始時每云「啓」或「聞」。

（七七）**晉來盛啓，用兼表奏**：言自晉世以來，盛行「啓」這種文體，當時兼有「表」「奏」二者的功用，如「全晉文」錄有會稽王道子的「請崇正文李太妃名號啓」，「皇太子納妃啓」。

（七八）**斂徹入規**：斂徹，收斂。謂收斂事理，納入篇章規範。

（七九）**促其音節**：指此等文體作法，宜句讀簡短，音節急促。

（八〇）**辨要輕清**：言敍事須辨捷切要，筆法宜明快清新。

（八一）**确切**：确，音（ㄑㄩㄝˋ），堅。确切，堅定中肯的意思。

（八二）**讜言**：讜，音（ㄉㄤˇ）。讜言，直言，善言。

（八三）**王道有偏，乖乎蕩蕩**：偏，不平。蕩蕩，平正無私。全句言王者之道，苟有偏頗，即乖違廣遠浩蕩的聖德。語出書經「洪範」。

（八四）**孝成稱班伯之讜言**：班伯，漢成帝時人。少受詩於師丹，誦說有法，拜中常侍，又受尚書、論語於鄭寬中、張禹，志氣慷慨，數使匈奴，出爲定襄太守。全句是說，漢成帝稱許班伯的諫諍爲善言。事見漢書「敍傳」。

（八五）**漢置八能**：八能，指能夠用鐘、鼓、磬、管、竽、琴六種樂器，奏出黃鍾、蕤賓、太簇、夷則、林鐘、無射、姑洗、應鍾八種音律的人。全句是說，漢代設置八能之士。

(八六) **密奏陰陽**：言密奏陰陽調和的事。見漢書「敍傳」。

(八七) **皁囊封板**：皁，黑色，用皁色的帛所作的囊叫皁囊，用來封呈奏疏的。是說用黑色布囊，封藏書板。見漢書「敍傳」。

(八八) **封事**：古時臣下奏報要事，以皁囊封藏書板，以防機密外洩，故叫「封事」。事見「漢官儀」。

(八九) **鼂錯受書，還，上便宜**：鼂錯受書，指錯受「尚書」於伏生。便宜，指便於公，利於民的事。謂鼂錯奉命受尚書於濟南伏生，既畢而還，因呈便公利民的事。事見史記「鼂錯傳」。

(九〇) **王臣匪躬**：匪躬，不顧己身。言人臣盡忠於君王時，勇赴國家急難，不顧己身安危。

(九一) **必吐謇諤**：謇，音（ㄐㄧㄢˇ）。謇諤，直言。是說定能吐獻直言。語出易經蹇卦。

(九二) **事舉人存**：謂所言政事獲得實行，則其人之名，必留存後世。語本禮記中庸「哀公問政」，而意畧別。

(九三) **皁飾司直**：皁飾，穿着黑色服飾，表示威嚴。司直，官名，掌佐助丞相，檢舉不法。見漢書「百官公卿表」。

(九四) **干將**：古代名劍，和「干將」成對的是「莫邪」，這雙寶劍是以主持鑄劍的「干將」「莫邪」夫婦的名字而命名。

(九五) **墨含淳酖**：淳，淳厚。酖，音（ㄉㄢ），在此讀（ㄓㄣˋ），用鴆鳥羽毛所浸泡的一種毒酒。這裏用淳酖來表示文章的有力。全句指文中具有攻擊邪惡的力量。

(九六) **無或膚浸**：膚浸，指讒言。是說奏劾之文，言必覈實，千萬不容發生膚受浸潤，讒言誣陷的事。語出論語「顏淵篇」。

【語譯】

古時唐堯、虞舜的大臣，如果有什麼意見要向君主陳述，就用言辭直接表達。到秦、漢兩代，輔佐的臣子，每假手文字，上書朝廷，就叫做「奏」。因此凡是陳述政治情事，呈獻典制禮儀，報告突發變故，彈劾過犯罪人，統稱之爲「奏」。所謂「奏」，就是進言。也就是說鋪陳意見於臣下，進獻實情於君上的意思啊。

秦代才開始建立「奏」這個文體名稱，但是專講權術的法家，不太注重文辭藻采。試看王綰「尊頌秦王勳業功德」所奏的文字，辭語質樸而義理淺近。李斯的「治驪山陵上書」，敘事簡略而造意虛誕，其政治之刻薄寡恩，一旦形於篇章，便缺乏文采了。從漢朝到現在，進言政事的「奏」，或稱之爲「上疏」，在這段期間，溫文雅正的儒臣接踵而起，因此文采豐美，大有可觀；像賈誼上文帝的「務農疏」，鼂錯的「說兵事疏」；宣帝時，王吉上的「請講明禮制書」，路溫舒主張「尚德緩刑」的奏疏；成帝時，匡衡「定郊祀禮儀」的奏議，谷永「諫拒神仙怪道」的上奏；這些奏章，事理既切當周至，文辭也通達流暢，可以說是明瞭「奏疏」的寫作要領了。時至東漢，許多賢臣對於美好的言論，都毫無隱藏的發之於外，如楊秉對桓帝的微服私行，以致發生暴風拔樹的災異，提出耿介不阿的直諫；陳蕃因桓帝賞罰不當，經常踰越禮制，而作憤懣不平的諫正；因此都得到鯁直不阿，留名青史的美譽啊！至於張衡曾上書安帝，指摘司馬遷、班固所述史事十餘事與典籍不合，蔡邕也曾上疏靈帝，詮評列敘朝廷的禮儀法制，他們兩家的淵博雅贍，是明顯可見的。曹魏時代，名臣們文理兼備的作品，更先後興起。像明帝時的高堂隆，發現彗星干犯帝座，因而奏諫宮室的華飾，違反了禮法。黃觀的「教學疏」，言注意教化，以移風易俗。王朗的「宜節省奏」，以及甄毅的「請尙書郎奏事處當疏」，都算是克盡諫臣的職責，通曉治國理民的大道了。晉時，國家多難，災患頻仍，人民流離遷徙，苦辛備嘗，淮南相劉頌，在郡上疏，對當時的封國典制，非常關切；中庶子溫嶠，對太子與建樓觀的耗費勞役，也至感悲傷。這些都是爲國家設想的忠誠規諫啊。

奏疏的作法，固然要以立論明允，用心誠篤爲根本；事理辨析，文辭通達爲首務。但堅強的記誦，足以成就任務；廣博的見聞，才能洞悉事理；再參酌往古的典制，駕御當今的機宜，然後治理繁雜的端緒，總攬主要的綱領，這就是奏疏的體裁法式啊。像那按察過失，彈劾錯誤的「奏章」，是用來彰明法度，澄淸吏治的。過去周代太僕之官，專司規過糾謬。秦有御史大夫，主掌文書法令。漢設御史中丞，總管檢查彈劾。所以擔任這種職位的官員，其對罪惡的糾舉彈劾，好比鷹鷙的搏擊食物；要磨練、堅強他的氣節，必須使筆端振起肅殺的風聲，簡上凝結冰霜的嚴厲啊！試觀王莽示意孔光，參奏已經自殺的董賢，足可證實他的奸邪。曹操指使路粹，彈劾他所嫌棄的孔融，全是誣陷的罪惡。由此看來，有名的學者與居心險惡的人，其用心本來就不相同啊！至於像傅咸的果直剛勁，他按舉察劾的奏辭皆證據確鑿，不可動搖。劉隗爲人急切嚴正，因而他劾奏的文字，便粗疏簡略。這就是因爲他們彼此思想性格的不同，而有所差異的緣故啊！

後代凡是按劾的奏章，別稱「彈事」，與一般奏疏相比，雖然互有增損；使用起來，給人有一種創新的感覺，但細加研究，卻和舊有的標準，沒有多大差異。然而這好比造作甲冑的工匠，希望甲冑堅靭，得以保全人身，不受傷害；可是造箭的人，卻想矢簇鋒利，能殺傷人體。至於劾奏的目的，本在糾彈罪惡，所以行文氣勢，必然入於剛正峭厲・詩經小雅巷伯篇，諷刺讒佞小人，說「把他們抓來，丟給那些貪得無厭的豺狼虎豹吃掉」。禮記曲禮疾恨人的無禮，把他們比作「能言而不離禽獸的鸚鵡猩猩」。墨子非議儒家的學者，將他們看成「好吃懶做的豬羊」。孟軻譏評墨子的信徒，將他們比做「無父無君的禽獸」。詩經、禮記、孟軻、墨翟，他們的譏評和比擬，尚且如此；更何況按劾嚴肅的奏章，誰說其行文措辭，能免於深刻嚴峻的缺點呢？因此近代寫作奏劾文字的人，都競以詆毀訶責爲能事，吹毛求疵，專門索求他人的過失，詞語乖戾，深刻刺骨；又像善於嘲罵，大多違背中庸之道。如果作者能打開禮法之門；以懸示規範；標明義理的正路，來樹立矩式；然後，使踰越禮法的人，好比跳牆就會跌斷股肱，投機取巧之徒，抄邪路必然扭斷腳踝一樣，又何必說些急躁醜惡的語句，以指責辱罵爲切至呢？所以要想建立奏劾的寫作規範，評量高下的標準，應該先明瞭它的大體旨要。必使引據的事理，合乎常典故法，撰述的文辭，要有風格軌範；綜合法家嚴厲的體式，秉持儒家仁義的文采；不畏懼強梁禦善的惡霸，把正氣流注於筆墨之中；不放縱詭譎欺詐的鄉愿，把直聲動蕩於書簡之外。這樣，才可稱做是獨特地位的雄才，內直外方的頭等手筆啊！

所謂「啓」，就是「開」的意思。殷高宗武丁對大臣傅說道：「打開你內心的善道，灌溉我本人的無知。」「啓」，大概就是這句話的意思。由於漢景帝名「啓」，漢人避諱，所以沒有「啓」的稱謂。到曹魏時代，百官上奏的文書，開始時，通常都說「啓」或「聞」，陳奏事情完了，文末或以「謹啓」結尾。自晉代以來，盛行用「啓」，而且兼有「表」和「奏」的功用。陳述政情，議論國事，既屬「

奏」的支條；辭讓爵賞，答謝恩典，也是「表」的別流。所以寫作「奏」「啓」的方法，一定要收斂事理，納入文章的規範；句讀簡短，避免繁複的音韻；敍事須辨捷切要，筆法宜明快清新，詞有文采，而不流於誇侈，這也就是「啓」的寫作大致要點啊。

又所謂「表」、「奏」文字，一定要態度中肯，敍事切實，才可以稱得上「善言讜論」。「讜言」者，不偏不頗的意思。如果王者之道。有所偏頗，就違背了廣遠浩蕩的盛德。「奏」、「啓」卽是言論堅正，無所偏頗，所以叫做「讜言」啊！漢成帝稱許班伯的「酒色之諫」爲「讜言」，便是推崇它措辭耿直啊。自從漢代設置「八能」之士，集合八位專家們的意見，作爲施政的參考，把他們有關陰陽調和事宜的「奏章」，都用黑色布囊，加以封藏，所以又叫「封事」。過去漢文帝命鼂錯受「尚書」於濟南伏生，事畢回朝，因呈便國利民的意見。於是後代有關便國利民的奏啓，多半附在密封的黑布囊中，這是因爲對機密特別愼重的緣故啊。人臣盡忠於君王時，勇赴國家的急難，不顧己身的安危，所以定能吐納直言，裨補闕漏。如上奏的政事，獲得實行，那麼，此人的美名令譽，必可留存當世，傳遺來葉。凡此種種，古有明訓，於此就不再作廣泛的說明了。

總而言之，穿著黑色衣服，專門判斷邪正曲直的官吏，負有整肅風紀，清除違禁的責任。因此，文筆的銳利，可比干將、莫邪；墨汁的淳烈，含有驅惡的酖毒。雖有深入骨髓的砭責，卻毫無稍存誣陷的動機。像這樣地進獻政見，陳述事宜，必定可以負責盡職，達成勝任愉快的目的啊。

【集評】

一、黃評：「此句不可多得。」
二、紀評：「此評未允，三代而下，名臣之奏多矣。」
三、紀評：「酌中之論。」
四、紀評：「界限分明。」
四、紀評：「與祝盟篇結處同意。」

【問題討論與練習】

一、彥和一則曰「法家少文」，再則曰「必使理有典刑，辭有風軌，總法家之式」，兩說似有矛盾，能否分別探究其要旨？
二、何謂「奏」？奏書寫作的體要如何？
三、試論「彈事」的特色。並說明時至後代，此體發展的偏失，及其立範運衡之道如何？
四、試述「啓」的定義，及其與「表」「奏」的關係和「作法」如何？
五、本篇以「奏啓」名篇外，尚言及「上疏」「彈事」「讜言」「封事」「便宜」等，試分別敍述各體之定義及用途如何？

議對第二十四

【解　題】

議對，是講「議政」與「對策」的文章，屬上行文。「議」是朝廷有事，集合朝臣商議，所謂「周爰咨謀」，「言得其宜」者也。「對」是皇帝提問，臣下作答，所謂「應詔陳政」，「探事獻說」者也。「對」之爲名，雖有不同，但本乎「言中理準」的原則，實卽「議」的別體。故「議」「對」合篇，不謂無由。

「議」之爲用，其來甚遠。根據管仲的說法，黃帝時代就有了「明臺之議」。書經上記載「堯咨四岳」。三代治世的興隆，得力於詢及芻蕘。春秋戰國，由於諸侯力征，歃血盟會，招賢議政，更數見不鮮。時至兩漢，始立「駁議」。藹藹多士，發言盈庭，名家著作，一時蠭出。至於「對策」之體，較爲晚見。史載文帝十五年九月，詔擧賢良能直言極諫者，上親策問之，始有「對策」。所謂「善待問者如撞鐘，扣之以小者則小鳴，扣之以大者則大鳴」，此不僅是個人登庸的門徑，也是政府選拔賢能的要術。

「議對」的作品，彥和於漢首推賈誼爲捷。吾丘壽王、韓安國、賈捐之、劉歆各家，得敍事之要。張敏、郭躬、程曉、司馬芝、何曾、秦秀等，達議政之體。至於「駁議」，漢以應劭列首，晉以傅咸居宗。「對策」方面，彥和於前漢列擧鼂錯、董仲舒、公孫弘、杜欽。於後漢爲魯丕。以爲凡此五家，並前代之明範。魏晉以下，由於人尚藻麗，家務華采，經義銷沈，佛老並興，所以凡參選對策者，多半託病不會，欲求佳作，可謂不易。

欲知寫作「議對」的要領，必先說明對「議政」的要求。由於此種文體關係「治術」，故其大體必先「樞紐經典」，樹立正確的思想。然後「採故實於前代，觀通變於當今」，一方面要擷取古人理民的經驗，做爲議政的參考；一方面要了解當前政治的實情，才能對症下藥。所以在內容上，要「理不謬搖其枝」；在文字上，要「不妄舒其藻」。同時「議政」之文，作者必須深明治體，務切時用。如「郊祀必洞於禮，戎事宜練於　，田穀先曉於農，斷訟務精於律」，這樣才能言之有物，鞭辟入理。更難得的是彥和身處繁文縟藻的齊、梁時代，卻主張「標以顯義，約以正辭，文以辨潔爲能，不以繁縟爲巧；事以明覈爲美，不以環隱爲奇」；反對不達政體者，不得「舞筆弄文，支離構辭，穿鑿會巧，空騁其華」。同時，他又接連引用韓非子外儲說左上篇裏兩個寓言故事，以諷時人議政的得失。若「文浮於理」，不啻「賤女貴媵」，如「末勝其本」，等於「買櫝還珠」。

劉永濟校釋嘗言：「議對者，議政與對策之文也。其必深明治體，務切時用，言無虛設，義準經訓，瞭然於一代政治得失。坐言者可以起而行，然後文非妄作。觀彥和所擧漢魏臣工，其所獻替，無不如是。晉宋以後，文體漸尚藻麗，於是有不切事情而騁華辭者，故彥和以貴媵、還珠譬況之，猶今世所謂脫離實際之文也。」蓋彥和之時，文浮末勝，尤無足觀，故於此篇雖揚搉前代作家，實亦在鍼砭當世文風。然而齊，梁迄今，又一千五百年矣，當前世局險惡，國人思治，不啻大旱之望雲霓，雖然假輿論之名，而發言盈庭，但求一眞正擲地有聲，通達治術的作品，較之往古，或尤不易得。顧炎武說得好：「文須有益於天下」，讀此篇，可知彥和的用心，吾人更不可以齊、梁文士目之也。

「對策」之作，要使「事深於政術，理密於時務，酌三五以鎔世，而非迂緩之高談，馭權變以拯俗，而非刻薄之僞論」。務期作品流露出一種「風恢恢而能遠，流洋洋而不溢」的風格，才能稱爲王庭的美對。然而人之資稟，半由天受，是非好惡，不能勉強，長於治術者或寡於文采，工於文采者或疏於治術。對策所選，實須具有過人的才識，方能應付裕如。所以彥和大嘆：「難矣哉，士之爲才也！」居今之世，在求一志足文遠的人才，恐怕是更難嘍！

首段言「議」的名義，並舉易、書之語加以證明。

次段「原始以表末」。列舉黃帝、堯、舜至春秋戰國有關議的故實，以證此體的淵源。並敍兩漢、魏晉之駁議，以觀其流變，兼評其風格特色。

【正文】

周爰咨（原作「諮」，據御覽五九五引訂正）謀㊀，是謂爲議。議之言宜㊁，審事宜也。易之節卦：「君子以制數度（「數度」二字原倒，茲依楊明照校注拾遺徵易經節卦原文乙正），議德行」㊂。周書曰：「議事以制，政乃弗迷」㊃。議貴節制，經典之體也。

昔管仲稱：「軒轅有明臺之議」㊄，則其來遠矣。洪水之難，堯咨四岳㊅，百（原作「宅」，依御覽五九五引改）揆之舉㊆，舜疇五人㊇，三代所興，詢及芻蕘㊈。春秋釋宋，魯僖預議（「僖」原作「桓」，「預」原作「務」，並誤。茲依御覽五九五引訂正）㊉。及趙靈胡服⑪，而季父爭論⑫；商鞅變法，而甘龍交辯（原作「辨」，依御覽五九五引改）⑬；雖憲章無算⑭，而同異足觀。迄至有漢，始立駁議⑮。駁者，雜也。雜議不純，故曰駁也。自兩漢文明，楷式昭備⑯，藹藹多士⑰，發言盈庭⑱；若賈誼之遍代諸生⑲，可謂捷於議也。至如吾丘（原作「主父」，顧校「主父」作「吾丘」，茲據御覽五九五引，及古今圖書集成卷一五〇引訂正。吾丘壽王駁挾弓事，見漢書本傳）之駁挾弓⑳。安國之辯（原作「辨」，從御覽五九五引改）匈奴㉑，賈捐之之陳于珠崖（「珠」原作「朱」，茲依王利器新書徵黃注及顧校當作字改。「捐之之陳珠崖」事，見漢書本傳）㉒，劉歆之辯於祖宗㉓，雖質文不同，得事要矣。若乃張敏之斷輕侮㉔，郭躬之議擅誅㉕，程曉之駁校事㉖，司馬芝之議貨錢㉗，何曾蠲出女之科㉘，秦秀定賈充之謚㉙，事實允當，可謂達議體矣。漢世善駁，則應劭爲首㉚。晉代能議，則傅咸爲宗㉛。然仲瑗博古，而銓貫有敍㉜。長虞識治，而屬辭枝繁㉝。及陸機斷議，亦有鋒穎㉞，而腴（原作「諛」，依御覽五九五引改）辭弗剪，頗累文骨㉟，亦各有美，風格存焉。

三段提示「議」體寫作要領及其必備條件。

夫動先擬議㊱，明用稽疑㊲，所以敬愼羣務㊳，弛張治術㊴。故其大體所資，必樞紐經典㊵，採故實於前代，觀通變於當今；理不謬搖其枝，字不妄舒其藻。又郊祀必洞於禮，戎事宜（原作「必」，茲據黃叔琳注及楊明照校注拾遺當作字，和御覽五九五引訂正）練於兵，田穀先曉於農，斷訟務精於律㊶〔評一〕。然後標以顯義，約以正辭，文以辨潔爲能，不以繁縟爲巧；事以明覈爲美，不以環（原作「深」，據日人鈴木校勘記及劉永濟校釋，徵御覽五九五引改。又王利器新書云：「環，爲彥和習用的詞彙」）隱㊷爲奇，此綱領之大要也。若不達政體，而舞筆弄文，支離構辭，穿鑿會巧，空騁其華，固爲事實所擯，設得其理，亦爲遊辭所埋矣〔評二〕。昔秦女嫁晉，從文衣之媵，晉人貴媵而賤女㊸；楚珠鬻鄭，爲薰桂之櫝，鄭人買櫝而還珠㊹；若文浮於理，末勝其本，則秦女楚珠，復存（原作「在」，茲從御覽五九五引訂正）於茲矣。

四段首言「

又「對策」者㊺，應詔而陳政也；「射策」者㊻，探事而獻說也。言中理對策」「射策」二體的異同，並列舉由兩漢以迄魏晉，此體的流變，兼評其中各家「對策」的優點。

準，譬射侯中的(47)，二名雖殊，卽「議」之別體也。古者「古者」原作「古之」，據御覽五九五引及玉海六一引改造士(48)，選事考言(49)。漢文中年，始舉賢良(50)，鼂錯對策，蔚爲舉首(51)。及孝武益明，旁求俊乂(52)，對策者，以第一登庸(53)，射策者，以甲科入仕(54)，斯固選賢要術也。觀鼂氏之對，驗古明今原作「證驗古今」，茲從玉海引改，辭裁以辨，事通而贍，超升高第，信有徵矣。仲舒之對(55)，祖述春秋(56)，本陰陽之化，究列代之變，煩而不慁者(57)，事理明也。公孫之對(58)，簡而未博，然總要以約文，事切而情舉，所以太常居下，而天子擢上也。杜欽之對(59)，略而指事，辭以治宣，不爲文作。及後漢魯丕(60)，辭氣質素，以儒雅中策，獨入高第。凡此五家，並前代之明範也。魏晉已來，稍務文麗，以文紀實(61)，所失已多，及其來選，又稱疾不會(62)，雖欲求文，弗可得也。是以漢飲博士，而雉集乎堂(63)，晉策秀才，而麏興於前，(64)無他怪也，選失之異耳。

末段標示「議」「對」二體的要旨及準則，並嘆志足文遠的才士難得。

夫「駁議」偏辨(65)，各執異見；「對策」揄揚(66)，大明治道。使事深於政術，理密於時務(67)，酌三五(68)以鎔世，而非迂緩之高談；馭權變以拯俗，而非刻薄之僞論〔評三〕；風恢恢(69)而能遠，流洋洋(70)而不溢，王庭之美對也。難矣哉，士之爲才也！或練治而寡文，或工文而疏治。對策所選，實屬通才，志足文遠，不其鮮歟！

贊曰：議惟疇政(七一)，名實相課(七二)。斷理必剛 原作「綱」，黃季剛札記云：「此句與下句意相足，下云：『摛辭無懦』，則此『綱』字爲『剛』字之訛。」黃說是，茲據改 摛辭無懦。對策王庭，同時酌和(七三)。治體高秉，雅謨(七四)遠播。

【註釋】

(一) **周爰咨謀**：周，徧。爰，於是。咨謀，咨諏，訪問。全句是說，普遍咨詢，共商計謀。語出詩經小雅皇皇者華：「周爰咨謀。」

(二) **議之言宜**：之，語中助辭，無義。是說議者宜也，言得其宜謂之議。

(三) **易之節卦，君子以制數度，議德行**：易經節卦象曰：「澤上有水，節，君子以制數度，議德行。」言節卦澤在下，水在上，表示水的容量有限，君子宜制定法度，量德任使，使事得其宜。

(四) **周書曰，議事以制，政乃弗迷**：周書，指書經周書周官。是說人當先學古訓，然後入官議事，制定法度，施政行教乃不至於迷失方針。

(五) **軒轅有明臺之議**：明臺，議政之臺。言軒轅黃帝曾設明臺，與臣下議論政事。管子桓公問：「黃帝立明臺之議者，上觀於賢也。」

(六) **洪水之難，堯咨四岳**：四岳，四方諸侯之長。言當唐堯之世，洪水泛濫成災，帝堯曾咨詢四方諸侯之長，謀求平治水災的人。書經堯典：「帝曰：咨，四岳！湯湯洪水方割，蕩蕩懷山襄陵，浩浩滔天，下民其咨，有能俾乂？」

㊆ **百揆之舉**：百揆，總理百官的冢宰。

㊇ **舜疇五人**：疇，誰，亦通籌，有計度之意。言舜舉用了五人：卽命禹作司空，棄作后稷，契作司徒，皐陶作士，垂作共工。事見書經「舜典」。

㊈ **三代所興，詢及芻蕘**：芻蕘，樵夫。言夏、商、周三代之所以爲興隆治世，乃因能採納衆議，甚至徵詢意見於山野樵夫。詩經大雅板：「先民有言，詢於芻蕘。」

㊉ **春秋釋宋，魯僖預議**：指春秋時代，魯僖公會諸侯，盟於薄，釋放宋襄公，這是由於僖公參與諸侯的會議所致。事見春秋左傳及公羊傳僖公二十一年。

⑪ **趙靈胡服**：趙靈，趙武靈王，名雍。因鑒於四鄰皆強國，令軍隊穿胡服，習騎射，國勢因而強盛，但此舉曾遭公子成的反對。事見史記「趙世家」。

⑫ **季父爭論**：季父，叔父之最幼者，此指靈王的叔父公子成。爭論，爭執議論。史記趙世家引公子成之言云：「中國者，賢聖之所敎也，今王舍此，而襲遠方之服，變古之敎，易古之道，逆人之心，而佛學者，離中國，故臣願王圖之也。」

⑬ **商鞅變法，而甘龍交辯**：甘龍，戰國時秦孝公臣。商鞅議變法，甘龍與杜摯交相爭辯，然孝公終不用其言。事見史記「商君列傳」。

⑭ **憲章無算**：憲章，法度典章。言歷代之法度典章，不可勝數。

(一五) **迄至有漢，始立駁議**：駁議，駁正他人的議論，在漢世爲朝臣上書的一體。

(一六) **楷式昭備**：楷式，楷模法式。昭備，昭明完備。此承上句「兩漢文明」說。

(一七) **藹藹多士**：藹藹猶濟濟，衆多的意思。藹藹多士，猶言濟濟多士。語出詩經大雅卷阿：「藹藹王多吉士。」

(一八) **發言盈庭**：是說發而爲言，高論滿庭。語出詩經小雅小旻：「發言盈庭，誰敢執其咎。」

(一九) **賈誼之遍代諸生**：指賈誼能代替諸老先生，一一回答他們不能回答的詔問。事見史記「屈原賈生列傳」。

(二〇) **吾丘之駁挾弓**：吾丘，吾丘壽王，西漢趙人，武帝時爲侍中，累官光祿大夫。吾丘壽王曾駁議公孫弘禁止人民挾帶弓弩的奏章，爲大不便。漢書吾丘壽王傳：「公孫弘奏言：『臣愚以爲禁民毋得挾弓弩，便。』上下其議。壽王對曰：『臣恐邪人挾之而吏不能止，良民以自備而抵法禁，是擅賊威而奪民救也，竊以爲無益於禁姦，而廢先王之典，使學者不得習行其禮，大不便。』上以難弘，弘詘服焉。」

(二一) **安國之辯匈奴**：韓安國，漢梁城人，字長孺，曾行丞相事。他曾辯駁王恢伏兵襲擊匈奴的策略不當。漢書韓安國傳云：「武帝時，匈奴請和親，大行王恢議伏兵襲擊。安國曰：『匈奴輕疾悍亟之兵也，至如猋風、去如收電，難得而制，今使邊郡久廢耕織，以支胡之常事，其勢不相權也。臣故曰勿擊，便。』」

(二二) **賈捐之之陳于珠崖**：賈捐之，漢賈誼的曾孫，字君房，元帝時上書言得失，召待詔金馬門。當時珠崖反，議大發軍，捐之以爲擊之不當，可以棄而不討，專門救助關東的災荒，由是罷珠崖。事見漢書「賈捐之傳」。

㉓ **劉歆之辯於祖宗**：言哀帝時，劉歆曾辯駁孝武帝功德殊異，祖宗之廟不可因親盡拆毀。漢書韋玄成傳略云：「孝武皇帝雖有功烈，親盡宜毀，太僕王舜，中壘校尉劉歆議曰：『孝武皇帝南滅百粤，北攘匈奴，至今累世賴之，天子三昭三穆，與太祖之廟而七，孝宣皇帝與公卿之議，既以爲世宗之廟，臣愚以爲不宜毀。』上覽其議而從之。」

㉔ **張敏之斷輕侮**：言張敏斷議，爲報父仇而殺人，無需償命之「輕侮法」，不可施行。敏，後漢鄭人，字伯達。建初間，舉孝廉，四遷爲尙書。時，有人侮辱人父者，而其子殺之，肅宗赦其死罪而宥之，自後議以爲「輕侮法」。敏屢諫駁議之，後拜司空，以病免。事見後漢書「張敏傳」。

㉕ **郭躬之議擅誅**：謂郭躬駁議騎都尉秦彭擅自以法斬人，爲不合於罪。躬，後漢陽翟人，字仲孫，少傳父業，講授徒衆常數百人。累官至廷尉。決獄多矜恕，元和間卒。事見後漢書「郭躬傳」。

㉖ **程曉之駁校事**：言程曉上疏議罷校事之官，以免苛擾吏民。曉，三國魏河東人，字季明，有通識，嘉平中爲黃門侍郎。校事，是當時負責偵察官民的小吏，恣肆放橫。曉上書言其外託天威，以爲聲勢，內聚羣奸，以爲腹心，大臣含忍而不言，小臣鬱結而無告，於是罷校事。曉遷汝南太守，卒。事見三國志魏志「程昱傳」。

㉗ **司馬芝之議貨錢**：言司馬芝建議更鑄五銖錢，以爲交易貨物之用。芝，三國魏溫人，字子華。晉書食貨志云：「魏文帝黃初二年（西元二二一）罷五銖錢，使百姓以穀帛爲市。至明帝時，巧僞漸

多，司馬芝等以爲用錢非徒豐國，亦所以省刑，今若更鑄五銖錢，則國豐刑省，於事爲便，魏明帝乃更立五銖錢。」

㉘ **何曾蠲出女之科**：蠲，音（ㄐㄩㄢ），免除。出女，已出嫁的女兒。謂何曾使主簿程咸上議，免除出嫁女兒受父母之家連坐誅戮的科條。曾，晉陳國夏陽人。初仕魏爲司徒，晉初拜太尉，後晉太傅。性豪侈，日食萬錢，猶云無下箸處。晉書刑法志云：「及景帝輔政，是時魏法。犯大逆者誅及已出之女，曾使主簿程咸上議曰：『男不得罪於他族，而女獨嬰戮於二門。臣以爲在室之女，從父母之誅，既醮之婦，從夫家之罰，宜改舊科，以爲永制。』於是有詔改定律令。」

㉙ **秦秀定賈充之謚**：秦秀，晉雲中人，字玄良。賈充，晉襄陵人，字公閭。全句是說秦秀議定賈充的昏亂紀度，應謚曰「荒」。晉書秦秀傳云：「賈充薨，議謚，秀議曰：『充以異姓爲後，絕父祖之血食，開朝廷之禍門，請謚荒。』不從。」

㉚ **漢世善駁，則應劭爲首**：言漢世善於駁議的作家，要以應劭爲首席。劭，東漢汝南人，字仲瑗，博學多聞，靈帝時，拜太山太守，拒黃巾有功，獻帝立，拜爲袁紹軍謀校尉。時始遷都於許，典章湮沒，劭乃著「漢官禮儀故事」，朝廷制度，多取法於此。又撰「風俗通」、「中漢輯序」等書。後漢書應劭傳：「劭凡爲駁議三十篇。」

㉛ **晉代能議，則傅咸爲宗**：是說晉代長於駁議的作家，則推傅咸爲宗師。咸，晉人，字長虞，剛簡有大節，好屬文，卒謚貞。晉書禮志載有「咸議二社表」、及「駁成粲議太社」。

㉜ **仲瑗博古，而銓貫有敍**：仲瑗，應劭字。博古，指文中引經據典，銓貫有敍，議論暢達，有條不紊。

㉝ **屬辭枝繁**：指傅咸行文前後複出，支離繁雜。

㉞ **陸機斷議，亦有鋒穎**：鋒穎，鋒芒畢露。全句是說，陸士衡評議晉書的限斷，也鋒芒畢露，文字犀利。「全晉文」載有陸機「書限斷議」，文殘缺不全。

㉟ **腴辭弗剪，頗累文骨**：文骨，文章的內容要旨。是說陸機的「斷議」，辭藻繁富，不知剪裁，於文章內容要旨，有不勝負荷之累。

㊱ **動先擬議**：是說凡事在行動之先，應加擬度計謀。語本易經繫辭上：「擬之而後言，議之而後動，擬議以成其變化。」

㊲ **明用稽疑**：稽，考。稽疑，有所疑，則卜筮以考之。全句是說，人有疑慮不決之事，當知用卜筮以考之。語出尚書洪範：「次七日明用稽疑。」

㊳ **敬愼羣務**：言必須克敬克愼，處理一切事務。

㊴ **弛張治術**：本指弓弩的張弛，在此作寬嚴互濟，使治平之術調和適宜。

㊵ **樞紐經典**：言議對之作，必以經典爲根據，如此理論不謬，辭不妄舒。

㊶ **郊祀必洞於禮以下四句**：言議郊祀，必當洞明禮制。談軍事，自應熟練兵法。論田禾，先須通曉農耕。斷獄訟，務必精研法律。所以范文瀾文心雕龍注：「論議之文，無一可以陵虛構造，必先習其故事，明其委曲，然後可以建言。虛張議論而無當於理，此乃對策八面鋒之技，非獨不能與於文章之數，亦言政者之所憎棄也。彥和此文，眞扼要之言。」

㊷ **環隱**：謂迴環隱奧。

㊸ **秦女嫁晉，……貴媵而賤女**：言秦伯嫁公主於晉，陪嫁的媵妾，皆文衣繡服，結果晉人重視媵妾，輕賤公主。事見韓非子外儲說左上。田鳩云：「昔秦伯嫁其女於晉公子，爲之飾裝，從文衣之媵七十人。至晉，晉人愛其妾而賤公女，此可謂善嫁妾，而未可謂善嫁女也。」比喻人之爲文，只重視文辭而忽略事理。

㊹ **楚珠鬻鄭，……買櫝而還珠**：櫝，音(ㄉㄨˊ)，櫃子。言楚人賣寶珠於鄭，裝飾的櫃子，桂薰蘭馥，結果鄭人購買了櫃子，退還寶珠。事見韓非子外儲說左上。云：「楚人有賣其珠於鄭者，爲木蘭之櫃，薰以桂椒，綴以珠玉，飾以玫瑰，輯以翡翠，鄭人買其櫝而還其珠。此可說善賣櫝矣，未可謂善鬻珠也。」比喻人之爲文，捨本逐末。

㊺ **對策**：漢代取士，多以經義政事，設題發策以問，令應試者各陳其所見，而觀其文辭，謂之「對策」。

㊻ **射策**：也是古代試士的一法。根據漢書「蕭望之傳」師古注的記載，是說漢制取士，將難問疑義，書之於策，量之大小，署爲甲乙之科，列而置之，不公布內容，應試者隨其所取而答之，以知優劣，謂之「射策」。

㊼ **射侯中的**：射侯，箭靶。中的，射中靶心。參見周禮天官「司裘」。

㊽ **古者造士**：造士，本爲學業已成之士，爲古代貢舉中，士等級的專稱，參見禮記「王制」。

㊾ **選事考言**：選事，因事選才。考言，較言用事。是說根據應試者的辦事能力和言談器識，來考選人才。

㊿ **漢文中年，始舉賢良**：根據漢書文帝紀，十五年（西元前一六五）九月詔諸侯王公卿郡守舉賢良能

直言極諫者，上親策問之，此爲漢代以策問取士的開始。

(五一) **鼂錯對策，蔚爲舉首**：依照漢書鼂錯傳的記載，當時參加對策的有百餘人，而以鼂錯列高第。故彥和有「蔚爲舉首」之說。

(五二) **旁求俊乂**：謂廣求才德過人的俊彥賢才。

(五三) **登庸**：指升而用之。語出書經堯典：「疇咨，若時登庸。」

(五四) **射策者，以甲科入仕**：漢代課士，分甲、乙、丙三科。漢書儒林傳：「平帝時，歲甲科四十人爲郎中，乙科三十八人爲太子舍人，丙科四十人補文學掌故。」所以漢代射策，以甲科入仕的頗不乏人。

(五五) **仲舒之對**：根據漢書董仲舒傳，知仲舒少治春秋，武帝卽位，舉賢良文學之士，仲舒曾應賢良對策。

(五六) **祖述春秋**：祖述，宗奉前人的做法。春秋，「春秋經」的微言大義。

(五七) **煩而不慁**：**慁**，音（ㄏㄨㄣˋ），同慁，擾亂。言仲舒的對策，文繁而不亂。

(五八) **公孫之對**：公孫，卽公孫弘，漢薛人，字季齊。根據漢書公孫弘傳，在武帝元光五年（西元前一三〇），詔徵賢良文學，國人固推弘，**當**時參加者百餘人，太常奏弘第居下。策奏，天子擢弘對爲第一。所以彥和於下文有「太常居下，而天子擢上」之說。

(五九) **杜欽之對**：杜欽，漢杜衍人，字子夏。漢書杜欽傳載，成帝時，召直言之士，欽詣白虎殿對策，他不針對所問的問題作答，卻在文內指責成帝好色之事。所以下文彥和有「略而指事」的話。

(六〇) **後漢魯丕**：魯丕字叔陵，後漢關東人，兼通五經，爲當世名儒。根據後漢書本傳，肅宗詔舉賢良方正，劉寬舉丕。當時參加對策的有百餘人，惟丕錄高第，關東號之曰「五經復興魯叔陵」。所以下文有「以儒雅中策，獨入高第」之言。

(六一) **以文紀實**：言紀實不以事理，徒賴文飾。

(六二) **及其來選，又稱疾不會**：東晉元帝時，天下喪亂，所推舉的孝廉、秀才，考經義多半不中，連累刺史、太守免官，所以被薦舉的人，常託病不參加會試。事詳晉書「孔坦傳」。

(六三) **漢飮博士，而雉集乎堂**：是說漢成帝鴻嘉二年（西元前十九）春，行幸雲陽，三月，召博士行飮酒禮時，有野雞飛集庭堂。因策試盛行漢代，雉集乎堂，表示吉兆，同時亦極言漢代策試的盛況。事詳漢書「成帝紀」。

(六四) **晉策秀才，而麏興於前**：麏，音(ㄐㄩㄣ)，動物名，似鹿而小。言晉朝連年兵亂，策試有名無實，作者因「麏見」，表示當時風教陵夷，選才制度敗壞。事詳晉書「五行志」中。

(六五) **駁議偏辨**：言駁議的辨說，或偏於一隅。

(六六) **對策揄揚**：揄揚，稱揚，延譽。言對策以宣揚治道。

(六七) **時務**：卽人情世事。

(六八) **三五**：三皇、五帝。

(六九) **恢恢**：寬廣宏大。

(七〇) **洋洋**：指流動充滿的美感。

(七一) **疇政**：疇，通籌，計度。疇政，考慮政事。

㊸ **名實相課**：課，考。全句指考校名實。

㊹ **酌和**：酌，取，言酌取人和。

㊺ **雅謨**：雅正的謀議。

【語　譯】

詩經小雅皇皇者華有「周爰咨謀」的詩句，是說普遍咨詢，共商計謀，這種情形，就叫做「議」。議含有「宜」的意味，就是審察事理，得其所宜。易經節卦說：「在上位的君子，以節制事物之理，用於計議仁德之政」。書經周書說：「論事合乎法度，施政行教纔不至於迷失方針」，可見議論貴於有所節制，這正是聖賢經典所本的原則啊。

從前管仲向桓公說：「軒轅黃帝曾設立明臺，與臣下議論政事。」由此可知謀議的制度由來已久了。帝堯時代洪水爲患，堯曾咨詢四方諸侯之長，共同推舉治水的人。到了舜，更推廣唐堯的政策，遍求總理百官的冢宰，因此命禹作司空，棄作后稷，契作司徒，臯陶作士，垂作共工。夏、商、周三代的政治所以興盛，就因爲能採納衆議，廣求民瘼，甚至徵詢於山野樵夫。春秋時代，諸侯盟會所以釋放宋襄公，便是因爲有魯僖公參與會議的緣故。趙武靈王令國人「胡服騎射」，公子成因而有「不可襲遠方之服」的議論。秦孝公時，商鞅變法圖強，於是甘龍有「聖人不易民而敎，智者不變法而治，雖歷代之法令甚多，然同之與異，皆有可觀者」的辯稱。歷代議論的方式，雖然無法一一列舉，但同之與異，都値得我們參酌。到了漢朝，開始設立駁議制度，駁的本義爲「雜而不純」，由於論者所持的觀點不一，所以稱爲「駁議」。自兩漢以來，文物章明，朝廷的規模法式，都已昭明完備，濟濟多士，放言高論，充滿朝廷之上。像文帝時，賈誼能代替諸老先生，一一回答他們不能回答的詔問，他可說是長於議論的人了。至於武帝時，吾丘壽王駁公孫弘禁止人民挾帶弓弩的奏章，韓安國辯王恢伏兵襲擊匈奴的策略不當，以及賈捐之陳述珠崖雖然造反，可以棄而不討之事，劉歆辯駁孝武帝功德殊異，其廟不可因爲親盡拆毀。這些奏議，文辭和內容雖然各有不同，但都能深得議事的要領了！又像後漢張敏斷議「輕侮法」的不可施行；郭躬論騎都尉秦彭擅自殺人的合法。曹魏時程曉上疏駁校事官的干預庶政；司馬芝建議魏文帝恢復五銖錢以豐國省刑；何曾建議出嫁的女子不當受父母之家的連坐；秦秀議定諂媚亂紀的賈充謚法爲「荒」。上述各家的論議，合於事實，平允得當，可說是洞達駁議的大體了！漢世善於駁議的，首推應劭。晉代長於駁議的，以傅咸爲宗師。然應劭博古通今，銓貫有序，議論暢達，有條不紊。傅咸明識治事之道，但他的文辭，前後複出，枝條繁雜。至於陸機論晉書的限斷，在指發事理時，也詞鋒畢露，文字犀利；然而他辭藻繁富，不知剪裁，因此對文章的內容要旨，有不勝負荷之累。上述各家，各有各的長處，足以表現他們特有的風格。

易經上說，凡事在行動之先，必須計劃審議，有疑慮不決之事，當知用卜筮加以考求，因其能以敬謹愼重的態度，處理一切庶務，故能寬嚴互濟，相得益彰。因此駁議之作，必以經典爲依據，採取古代聖王的典故史實，觀察古今變通的道理，加以融會運用。敍述事理時，不可固執細微末節，而忽略了根本；用字造句時，不可妄事誇飾，堆砌辭藻。譬如說到天子郊祀之禮，必先洞曉禮樂制度；談論軍事，自應練達兵法；論及田穀，必先通曉農耕；斷決獄訟，必先精研法律。然後才能標舉事由，以彰明正義，典正確切，以總括成篇。行文以明辨簡潔爲能事，不以繁文縟采爲工巧，敍事以明白合理爲佳妙，不以迴環隱奧爲新奇，這便是「駁議文」寫作的大致要領啊！若不明達政治的體制，而妄加搬弄文筆，炫耀辭采，只是勉強支解事理，構合辭藻，穿鑿附會，彌縫巧言。如果竭力馳騁其才華，固然無法符合事實的要求；卽使合乎事理，亦終將被虛浮放蕩的文辭所掩埋。從前秦伯嫁女到晉國去，陪嫁的七十位媵妾，都穿得十分華麗，以至晉人重視媵妾，而忽略了秦伯的女兒。有楚人賣珍珠給鄭人，特地做了一個桂薰蘭馥的櫃子盛著，結果鄭人卻買下了櫃子，而退還珍珠。如果人之爲文，只重視文辭藻采，而忽略了內容事理，就形成捨本逐末，無疑地是重演秦伯嫁女，楚人賣珠的故事了。

又所謂「對策」者，是指士子應答天子的詔問，陳述自己的政見。所謂「射策」者，是指士子在庭上，由許多策問中，自選一個問題，深入探討，以貢獻己見，然而要言語中節，理合準繩，就像射箭中靶一樣。「射策」、「對策」名稱雖異，其實都是「議對」的另一種體裁。古代選拔成學之士，乃是以士子的德、能、言、對，爲推選的標準。漢文帝中葉，始有「舉賢良方正」的制度，鼂錯對策之文，蔚爲策論選士的榜首。到了孝武帝，對吏治益加明察，是以廣求賢良俊傑之士。凡對策第一的，升格任用，射策甲科的，入朝爲官，這是選舉賢才的重要方法啊！試觀鼂錯對策，采摭古今，旁徵博引，加上文辭果斷，明辨是非，事理通達，內容豐贍，因此拔擢高第，實在有其原因啊！董仲舒的對策，宗奉春秋的微言大義，加以發揮，根據天地陰陽的變化，推究各朝政治演變，敍事雖煩，而有條不紊，可見其明達事理啊。公孫弘的對策，雖然簡約而不博洽，但以精練的文詞綜括要旨，故能切合事理而表明眞意，太常雖然把他的名次列在下等，而天子卻擢升他爲第一。成帝時，杜欽的對策，不針對問題加以回答，卻在文末指責成帝好色之事。他的言辭是爲當前治事而發，不是爲著對策去作文章。到了後漢魯丕的對策，辭氣淳樸，以博通典籍，而恰中策問，在同時射策的百餘人中，獨列高第。上述五位作家，都是前代最顯著的模範啊。魏晉以來，射策之文，漸求辭采華麗。若徒賴華麗的辭藻，來鋪陳實情，一定使「辭」「情」不協，其間相差一定很多。晉元帝時代，時局混亂，被薦選的孝廉、秀才，考經義多數不中，卽令人到京城，也常託病請辭，不願參加會試。因此，朝廷雖然想廣求議對能文之士，也就無法獲得了。成帝鴻嘉二年，天子行幸雲陽，召集博士行飲酒禮，有野雉飛集庭堂，鳴叫呈瑞，於是下詔廣徵行誼直言之士。晉成帝咸和六年，於樂賢堂策試州郡的秀才孝廉，有麏出現，正見當時風教陵夷。選制敗壞。這些異兆，實無足怪，乃是選拔人才的制度，失去正常運行的緣故啊。

「駁議」的說辭，有時或各執一偏之見，各持相異的觀點。「對策」者，目的在對答政事，宣揚治道，充分揭示其治國的道理。必使其措施切合政術，事理與時務密合，參酌三皇五帝的治術來陶鎔訓世，並非徒唱迂腐不切實際的高調。運用權宜變通的方法來拯救鄙俗，而非苛刻輕薄的詭辯。這種文章，就像清風的恢宏廣濶而能致遠，又像流水的潤澤盛大而十分充盈。如此，就可以成爲朝廷的美妙對策了。但是士子要備有這種才具，實在不易，因爲有的人練達治道而缺少文才，有的人善於文章而疏略治道；對策取士，實屬選拔治事練達，文采華美的通才。因此懷抱經世的情志，具有文采廣遠的人士，衡諸當代，眞是太少了！

總而言之：議對的作用，旨在考慮政事，是以必使名實相課。評斷事理必須剛直果決，鋪寫文辭不可優柔寡斷。對策於朝廷之上，不僅要注意時務，還要能參酌人和。如此，把握治國理民的要領，其雅正的謀議，始可傳播久遠，影響來葉。

【集　評】

一、紀評：「四語扼要」

二、紀評：「洞究文弊。」

三、紀評：「語尤精確。前辨詁四句論文章，此四句論意旨。議對之要，包括無遺矣。」

【問題討論與練習】

一、試述「議」「對」之名義與用途，及其同異之點何在？

二、何謂「駁議」？彥和云：「漢世善駁，則應劭為首，晉代能議，則傅咸為宗」，試舉例以徵其說之可信。

三、彥和引「秦女嫁晉」，「楚珠鬻鄭」之喻，所指何事？試分條以對。

四、試述「議對」文寫作的要領如何？

五、試答「對策」「射策」二體之異同如何？並簡述由兩漢迄魏晉演變的概況，兼評各家對策的優劣。

六、彥和云：「對策所選，實屬通才」，何故？試申其旨。

書記第二十五

【解　題】

「書記」者，書牘、牋記的省稱。彥和云：「書者，舒也，舒布其言，陳之簡牘。」「記之言志，進己志也。」由於所用殊途，故彼此也有範疇不同的分別。至於聯合成詞，內容雖包羅廣泛，要以「書牘」、「牋記」爲大宗。所以有「書記廣大，衣被事體，筆劄雜名，古今多品」之說。

「書記」之體，在文心雕龍「文體論」中所居的地位，及其所以命名「書記」之由，黃季剛先生札記曾詳乎言之。他說：「箸之竹帛謂之書，故說文聿部曰：『書者，箸也』。傳其言語謂之書，故說文曰：『如也』。是則古代之文，一皆稱之曰書。據此，知古代凡箸簡策者，皆書之類。又說文言部：『記者，疏也。』疋部：『疋，記也。』知記之名，亦緣有文字箸之竹帛，不限於告人。故書記之科，所包至廣。彥和謂『書記廣大，衣被事體，筆劄雜名，古今多品。』是眞能悉文章之原者。」清紀曉嵐以爲此篇「所列，或不盡文章，入之論文之書，亦爲不類。若刪此四十五行，而以『才冠鴻筆』句，直接『牋記之分』句下，較爲允協。」實乃狃於習俗的文體分類，欲刪其繁文，縮小文辭的封域，又何足以知彥和分類定篇的精義哉！

彥和之「論文」也，於明詩、樂府、詮賦、頌贊、祝盟、銘箴、誄碑、哀弔等篇以外，殿以「雜文」，以總攝文類的其他各體。其「敍筆」亦然，也在史傳、諸子、論說、詔策、檄移、封禪、章表、奏啓、議對等篇以外，殿以「書記」，以概括筆類的其他雜體。歸納部居，不相挂漏，可說布局嚴整，體式周密了。而紀曉嵐未審篇中所列筆劄雜名，二十四品皆屬無韵的筆，而謂「此種皆係雜文，緣第十四先列『雜文』，不能更標此目，故附於書記之末。」又說：「二十四種雜文，體裁各別，總括爲雜，無類可附，強入之書記篇耳。」全屬恣意妄說，對彥和「文」「筆」兩分的「文體」分類法，可說毫無認識，所以近人劉永濟校釋駁其爲說牽強。須知文心雕龍「文體論」原有「附論」一例，上篇所涉，固遍及各種作品，而二十四品既不足以設置專篇，復不宜略而不論，故附於「書記」之末，這和「雜文」篇末，附及十六類的情形完全相同。

或以爲「書記」既包括一切雜筆，何不亦如「雜文」，而命名「雜筆」，豈不更爲醒目？於此亦有說焉。蓋「書」爲「聖賢言辭」，「著之竹帛」的總稱，而實亦「尊卑差序」，「君臣同用」的書牘的通名。「記」者，記事之謂，其字从言己聲，所以「進己志也」，實爲郡國奏記、牋記的共稱。舉凡公私日常零星筆札，均可包含其中。故彥和以「書記」名篇，既能敍述書牘、奏記、牋記等正規的文翰，更可兼顧二十四品零星筆札的小品。若改用「雜筆」，顧名思義，雖可包舉後附的筆劄，但不足以涵蓋前面正規的文翰，故而取此舍彼，最能看出彥和權衡得宜的卓越智慧了。

「三代政暇，文翰頗疎。春秋聘繁，書介彌盛」，他舉「繞朝贈士會以策，子家與趙宣以書，巫臣之遺子反，子產之諫范宣」，以爲詳觀上列四書，情悉辭摯，猶如對面晤談，而「七國獻書，詭麗輻湊；漢來筆札，辭氣紛紜」，這裏除了「東方朔之難公孫」，由於原文散佚，不詳所指外，其他三篇均屬辭賦家的書牘。如「史遷之報任安，楊惲之酬會宗，子雲之答劉歆。」均辭氣激越，抒寫不平的情懷。所以彥和評爲「志氣槃桓，各含殊采，並杼軸乎尺素，抑揚乎寸心。」後漢的書牘，這裏稱崔瑗最善，可惜的是僅賸下佚文兩條，別無可考了。曹魏時代，在書牘方面，可說是集一時之盛，如「魏之元瑜，號稱翩翩，文舉屬章，半簡必錄，休璉好事，留意詞翰」，其他像子桓、子建昆弟，並肩文苑，留意筆劄。及今可以看到的像「與朝歌令吳質書」、

「與楊德祖書」，不僅文情並茂，更是論文的名作。晉代書記，彥和舉嵇康「與山巨源絕交書」，趙至「與嵇茂齊書」，或稱「志高而文偉」，或謂「少年之激切」，皆深得各家作品的情性，發而爲中肯的評述。

「書信」的寫作要領，彥和以爲必須把握「盡言」的原則，了解其性質，在於「散鬱陶，託風采」，然後「條暢以任氣，優柔以懌懷」，使「文明從容」，這樣才能達成「心聲獻酬」的目的。至於「牋記」方面，其寫作體式，要「上窺乎表，下睨乎書」。務必使其「敬而不懾，簡而無傲」，始能顯現出作者清新美妙的才華，和彪炳縟蔚的聲響。

文末所舉六類二十四品雜筆，有「總領黎庶」的譜、籍、簿、錄；有「醫歷星筮」的方、術、占、式；有「申憲述兵」的律、令、法、制；有「朝市徵信」的符、契、券、疏；有「百官詢事」的關、刺、解、牒；有「萬民達志」的狀、列、辭、諺。雖然時隔千載以上，世事多有變化，而其中若干雜筆，迄今仍爲溝通人際關係的重要管道。如「譜表」「籍錄」「筆錄」「名錄」、「藥方」「算術」「氣象報告」「法律禁令」、「兵法戰略」「制度規章」、「契約文書」、「買賣文件」、「道關路條」、「名片稟帖」、「地籍圖表」、「簽呈畫押」、「先賢行狀」、「犯人供辭」、「演說辯論」、「俚諺成語」等，除極少數的幾項如「五行消息」「防僞符信」已很少使用外，他皆人人熟知，生活必用。關係著羣衆情感交流甚鉅。所以彥和說：「雖藝文之末品，而政事之先務也」。

此類文字的作法，於事雖有相通之處，但文意卻彼此各異。彥和說：「或全任質素，或雜用文綺」，必須「隨事立體，貴乎精要」。須知「意少一字則義闕，句長一言則辭妨」，要想恰如其分，愜心當理，至爲不易。惟自古以來，文家多長於學術，而忽略尺牘，以「研究」爲能事，於「應用」嫌不足。如果讀者能體認生活日用的實際需要，則「書記」之文，又怎能忽略而不去從事呢！

首段釋「書」的名義與用途。

【正文】

大舜云：「書用識哉」㊀，所以記時事也。蓋聖賢言辭，總爲之書，書之爲體，主言者也㊁。揚雄曰：「言，心聲也；書，心畫也。聲畫形，君子小人見矣」㊂。故書者，舒也㊃。舒布其言，陳之簡牘㊄，取象於夬㊅，貴在明決而已。

次段敍三代至春秋，書信往來，日趨繁盛。戰國以迄漢魏，書牘詭麗，辭氣紛紜。並列舉代表作家與作品，加以例證。

三代政暇㊆，文翰頗疎㊇。春秋聘繁㊈，書介彌盛㊉〔評一〕。繞朝贈士會以策⑪，子家與趙宣以書⑫，巫臣之遺子反⑬，子產之諫范宣⑭，詳觀四書，辭若對面。又子叔敬叔（「子叔敬叔」原作「子服敬叔」，涉下文「子服惠伯」而誤，茲依范文瀾文心雕龍注改）進弔書于滕君⑮，固知行人挈辭⑯，多被翰墨矣。及七國獻書⑰，詭麗輻湊（「湊」原作「輳」，依顧校並據王利器新書徵御覽五九九引改）⑱；漢來筆札⑲，辭氣紛紜⑳。觀史遷之報任安㉑，東方（「東方」下原有「朔」字，據御覽五九五引，並李師曰剛斠詮說刪）之難公孫㉒，楊惲之酬會宗㉓，子雲之答劉歆㉔，志氣槃桓㉕，各含殊采；並杼軸乎尺素㉖，抑揚乎寸心㉗。逮後漢書記，則崔瑗尤善㉘。魏之元瑜，號稱翩翩㉙；文學屬章，半簡必錄㉚；休璉好事，留意詞翰㉛；抑其次也。嵇康絕交㉜，實志高而三段總論書體寫作要領。兼言戰國以前與秦漢以後，書體命名的不同情形。

四段言「記」「牋」的名義，代表作家與作品，及二者體式、作法的不同。

五段詳述「

文偉矣(33)；趙至敍離(34)，迺少年之激切也(35)。至如陳遵占辭，百封各意(36)；禰衡代書，親疎得宜(37)，斯又尺牘之偏才也(38)。

詳總書體，本在盡言，所（原作「言」，涉上句「本在盡言」誤，據楊明照校注拾遺徵御覽五九五引改）以散鬱陶(39)，託風采(40)，故宜條暢以任氣(41)，優柔以懌懷(42)。文明從容(43)，亦心聲之獻酬也(44)。若夫尊貴差序(45)，則肅以節文(46)。戰國以前，君臣同書(47)，秦漢立儀，始有表奏，王公國內，亦稱奏書，張敞奏書於膠后(48)，其義美矣。迄至後漢，稍有名品，公府奏記(49)，而郡將奏牋(50)。

記之言志，進己志也(51)。牋者，表也，表識(52)其情也。崔寔奏記於公府(53)，則崇讓之德音矣；黃香奏牋於江夏(54)，亦肅恭之遺式矣。公幹牋記(55)，文麗（「麗」上「文」字原無，據御覽五九五引，並依楊明照校注拾遺說增）而規益(56)，子桓弗論(57)，故世所共遺，若略名取實，則有美於為詩矣(58)。劉廙謝恩(59)，喻切以至，陸機自理(60)，情周而巧；牋之（「牋之」下原有「為」字，御覽五九五引無，楊明照校注拾遺以為涉下句衍，茲據刪）善者也。原牋記之為式，既上窺乎表，亦下睨乎書，使敬而不懾(61)，簡而無傲(62)，清美以惠其才，彪蔚(63)以文其響，蓋牋記之分也。

夫書記廣大，衣被事體，筆劄(64)雜名，古今多品〔評二〕。是以總領黎庶，則書記」範圍廣大，及其筆劄雜名六類二十四品的體用。文分七節，先總敍，後分疏。

有譜、籍、簿、錄；醫歷星筮，則有方、術、占、式（原作「試」，依顧校及日人鈴木校勘記徵嘉靖本改）；申憲述兵，則有律、令、法、制；朝市徵信，則有符、契、券、疏；百官詢事，則有關、刺、解、牒；萬民達志，則有狀、列、辭、諺。並述理於心，著言於翰，雖藝文之末品，而政事之先務也。

「譜」者（句首「譜」上原有「故謂」二字，李師曰剛斠詮疑係「所謂」傳寫而誤，並審其辭氣，無此必要，今據刪），普也(六五)。注序世統，事資周普，鄭氏譜詩，蓋取乎此。「籍」者，借也(六六)。歲借民力(六七)，條之於版，春秋司籍(六八)，卽其事也。「簿」者，圃也(六九)，草木區別，文書類聚，張湯李廣(七〇)，爲吏所簿，別情僞也(七一)。「錄」者，領也(七二)。古史世本(七三)，編以簡策，領其名數，故曰錄也。

「方」者，隅也(七四)。醫藥攻病，各有所主，專精一隅，故藥術稱方。「術」者，路也(七五)。算歷極數，見路乃明，九章積微(七六)，故稱爲（原作「以」，依傳校各本如兩京本，吳校本改）術，淮南萬畢(七七)，皆其類也。「占」者，覘也(七八)。星辰飛伏(七九)，伺候乃見，登觀（原作「精」，依黃叔琳注及范文瀾文心雕龍注改）書雲，(八〇)故曰占也。「式」者，則也(八一)。陰陽盈虛，五行消息(八二)，變雖不常，而稽之有則也。

「律」者，中也(八三)。黃鐘調起，五音以正(八四)，法律馭民，八刑克平(八五)，以律爲名，取中正也。「令」者，命也(八六)。出命申禁，有若自天，管仲下令原作「命」，玆依王利器新書徵管子牧民篇文改如流水(八七)，使民從也。「法」者，象也(八八)。兵謀無方，而奇正有象(八九)，故曰法也。「制」者，裁也(九〇)。上行於下，如匠之制器也。

「符」者，孚也(九一)。徵召防僞，事資中孚(九二)。三代玉瑞(九三)，漢世金竹(九四)，末代從省，易以書翰矣。「契」者，結也(九五)。上古純質，結繩執契，今羌胡徵數，負販記繙(九六)，其遺風歟！「券」者，束也(九七)。明白約束，以備情僞，字形半分，故周稱判書(九八)。古有鐵券，以堅信誓(九九)，王褒髯奴，則券之諧原作「楷」，形誤，依御覽引及日本剛本改也(一〇〇)。「疏」者，布也(一〇一)。布置物類，撮題近意，故小券短書(一〇二)，號爲疏也。

「關」者，閉也(一〇三)。出入由門(一〇四)，關閉當審；庶務在政，通塞應詳。韓非云：「孫亶回聖相也(一〇五)，而關於州部」，蓋謂此也。「刺」者，達也(一〇六)。詩人諷刺，周禮三刺(一〇七)，事敍相達，若針之通結矣(一〇八)。「解」者，釋也(一〇九)。解釋結滯，徵事以對也。「牒」者，葉也(一一〇)。短簡編牒，如葉在枝，溫舒截蒲(一一一)，卽其事也。議政未定，故短牒咨謀。牒之尤密，謂之爲籤。籤者，纖密者也。

「狀」者，貌也(一一二)。體貌本原(一一三)，取其事實，先賢表諡，並有行狀(一一四)，狀之六段提示筆劄二十四品的寫作要領，並以爲「才冠鴻筆」者，「多疏尺牘」，特鄭重說明其重要性，以收束上文作結。

大者也。「列」者，陳也㉕。陳列事情，昭然可見也。「辭」者，舌端之文㉖，通己於人。子產有辭㉗，諸侯所賴，不可已也。「諺」者，直語也㉘。喪言亦不及文，故弔亦稱諺。廛路淺言，有實無華。鄒穆公云：「囊漏原作「滿」，形誤，王利器新書檢傳校各本，皆誤爲「漏」，茲依黃侃札記及楊明照校注拾遺說訂正儲中」㉙，皆其類也。牧誓云「牧」原作「太」，「云」原作「曰」依傳校元本，兩京本，及李師曰剛斠詮案上下文例改：「古人有言，『牝雞無晨』」㉚。小雅云：「人亦有言：『惟憂用老』」㉛。並上古遺諺，詩書所原作「可」，涉「所」字行書致誤，今據李師曰剛斠詮徵明楊慎古今諺引訂正引者也。至於陳琳諫辭，稱「掩目捕雀」㉜，潘岳哀辭，稱「掌珠伉儷」㉝，並引俗說而爲文辭者也。夫文辭鄙俚，莫過於諺，而聖賢詩書，採以爲談，況踰於此，豈可忽哉！

觀此衆原作「四」，依楊明照校注拾遺徵本書檄移、銘箴、誄碑各篇用字之例改條，並書記所總：或事本相通，而文意各異，或全任質素，或雜用文綺，隨事立體㉞，貴乎精要，意少一字則義闕，句長一言則辭妨，並有司之實務，而浮藻之所忽也〔評三〕。然才冠鴻筆，多疏尺牘㉟，譬九方堙之識駿足，而不知毛色牝牡也㊱。言既身文，信亦邦瑞，翰林之士，思理實焉㊲〔評四〕。

贊曰：文藻條流㊳，託在筆札。既馳金相㊴，亦運木訥㊵。萬古聲薦，千里應拔㊂。庶務紛綸，因書乃察。

【註　釋】

㊀ **書用識哉**：識，同志，記的意思。全句是說，書是用來記錄當時事務的。語出書經「益稷」。

㊁ **書之爲體，主言者也**：體，文體。是說「書」之爲文體，以傳達言辭爲主啊。

㊂ **言，心聲也，書，心畫也，聲畫形，君子小人見矣**：這裏是說言語是表達思想的聲音，文字是呈現思想的繪畫，心聲心畫，形之於外，則君子小人的品格就顯然可見了。語出揚子法言「問神篇」。

㊃ **書者，舒也**：舒，舒布，舒展。是說書有舒展，吐露之意。孝經援神契：「書者，如也，舒也，紀也。」

㊄ **陳之簡牘**：簡牘，竹簡木牘。古代無紙，書於竹曰簡，書於版曰牘。全句是說，書寫在簡牘之上。

㊅ **取象於夬**：夬，音（ㄍㄨㄞˋ），易經卦名。決斷意。言取以象徵易經的夬卦。參考易經「繫辭」下。

㊆ **三代政暇**：政暇，政務從容有餘暇。言夏、商、周三代政務從容，多有餘暇。

㊇ **文翰頗疎**：文翰，書記。疎，稀少。

㊈ **春秋聘繁**：言春秋時代各國聘問頻繁。

㊉ **書介彌盛**：書介，傳達書信的使者。介，有助、成義；助其成事者曰介。言當時傳達書信的使者很多。

(十一) **繞朝贈士會以策**：繞朝，春秋時秦大夫。士會，春秋時晉大夫，字季，食采於隨，亦稱隨季，以事從先蔑奔秦，秦用其謀，晉人患之，使魏壽餘誘之歸，執晉政，滅赤狄，卒謚武子。全句言秦大夫繞朝以書策贈士會。事見左傳文公十三年正義引「服虔」說。

㈡ **子家與趙宣以書**：子家，鄭卿，曾與子公弒靈公。趙宣，晉卿，趙宣子。言晉侯不見鄭伯，以爲貳於楚。鄭子家使執訊，而與之書，以告趙宣子。事見左傳文公十七年文。

㈢ **巫臣之遺子反**：巫臣，楚人，在晉做官。因楚國大臣子重、子反殺了巫臣族人，並霸佔其產業妻室，因此巫臣自晉遺二子書。曰：「爾以讒慝貪惏事君，而多殺不辜，余必使爾罷於奔命以死。」事見左傳成公七年文。

㈣ **子產之諫范宣**：公孫僑，字子產，春秋鄭大夫，居於東里，又稱東里子產，博洽多聞，爲政寬猛並濟。自鄭簡公時當國，歷定公，獻公，時當晉、楚爭霸，鄭處兩大之間，子產內以禮法馭強宗，外以口舌折強國，鄭得不被兵革者數十年。卒，孔子爲之出涕。范宣，晉大夫。全句是說，晉國范宣子爲政，向各國諸侯徵收錢財，鄭人病之。二月，鄭伯如晉，子產託子西帶信，以告宣子。事見左傳襄公二十四年文。

㈤ **子叔敬叔進弔書于滕君**：子，男子通稱。叔，是其氏。敬叔，其諡。進弔書，進呈國君弔唁之書。言滕成公之喪，魯國派子叔敬叔往弔，進呈國君弔唁的書信。事見禮記「檀弓」下。

㈥ **行人挈辭**：行人，官名，外交使節。周禮秋官之屬有大行人，小行人，掌朝覲聘問的事。挈，音（ㄑㄧㄝˋ）。提，舉的意思。挈辭，攜帶國君的辭命。語出穀梁傳襄公十一年文。

㈦ **七國獻書**：七國，指戰國時代。獻書，進獻書策。當時著名的書策，即今可見者，如樂毅「報燕惠王書」、魯連「遺燕將書」、荀卿「與春申君書」、李斯「諫逐客書」、張儀「與楚相書」等。

⑱**詭麗輻湊**：詭，詭辯。麗，華麗。輻湊，原指車輻聚集在車輪的中心，在此比喻「結構嚴密」。全句是說，那些詭辯綺麗的文辭，結構嚴密，如同車輻集聚於車輪的中心一樣。

⑲**漢來筆札**：筆札，筆記書札，指書信。言漢代以來的書信。

⑳**辭氣紛紜**：辭氣，文辭聲氣。紛紜，盛多之意。

㉑**史遷之報任安**：史遷，卽司馬遷，漢夏陽（今陝西韓城）人，談子，字子長。生於龍門，武帝時，仕爲郎中，奉使巴蜀，還爲太史令。天漢間，李陵降匈奴，而遷極言其忠，忤帝意，被腐刑下獄。太始初年，出獄，爲中書令，卒。遷嘗遊江淮，上會稽，探禹穴，闚九嶷，浮沅、湘，北涉汶，泗，歷齊、魯，過梁、楚以歸，所得山川浩瀚之氣，一以發爲文章。撰史記一百三十篇，都五十二萬餘言。任安，漢滎陽人，字少卿。嘗爲大將軍衞靑舍人。後靑故人門下多去事霍去病，輒得官。獨安不肯去，後爲益州刺史，以太子事下吏誅死。其生前因與遷有舊，曾予書責以古賢臣推賢薦士之義，隱表求援之心，於是遷報以書，表示不能救他。文見漢書「司馬遷傳」，及「昭明文選」第四十一卷。

㉒**東方之難公孫**：東方朔，字曼倩，漢平原厭次人，約生於漢文帝後元三年，卒於武帝末年。相傳曾以詼諧得到武帝賞賜，撰有神異經、海內十洲記。他旣不甚大用，乃作「答客難」以自慰。淸嚴可均「全漢文」載有東方朔「與公孫弘借車書」。但辭氣不協，更與「難公孫弘」之意不合。

㉓**楊惲之酬會宗**：楊惲，漢華陰人，字子幼，宣帝時任爲郎，性峭刻，好發人陰伏。霍氏謀反，惲密以奏聞，霍氏誅，遷中郎將，封平通侯，後爲怨家所告，免爲庶人，復坐怨懟伏誅。其子孫避仇改

姓惲。孫會宗，漢西河人，有智略，官安定太守，與楊惲交厚。惲失爵位家居治產業，以財自娛，會宗作書誡之。惲不服，作書以報。後惲坐事腰斬，會宗也坐此免官。文見漢書本傳，及「昭明文選」第四十一卷。

㉔ **子雲之答劉歆**：揚雄，字子雲，「方言」載有劉歆「與揚雄書從取方言」，及揚雄「答劉歆書」。書中文多闕壞，頗難通讀。

㉕ **槃桓**：卽盤桓，徘徊不進之意，在此作廣大解。

㉖ **杼軸乎尺素**：杼軸，原指織具，在此作錯綜交織講。尺素，書簡，猶言尺牘。言將自己的思想情思，錯綜交織於書簡之上。

㉗ **抑揚乎寸心**：言起伏盪漾於寸心之中。

㉘ **崔瑗尤善**：後漢書崔瑗傳：「瑗高於文辭，尤善爲書記箴銘。」全後漢文四十九輯得「與葛元輔書」（卽葛龔，字之輔）佚文兩條，餘不可考。

㉙ **魏之元瑜，號稱翩翩**：阮瑀，字元瑜。翩翩，往來輕疾的樣子，比喻文采風流。三國志魏志文帝紀，魏文帝與吳質書云：「元瑜書記翩翩，致足樂也。」又魏志王粲傳注引「典略」云：「太祖嘗使瑀作書與韓遂，時太祖適近出，瑀隨後，因於馬上具草，書成呈之，太祖擥筆欲有所定，而竟不能增損。」

㉚ **文擧屬章，半簡必錄**：孔融，字文擧。半簡，斷簡零縑。後漢書孔融傳：「魏文帝深好融文辭，募天下有上融文章者，輒賞以金帛。」可能因此而有「半簡必錄」的事。融有「論盛孝章書」，見「昭明文選」第四十一卷。

㉑**休璉好事，留意詞翰**：休璉，應璩字，博學好屬文，善爲書記。淸嚴可均「全三國文」載有應璩書信三十餘篇，昭明文選卷四十二載其「與滿公琰書」，「與侍郞曹長思書」，「與廣川長岑文瑜書」，「與從弟君苗胄書」。好事，樂於興造事端，或指其爲文好譏諷時事。全句是說，應璩善譏諷時事，留意辭章翰墨。

㉒**嵇康絕交**：三國志魏志王粲傳注引「魏氏春秋」：「山濤爲選曹郞，舉康自代，康答書拒絕」，自言不能做官。昭明文選第四十三卷，載其「與山巨源絕交書」。

㉓**志高而文偉**：言志節高尚，文章宏偉。因爲嵇康與魏宗室婚，不願助司馬氏，抗節不屈，所以彥和稱他的書信「志高文偉」。

㉔**趙至敍離**：趙至，晉代郡人，字景眞。州辟爲遼東從事。至將往遼東時，曾作書與從兄太子舍人嵇蕃（卽嵇康之侄，嵇紹的從兄，字茂齊），敍述別離之思，並陳述己志。昭明文選第四十三卷，載有「趙景眞與嵇茂齊書」。

㉕**少年之激切**：言信中充分流露著少年分手時，激動悲切的友情。

㉖**陳遵占辭，百封各意**：陳遵，漢杜陵人，字孟公，少放縱不拘。哀帝末，以功封嘉威侯，居長安。善書，與人尺牘，衆皆爭相珍藏。王莽奇其材，起爲河南太守，復爲九江及河內都尉。更始時，爲大司馬護軍，留朔方，被賊所殺。漢書游俠傳陳遵傳：「遵起爲河南太守，旣至官，當遣從史西，召善書吏十人於前，治私書，謝京師故人。遵馮几，口占書吏，且省官事，書數百封，親疏各有意。」全句是說，陳遵出爲河南太守，致謝京師故舊，口授書吏，命其鈔寫，書雖數百封，但親疏

各如其意。

㊲ **禰衡代書，親疏得宜**：是說禰衡爲江夏太守，代黃祖（劉表將）作書記，輕重疏密，各得體宜，如祖腹中之所欲言。事見後漢書文苑下「禰衡傳」。

㊳ **尺牘之偏才**：尺牘，書札，古時書函長約一尺，故名「尺牘」。意與書簡，尺素、尺翰、尺簡、尺楮同。偏才，偏於某方面的才能。

㊴ **鬱陶**：陶，音（一ㄠˊ）。鬱陶，精神憤結積聚之意。

㊵ **風采**：風度儀采。包括一個人的言談舉止，或態度儀表而言。

㊶ **條暢以任氣**：條暢，條理暢達。任氣，縱任意氣。

㊷ **優柔以懌懷**：優柔，優游寬柔。懌，音（一ˋ）。懌懷，內心愉悅。

㊸ **文明從容**：文明，文采著明。從容，語氣溫和，不疾不徐。

㊹ **心聲之獻酬**：酬，亦作醻。宴會中主人敬賓客酒叫「獻」，自己飲酒陪客叫「酬」。這裏有「酬唱」、「唱和」的意思。全句是說，書信往來，亦即彼此心聲的互相酬答。

㊺ **尊貴差序**：言貴賤等差，尊卑有序。

㊻ **肅以節文**：肅，敬。節文，禮節文飾。言文書往還，應有適當的禮節文飾，以申肅敬之意。

㊼ **君臣同書**：如史記「樂毅傳」記載，樂毅「報燕惠王書」，燕王「謝樂毅書」，君臣酬答，同稱曰「書」，沒有區別。

㊽ **張敞奏書於膠后**：張敞，漢平陽人，字子高。宣帝時爲太僕，後爲京兆尹，冀州刺史。元帝時，欲

以爲左馮翊，會病卒。膠后，膠東王太后。全句是說：張敞任膠東相時，奏書於膠后，諫游獵，事詳漢書「張敞傳」。

(49) **公府奏記**：公府，古時三公之府。是說上三公之府的文書，稱爲「奏記」。

(50) **郡將奏牋**：郡將，郡守，因郡守兼領武事，所以也稱郡將。是說人民向郡守上的文書，稱爲「奏牋」。

(51) **進己志**：進獻自己的情意。

(52) **表識**：明白揭示。

(53) **崔寔奏記於公府**：崔寔，嘗爲大將軍梁冀府司馬。根據後漢書本傳，知其著有碑、論、箴、銘、答、七言、詞、文、表、記、書等凡十五篇。可見崔寔文中有「奏記」，但今已散佚，無考。

(54) **黃香奏牋於江夏**：黃香，字文彊。江夏安陸人，九歲失母，事父至孝，稍長，博通經典，能文章，京師號稱「天下無雙，江夏黃香」。江夏，郡名，在今湖北黃岡縣西北。全句是說，黃香向江夏太守上奏牋。根據後漢書文苑傳「黃香傳」，黃香著有賦、牋、奏、書、令等凡五篇。其奏牋已佚，無考。

(55) **公幹牋記**：劉楨，字公幹。李詳「黃注補正」說，三國志魏志「邢顒傳」載有劉楨「諫曹植書」。又王粲傳注引「典略」有楨「答魏文帝書」。

(56) **文麗而規益**：文辭典麗，且能規諫益德。

(57) **子桓弗論**：言曹丕（字子桓）典論論文，只說到楨「壯而不密」，沒有詳論他的「書記」。

(58) **有美於爲詩**：言劉楨的「書記」，較他作的「詩」爲優美。

(五九) **劉廙謝恩**：廙，音(一ˋ)。劉廙，三國魏安衆人，字恭嗣。事曹操爲丞相掾屬，轉五官將文學，文帝卽位，官侍中，封關內侯，著書數十篇傳世。當時魏諷反，廙弟偉爲諷所引，當坐罪誅，太祖(曹操)特原赦不問，廙上書謝恩。事詳三國志魏志「劉廙傳」。

(六〇) **陸機自理**：言陸機「謝平原內史表」，自行辨理誣衊。事詳晉書「陸機傳」。范文瀾注以爲指的是與「吳王表」，見淸嚴可均「全晉文」九十七。

(六一) **敬而不懾**：言態度恭敬，而無畏怯之詞。指「表」有「誠惶誠恐，死罪死罪」的話，「牋記」沒有。所以「上窺乎表」，略有不同。

(六二) **簡而無傲**：言文詞簡易，無傲慢語氣。指書在盡言，宜條暢以任氣，所以「下睨乎書」，和「書」也有區分。

(六三) **彪蔚**：彪炳縟蔚，形容文采明盛。

(六四) **筆劄**：劄，音(ㄓㄚˊ)，亦作札。筆劄，筆記，謂一切書翰之文。

(六五) **譜者，普也**：本作「普」，有籍錄、布列，以及表、牒之意。「世本」有「帝王譜」、「諸侯譜」、「大夫譜」，史記仿照它作「三代世表」、「十二諸侯年表」。用「譜」或「表」來記錄世系年代，要求完備，故下文云：「注序世統，事資周普」。後漢鄭玄作「詩譜」，按照諸侯的世系，和詩篇的次第編成，所以稱「鄭氏詩譜」。

(六六) **籍者，借也**：「籍」之爲用，如戶籍、戶口名册。彥和造語，出自孟子滕文公上「趙岐注」。

(六七) **歲借民力**：指人民每年爲官府服役，記錄於戶口册上，以便考核。語出周禮天官敍官「司書」。

(六八) **春秋司籍**：司籍，官名。左傳昭公十五年：「孫伯黶司晉之典籍，以為大政，故曰籍氏。」「春秋司籍」指的就是這類官職。

(六九) **簿者，圃也**：簿，訓圃，同音為訓，本謂登記事物的册籍，在此指「文簿」、「文書」。

(七〇) **張湯李廣**：漢書張湯傳說：「使使八輩，簿責湯。」是說派八位使者，按照文書記載，來責問張湯。又李廣傳：「急責廣，之幕府上簿。」是說李廣出兵迷路，大將軍衛青派長史督責，叫他到幕府去根據文書，核對實情。

(七一) **別情偽**：分別眞情或虛偽。

(七二) **錄者，領也**：言錄有總括之意。漢劉向、劉歆父子有「別錄」「七略」，梁有「七錄」。史記自序索隱：「劉向曰：世本，古史官明於古事者之所記也。錄黃帝以來，帝王諸侯及卿大夫系謚名號，凡十五篇」，由此觀之，總括世系、謚法、姓名、字號都記下來，叫做「錄」。

(七三) **古史世本**：古代史官明於古事的記錄。其內容蓋記載黃帝以來，帝王諸侯和卿大夫系、謚、名、號的史册。參見本文注(七二)。

(七四) **方者，隅也**：方，一角，一部分，引申為方向、方術，此處專指「藥方」。漢書藝文志：「經方者，本草石之寒溫，量疾病之淺深，假藥味之滋，因氣感之宜，辨五苦六辛，致水火之齊，以通閉解結，反之於平。」蓋一藥方專治一種病。

(七五) **術者，路也**：言術本指邑中道路，引申為通達事理的方法。

(七六) **九章積微**：九章，指「九章算術」九卷。四庫提要說：「不著錄撰人名氏。原本久佚，今從永樂大典錄出。蓋周禮保氏之遺法。漢張蒼刪補校正，而後人又有所附益也。晉劉徽、唐李淳風皆爲之注。自周髀以外，此爲最古之算經。」積微，算術上識小見大之法。蓋「九章算術」內分方田、粟米、衰分、少廣、商功、均輸、盈不足、方程、句股、音義等十篇，皆窮纖入微，探測無方之術。

(七七) **淮南萬畢**：梁「七錄」有「淮南萬畢經」、「淮南變化術」各一卷，或以爲此卽漢志「淮南外書」中的一種。按「萬畢經」多言神仙養生之術，彥和所舉「曆算」，或卽「七錄」所著的一卷。

(七八) **占者，覘也**：占，視兆問，又伺視，亦作瞻解，凡相候謂之占。覘，窺。占視吉凶，從觀察龜兆來。晉有「荊州占」「黃老占」。

(七九) **星辰飛伏**：指星辰的流動與隱伏。

(八〇) **登觀書雲**：左傳僖公五年：「春正月辛亥朔（初一），日南至（冬至）。公旣視朔（到祖廟去接受周天子頒布的曆法），遂登觀臺以望而書，禮也。凡分（春分秋分）至（夏至冬至）啓（立春立夏）閉（立秋立冬），必書雲物（天象的變化），爲備故也。」

(八一) **式者，則也**：式，法式，法則，漢書五行志有「羨門式」二十卷。

(八二) **陰陽盈虛，五行消息**：盈虛，猶盛衰。消息，猶消長。言陰陽五行的變化雖不一定，但考求起來，均有一定的法則。故下文云：「變雖不常，而稽之有則也」，正指此而言。

(八三) **律者，中也**：律，本指規律，法律求其公平中正，所以稱「中」，這裏指音樂的規律，和法制的規律。在音樂規律方面，隋有「黃鐘律」，在法制規律方面，有「梁律」「陳律」。

(八四) **黃鐘調起，五音以正**：黃鐘之律，爲五聲之本。九寸爲宮，或損或益，以定宮、商、角、徵、羽。

五音由是而正。參閱漢書「律歷志」。

(八五) **八刑克平**：八刑，指八種糾正萬民的刑律，如不孝之刑、不睦之刑、不姻之刑、不弟之刑、不任之刑、不恤之刑、造言之刑、亂民之刑等八種，皆因法律的訂定而公平施行。

(八六) **令者，命也**：令，有命令、禁令、號令之意，隋書載有「晉令」「梁令」。

(八七) **管仲下令如流水**：言管仲牧民，下達命令，如水流平原，暢通無阻。語出管子「牧民篇」。

(八八) **法者，象也**：象，仿效。此處的「法」，指「兵法」言。古有「司馬兵法」，「孫子兵法」。

(八九) **兵謀無方，而奇正有象**：言兵家謀略，變化無方，而出奇設伏，皆效法各種物象。參見孫子兵法「軍爭篇」。

(九〇) **制者，裁也**：制，制作，指皇帝制定的各種制度。「史記封禪書」索隱引劉向「別錄」云：「文帝所造書，有「本制」、「兵制」、「服制」等篇。

(九一) **符者，孚也**：符，孚音同義通，信，憑證之意。漢制以竹，長六寸，分而相合。

(九二) **事資中孚**：中孚，易經有「中孚」卦，表示相信。

(九三) **三代玉瑞**：言夏、商、周三代，用玉質珪璋爲符信。

(九四) **漢世金竹**：言漢代以「銅虎符」、「竹使符」爲符信。

(九五) **契者，結也**：契，刻，刻識其數之意。易經繫辭下：「上古結繩而治，後世易之以書契。」結繩，大事打大結，小事打小結。書契，用刀刻劃文字以記事。在此作契約文書講。

(九六) **負販記緡**：記緡，記數的憑證。全句是說，負物販賣者，計算賬款的憑證。

(九七)**券者，束也**：券，合同，有約束意。晉有楊紹的「買地券」。參閱「十駕齋養新錄」卷十五。

(九八)**字形半分，故周稱判書**：判書，字寫在紙中央，分爲兩半，各執其一。周禮秋官朝士：「凡有責（債）者，有判書以治則聽。」

(九九)**古有鐵券，以堅信誓**：鐵券，古時用來頒示功臣的，其本人及其後代如遇犯罪，則以之爲證，得推念其功，予以赦減，取堅久之義，故以鐵券爲之。漢書高祖紀下：「丹書鐵券。」

(一〇〇)**王褒髯奴，則券之諧**：王褒有「責髯奴文」，見李善「東京賦注」，古文苑十七作「僮約」，全漢文也作王褒「僮約」，大概就是「責髯奴文」。全句是說，王褒的「責髯奴文」，爲俳諧的券文。見孫星衍「續古文苑」卷二十王子淵「僮約」。

(一〇一)**疏者，布也**：疏，分條敍述，故有分疏，分布意。於文章能撮舉題旨，作短書陳述，也叫做「疏」。

(一〇二)**小券短書**：短書，短小的書，用短券。周禮地官質人：「大市以質，小市以劑。」鄭注：「大市，人民馬牛之屬，用長券；小市，兵器珍異之物，用短券。」

(一〇三)**關者，閉也**：關爲公文書之一，百官互相質詢時用之。所設「百官詢事，則有關、刺、解、牒」，卽指此而言。

(一〇四)**出入由門**：言人之出入，有必經的門路。周禮中車注：「關者，所以司出入也。」

(一〇五)**韓非云，孫亶回聖相也**：韓非子問田篇，徐渠問田鳩說：「……今陽城義渠，名將也，而試於屯伯；公孫亶回，聖相也，而關於州部，何哉？」蓋名將先任低級武官，職務受到考驗。聖相先任地方官，職務也受到考驗。

(一六) **刺者，達也**：原爲探事的公文，後轉用爲謁人的名帖，猶如現今的「名片」。釋名釋書契：「下官刺曰長刺，長書中央一行而下之也，又曰爵里刺，書其官爵及郡縣鄉里也。」

(一七) **周禮三刺**：周禮秋官司刺：「掌三刺之法：一刺曰訊羣臣；二刺曰訊羣吏；三刺曰訊萬民。」

(一八) **若針之通結**：是說「名片」的用途，若以針灸病，其癥結可獲得通解。

(一九) **解者，釋也**：此體有解釋文義的作用。三國志魏志孫禮傳：「今二郡爭界八年，一朝決之者，緣有解書圖畫，可得尋案擿校也。」

(二〇) **牒者，葉也**：牒，小簡，以短小的簡牘編成札牒，有輕便如葉之意。等於今天公文中的「簽呈」或「便條」。其源出於漢齊人士孫卿奏機書。詳見王兆芳「文體通釋」。

(二一) **溫舒截蒲**：漢書路溫舒傳：「溫舒取澤中蒲，截以爲牒，編用書寫。」

(二二) **狀者，貌也**：狀，本爲形貌。轉爲敍述事物情狀。又有「行狀」，敍述人物的生平行事，供作誄諡用。漢趙充國有「條上屯田便宜十二事狀」。梁任昉「文章緣起」有漢丞相命曹傅、胡幹作「楊元伯行狀。」詳見王兆芳「文體通釋」。

(二三) **體貌本原**：體貌，本指體態與相貌。彥和在此用作動詞，有「形容」「描繪」之意。全句是說，描繪人的根本原由，生平行事。

(二四) **行狀**：漢時但謂之「狀」，自六朝以後謂之「行狀」。其用在記述死者的行誼，及其爵里生卒年月，爲求人撰文而作，故謂之「行狀」。

㉕ **列者，陳也**：列，有陳述之意，本在列敘經過，後轉爲辨別性的文字，卽今世讞之供招。如王符「潛夫論」有「卜列」、「正列」、「相列」、「夢列」等篇。說見黃侃「文心雕龍札記」。

㉖ **辭者，舌端之文**：言「辭」是逞口舌之辯的文字。原爲「訴訟辭」，後轉用做「辯說辭」。

㉗ **子產有辭**：言鄭國子產長於說辭。左傳襄公三十一年：「叔向曰：辭之不可以已也如是夫！子產有辭，諸侯賴之，若之何其釋辭也。」

㉘ **諺者，直語**：直語無飾曰「諺」。又弔慰死者家屬的話也稱唁。觀此條內容，由於唁、諺音近相假，故彥和把「諺」和「唁」合併言之。

㉙ **囊漏儲中**：囊，米袋。儲，倉庫。言卽令米袋有破洞，但米仍然漏在倉庫之中，並沒有耗費，藉此喻遺小而存大。此諺語見賈誼新書春秋篇：「鄒穆公令食鳧雁者必以粃，於是倉無粃，而求易於民，二石粟而易一石粃。吏請以粟食之。公曰：去。非而所知也，汝知小計而不知大會。周諺曰：『囊漏儲中』，而獨弗聞歟？」

㉚ **牝雞無晨**：牝雞，母雞。是說母雞不能報曉司晨。書經牧誓：「王曰：『古人有言曰，牝雞無晨，牝雞之晨，惟家之索。』」

㉛ **惟憂用老**：是說只有憂愁，能使人因而衰老。小雅小弁：「假寐永歎，惟憂用老。」

㉜ **掩目捕雀**：比喻自欺欺人。三國志魏志王粲傳：「琳前爲何進主簿，進欲誅宦官，太后不聽，進乃召四方猛將，便引兵向京城，以劫恐太后。琳諫進曰：『諺有「掩目捕雀」，夫微物尚不可欺以得志，況國之大事，其可以詐立乎！』」

㉓ **掌珠伉儷**：俗稱女子曰「掌上明珠」，簡稱「掌珠」，比喻「珍貴」的意思。全句是說，夫婦情深，如掌上的明珠。按潘岳哀辭中不見「掌珠」一詞，但傅玄「短歌行」有「昔君視我，如掌中珠。」可見「掌珠」爲當世常用的諺語。

㉔ **隨事立體**：言順隨著事物的需要，建立文書的體裁。此指以上二十四品各有一定的體制，亦猶今日通行的「公文」或「契約」「規章」，不得隨意增損。

㉕ **才冠鴻筆，多疎尺牘**：鴻筆，大作家。指才華出衆的作家們，往往疏忽書翰尺牘的寫作。

㉖ **九方堙之識駿足，而不知毛色牝牡**：九方，複姓。九方堙，秦穆公時人，一作九方臯，善相馬。淮南子道應訓：「秦穆公使九方堙求馬，三月而反報曰：『已得馬矣，在於沙丘。』穆公曰：『何馬也？』對曰：『牝而黃。』使人往取之，牡而驪。穆公不說。召伯樂而問之。曰：『敗矣！子之所使求者，毛色牝牡弗能知，又何馬之能知？』伯樂喟然太息曰：『若堙之所觀者，天機也，得其精而忘其粗，在其內而忘其外，見其所見，而不見其所不見……』馬至，而果千里之馬。」

㉗ **翰林之士，思理實焉**：言翰苑辭林的文人才士，要考慮理會在實際事務上的需要，不可掉以輕心啊。

㉘ **文藻條流**：文藻，文辭藻采。條流，條理紛糅。

㉙ **既馳金相**：金相，即「金玉其相」，原指文質俱美，在此借喻文辭雕琢的優美。

㉚ **亦運木訥**：木訥，質樸遲鈍而無口才。在此指爲文亦需注意內容的質樸與充實。

㉛ **萬古聲薦，千里應拔**：言萬代以前的古人，其聲譽藉著書記而轉達；千里以外的友情，其聲音笑貌藉此得以酬答。

【語譯】

書經益稷篇載大舜之言云：「書用識哉！」是說「書」乃用來記載當時事務的。大抵而言，古聖先賢的言語辭令，總稱爲「書」；「書」這種文體，以記載言辭爲主的啊！揚雄法言問神篇曾說：「言語是表達思想的聲音，文字是呈露情感的繪畫；將此聲音、繪畫表現於字裏行間的時候，君子小人的品格，就昭然可見了」。所以「書」就是舒展情意之謂。舒布其言辭，寫在竹簡木牘之上，取以象徵易經的夬卦，貴在明快果決，以判斷萬事而已。

夏、商、周三代的政事，淸簡多有閒暇，文辭翰墨，頗少應用。春秋時代，各國諸侯聘問頻繁，書信往還，益加昌盛：如秦大夫繞朝以書策贈士會，鄭卿子家寫書信給趙宣子，楚巫臣遺書於子反，鄭子産以書信諫范宣子。仔細閱讀這四封書信的內容，情辭懇摯，如同對面晤談。又像子叔敬叔進弔唁書信於滕成公之喪，可見當時行人之官，於傳送國君辭命之時，使用的書牘，多已形於筆墨了。

到了七雄並峙的戰國，大臣多進獻書策，措辭詭辯，文采華麗，結構嚴密，如車輻聚集於車輪中心一樣。漢代以來的筆記書札，文辭聲氣，紛紜繁多。試觀司馬遷的「報任安書」，東方朔的「難公孫弘書」，楊惲的「酬孫會宗書」，揚雄的「答劉歆書」，志氣宏大，氣象磅礴，各自蘊含著特異的文采；並且將一己的思想情意，錯綜交織於尺素之上，起伏盪漾在寸心之中。到了東漢當時，書牘奏記，以崔瑗最爲善長。曹魏的阮瑀，號稱「書記翩翩」；孔融的作品，即使斷簡零縑，也必爲朝廷懸賞所募集。應璩喜好譏諷時事，留意於詞章翰藻，也可以說是二子之流亞啊！嵇康的「與山巨源絕交書」，實在是志節高尚，文章宏偉；趙至敍述離情的「與嵇茂齊書」，充分流露了年輕人悲痛激切的感情啊。至於像陳遵出任河南太守，爲了致謝京師故舊，每每口授書吏，命他們抄寫，書雖數百封，但親疏之間，各如己意；禰衡任江夏太守，代黃祖作書記，信中親疏遠近都十分得體。這樣看來，他們又是偏擅於書札尺牘的奇才了。

詳細書牘的體裁，本在充分表達內心的情意，用來抒散胸中的苦悶，寄託個人的風采，故應條理通暢以縱任意氣，優游寬柔以懌悅情懷；務必文采著明，語氣溫和，這也是彼此的心聲，藉書信來互相酬答啊！至於貴賤有別，尊卑有序，則需適當地運用禮節文飾，以申肅敬之意。戰國以前，君臣酬答，上下無別，一律同稱爲「書」。自秦漢建立朝儀制度後，百官上書，才稱「表」和「奏」，王公國內，也稱爲「奏書」。例如張敞奏書於膠東王太后諫游獵，其寓義深美極了！到了後漢，漸漸有了名目和品類。上書三公之府，稱爲「奏記」，行於郡守的文書，稱爲「奏牋」。

「記」是記載，有進陳自己情志的意思。「牋」是表明，用來揭示情實之意。崔寔爲大將軍梁冀府司馬時所作的奏記，就有尊崇謙讓的令聞了；黃香向江夏太守上的奏牋，也留有莊肅恭敬的法式啊。劉公幹的牋記，文辭典麗，且能規諫益德，但曹子桓在「與吳質書」中，只稱許他的五言詩，沒有論及牋記之作，所以被世人共同遺忘。如果略去虛名，取其實才的話，那麼公幹的牋記，實在要比他作的五言詩優美多了。劉廙的「謝恩疏」，比喻切當，而至情流露。陸機「謝平原內史表」中，自行辨理之詞，不僅情思周到，且文辭巧妙；可推爲牋記文中最優美出色的作品了。推求「牋記」寫作的法式，用來上奏時，既可隱然比擬乎「章表」，用於平行時，也儼然睥睨乎「書牘」。行文的時候，務必要敬愼而不畏怯，簡要而不傲慢，用清新美妙的風格，顯現作者的才華，以彪炳蔚縟的辭藻，文飾作者的聲響。這就是「牋」「表」「書」「記」的分別啊！

書記之文，範圍廣大，可說涵蓋一切事體。舉凡隨筆劄記的文書，名曰繁雜，自古及今，品類甚多。是以總合領管黎民衆庶方面的，有譜、籍、簿、錄；關於醫術曆法星相卜筮方面的，有方、術、占、式；申明法度述說兵事方面的，有律、令、法、制；市朝商賈徵信考用方面的，有符、契、券、疏；百官公府諮詢公事方面的，有關、刺、解、牒；天下萬民表達情志方面的，有狀、列、辭、諺。這些都是陳述情理於內心，明著言辭於書翰，雖屬藝文中的末節小品，實乃政事之先急要務啊。

「譜」者，有普遍布列，以見其行事的意思啊。究其爲用，乃在注明序次世代的統緒，使事情本末藉此得以周全普遍。漢儒鄭玄序列詩經年代先後的「詩譜」，大概就是取法於「譜」，具有年表之意啊。「籍」，有借助簡書，以紀錄政事的意思。將官署每年借用的民力、物力，條列於版牘之上，春秋左傳上所說的「司籍」，就是掌管此事的官員啊！「簿」字，音近於「圃」，有登錄册籍的意思。花草樹木固應分區別類；文書紀事，也應類聚羣分。漢吏張湯懷詐面欺，有司對照文符一一責問；李廣北征失道，長史根據文書加以勘驗，足見「簿」有區別眞僞實情的作用啊。「錄」，有總領的意思。古代史官所記的「世本」，錄黃帝以來王侯大夫世系的謚號，用簡牘方策編載，總領其名稱和實數，故取名曰「錄」。

「方」，本有角隅的意思。醫藥攻疾治病，各有其主治功效，而專精治療某一疾病的情形，正與角隅的意思相同，故醫藥方術稱之爲「方」。「術」本指邑中道路。算學曆法皆術數的極致，必須見其理路，始能明其方法。「九章算數」具有乘積微分的計算，「周髀」以外，它可以說是最古的數學了，故稱之爲「術」。相傳淮南王撰「萬畢經」，就是這一類的作品啊。「占」，有覘視之意。日月星辰的運行，陰陽變動的顯伏，須偵察候望，始能見其情勢，古人登臺觀察星象，紀錄風雲變化，以預測吉凶旱潦，故謂之「占」啊。「式」，法則之意。陰陽或盈或虛，五行相剋相生，消長生息，循環不已。其變化雖無定常，然稽考實情，終有其一定的法則可循啊。

「律」，中正平和之意。五聲之本，生於黃鐘之律，故由黃鐘開始調整，則宮、商、角、徵、羽五音得以校正。準以此理，制定中正平和的法律，來統馭萬民，「八刑」才能公平實施，故以「律」名此人爲的規範者，取其大中至正的意思啊。「令」，命令之意。出號施命以申禁令，則威令施行，猶如自天而降。故管仲牧民篇曾說：「下令如流水之原」者，意思是使民順從命令，如水流平原，暢通無阻啊。「法」，仿效天地的意思。兵家謀略，變化無方，而奇勝正合，各有取象，故軍事謀略名曰「兵法」。「制」，有裁斷之意。君上制定典章，下民一體奉行，如匠人制作器物，各有其規格制度啊。

「符」，令人信服之意。朝廷徵召人才，爲了防止假冒僞託，借「符」爲居中取信的文書。三代（夏、商、周）以玉石爲符瑞，漢朝以銅虎符、竹使符行世，時至後代，省略符瑞之物，使用紙筆書札了。「契」，締結之意。上古民風醇樸，以結繩作爲信守的契約，至今西羌、北胡財物的交易，仍然徵信於籌數，負貨販賣的人，作爲計算賬款的憑證。這難道不是上古的遺風嗎？「券」，約束之意。明白信守約束，防備以虛僞蒙混情實。因而在剖解字形，半分騎縫的地方，周代稱之爲「判書」。古代有「丹書「鐵券」，左券頒功臣，右券藏內府，用以堅守功臣的信誓啊！至於漢宣帝時王褒責髯奴的「僮約」，乃券書中的諧辭啊。「疏」，布陳之意。分布事物，安置義類，撮敘題綱，取近旨意，故小型的券契，簡短的書札，都可以稱爲「疏」啊。

「關」，有關閉之意。凡人出入，必須經由門路，正如同公事收發應當審愼一樣；一般庶務在政事中，是否通行無阻，都應加以詳察。韓非子問田篇徐渠問田鳩說：「公孫亶回乃聖明的宰相，而向州郡部將行通關文書，以質詢政事」，這就是指「關文」而言啊。「刺」，表達之意。詩人有諷刺君上之道，周禮有「訊羣臣」、「訊羣吏」、「訊萬民」三刺之方，敍述事理，相互溝通，一若針之灸病，其癥結可因而獲得通解啊。「解」，說釋之意。解說鬱結滯塞，徵對事例圖書，作對答疑問之用。「牒」，輕便如葉之意。精短的簡牘，編成札牒，如同樹葉般的輕巧，漢代路溫舒曾摘取蒲葉，截爲牒箋，就是此類事例啊。政事商議，在未成定案前，可以用短牒咨詢謀臣的意見。還有比短牒更細密的，稱之爲「籤」。籤者，直敍其事，再陳述意見，有徵驗之用，是十分纖細綿密的一種文書啊。

狀者，形貌之意。體察事物形像，描繪本來原由，採取事例，究明情實，用以表揚先賢事功，定其諡號，並謂之「行狀」，此乃狀文的重大意義啊。「列」，陳述之意。陳列事實情況，使眞僞曲直明白可見啊。「辭」，是口舌之辯的文辭，以求向人溝通一己之見。過去子產長於說辭，受到列國諸侯的重視。由此觀之，辭令之用，必不可少啊。「諺」，直言無飾之語。孝經喪親章說：「孝子喪親，言不必有文采」，故「弔唁」也可以稱「弔諺」。市井道途的淺言俚諺，只有眞實情致，而無華美文采。鄒穆公云：「囊漏儲中。」是說米袋子即使破了，仍然漏在倉庫裏，並沒有浪費糟蹋，比喩遺少而存大，就屬於這一類的例子了。書經牧誓云：「古人有言，牝雞無晨」，是說古人有句格言，母雞不能報曉司晨。來比喩婦人不能掌權執政。詩經小雅小弁說：「人亦有言，惟憂用老。」是說常人有句俗話，惟有憂愁，容易使人衰老。這些都是上古流傳下來的俗諺，被詩經、書經所引用啊。至於陳琳諫何進召兵要脅太后之辭說：「掩目捕雀」，以喻其自欺欺人，終將一無所獲。潘岳哀辭有所謂「掌珠伉儷」，以喻夫婦情投意合，視如掌中明珠。也都是引用俗話，作爲行文措辭的資料啊。文辭之淺陋俚俗，莫過於諺語，而聖賢詩、書，尙採爲立說的材料，況其價值有時更不止於此，我們又怎可忽視呢？

綜觀以上各條名目，皆屬書記範圍，有的事理原本可以互相溝通，但文書立意各有不同。有的可以聽任其樸素的本質，有的可以雜用綺麗的文華，只好順隨著事物的需要，建立「書記」的體裁，最重要的是思理精到，要言不煩。意之所在，少用一字則文義發生闕漏；句之所度，多用一字則遣辭受到妨礙，這些都是政府官吏們的實際業務，而又多爲夸飾文藻的作者所忽畧的啊。然而才華出衆的大作家們，往往疏略尺牘的寫作，譬如秦穆公時候的九方堙，雖能識別沙丘的駿馬，但卻不知道馬的毛色雌雄，這就是所謂得其精而忘其粗啊。言辭旣爲一己才華的展現，書信實亦邦國的符瑞，翰苑辭林的才士們，實在應該三思啊！

總而言之：文辭采藻，條流紛糅，完全寄託於筆墨書札。旣須注意文辭的優美，也要留心內容的質樸。萬代以前的古人，其美名令譽藉著書記而流傳；千里以外的友情，其聲音笑貌賴書記得以酬答。天下的事務紛紜複雜，正因爲有「書記」的應用，方能明察秋毫，鉅細不遺啊。

【集　評】

一、曹評：「論文必本於經，故中肯綮。」

二、紀評：「此種皆係雜文，緣第十四先列雜文，不能更標此目，故附之書記之末，以備其目。然與書記頗不倫，未免失之牽合；況所列或不盡文章，入之論文之書，亦爲不類。若刪此四十五行，而以『才冠鴻筆』句，直接『箋記之分』句下，較爲允協。」

三、紀評：「二十四種雜文，體裁各別，總括爲難，不得不如此，儱侗敷衍。」

四、紀評：「此處仍以書記結，與中間所列無涉，文意不甚相屬。知是前類雜文，無類可附，強入之『書記』篇耳。」

【問題討論與練習】

一、何謂「書牘」「牋記」？試詳述其義用。

二、彥和云：「漢來筆札，辭氣紛紜」，可否列舉名家著述，以證此說之可信？

三、「書記廣大，古今多品」，書記何以廣大？古今筆札之品類又如何？並分述其重要性。

四、文心雕龍「文體論」二十篇有「附論」一例，可否以「書記」篇為準，加以印證？

五、試述「書牘」寫作的要領如何？